民國文化與文學^{研究}^{文叢}

五 編

李 怡 主編

第 **19** 冊

以「人」為目標的文學政治實踐
——周作人思想研究（1906～1946 年）

李 雅 娟 著

國家圖書館出版品預行編目資料

以「人」為目標的文學政治實踐——周作人思想研究（1906
～1946 年）／李雅娟 著 -- 初版 -- 新北市：花木蘭文化出版社，
2015〔民 104〕

目 2+302 面；19×26 公分

（民國文化與文學研究文叢 五編：第 19 冊）

ISBN 978-986-404-261-6（精裝）

1. 周作人 2. 學術思想 3. 文學評論

541.26208   104012154

特邀編委（以姓氏筆畫為序）：

丁　帆	王德威	宋如珊
岩佐昌暲	奚　密	張中良
張堂錡	張福貴	須文蔚
馮　鐵	劉秀美	

ISBN-978-986-404-261-6

9 789864 042616

民國文化與文學研究文叢

五　編　第十九冊　　　　　ISBN：978-986-404-261-6

以「人」爲目標的文學政治實踐
——周作人思想研究（1906～1946 年）

作　　者　李雅娟

主　　編　李　怡

企　　劃　四川大學現代中國文化與文學研究中心
　　　　　北京師範大學民國歷史文化與文學研究中心

總 編 輯　杜潔祥

副總編輯　楊嘉樂

編　　輯　許郁翎

出　　版　花木蘭文化出版社

社　　長　高小娟

聯絡地址　235 新北市中和區中安街七二號十三樓
　　　　　電話：02-2923-1455／傳眞：02-2923-1452

網　　址　http://www.huamulan.tw 信箱 hml 810518@gmail.com

印　　刷　普羅文化出版廣告事業

初　　版　2015 年 9 月

全書字數　293966 字

定　　價　五編 24 冊（精裝）新台幣 45,000 元

以「人」爲目標的文學政治實踐
——周作人思想研究（1906～1946年）

李雅娟　著

作者簡介

李雅娟，女，1979 年生於陝西。2001 年畢業於中國人民大學新聞學院，2002 年考入北京大學中文系，攻讀中國現當代文學專業碩士學位。2005 年畢業後，任教於四川外國語大學中文系。2008 年考入北京大學中文系，攻讀博士學位。2010～2011 年，獲「國家建設高水平大學公派研究生」聯合培養博士項目資助，赴日本京都大學留學一年。2013 年取得北京大學文學博士學位，現任教於華中科技大學人文學院中文系，從事中國現代文學研究，主要研究興趣是周作人研究。

提　　要

　　本文將周作人從日本留學階段到抗戰結束時期（1906～1946 年）的核心思想特徵，理解為一種以實現「人」的自由為目標的文學政治實踐，以期呈現周作人思想連續而又變異、複雜而又統一的整體性面貌。本文提出「以『人』為目標的文學政治實踐」，作為其總體思想特徵的描述，基於如下理由：第一，周作人思想的核心觀念是「人」，有關「人」的思想，是他根據不同時期的現實政治狀況，所進行的一種話語建構行為，包含著他的政治意識，具有實踐性特徵；第二，周作人接受了審美自足的近代文學觀念，使這一「現代的裝置」所產生的近代「個人」意識，成為其「人」的思想建構的主體意識，為周作人思想賦予一種統一的形式感；第三，周作人從思想革命與文化建設的層面，展開其文學實踐，與注重實際行動與集團力量的政治實踐，既有一致性，又有對立性，因而稱之為「文學政治實踐」。據此，本文的論述，將在周作人的思想建構、文學實踐與國家政治的連絡與互動關係中展開。

民國文學：闡釋優先，史著緩行
——第五輯引言

李　怡

　　中國學界提出「民國文學」的概念已經超過十五年了，〔註1〕在新一波的文學史寫作的潮流之中，人們對民國文學的研究也出現了一種期待，就是希望盡快見到一部《民國文學史》，似乎只有完整的文學通史才足以證明「民國文學」研究的合理性，或者說在當前林林總總的文學史寫作意見裏，證明自己作爲新的學術範式的存在。在我看來，受各種主客觀條件的限制，目前最需要開展的工作還不是撰寫一部體大慮深的文學史著，而是努力從不同的角度深入勘探、考察，對這一段歷史提出新的解釋。

一

　　眾所周知，中國文化具有悠久漫長的「治史」傳統。在一個宗教裁決權並沒有獲得普遍認可的國度，人們傾向於相信，通過歷史框架的確立可以達到某種裁決與審判的高度，所謂「名刊史冊，自古攸難，事列春秋，哲人所重。」〔註2〕中國最早的史官除了司職記事，還負責主持祭祀，占卜吉凶，溝通神靈。史不僅可以成爲「資治通鑒」，甚至還具有某種道德的高度，所謂「孔子成《春秋》，亂臣賊子懼」，〔註3〕史家如司馬遷等也是以「究天人之際，通古今之變」自我期許。

〔註1〕 中國大陸最早的「民國文學」設想出現在 1997 年（陳福康），最早的理論倡導出現在 2000 年代早期（張福貴）。

〔註2〕 劉知幾撰，浦起龍釋：《史通通釋・人物》第 240 頁，上海：上海古籍出版社 1978 年版。

〔註3〕 《孟子・滕文公章句下》，見楊伯峻《孟子譯注》上冊 155 頁，中華書局 1960 年版。

文學史的出現原本是現代的事物，它顯然不同於古代的史官治史，這種來自西方的學術方式更屬於學院派知識份子的個體行為。但是，歷史的因襲依然存在，尤其是在一些世代交替的時節，無論是政治家還是知識份子本身，都自覺不自覺地認定「著史」可以樹立某種新的「標準」，完成對過往事物的「清算」。於是，如下一些史著的意義是可以被我們津津樂道的：

奠定中國現代文學學科的基礎是王瑤先生的《中國新文學史稿》。集中代表了撥亂反正過渡時期的文學史觀的是唐弢、嚴家炎先生主編的《中國現代文學史》。

體現了新時期的現代文學視野、集中展示研究新成果的是錢理群、陳平原、溫儒敏等人的《中國現代文學三十年》。

生動體現著「重寫文學史」意義的是陳思和的《中國當代文學史》。

展示 1990 年代以降學術研究的「歷史化」傾向的是洪子誠的《中國當代文學史》。

揭示「文學周邊」豐富景觀的是吳福輝獨撰的插圖本《中國現代文學史》。

錢理群主編的最新三卷本《中國現代文學編年史》展示了以「廣告為中心」的文學生產、流通、接受及其他社會文化環節，讓文學敘述的圖景再一次豐富而生動。

今天，隨著「民國文學」研究的呼聲漸起，在一系列命名和概念的討論之後，應該展示更多的文學史研究實績，只有充分的實績才能說明「民國社會歷史框架」的確具有特殊的文學視野價值，如何集中展示這些實績呢？目前容易想到的似乎就是編寫一部紮實厚重的《民國文學史》。

但是，在我看來，文學史編寫的工作固然重要卻又不可操之過急。因為，今天所倡導的「民國文學」，並不僅僅是一個名稱的改變（以「民國」替代「現代」），更重要的是一些研究視角和方法的調整。這些重要的改變至少包括：

正視民國歷史的特殊性，而不是簡單流於「半封建半殖民地」等等的簡略判斷。據史學界的知識考古，「半封建」一詞曾經出現在馬克思、恩格斯筆下，列寧第一次分別以「半封建」「半殖民地」指稱中國，以後共產國際以此描述中國現實，「半殖民地」一說並先後為中國國民黨人與中國共產黨人所接受，又經過蘇聯內部的理論爭鳴及共產國際的理論演繹，「半

封建半殖民地」的並稱出現在 1926 年以後，〔註4〕又經過 1930 年代初的「中國社會性質問題論戰」，逐步成爲中共領導的馬克思主義史學的基本概括。到延安時期，毛澤東最爲完整清晰地論述了這一學說，從此形成了對中國知識份子歷史認知的主導性影響，直到今天應該說都有其獨到的深刻的一面。但是作爲一種總體的社會性質的認定，是不是就完全揭示了民國歷史的特點呢？就不需要我們具體的歷史問題的研究了呢？當然不是。例如對「封建」一詞的定義在史學界一直爭議不已，民國時代的經濟已經明顯走上了資本主義的發展道路，忽略這一現實就無法解釋中國近現代工商業文化對於文學市場的重要作用，辛亥革命之後的中國儘管軍閥混戰，也難掩其專制獨裁的性質，但是卻也不是「帝國主義買辦與走狗」這樣的情感宣洩就能「一言以蔽之」的。對於民國史，國外史學界同樣多有研究，有自己的性質認定，這也需要我們加以研讀和借鑒。之所以強調這一點，乃是因爲在此之前的《中國現代文學史》，幾乎都是以主流史學界的社會性質概括作爲文學發展的前提，從舊民主主義革命到新民主主義革命就是中國現代文學發生發展的基礎，文學的偉大和深刻就在於如何更加深刻地反映了這一歷史過程，1980 年代以後，爲了急於從這些政治判斷中脫身，我們的文學史又試圖在「回到文學自身」的訴求中另闢蹊徑，所謂「審美的文學史」成爲了口號，但是關於中國現代文學在民國時代的諸多歷史基礎的辨析卻被擱置了起來，今天，如果不能正視民國歷史的特殊性，也就不能在文學的歷史前提方面有眞正的突破。

　　發掘民國社會的若干細節，揭示中國現代文學生存發展的具體語境。無論是政治、經濟、社會文化等方面，民國社會的種種特徵都直接影響了現代中國文學的生產、傳播和接受，決定著文學的根本生存環境。關於這方面的研究，最近幾年已經在「文化研究」的推動下頗有收穫，不過，鑒於文化研究在來源上的異質性，實際上我們的考察也還較多地襲用外來的文化

〔註4〕一般認爲，1926 年上半年，蔡和森在莫斯科中共旅俄支部會上作《中國共產黨的發展（提綱）》，已經提到「半殖民地和半封建的中國」和「半封建半殖民地的國家」（《聯共（布）、共產國際與中國國民革命運動（1926～1927）》，下冊第 408 頁，北京圖書館出版社，1998 年），另據李洪岩考證，最早的「半殖民地半封建」字樣，則是 1926 年 9 月 23 日莫斯科中山大學國際評論社編譯出版的中文週刊《國際評論》創刊號上的發刊詞，見《半殖民地半封建理論的來龍去脈》（《中國社會科學院近代史研究所青年學術論壇 2003 年卷》，社會科學文獻出版社，2005 年）。

理論，沒有更充分地回到民國自己的歷史環境。例如性別研究、後殖民批判、大眾文化理論等等的運用，迄今仍有生吞活剝之嫌。要真正揭示這些歷史細節，就還需要完成大量紮實的工作，例如民國經濟在各階段的發展與營運情況，各階層的經濟收入及其演變，社會分化與社會矛盾的基本情形，經濟與政治權利的區域差異問題，法制的發展及對私人權利（包括著作、言論權利）的保護與限制，軍閥政治對輿論及思想的控制方式，國民黨政權對輿論及思想的控制方式，國民政府時期的「黨政關係」及其內在的間隙，國民黨內部各派系的矛盾及其對思想控制的影響，民國各時期書報檢查制度的制定與實施情況，民國時期出版人、新聞人、著作人各自對抗言論控制的方式及效果，主流倫理的演變及民間道德文化的基本特點，文學出版機構的經營情況與文學傳播情況，民國時期作家結社及其他社會交往的細節等等，所有這些龐雜的內容倉促之間，也很難為「文學史」所容納，在一個相當長的時間裏都將成為文學研究的具體話題。

　　解剖民國精神的獨特性、民國文本的獨特性，凸顯而不是模糊這一段文學歷史的的形態。文學史究竟是什麼史？這個問題討論過很多年，至今也可能存在不同的意見，在我看來，儘管我們今天一再強調歷史研究與文化研究的重要性，但是所有這些討論最終還都應該落實到對於文學作品的解釋中來，否則文學學科的獨立性就不復存在了。最近幾年，民國文學研究的倡導與質疑並存，但更多的時候還都停留在口號的辨析和概念的爭論當中，就文學研究本身而論，這樣並不是對學術發展的真正推進。如果民國文學研究的提倡不能以大量的具體文學作品的闡釋為基礎，或者說民國文學的理念不能落實為一系列新的文學闡釋的出現，那麼這一文學史框架的價值就是相當可疑的；如果我們尚不能對若干文學作品的獨特性提出新的認識，那麼又何以能夠撰寫一部全新的《民國文學史》呢？

　　以上幾個方面的工作都是一部新的文學史寫作的必須的前提。我們的文學史的新著，從大的歷史框架的設立與理解到局部事件的認定和把握，乃至作為歷史事件呈現的文本的闡釋都與應該此前我們熟悉的一套方式——革命史話語、現代性話語——有所不同，如果只是抓住名稱大做文章，幾乎可以肯定的是，其結果必然很快陷入到業已成熟的那一套知識和語言中去，所謂「民國文學史」也就名不副實了。早在 1994 年，人民出版社就出版過《中國民國文學史》，這個奇特的書名——不是「中華民國文學史」而是「中國民國

文學史」——顯然反映出了當時的某種政治禁忌，平心而論，在 10 年前，能夠涉及「民國」二字，已屬不易，對於其中所承受的禁忌，我們深表理解；但是也的確因為這一禁忌的存在，所謂「民國」的諸多歷史細節都未能成為文學史觀察和分析的對象，所以最終的成果還是普遍性的「現代化」歷史框架，「中國民國文學史」的主體還是不折不扣的「現代文學三十年」，對歷史性質、文學意義的描述都依然如故，對作家的認定、作品的解釋一如既往，只不過增加了一點補充：民國建立到五四新文化運動發生的幾年。這樣的文學史著，自然還不是我們理想中的「民國文學史」。

二

當然，能夠標舉「民國」概念的文學史論已經出現了，這就是臺灣學者尹雪曼主編的《中華民國文藝史》及周錦主編的《中國現代文學研究叢刊》系列叢書，也包括最近兩岸學者的最新努力。

尹雪曼（1918～2008），本名尹光榮，河南汲縣（今衛輝市）人。抗戰時期西北聯合大學畢業，美國密西里大學新聞學院文學碩士。曾主編重慶《新蜀夜報》副刊，在上海、天津、西安等地擔任報社記者，1949 年去臺灣。曾任臺灣中國作家藝術家聯盟會長，《中華文藝》月刊社社長，在成功大學、中國文化大學等校任教。自 1934 年起，創作發表了小說、散文及文學評論多種。是很有代表性的遷臺作家。周錦（1928～1992），江蘇東臺人，1949 年赴臺，曾經就讀於臺灣師範大學、淡江大學等，後創辦燕智出版社，擔任臺北中國現代文學研究中心主任。兩人的最大貢獻便是撰寫、主編或者參與編撰了一系列的中國現代文學研究論著，在新文學記憶幾近中斷的臺灣，第一次系統地總結了五四以來的中國文學發展歷史，尹雪曼撰寫有《現代文學與新存在主義》、《五四時代的小說作家和作品》、《鼎盛時期的新小說》、《抗戰時期的現代小說》、《中國新文學史論》、《現代文學的桃花源》，總纂了《中華民國文藝史》。〔註 5〕其中，《中華民國文藝史》大約是第一部以「民國」命名的大規模的系統化的文學史著作，民國歷史第一次成為文學史「正視」的對象；周錦著有《中國新文學史》、《朱自清作品評述》、《朱自清研究》、《〈圍城〉研究》、《論呼蘭河傳》、《中國新文學大事記》、《中國現代小說編目》、《中國現代文學作家本名筆名索引》、《中國現代文學作品書名大辭典》、《中國現

〔註 5〕 《中華民國文藝史》由臺北正中書局 1975 年初版。

代文學鄉土語彙大辭典》等，此外還主編了《中國現代文學研究叢刊》三輯共 30 本，於 1980 年由成文出版社有限公司印行出版。《中國現代文學研究叢刊》的史論也具有比較鮮明的「民國意識」。《中國現代文學研究叢刊編印緣起》這樣表達了他的「民國意識」：

　　　　中國新文學運動，是隨著中華民國的誕生而來。儘管後來有各
　　種文藝思潮的激蕩以及少數作家思想的變遷，但中國現代文學卻都
　　是在國民政府的呵護下成長茁壯的……〔註6〕

這樣的表述，固然洋溢著大陸文學史少有的「民國意識」，不過，認真品讀，卻又明顯充滿了對國民黨政權形態的皈依和維護，這種主動向黨派意識傾斜，視「民國」為「黨國」的立場並不是我們所追求的學術客觀，也不利於真正的「民國」的發現，因為，眾所周知的事實是，疲於內政外交的「國民政府」似乎在「呵護」民國文學方面並無傑出的築造之功，嚴苛的書報檢查制度與思想輿論控制也絕不是現代文學「成長茁壯」的理由。民國文學的真實境遇難以在這樣的意識形態偏好中得以呈現。

　　同樣基於這樣的偏好，民國文學的優劣也難以在文學史的書寫中獲得准確的評判，例如尹雪曼《中華民國文藝史·導論》作出了這樣概括：「中華民國的文藝發展，雖然波瀾壯闊，變幻無常；但始終有民族主義和人文主義作主流；因而，才有今日輝煌的成就。」「至於所謂『三十年代』文藝，則不過是中華民國文藝發展史中的一個小小的浪花。當時間的巨輪向前邁進，千百年後，再看這股小小的浪花，只覺得它是一滴泡沫而已。其不值得重視，是很顯然的。」〔註7〕

　　民國時期的現代文學是不是以「民族主義」為主流，這個問題本身就值得討論，至少肯定不會以國民政府支持下的「民族主義文藝運動」為主導，這是顯而易見的；至於所謂的「三十年代文藝」當指 1930 年代的左翼文學，事實上，無論就左翼文學所彰顯的反叛精神還是就當時的社會影響而言，這一類文學選擇都不可能是「一個小小的浪花」、「是一滴泡沫而已」，漠視和掩蓋左翼文學的存在，也就很難講述完整的民國文學了。

　　由此看來，20 世紀下半葉的冷戰不僅影響了大陸中國的學術視野，同樣扭曲了海峽對岸的學術認知。受制於此的文學史家，雖然不忘「民國」，但他

〔註 6〕周錦：《中國新文學簡史》1 頁，臺北成文出版社 1980 年。
〔註 7〕尹雪曼總纂：《中華民國文藝史》1 頁，臺北正中書局 1975 年。

們自覺不自覺地要維護的中華民國依然是以國民黨統治爲唯一合法性的「黨國」，民國社會歷史的眞正的豐富與複雜並不是「黨國」意識關心的對象。以民國歷史的豐富性爲基礎構建現代中國的文學敘述，始終是一個難題，對大陸如此，對臺灣也是如此。

當然，考慮到臺灣歷史與文學的種種情形，《民國文學史》的寫作可能還會再添一個難度：如何描述海峽對岸當今的文學狀況，是排除於我們的「民國文學史」還是繼續延伸囊括，〔註8〕排除於現實不符，從「民國」敘述轉向「臺灣」敘述，恐怕也正是「獨派」的願望，相反，努力將「臺灣」敘述納入「民國」敘述才能體現中華統一的「政治正確」；不過，納入卻也同樣問題重重，「民國」與「人民共和國」並行，不僅有悖於「一個中國」的基本政治理念，就是在當下的臺灣也糾纏不清。我們知道，在今日，繼續奉「民國」之名的臺灣目前正大張旗鼓地推進「臺灣文學」甚至「臺語文學」，所謂「民國文學」至少也不再是他們天然認同的一個概念，學術考察如何才能反映出研究對象本身的思想追求，這個問題也必須面對。也就是說，在今日臺灣，「民國」之說反倒曖昧而混沌。

2011 年，臺灣學者陳芳明、林惺嶽等著的《中華民國發展史·文學與藝術》出版，較之於此前冷戰時期的文學史，這一著作終於跳出了「黨國」意識的束縛，體現出了開闊的學術視野，〔註9〕但是由於歷史的阻隔，關於民國文學的豐富細節都未能在這一史著中獲得挖掘，我們看到的章節就是：百年來文學批評的開展與轉折，百年女性文學，百年現代詩發展與自我身份的探求，故事萬花筒──百年小說圖志，美學與時代的交鋒──中華民國散文史的視野，百年翻譯文學史，從啓蒙救亡開始：中華民國現代戲劇百年發展史等等。從根本上說，《中華民國發展史·文學與藝術》由多位學者合作，各自綜述一個獨立的文學藝術領域，在整體上更像是一部各種文學藝術現象的概觀彙集，而不是完整的連續的歷史敘述。

也是在 2011 年，大陸學者湯溢澤、廖廣莉出版了《民國文學史研究》

〔註8〕丁帆先生試圖繼續延伸民國文學的概念，他區分了政治意義的「民國」和作爲文化遺產的「民國」，試圖以此作爲破解難題的基礎，不過這一延伸也不得不面對與臺灣作家及臺灣學者對話、溝通的問題（見《關於建構民國文學史過程中難以迴避的幾個問題》，《當代作家評論》2012 年 5 期）。

〔註9〕陳芳明、林惺嶽等著：《中華民國發展史·文學與藝術》，臺灣政治大學、聯經出版公司 2011 年。

（1912-1949）。〔註10〕湯先生是中國大陸較早呼籲「民國文學史」研究的學者，在這一部近40萬字的著作中，他較好地體現了先前的文學史設想：回歸政治形態命名的歷史記事，上溯民國建立的文學發端意義，恢復民國時期文學發展的多元生態。可以說這都觸及到了「民國文學史」的若干關鍵性環節，《民國文學史研究》由「史觀建設」與「編史嘗試」兩大部分組成，前者討論了民國文學史寫作的必要性，後者草擬了「民國文學史綱」，嚴格說來，「史綱」更像是民國時期文學的「大事記」，似乎是湯先生進一步研究的材料準備，尚不能全面體現他的「民國文學史」面貌。

　　海峽兩岸的學者都開始彙集到「民國文學」的概念下追述歷史，這令人鼓舞，但目前的成果也再次說明，書寫一部完整的《民國文學史》，無論是史觀還是史料，都還有相當的欠缺，時機尚未成熟，同志仍需努力。

三

　　民國文學史，在沒有解決自己的史觀與史料的時候，實在不必匆忙上陣。在我看來，民國文學研究在今天的主要任務還是對民國社會歷史中影響文學的因素展開詳盡的梳理和分析，對現代文學歷史演變中的一些關鍵環節與民國社會各方面的關係加以解剖，如民國建立與新文學出現的關係、民國社群的出現與現代文學流派的形成、民國政黨文化影響下的思想控制與文學控制、民國戰爭狀態下的區域分割與文學資源再分配等等，至於文學自身力量也不能解決的文學史寫作難題當然更可以暫時擱置（如當代臺灣文學進入民國文學史的問題）。只要我們並不急於完成一部完整系統的民國文學史，就完全可以將更多的精力放在民國文學一個一個的具體問題之上，可供我們研究範圍也完全可以集中於民國建立至人民共和國建立這一段，我想，海峽兩岸的學者都可以認定這就是「民國歷史」的「典型」時期，這同樣可以爲我們的雙邊交流營造共同的基礎。在民國文學史誕生之前，我們應該著力於歷史更多更豐富的細節，對細節的了悟有助於我們歷史智慧的增長，而歷史智慧則可以幫助我們最終解決這樣或那樣的歷史書寫的難題。

　　那麼，在一部成熟的《民國文學史》誕生之前，還有哪些課題需要我們清理和辨析呢？

〔註10〕湯溢澤、廖廣莉：《民國文學史研究》（1912～1949），吉林大學出版社 2011年。

我覺得在下列幾個方面，還有必要進一步研討。

一是「民國文學」研究究竟能夠做什麼。隨著近幾年來學界的倡導，對於「民國文學」研究的優勢大約已經獲得了基本的認識，但是也有學者提出了自己的疑慮：研討民國文學，對於那些反抗民國政府的文學該如何敘述？例如左翼文學、延安文學。或者說，民國文學是不是就是國統區追求民主、自由這類「普世價值」的文學，「民國機制」是不是與「延安道路」分道揚鑣？在我看來，「民國文學」就是一種近現代中國進入「民國時期」以後所有文學現象的總稱，既包括國統區的文學，也包括解放區的文學，因為「民國」不等於「黨國」，也代表了某種「革命者」共同的「新中國」的夢想，左翼文化、解放區反抗的是一黨專制的「黨國」，而不是民主自由均富的「新中國」，尤其在抗戰時期，當解放區轉型為民國的特區之後，更是恰到好處地利用了民國的憲政理想為自己開闢生存空間，為自己贏得道義與精神上的優勢，只有在作為「新中國」的「民國」場域中，左翼文學與延安文學才體現出了自己空前的力量，「延安道路」才得以實現。「民國文學」也不是歌頌民國的文學，相反，反思、批判才是民國時期知識份子的主流價值取向，所以，我們可以發現，「民國批判」往往是民國文學中引人矚目的主題，左翼文學精神恰恰是民國時代一道奪目的風景，儘管它的文學成就需要實事求是地估價。在這個意義上，民國文學史的研究肯定是中國近現代史學的組成部分，而不是大眾時尚潮流（如所謂「民國熱」）的結果。

民國文學研究更深入的理論問題還在於，這樣一種新的文學史研究範式的出現究竟有什麼深刻的學術意義？對整個文學史研究的進行有何啟發？我認為，相對於過去強調「現代性」時間意義的「中國現代文學史」而言，「民國文學史」更側重提醒我們一種「空間」的獨特性，也就是說，從過去的關注世界性共同歷史進程的「時間的文學史」轉向挖掘不同地域與空間獨特涵義的「空間的文學史」，以空間中人的獨特體驗補充時間流變中的人類共同追求，這就賦予了所謂「民族性」問題、「本土性」問題與「中國性」問題更切實的內涵，從此出發，中國文學研究的新範式也許可以誕生？

二是「民國文學」研究當以大量的具體文學現象的剖析為基礎。這一方面是繼續考察各類民國文化現象對於文學發展的重要影響，包括經濟、政治、法律、教育、宗教之於文學發展的動力與阻力，也包括各區域文化現象對於文學生長的有形無形的影響，包括民國時期一些重要的歷史事件對於文學的

特殊作用，例如國民革命。過去我們梳理中國現代的「革命文學」，一般都從 1927 年大革命失敗之後的無產階級文學倡導開始，其實「革命」是晚清以來就一直影響思想與現實的重要理念，中國現代文學的「革命意識」受到了多重社會事件的推動，從晚清種族革命到國民革命再到無產階級革命等等都在各自增添新的內容，仔細追溯起來，「革命文學」一說早在國民革命之中就產生了，國民革命也裏挾了一大批的中國現代作家，爲他們打上了深刻的「革命」意識，不清理這一民國的重要現象，就無法辨析文學發展的內在脈絡。大量現代文學現象（特別是文學作品）的再發現、再闡釋是民國新視野得以確立的根據。如果我們無法借助新的視野發現文學文本的新價值，或者新的文學細節，就無法證明「民國視野」的確是過去的「現代文學視野」能夠代替的。所幸的是，最近幾年，一些年輕的學者已經在「民國機制」的視野下，發掘了中國現代文學的新的內涵。這裡僅以《文學評論》雜誌爲例：顏同林從「法外權勢的失落與村落秩序的重建」這一角度提出對趙樹理小說的嶄新認識〔註 11〕，周維東結合延安文化，剖析了解放區文學「窮人樂」主題的意味〔註 12〕，李哲發現了茅盾小說中沉澱的民國經濟體驗〔註 13〕，鄔冬梅結合 1930 年代的民國經濟危機重新解讀了左翼文學〔註 14〕，羅維斯發現了民國士紳文化對茅盾小說的影響〔註 15〕，張武軍透過「民國結社機制」挖掘了從南社到新青年同仁的作家群體聚散規律，賦予社團流派研究全新的方向〔註 16〕。在重新研討新文學發生過程的時候，李哲發現了北京大學教育「分科」的特殊意義〔註 17〕，王永祥則解剖了民國初年的國家文化所形成的語境與氛圍〔註 18〕。這樣的研究都在很大程度上突破了過去的「現代文學」研究視域，通過自覺引入民國歷史視角而推動了文學史研究的發展。

〔註 11〕 顏同林：《法外權勢的失落與村落秩序的重建——以趙樹理四十年代小說爲例》，《文學評論》2012 年 6 期。

〔註 12〕 周維東：《解放區的天是明朗的天——延安時期的移民運動與「窮人樂」敘事》，《文學評論》2013 年 4 期。

〔註 13〕 李哲：《經濟·文學·歷史——〈春蠶〉文本的三個維度》，《文學評論》2012 年 3 期。

〔註 14〕 鄔冬梅：《民國經濟危機與 30 年代經濟題材小說》，《文學評論》2012 年 3 期。

〔註 15〕 羅維斯：《「紳」的嬗變——〈動搖〉的一種解讀》，《文學評論》2014 年 2 期。

〔註 16〕 張武軍：《民國結社機制與文學的演進》，《文學評論》2014 年 1 期。

〔註 17〕 李哲：《分科視域中的北京大學與「新文化運動」》，《文學評論》2013 年 3 期。

〔註 18〕 王永祥：《〈新青年〉前期國家文化的建構與新文學的發生》，《文學評論》2013 年 5 期。

　　當然，類似的文本再解釋、歷史再發現工作還遠遠不夠，我們期待更多的研究者加入。

　　三是對於從歷史文化的角度闡釋現代文學的這一思路本身也要不斷反思和調整。在相當多的情況下，民國文學研究與現代文學研究都擁有相似的研究對象，相近的研究方法，不過，相對而言，「民國」一詞突出的國家歷史的具體情態，「現代」一詞連接的則是世界歷史的共同進程。所以，所謂的民國文學研究理所當然就更加突出民國歷史文化的視角，更自覺地從歷史文化的角度來分析解剖文學的現象，倡導文學與歷史的對話。鑒於民國歷史至今仍然存在諸多的晦暗不明之處，對於歷史的澄清和發現往往就意味著主體精神的某種解放，所以澄清外在歷史真相總是能夠讓我們比較方便地進入到人的內在精神世界之中，因而作為精神現象組成部分的文學也就得到了全新的認識。最近幾年，中國現代文學研究中較有收穫的一部分就是善於從民國史研究中汲取養分，詩史互證，為學術另闢蹊徑，文學研究主動與歷史研究對話，歷史研究的啟發能夠激活文學研究的靈感，「民國文學」的概念賦予「現代文學」研究以新機。雖然如此，我們也應該不斷反思和調整，因為，隨著歷史研究、文化研究在文學考察中的廣泛運用，新的問題也已經出現，那就是，我們的文學闡述因此而不時滑入到了純粹的歷史學、社會學之中，「忘情」的歷史考察有時竟令我們在遠離文學的他鄉流連忘返，遺忘了文學學科的根本其實還是文學作品的解釋。捨棄了這一根本，模糊了學科的界限，我們其實就面臨著巨大的自我挑戰：面向文學的聽眾談歷史是容易的，就像面對歷史的聽眾談文學一樣；但是，如果真的成了面對歷史的聽眾談歷史，那麼無疑就是學科的冒險！對此，每一位文學學科出身的學人都應該反覆提醒自己：我準備好了嗎？

　　在這個意義上，我們應該始終牢記，從歷史文化的角度研究文學，最終也需要回到「大文學本身」，民國文學研究對民國時期文學現象的研究，而不是以文學為材料的民國研究。將來我們可能要完成的也不是信馬由韁的《民國史》而是不折不扣的《民國文學史》。

　　沒有對這些研究前提、研究方法的反思，就不會有紮實的研究，當然最終的文學史是什麼樣子，也就難以預期了。闡釋優先，史著緩行，民國文學史的寫作，當穩步推進。

目次

民國文學：闡釋優先，史著緩行——第五輯引言
　　李怡

導　論

第一節　周作人思想研究的兩種視野

　　在中國現代文學史上，以 40 年代爲界，周作人的社會地位與政治身份出現巨大反差。作爲 20 年代新文化運動的健將、30 年代京派文學的盟主，周作人在中國新文學建設和思想革命方面，成就卓著。40 年代在北平淪陷區，周作人出任與日本侵略者合作的汪精衛僞國民政府教育督辦等政府職務，一方面，無論就創作還是影響力而言，他在淪陷區文壇仍然舉足輕重；另一方面，在淪陷區之外廣大的國統區、解放區，則成爲千夫所指的政治失格者，用中國特有語彙，被指稱爲「漢奸」。周作人與敵協作這一政治事件，使得現代民族國家的政治視野，在八九十年代以來逐漸成爲學術熱點的周作人研究中，成爲國內學界普遍的潛在研究視野，或自明的理論前提。

　　這一政治性研究視野，有助於把握研究對象思想的總體性質，但當其成爲自明的理論前提，或唯一主導的研究視野時，可能會給思想研究本身帶來兩方面的問題。一是以 40 年代爲界，周作人的思想被斷裂爲前後兩個時期，或者只承認前期的貢獻，而全盤否定後期；或者從後期的結果，逆推前期思想中的伏線，這種做法，看似承認前後期思想的連續性，而實際上只是預設了一種目的論的因果聯繫。二是割裂周作人文學與政治的關係，或者將周作人個人主義的文學，看作與國家政治的對立性存在；或者只在文學專業的範圍內，研究周作人在新文學各領域（例如散文、新詩、文學翻譯、兒童文學等）的理論、藝術方面的貢獻，據此，後期散文也只從文學價值方面予以評

定。因此，當周作人研究在傳記研究和細部問題上，不斷取得成就，逐步推進時，〔註1〕研究視野的局限所帶來的問題，在一定程度上也局限了對研究對象的貼近和深入。

　　與國家政治的研究視野不同，近年開始出現新的，可以總稱爲文化政治的研究視野。文化政治的研究視野，把「政治」從局限於現代民族國家的國家政治體制，拓展至包括政治生活在內的、廣義的社會生活層面。與現代專業分工意識相比較，可以說這是一種在各個領域的相互聯繫中，對研究對象進行總體性觀照的思維方式。這種總體性觀照，可以兼顧政治所具有的倫理性意義，與文化（文學）所具有的美學性意義，並力求將二者完美地結合起來。例如朱曉江的《論周作人散文的「反抗性」特徵及其思想內涵》，展開的是「文明論」的研究視野。朱曉江認爲，周作人對「人」的關注，與「啓蒙」視野下，將有關「人」的敘事納入國家、民族的整體價值中不同，是出自對「現代文明進程的關懷」，這成爲周氏散文「反抗性」特性的思想支撐。〔註2〕張旭東的《散文與社會個體性的創造——論周作人30年代小品文寫作的審美政治》，展開的是文化政治的研究視野。張旭東認爲，周作人 30 年代貌似開適的小品文寫作，是「非政治化」的政治性寫作，實際上通過散文這一象徵

〔註1〕 這兩方面的研究成果非常多，僅舉部分代表性論著如下：錢理群：《周作人傳》（北京：十月文藝出版社，1990 年）、《周作人論》（上海：上海人民出版社，1991 年）；舒蕪：《周作人的是非功過》（北京：人民文學出版社，1993 年）；倪墨炎：《中國的叛徒與隱士：周作人》（上海：上海文藝出版社，1990 年）；李景彬、邱夢英：《周作人評傳》（重慶：重慶出版社，1996 年）；耿傳明：《周作人的最後 22 年》（北京：中國文史出版社，2005 年）；劉緒源：《解讀周作人》（上海：上海文藝出版社，1994 年）；黃開發：《人在旅途——周作人的思想和文體》（北京：人民文學出版社，1999 年）；孫郁：《魯迅與周作人》（石家莊：河北人民出版社，1997 年）；劉軍：《日本文化視域中的周作人》（上海：上海文藝出版社，2010 年）；常峻：《周作人文學思想及創作的民俗文化視野》（上海：上海世紀出版集團）；劉全福：《翻譯家周作人論》（上海：上海外語教育出版社，2007 年）；趙京華：《周作人審美理想與散文藝術綜論》（《文學評論》，1988 年 04 期）；郜元寶：《從「美文」到「雜文」——周作人散文論述諸概念辨析》（《魯迅研究月刊》，2010 年 01 期）；郝慶軍：《兩個「晚明」在現代中國的復活——魯迅和周作人在文學史觀上的分野和衝突》（《中國現代文學研究叢刊》，2007 年 06 期）；曾鋒《理之摒除——試論周作人與尼采》（《中國現代文學研究叢刊》，2003 年 01 期）；葛飛：《周作人與清儒筆記》（《魯迅研究月刊》，2003 年 11 期）；等等。

〔註2〕 朱曉江：《論周作人散文的「反抗性」特徵及其思想內涵》，《文學評論》，2011年 04 期。

性文化空間的自我合理化，積累象徵資本，實現對社會個體性的建構，並提供了一種日常生活的美學，與舊勢力及新興左翼政治對抗。〔註3〕Susan Daruvala 的 "Zhou Zuoren and an Alternative Chinese Response to Modernity"，借助美學現代性的研究視野，選取周作人依託民俗學形成的「地方風物」關注、「趣味」與「本色」的傳統美學範疇、言志與載道起伏消長的文學史觀，作爲周作人美學建構的組成部分，將其追述爲與民族國家的主流現代性話語相對抗的另外一種現代性選擇。〔註4〕這些新的研究視野，釋放了以往政治性視野主導的研究中被遮蔽的很多東西，比如周作人的文學、美學、文明觀等所具有的思想意義，因之，很多具體的論斷富於新意和啓發性。不過，另一方面，這些研究不能完全擺脫將文學與政治、日常生活與宏大敘事、人類文明的普世價值與民族國家的特定價值，進行二元對立的思想模式，有時也會帶來另一種遮蔽和簡化。

同樣具有文化政治的研究視野，但在方法論上對二元論陷阱有所警惕的，是日本學者木山英雄的周作人研究。收於《文學復古與文學革命》中的相關論文，既從周作人所身處的政治語境中，解析其思想與文學的發生、變遷與特質，反之，也從其思想與文學中，探測周作人自身的政治意圖。〔註5〕在文學、思想與政治的複雜關聯中，將研究對象語境化、具體化、對話化的思想方法，也體現在木山英雄關於周作人的思想傳記——《北京苦住庵記——日中戰爭時代的周作人》中。〔註6〕

本文的問題意識，來自於在既往研究的基礎上，尋找一個整體性研究視野，對周作人 1906～1946 年間的思想樣態進行描述和評析，呈現其連續而又變異、複雜而又統一的整體性面貌。本文提出「以『人』爲目標的文學政治實踐」，作爲其總體思想特徵的描述，基於如下理由：第一，周作人思想

〔註3〕張旭東：《散文與社會個體性的創造——論周作人 30 年代小品文寫作的審美政治》，《中國現代文學研究叢刊》，2009 年 01 期。

〔註4〕Susan Daruvala: *Zhou Zuoren and an Alternative Chinese Response to Modernity*, Harvard University Press, 2000。

〔註5〕參見趙京華編譯：《文學復古與文學革命——木山英雄中國現代文學思想論集》，北京：北京大學出版社，2004 年。

〔註6〕該書 1978 年初版，增版後題名爲『周作人「対日協力」の顚末補注『北京苦住庵記』ならびに後日編』，於 2004 年由岩波書店出版。中譯本《北京苦住庵記——日中戰爭時代的周作人》（趙京華譯）以增版本爲底本，由北京三聯書店出版於 2008 年。

的核心觀念是「人」，有關「人」的思想，是他根據不同時期的現實政治狀況，所進行的一種話語建構行爲，包含著他的政治意識，具有實踐性特徵；第二，周作人接受了審美自足的近代文學觀念，使這一「現代的裝置」所產生的近代「個人」意識，成爲其「人」的思想建構的主體意識，爲周作人思想賦予一種統一的形式感；第三，周作人從思想革命與文化建設的層面，展開其文學實踐，與注重實際行動與集團力量的政治實踐，既有一致性，又有對立性，因而稱之爲「文學政治實踐」。

據此，本文的論述，將在周作人的思想建構、文學實踐與國家政治的連絡與互動關係中展開。

第二節　「人」的思想建構與其文學實踐

1・建構「人」的理論視野

1920 年代，周作人寫了一篇文章，題目爲《古今中外派》，批評中國人「崇古尊中」的保守、自閉心理，以成爲眼界開闊、思想自由的「眞的古今中外派」，﹝註 7﹞寄望於青年一代，同時，這也可視爲自我期許。30 年代之後，他以「雜家」自稱，將自己的學問稱爲「雜學」，正是同樣的意思。周作人從相當博雜的學問體系與文化傳統中，形成有關「人」的思想建構，其主要理論視野，可以歸納如下：

一、進化論的遺傳學說。遺傳學說從遺傳與環境（外緣）兩方面，解釋生物性狀的成因，在生物進化問題上，形成細胞變異說與環境影響說兩種觀點。周作人採納後者，據此認爲，在不可改變的先天性遺傳的基礎上，通過教育影響環境，改善外緣，形成可以向後代傳遞的獲得性遺傳，從而實現人的進化。這一觀點，一方面，使周作人在人與動物的關係框架中，理解「人」的實現，「從動物進化的人類」，﹝註 8﹞「人」的屬性，從區別於動物本能的精神或道德方面予以界定，即「文明」或「文化」；另一方面，使他形成既非循環論，亦非直線式進化論，借用佛教語言，可稱爲「種業論」的歷史觀。

﹝註 7﹞ 鍾叔河編訂：《周作人散文全集》（以下簡稱《全集》）第 2 卷，第 619 頁，桂林：廣西師範大學出版社，2009 年。
﹝註 8﹞《人的文學》，《全集》第 2 卷，第 86 頁。

　　二、藹理斯的性心理學。對性心理的關注，從上述作為人的起點的、不可改變的生物本能而來，性道德由此具有「人」的道德形成起點的意義。從藹理斯借鑒的觀點，一方面，承認性的事情的個人性質，「以為性欲的事情有些無論怎麼異奇以至可厭惡，都無責難或干涉的必要，除了兩種情形以外，一是關係醫學，一是關係法律的。」〔註9〕反對出於禮教或宗教的性的「不淨」觀。另一方面，健全的性道德是「禁慾與縱慾的調和」，這一「生活之藝術」，被拓展至人生觀領域，成為整個現代生活、現代文明的基礎。因此，因性的「不淨」觀而最受歧視與壓制的女性能否得到解放，就成為周作人判斷「人」是否實現的最終檢驗，對於女性的思想，也成為他檢驗任何思想形態或政治運動的思想標準。

　　三、安特路朗、弗雷澤的文化人類學。周作人接受了人類學基於進化論的一個假設，即人類個體的發生次序與人類社會的發展程序相同，人從幼稚成長為成熟，復演的是人類社會從野蠻進化到文明的進程。因此，「兒童＝小野蠻」被視為「人」的實現的關鍵環節，鑒於「自由精神」對於「人」的屬性的不可或缺，在兒童教育方面，提倡超功利的藝術教育。因此，對周作人而言，「兒童」不僅指稱人的類別，而且具有思想概念的意義。這一人類學視野，也使他始終從個體的角度去認知社會。安特路朗、弗雷澤等進化學派的文化人類學，也是基於進化論以及人類心理同一性的假設，研究原始民族與未開化民族的思想與習俗，將人類社會描述為從野蠻到文明的進化歷程。這使他相信人類能夠依靠科學理性，克服蒙昧時代的原始禮俗對於人的自力的禁錮，步入文明，「有些我們平常最不可解的神聖或猥藝的事項，經那麼一說明，神秘的面幕條爾落下，我們懂得了的時候不禁微笑，這是同情的理解，可是威嚴的壓迫也就解消了。」〔註10〕將思想自由視為文化進步的標誌。

　　四、大乘佛教思想。佛教眾生平等的普親觀，使周作人對於「人」的理解，在人與動物的關係框架之外，增加了人與「自然」的關係的角度。這裡的「自然」，包含「自然本能」與「自然法則」兩種含義。在「自然本能」的意義上，文明與自然對立，正如人與動物的對立；但從永恒的「自然法則」來看，自然包含了文明，人類與動物一樣，同為自然之一種，在這一點上二者平等，這個視角，產生了周作人取消啟蒙者與被啟蒙者等級關係的「凡人」

〔註9〕　《我的雜學·十一性的心理》，《全集》第9卷，第214頁。
〔註10〕　《我的雜學·八文化人類學》，《全集》第9卷，第206頁。

概念。不過，所謂支配宇宙萬物的「自然法則」，不同於佛教思想的宿命論，而更近於中國傳統宇宙觀與藝術思維對於「天」「人」關係的理解，因此，反而為人積極發揮主觀能動性，以實現由自然所賦予、人類特有的自然法則，留有空間。人類反叛自然本能的藝術創造，因之具有使「人」實現的倫理意義。引入大乘佛教的利他主義，周作人解決了個人主義與集團主義對立的問題。大乘教的菩薩慈悲精神，旨在利他，與小乘教的自我修行專為自利，從思想上看二者截然對立，但在修行的具體行為方式上，大乘戒與小乘戒具有連續性，是在後者的基礎上漸變式演化而來。著眼於生活方式與行為方式的連續性，周作人取消了個人主義與利他主義的對立關係，將人的道德擴大到人的倫理關係，使「個人」的立場貫徹到利他主義的倫理建設中。

五、克魯泡特金的無政府主義倫理學。克魯泡特金將人的「道德」，視為基於生物同具的互助本能的社會性情感的漸次發展，「新倫理學的基礎就是互助本能的事實，即從社會生活發源來的社會的感情，它漸次發展而進化。最後發展到三個連續的遞陞的階段：互助──正義──道德。」〔註11〕克氏的新倫理學，肯定人類的個人自由與集體利益對人類的發展缺一不可，據此批判現代社會的資本、強權、宗教等對這兩方面的忽視。第三階段的「道德」，克氏指的是人類特有的「自我犧牲」，因此，他的倫理學具有為社會革命提供道德理想的意義，與其無政府主義立場相一致。周作人取消了克氏新倫理學與社會革命的關聯，將其應用於人的「生活革命」，對資本主義「妨害人的生活」〔註12〕進行道德批判。

根據自己的主體意識，周作人靈活驅遣各類思想文化資源，建構自己的思想形態。關於「人」的自由的實現，他沒有採取政治革命的方式，而是寄望於思想革命、文化進步與「生活革命」。

2‧自我意識與文學的主體性

在終其一生使用文字作品的方式表達自己的意義上，周作人堪稱地道的「文人」，於他而言，寫文章不僅是表達自我的一種方式，而且，文章形態就是自我意識的本體。因此，他在不同階段展開的文學實踐，總是對應著不同

〔註11〕巴金：《克魯泡特金的〈倫理學〉之解說》，《巴金譯文全集》第10卷，第444頁，北京：人民文學出版社，1997年。

〔註12〕《詩的效用》，《全集》第2卷，第522頁。

的自我意識。

　　留日時期的文學啓蒙活動對應的自我意識，可用周作人對波蘭詩人與民眾之間關係的描述，進行比擬，「波蘭詩人之所言，莫非民心之所蘊。是故民以詩人爲導師，詩人亦視民如一體，群己之間，不存阻閡，性解者即愛國者也。」〔註13〕即身爲愛國者的詩人，向國人譯介弱小民族國家的「悲哀」文學，以期喚起國人覺醒，共同拯救民族危亡。民國成立後，居鄉時期，致力於以美的「國民文化」建設爲內容的文化教育活動，其自我意識，是屬於少數的「賢者」、「教育家」，對多數的「庸眾」負有引導、教育之職責。他認爲，雖然民國的國民權利平等，但人的天性有差異，在負擔國民責任方面，應該有不同分工，「積極者賢者之責任，重在建設，以利民爲事；消極者不肖之責任，其事但在自持，不爲害而止耳。」〔註14〕

　　五四時期，「啓蒙者」之於人道主義文學實踐；後五四時期，「道德家」之於個人主義文學實踐；20年代中後期，「兩個鬼」——紳士鬼與流氓鬼，之於「閒話風」散文寫作。至此爲止，周作人的自我意識，與其文學實踐一一對應，也就成爲其文學的主體性。

　　20年代末，由於至親之人女兒若子的夭亡，周作人體會到文字無法對應的自我情感的部分，意識到文字表情達意的有限性，而提出「文學無用」論。文學無用，在此指的是文學失去了形成自我意識的功能。爲了避免文學無法表達的自我意識，落入理性不可知的信仰領域，反而向外部世界徹底敞開了自我。自我被分散性地投射於組成生活世界的每一細微的實物之上，無所遁形，以此保證理性的自主能力。因此，儘管文學從本體性存在變爲工具性存在，「在合理的社會人人應有正當的職業，而以文學爲其表現情意之具，有如寫信談話一樣」，〔註15〕但是，經由文字的理性認知功能，仍然完成了自我意識的塑造——「愛智者」，或「雜家」，對應的是30年代的讀書筆記體文章寫作。不過，這一自我意識，不能成爲30年代提出的「言志」派文學的主體性，「言志」派文學的成立，由被周作人視爲「載道」派的革命文學所規定，因而，其主體性，是與以文學爲職業的「文士」對立的「凡人」。

　　經由文字表達來塑造自我意識，這是周作人面對外部世界，取得思想獨

〔註13〕《哀弦篇》，《全集》第1卷，第141頁。
〔註14〕《庸眾之責任》，《全集》第1卷，第231頁。
〔註15〕《半封回信》，《全集》第5卷，第628頁。

立的方式，以 30 年代爲轉折，又可分爲兩種形態。30 年代之前，可稱爲「力的文學」，通過文學對外部世界發生作用力，保證自我的自主性；之後，可稱爲「知的文學」，通過文學對外部世界的理性認知，從「知」上，建立自我對「無知」的外部世界的主導性，這就是他在《偉大的捕風》一文中，引用帕斯卡關於「人是一根會思想的蘆葦」的意思，「但即使宇宙害了他，人總比他的加害者還要高貴，因爲他知道他是將要死了，知道宇宙的優勝，宇宙卻一點不知道這些。」〔註 16〕自我意識與文學實踐之間這種緊致的對應性，表明周作人從未使自己置身於有待實現的「人」的目標之外，這樣才能確保思想不致流爲空談，因此，他的文學是實踐性的，其政治性，表現爲一種有關人與人、人與外部世界之關係的倫理性。

3．文學實踐與國家政治

在使用武力這一點上，文學實踐與政治實踐絕對不相容。誠然，周作人曾經有過短暫地寄望於國民革命軍，但北伐失敗，宣告了其虛幻性。這意味著，中國革命自身的發展狀況，提出了他的文學實踐需要處理的問題，即面對政治鬥爭，思想獨立如何可能的問題。30 年代提出「言志」派文學，就是他應對這種狀況的一種文學策略。但是，在 40 年代淪陷區，他所要面對的，是完全不同性質的政治武力。

40 年代周作人的文學，一方面繼續延續 30 年代以來「知的文學」的寫作，題材也大略延續有關鄉土、民間、女性的話題，一方面卻從與此前相反的角度倡導「力的文學」，所謂「那時很看重漢文的政治作用」，〔註 17〕「如由各個人的立場看去，漢字漢文或者頗有不便利處，但爲國家民族著想，此不但於時間空間上有甚大的連絡維繫之力，且在東亞文化圈內亦爲不可少的中介，吾人對於此重大問題，以後還須加以注意。」〔註 18〕但是，「力的文學」事實上缺乏發生作用的現實對象，「國家民族」在政治上是分裂的，所謂「東亞文化圈」，也處於武力交戰的狀態，文學只處於政治的從屬地位。因此，無論「知的文學」還是「力的文學」，都無法對應於周作人此時的自我意識，二者的共存本身，反而表明了自我意識的分裂狀態，作爲「周督辦」，還是「原

〔註 16〕《全集》第 5 卷，第 569 頁。
〔註 17〕《知堂回想錄·反動老作家一》，《全集》第 13 卷，第 763 頁。
〔註 18〕《漢文學的前途》，《全集》第 8 卷，第 784 頁。

始儒家」？作爲「東洋人」，還是「中國人」？無法與自我意識相對應的文學，也就無法產生思想效力，失去了實踐性意義。自我意識的分裂，從反面凸顯了思想獨立不可或缺的物質條件：政治主權的完整，這也是文學實踐無法獨立存在的原因。

　　1920 年代中期，《語絲》上有過一次關於「國民文學」的討論。〔註 19〕「國民文學」的提出，與「五卅運動」之後高漲的民族主義思潮密切相關，體現了民族國家政治意識的增強。周作人雖然贊成這一提法，「國民文學的呼聲可以說是這種墮落民族的一針興奮劑」，但基於其個人民族主義的立場，他忽略了其中包含的民族國家政治意識，僅僅將其視爲新文學的自然發展，「我想這本來也是很自然很平常的道理，不過是民族主義思想之意識地發現到文學上來罷了。這個主張的理由明若觀火，一國的文學如不是國民的，那麼應當如何，難道可以是殖民的或遺老的麼？」因此，反而對其中可能含有的「國家主義」傾向特別警惕，提出「提倡國民文學同時必須提倡個人主義」。〔註 20〕周作人反問得如此理所當然，就在於主權完整的民族國家的政治立場對他而言，是不言自明的前提，因此反而被忽視。40 年代國土淪陷，失去的正是這一前提，當周作人將「限於漢文所寫」、以儒家人文主義爲根本思想的「漢文學」，〔註 21〕用以指稱「中國文學」時，文學與國家政治的相關性凸顯出來，「中國文學要有前途，首先要有中國人。中國人的前途——這是又一問題。」〔註 22〕

　　周作人唯一能夠認可的武力行爲，也許是無政府主義式的暴力，在他看來，這種武力是個人主義與仁人之心的結合，爲了自己的信仰而甘願犧牲自己的生命，而不是爲了自己的信仰讓別人去犧牲生命。周作人信仰的是「人」的理性，當然，不好據此責備他自己不具有那種殺身成仁的信仰。

第三節　研究思路與章節概要

　　遵循上述問題意識，以及對周作人思想、文學與政治之間關係的大略梳

〔註 19〕參見錢理群：《周作人與錢玄同、劉半農——「復古」、「歐化」及其他》，《遼寧教育學院學報》（社會科學版），1988 年 04 期。

〔註 20〕《與友人論國民文學書》，《全集》第 4 卷，第 222、223 頁。

〔註 21〕《漢文學的傳統》，《全集》第 8 卷，第 407 頁。

〔註 22〕《漢文學的前途》，《全集》第 8 卷，第 784 頁。

理，本文的研究思路，試圖在具體歷史語境與現代中國文學／思想史格局中，從歷時性角度呈現周作人思想運動的軌跡。首先，研究時期所劃分的四個時段：留日與居紹時期、20 年代、30 年代、40 年代，大體上呼應中國近代政治革命進程的幾個階段：排滿的民族革命、反封建的五四新文化運動、政黨政治鬥爭、抗日民族解放戰爭。在每個時段中，兼顧周作人的個人人生經歷，共同作爲其文學思想與文學實踐發生變化的主要依據。其次，具體考察周作人應因於各個時期的現實政治狀況，形成了怎樣的政治意識，據此在各個時期的思想建構中，調用怎樣的文化資源，以及選擇怎樣的文學樣式作爲實現其思想的載體。除導論與結語之外，本文的各章概要如下：

第一章：「自由精神」與文學啟蒙

本章分三節。第一節分析面對清末民族存亡的政治危機，留學日本的青年周氏兄弟，如何借鑒西方近代文化，建立以「自由精神」爲內涵的近代「個人」觀念，以及兼具文學獨立性與政治實踐性的近代「文學」觀。以「個人」爲中介，在文學與民族／國家之間建立關聯。同樣以「自由精神」作爲文學與非文學的區分標準，在周作人這裡，由於從文學原理入手，同時討論了「文學是什麼」，因此，進一步觸及文學不同於思想、學術的「美」的藝術本質。

第二節分析由於理解文學的側重點不同，在介紹文學啓蒙的文學樣式時，魯迅選擇了具有思想反抗性的「摩羅」文學，周作人選擇了具有情感普遍性的「悲哀」文學。由此，也形成了對啓蒙者與被啓蒙者的關係的不同理解，以及文學作用的方式的不同。魯迅寄望於培養精神界戰士，塑造新的個性；周作人期待表達共通的人類情感，喚起人的覺醒。進而，「自由精神」與民族主義的關聯方式也各自不同，這從二人對宗教文學的處理中體現出來。

第三節分析民國成立後，面對政治革命的不徹底，周作人從造就新的「國民」，實現眞正的「共和」精神出發，探索有效的國民教育方式。他從佛教「種業」思想、進化論的遺傳學說取得借鑒，吸收人文主義的善種學理論，提出個性教育的教育原理。同時，從人類學視野出發，「兒童」及兒童教育受到重視。個體從幼兒成長爲成人的過程，被視爲與人類社會從野蠻進化到文明的過程同構，「兒童」因此成爲造就新的「國民」、「人」的實現的關鍵環節。針對數千年封建專制制度造成的國民的奴性與唯利是圖性，周作人提出，兒童教育爲超功利的藝術教育。

　　第四節分析周氏兄弟在各自的文化教育工作領域，展開與民國共和政治相一致的民國「新文化」建設。其文化教育，借鑒日本心理學家上野陽一的藝術教育思想，具有美育的性質，超越國家意識形態，指向包含「美」的超越性的現代文化建設。由於二人性格氣質的差異，各自擷取上野陽一美育思想的不同方面，形成各具個性的美的文化實踐。魯迅的「民族新文化」，從漢代畫像石取得博大、陽剛、自由之美，注重藝術形式的創造性；周作人的「國民文化」，致力於運用現代科學思想與藝術趣味，對舊有文化進行改造，偏於古典的和諧之美。

第二章：個人主義思想的文學形態

　　本章包括三節。第一節分析以 1917 年北上加入新文化陣營爲契機，周作人趨向復古的藝術觀得到調整，在文學與現實人生之間建立關聯，五四時期，提出「人的文學」理論，對文學革命與思想革命之間的分裂進行彌合。「人的文學」觀吸收了西方人道主義觀念的多種資源，以建立日本「新村」式的理想社會形態爲目標，開展人道主義文學實踐，主要成果是翻譯小說集《點滴》。文學具有獨立的審美屬性，因此，從情感的眞摯出發所選擇的文學形式的多面多樣，與強調社會改造的人道主義思想之間，產生裂隙。

　　第二節分析後五四時期，隨著周作人對五四啓蒙主義的反省，啓蒙者的自我意識被調整爲「平凡的人」，由此建立以現代「人情」爲內容的個人主義文學觀，開展個人主義文學實踐，主要成果是翻譯小說集《現代日本小說集》、翻譯詩集《陀螺》。這一文學實踐的過渡形態，是體現反抗強權的、個性的民族主義立場的翻譯小說集《現代小說譯叢第一集》。個人主義文學實踐，探索建立藝術與倫理合一的中國現代文藝樣式，與實現「全而善美的生活」的中國現代化進程相統一，基於此，希臘古典喜劇作品、牧歌體小說、情詩、日本小詩、日本狂言、滑稽童話，作爲借鑒被提出。

　　第三節分析以兄弟失和事件爲轉折，周作人放棄文學的道德功能，在文學的個性與思想自由的結合中，倡導「閒話風」散文，致力於以「美的生活」爲內容的中國新文明的重建。在「五卅運動」掀起的民族主義思潮中，周作人基於個人民族主義的立場，在行動上排除群眾運動，而選擇軍備武力，顯示出其個人主義的傾向性，表現於思想領域，是在女師大風潮、「三一八」慘案等社會政治事件中，持續地反對思想專制，批判知識分子對政治權勢的依附。北伐失敗後，周作人思想革命的立場，將以檢討中國歷史文化的形態持

續下去。

第三章：思想自由與「現代中國」

本章包括四節。第一節分析面對政黨政治局面中崛起的新興革命文學，周作人如何調用反抗性文學資源，提出基於個人主義，與集團主義的革命文學同源而異流的「言志」派文學觀。「言志」派文學缺乏現實的政治主體，通過周作人被「缺席」批判的北平的「革命文學論爭」，周作人得以借用歷史資源，構造出「言志」與「載道」對立消長的雙線文學史圖景，指涉現實中的「言志」文學與革命文學的對立，對後者提出思想批判。

第二節分析以《駱駝草》爲陣地的「言志」派群體，借鑒18世紀啓蒙運動的思想資源，建立起堪與革命文學的階級論文藝觀相抗衡的「言志」派的「文明論文學觀」。周作人吸收大乘佛教的利他主義，改造五四個人主義，將基於「人情物理」的「現代生活」的倫理建設，確立爲「言志」派文學的思想內容。同時，從個人對生活不滿意的反抗出發，將政治運動與文學運動對立統一起來，確定文學運動的思想作用在於追求眞理，在藝術形式上，形成趣味主義美學觀。

第三節分析周作人以讀書筆記體文章寫作展開的「言志」派文學實踐。與左翼文學運動注重「大眾」的階級屬性不同，周作人提出「人民的歷史」，從生活連續性上，將「現代生活」的源泉，放置在歷史深處，與士大夫階級對立的廣闊的「民間日常生活世界」，以此建立以「情理」爲內容的「民眾」主體。在弗雷澤文化人類學與柳田國男鄉土研究的視野中，周作人對「民間生活」的開掘與倫理建設，試圖超越政黨政治，走向由現代生活、現代文明界定的「現代中國」的實現。

第四節分析面對中日民族矛盾的激化，周作人試圖站在文化民族主義的立場，維護其超越政治意識形態的現代文化建設的文學實踐。國難當頭之際，周作人一方面將文學從政治責任中剝離，但其文學不能不染上帶有現實憂患的「閒適」色彩；另一方面，從現代民主觀念出發，使文人作爲國民一分子，承擔起「道義」與「事功」相結合的國民政治責任。基於此，提倡「通俗文章」寫作。同時，從日本江戶時代的平民文藝中，試圖尋求對日本武力政治進行文化解釋，維護文化對於政治的自主性。

第四章：政治困境中的思想表達

本章包括兩節。第一節分析在40年代北平淪陷區，由於接受與敵合作

的僞國民政府官職，周作人的個人身份在政治角色與文化角色上發生分裂，其個人言論亦隨之分裂。延續 30 年代儒家思想所提出的儒家文化中心論，帶有表達政治性姿態的曖昧性，「倫理之自然化」與「道義之事功化」的思想命題，在 40 年代的政治語境中，隨之發生某種變形。一方面，民間信仰對於人類精神生活所具有的意義，從周作人自身陷入困境的心理經驗上，得到某種理解；另一方面，「事功」的承擔者，從普通國民變爲相當於士大夫階層的知識分子，這一出於生存意識與政治性姿態不得不然的轉變，意味著周作人不得不站在此前他毫不妥協地加以批判的專制政治的理論邏輯上，這在其思想中投下了「漆黑的宿命論」陰影。

　　第二節分析自中日民族矛盾激化至交戰的過程中，基於保護文化在現代化過程中的主導性，周作人所進行的一系列思想掙扎。首先在東方文明與西方文明的對立結構中，提煉自日本文化的「人情美」、「東洋人的悲哀」，依次作爲文化主體的成分被提出。其次，轉向考察東方文化內部的差異，提出日本特有、中國所無的「宗教」，試圖在極限處以文化問題處理政治問題，戰爭爆發意味著政治的優勝。在政治不自主的淪陷區，周作人對「宗教」的思考，成爲他自身與淪陷區人民實質上處於「亡國奴」地位及其心理經驗的投影。

第一章 「自由精神」與文學啟蒙

　　面對清末民族存亡的政治危機，留學日本的青年周氏兄弟，借鑒西方近代個人主義思潮，建立起以「自由精神」為內涵的近代「個人」觀念，以及兼具文學獨立性與政治實踐性的近代「文學」觀，據此譯介弱小民族國家文學，開展與種族革命的政治目標具有一致性，同時又指向以「自由精神」為標準，具有超越民族國家政治的「文明」復興的文學政治實踐。民國成立後，回鄉從事文化教育工作的周作人，與在教育部從事類似工作的魯迅，運用近代「個人」思想，展開與民國共和政治相一致的「國民文化」、民族新文化的建設，其文化教育借鑒日本的藝術教育思想，具有美育的性質，「美」的獨立性和超越性，使其超越國家意識形態，成為指向現代文化的新的文學政治實踐。

第一節 「自由精神」與近代文學觀

1・「自由精神」的建構

　　周氏兄弟出生、成長及其教養根基形成的 19 世紀晚期，從世界範圍來說可以說是一個「文學的時代」。西方批判現實主義文學臻於頂峰，日本明治維新之後，確立起與人的內心關聯的「現代文學」的主流。[註1] 經由現代知識系統重新闡釋的「文學」，被認為反映社會現實或表達個人的內心情感，表現

〔註1〕參見柄谷行人著、趙京華譯：《日本現代文學的起源》，北京：三聯書店，2006年。

人的精神和靈魂，在與讀者心靈相接的過程中，對社會現實產生積極的能動作用。質言之，文學具有批判現實與參與現代個體形塑的意識形態功能。這一嶄新的現代文學觀念，與 18 世紀西方工業革命所開啓的現代化進程息息相關。〔註2〕

因而，當清末中華帝國被西方列強的堅船利炮迫開大門、被捲入現代化進程之時，梁啓超等維新派最先敏銳地捕捉到這一潮流，發起詩界革命、文界革命、小說界革命，提升文學的地位與影響力，希望借助文學的現代意識形態功能，完成國民、社會、國家的革新。不過，在維新派這裡，對文學的社會功能過度倚重，忽略了關於文學本體的論述，以至於似乎不過是將「文以載道」的傳統文學觀念拓展至散文之外的詩歌、小說、戲曲等而已。究其實，與文學獨立的近代意識相匹配的現代個體概念，尚未被建構起來。

在前輩止步的地方，作爲新一代的周氏兄弟像接過接力棒一樣開始出發。《文化偏至論》與《論文章之意義暨其使命因及中國近時論文之失》（以下簡稱《論文章之意義》），《摩羅詩力說》與《哀弦篇》，是周氏兄弟留日時期姊妹篇式的論及各自文學思想與介紹外國文學作家作品的文言論文，值得注意的是，這些有關文學的論文，起始便將文學置於對文明盛衰的痛切反思中加以論述；而在有關「文明」的討論中，主要從「意力」和「精神」方面加以界定的現代「個人」概念浮現出來，其建構邏輯並被推衍至處理個人與民族（國家）、民族與民族之間的關係方面。〔註3〕

例如，魯迅在《文化偏至論》中，起手是批判輕才小慧之徒託名「文明」，盲目、膚淺地照搬西方模式的民族虛無主義思想，與其「掊擊舊物，惟恐不力」相反，魯迅認爲中國的文明很早就已臻於光輝燦爛，後來日見衰落只是因爲缺乏與相異文化的交流，無從比較而不思進取，歸於敗落一途。可見，對魯迅而言，向中國展示了現代武力強權的西方文明，並不能成爲「文明」的唯一標準，關於「文明」的界定，必須考慮到中國乃至世界各文明古國往昔曾經取得的文明成果。因此，對於用「文明」一語裝飾競言武事的中國改

〔註2〕 參見伊恩・P・瓦特：《小說的興起》，北京：三聯書店，1992 年。

〔註3〕 關於魯迅早期文言論文中的「個人」概念、以及「個人」與「民族」之間關係的論述，參見汪衛東：《「個人」、「精神」與「意力」──〈文化偏至論〉中「個人」觀念的梳理》，《魯迅研究月刊》，2004 年 05 期；李國華：《章太炎的「自性」與魯迅留日時期的思想建構》，《中國現代文學研究叢刊》，2009 年 01 期。

革者，魯迅嚴厲批評道：

> 苟日是惟往古爲然，今則機械其先，非以力取，故勝負所判，即文野之由分也。則曷弗啓人智而開發其性靈，使知鬻獲戈矛，不過以禦豺虎，而喋喋譽白人肉攫之心，以爲極世界之文明者又何耶？且使如其言矣，而舉國猶屏，授之巨兵，奚能勝任，仍有僵死而已矣。〔註4〕

即使正是西方強大的武備使中國吃足大虧，魯迅仍然不認可「肉攫之心」、強權邏輯制定的文野之分，在他看來，無論古代的武力還是現代的機械，相對於人智、性靈而言，都只是第二義的，不能用作文明與野蠻之分的標準；甚至人的健全體魄，也是優先於使用武力的先決條件。這裡，相較器械之力而言，人自身之力被置於「文明」的最高價值上。

對「人」自身價值的推崇，到了周作人《論文章之意義》一文中，通過將「人」具體化爲「國民」，以質體與精神的二分法邏輯，甚至將人的「精神」作用推至極致，「質體爲用，雖要與精神並尊，顧吾聞質雖就亡，神能再造，或質已滅而神不死者矣，未有精神萎死而質體尚能孤存者也。」〔註5〕

這些正是周氏兄弟從「自由精神」出發界定的現代「個人」觀念的先聲，因其形成於對西方帝國主義殖民侵略的抵抗中，而不同於18世紀歐洲啟蒙運動中產生的原子式個人主義，毋寧說，更接近於德國思想傳統中，在主體交互關係中定義存在特殊性的個體性個人主義。原子式個人主義訴諸存在的普遍性，導向平等觀念，而個體性個人主義訴諸存在的特殊性，與自由觀念相聯。〔註6〕換言之，對周氏兄弟而言，「個人」並非某種絕對價值的載體，而

〔註4〕《魯迅全集》第1卷，第46頁，北京：人民文學出版社，2005年。
〔註5〕《全集》第1卷，第88頁。
〔註6〕關於兩種「個人主義」區別的論述，參見陳贇：《我你之辯與現代性意識的起源》，「原子式的個人主義在西方思想中影響深遠，它曾經是平等觀念的本體論根源。這種個人主義觀念把每一個個人都視爲不可分割的獨立存在，這一個個人與那一個個人都同樣具有天賦的自然權利。從這裡生發出來的自由與個體，都具有一種抽象的形式的特徵，因爲，在不同的單個人那裡，它們還是同質的東西。所有不同的個體被抽象地視爲某些天賦觀念或某種絕對價值的載體，在這裡，真正被關注的不是個人與個人之間的差異，而是它們之間的平等性——具體表現爲每一個個人都共同具有某些東西這樣一個『實際』。這樣，在最終的意義上，個人與個人之間的差別就只能是量的差別，換言之，在這種個人主義中，真正取得勝利的仍然是那種存在的普遍性，存在的特殊性反而被抹殺了。」「黑格爾指出，在家庭和市民社會中，原子式個人主義真

是在人與人的交互關係中，對每一個個體自身的獨特規定性即個體性的相互承認。這種主體性建構邏輯，在將「民族」也視爲個體的意義上，對於個人與民族（國家）、民族與民族之間的關係亦然。〔註7〕因此之故，對一個現代的中華民族（國家）的構想，與維新派的君主立憲政體或革命派的民主共和政體等實體國家構想不同，魯迅的「人國」，如同其構成之物的「人」由「自由精神」所界定那樣，也帶有精神性產物的性質。這一精神性的「人國」，既頑強地要求現代民族國家形態的西方文明承認其獨特性，同時也成爲本國政治改革實踐的檢驗標準與終極理想。

　　1920年代周氏兄弟失和之前，周作人亦步亦趨地追隨大哥魯迅，兩人思想的差別在毫微之間，在此，同樣是將人的主體性置於文明的最高價值，但論述思路仍各有側重。正如研究者所指出，在魯迅所強調的人的主觀內面精神中，對尼采、叔本華「意志」哲學加以吸收改造的「意力」是一個關鍵詞，魯迅放棄了「意志」學說的形而上學旨趣，而擇取了其中的「生命力」內涵，這使得他界定的人的「精神」具有一種不斷超越自我、剛健動進的動力性特徵。〔註8〕不過，這種超越性仍然被限定在晚清具體的時代語境中。魯迅對晚清所謂「志士」的批判，除其人云亦云的不智之外（這可歸結爲缺乏「個

正消逝了。家庭和市民社會擴大了個體性（存在的特殊性）的內涵。它把個人的個體性與民族和國家的個體性關聯起來，國家和社會不再如在啓蒙運動中發生的那樣，被視爲普遍的理性的建構，以及個人之間的契約性安排，而是獨特的民族精神的體現。這樣，存在的特殊性在19世紀的德國思想中就成爲一種普遍的力量。……換言之，個體性（存在的特殊性）的生成被置於個人社會化與社會個體化相互緣發的語境中」，「黑格爾認爲，主體性的自由意味著精神總體中關鍵的方方面面都應該得到充分的發展。在這裡，關鍵的方方面面，就特別包含了主體的個體性的那一維度。獨特不群的個體所具有的那些個性的充分發展，就是自由的實在性的表現。所謂『自由』，就是『由自』，就是『依自不依他』，在個人生活領域，它不僅意味著自我在思想與行爲上內在的自覺與自律，而且，還意味著主體可以合理追逐自己的興趣，把自己與眾不同的方面充分展現出來。就後者而言，自由就是順乎自己之特殊性，把主體的特殊性發展到它所能達到的高度。如果存在的特殊性沒有上昇到本體論的高度，那麼，自由就還不可能真正是個體的『由自』。」《天津社會科學》，2002年04期。

〔註7〕參見李國華：《章太炎的「自性」與魯迅留日時期的思想建構》，該文討論了魯迅的「個人」觀念與章太炎「自性」概念的理論聯繫與區別，或許魯迅留日時期接受的德國思想文化的影響也可以考慮進來。

〔註8〕參見汪衛東：《「個人」、「精神」與「意力」——〈文化偏至論〉中「個人」觀念的梳理》。

性」），更重要的是批判其私欲，甚至利欲熏心即是不智之因，「夫勢利之念
昌狂於中，則是非之辨爲之昧，措置張主，輒失其宜，況乎志行污下，將借
新文明之名，以大遂其私欲者乎？」〔註9〕因此，魯迅的「非物質」，一方面
是在批判重物質的實利主義使人成爲物質的奴隸，缺乏精神自主的意義上，
另一方面則是在批判人心惑於實利，只求私利不顧公益、只求保身不顧保國
的意義上。即，魯迅對於人的精神覺醒，劃定了兩個向度，一是精神自主、
自由的「個性」，一是天下爲公的道德境界，兩者共同構成「自由精神」的
內涵，後者體現出其文明論中的民族國家政治意識。

這樣的結論爲周作人所共享。他的《論文章之意義》一文側重於闡釋近
代文學原理，但開頭一段可視爲《文化偏至論》中從歷史敘述推導出「自由
精神」結論的濃縮版，不過，在周作人的論述邏輯中，因設置了「精神」與
「質體」的二元對立和等級關係，出現了「精神萬能論」的傾向：

今夫聚一族之民，立國大地之上，化成發達，特秉殊采，偉美
莊嚴，歷劫靡變，有別異於昏凡，得自成美大之國民（nation，義與
臣民有別）者，有二要素焉：一曰質體，一曰精神。質體云者，謂
人、地、時三事。同胤之民，一言文，合禮俗，居有土地，庚世守
之，素白既具，乃生文華。之數者爲形成國民所有事，亦凡有國者
所同具也。若夫精神之存，斯猶眾生之有魂氣。一人入世，本無異
於微塵，林林者等猶是戴毛銜齒之倫，更於何處生其差別？徒以性
靈作用，故心思言動既因之各表異於人人，而善惡因緣亦焉而附麗，
智愚得喪之故，可由是洞然如觀火也。以言國民精神，理亦視此，
故又可字曰國魂。蓋凡種人之合，語其原始，雖群至龐大，又甚雜
糅而不純，自其外表觀之，探其意氣之微，宜儼然無所統一；然究
以同氣之故，則思想感情之發現，自於眾異之中，不期而然，趨於
同致。自然而至，莫或主之，所謂種人之特色，而立國之精神者是
已。國人有此，乃足自集其群，使不即於漓散，且又自爲表異，以
無歸於他宗，然後視其種力，益發揮而廣大之，漸以成文化。力而
強也，造詣所及，光華美妙，並世莫倫，或以餘光，福人間世，普
遍大千，靡不受福，此其一也。即不然，而國粹深長，善能匡大，
益以潮風所被，爲補闕之謀，斯亦足自立於兩間，不至爲洪流所漂

〔註9〕《魯迅全集》第1卷，第47頁。

泛，此又其一也。若夫愈下，斯無可言，及舊澤之不存，又新潮之

弗作，其能不顛連倒擲以入漩洑中而歸於盡絕者幾何也。〔註10〕

與魯迅強調「意力」的「精神」觀相比，「精神」的內涵在周作人的論述中略有差異：第一、周作人用「魂氣」、「性靈」、「國魂」等指稱「精神」，更多神秘主義氣息，其內涵無定，其外延便宜無限拓展。由此，「精神」便無所不能：不僅使人各具面目以成「個性」、使種族聚合為國、使國與國相互區別，而且成就一國一族之文化，使其國其族世代綿延、福澤人間；反之，「精神」一旦喪亡，國即不存。尤其在接下來的例證中，周作人將文明古國埃及、希臘在近世得以存留、重建，以及斯拉夫民族力抗外族侵略、追求民族獨立的頑強，歸因於「神不亡焉」，倒果為因，可謂一種浪漫主義的憂患意識。如果說魯迅的「意力」聚焦於人的生命力，其「上徵」的動勢、力度很鮮明，那麼周作人的「精神」因推至無限的稀釋，其「力」度反而略顯空泛飄渺。第二、周作人的「精神」是在質體／精神的二元等級結構中被建構，這也造成了他對「精神」作用的無限擴大；同時，這一思維邏輯貫穿於「種人→國民→國」的進階過程中，使得每一個上一級存在都成為下一級存在在質體之外的精神產物。因此，儘管在字面上「國民」似較「人」為具體，但周作人主要從「精神」層面予以界定，使這一概念實則更為抽象，對於「國」的理解亦然。第三、魯迅更多將「意力」與「自我」、「主觀」等概念關聯，以此界定的「精神」更多主動性、能動性，與客觀物質世界對立；而周作人關於「精神」的形成也帶有神秘主義氣息，「不期而然，趨於同致」，「自然而至，莫或主之」，反而容納了客觀世界的某種自然力。

在留日語境中，周氏兄弟確立起以「自由精神」為內涵的現代「個人」觀及文明論視野，其中既包含面對晚清民族存亡危機而生發的民族國家政治意識，又超越這一層面指向終極的個體精神自主與自由，這使他們應因於現代「個人」觀念而建立起來的近代文學觀，同時具有文學獨立性與政治實踐性兩個維度。而對於人的主觀精神理解的略微差異，使二人的文學觀與文學趣味表現出明顯不同。

2・文明論視野中的近代文學觀

面對層層疊加於人身上的各種舊的與新的觀念束縛，現代「個人」的個

〔註10〕《全集》第 1 卷，第 88 頁。

體性如何實現？在「個人－心聲－文學」的連接關係中，周氏兄弟選擇「文學」，既作爲個體性、自由精神的最高表現，也作爲其賴以實現的手段。並且，通過「心聲」與「民聲」的互釋，「德人海勒兌爾（Herder）字之曰民聲。吾國昔稱詩言志」，〔註11〕文學與民族（國家）以個人爲媒介關聯起來。

魯迅的文學觀在《摩羅詩力說》中如此表述：

> 由純文學上言之，則以一切美術之本質，皆在使觀聽之人，爲之興感怡悅。文章爲美術之一，質當亦然，與個人暨邦國之存，無所繫屬，實利離盡，究理弗存。故其爲效，益智不如史乘，誠人不如格言，致富不如工商，弋功名不如卒業之券。特世有文章，而人乃幾於具足。〔註12〕

相較於晚清維新派或革命派視文學爲其總體政治構想或學術構想的一個組成部分，文學自身並非自足的存在，〔註13〕接受了西方近代文藝思潮的魯迅，首先從本體論上確立了文學的獨立屬性，由此才能從功用上突破狹隘的實利性社會功能，而直接與人的完整性關聯，是爲「不用之用」。即，文學具有獨立本體，其職用涵養神思，作用於人的精神世界。這一文學觀與由「自由精神」界定的現代「個人」觀念互爲表裏。

對此，周作人在《論文章之意義》中有相似的表達，「特文章爲物，獨隔外塵，託質至微，與心靈直接，故其用亦至神。」〔註14〕不過，由於該文側重闡述文學原理，在借鑒西方文論深入討論文學的具體構成時，周作人進一步觸及了文學之爲文學的獨特性所在。魯迅以思想問題的方式提出的觀點，在周作人這裡以文學問題的方式得到展開：

> 文章者，人生思想之形現也。此其爲言，非云文人義唯拘於學者。巴德勒（Pater）曰：「文家非學子莫勝。」今爲之正義，則當讀如必思想家而後可耳。巴斯庚之論文也，有曰「凡其色相之美，優於託物者幾何，則文之壽亦如其量」，此亦誤也。充其意言之，不啻

〔註11〕 《全集》第 1 卷，第 92 頁。

〔註12〕 《魯迅全集》第 1 卷，第 73 頁。

〔註13〕 例如章太炎論「文學」，是與小學、諸子學並列，而成爲「國故」的一部分，他對「文學」的定義也非常廣泛，以「有文字著於竹帛」者皆屬於「文」的範圍。參見《國故論衡》，上海：上海古籍出版社，2003 年。另如梁啓超的《論小說與群治之關係》（《新小說》第 1 年第 1 號，1902 年 11 月），「小說」是其「欲新一國之民」、「欲改良群治」的政治抱負的一個組成部分。

〔註14〕 《全集》第 1 卷，第 91 頁。

云文章可離思想以孤立而不失其德矣，爲説甚不中。唯宏氏謂文章
爲人生思想之形現，則既不偏於績學爲文之説，亦不至過宗美論，
唯主藻詞。其所執持之義，第曰文章須能感（Sensible）耳，猶言貴
能神明相通，其形雖成於文字，而靈思所寄，有更玄崇偉妙，不僅
及一二點畫而止者。

　　文章中有不可或缺者三狀，具神思（Ideal）能感興（Impassioned）
有美致（Artistic）也。思想在文，雖爲宗主，顧便獨在，又不能云
成，如巴斯庚所前言是矣。夫文章思想，初既相殊而莫一，然則必
有中塵（Medium）焉，爲之介而後合也。中塵非他，即意象、感情、
風味三事（即頃所舉三狀之質地）合爲一質，以任其役，而文章之
文否亦即以是之存否爲衡。蓋抽思爲文，使不經此，則所形現者將
易於混淆，更無辨於學術哲理之文矣。故文章者，意象之作也。巴
德勒又言，文章實合事跡靈明而成形。是猶言文字之中有一物焉，
足以令讀者聆誦之餘，悠然生其感想，如愛諾爾德云須有興趣是也。
以上所言，多關神思、感興二狀。至言美致，則所貴在結構，語其
粗者，如章句、聲律、藻飾、鎔裁皆是，若其精微之理，則根諸美
學者也。集是三者，彙爲文章，斯爲上乘，文人之流品亦視此而定
之。〔註15〕

這兩段論述，混用著近代西方文學理論與中國傳統文論術語，顯示出周作人
在咀嚼、消化新的學術資源，並與自身傳統相融合的努力和艱難。儘管如此，
他還是以其清晰的理論思維，對魯迅以整體性方式接受的西方文學觀念，
〔註16〕施以手術刀般冷靜的解剖。周作人將文學的構成分爲「思想」與「形
現」兩部分，並論及二者的結合方式，必以「意象、感情、風味」爲中介，
由此，文學成爲美的思想內容與美的文學形式的統一體，其中蘊涵觸動人心
的情感感染力；「美」與「情感」作爲「藝術的特質」，成爲文學區別於其他
文字作品的獨特性所在。這樣，文學建立起源自自身的評價標準，與學問、
辭藻以及文人個人的道德品行相分離。

〔註15〕《全集》第 1 卷，第 97、98 頁。
〔註16〕伊藤虎丸認爲，「魯迅對西歐文藝的接受方式具有出色的思想性（人文性）。
　　　　也就是說，語言所具有的整體性（人文性）被原原本本地接了過來。」參見
　　　　氏著、李冬木譯：《魯迅與終末論——近代現實主義的成立》，第 83 頁，北京：
　　　　三聯書店，2008 年。

　　不過，周作人論證「文學是什麼」的原理問題時，是置其於文學／非文學的二元框架中，「雖文章義有弘隘，說各殊分，而夭閼精神，斯與文即不兩立」，〔註17〕因此，與魯迅一樣，仍是思想性首先主導了對文學的接受，這正是「自由精神」在文學觀上的體現。因此，這一看起來不偏不倚、客觀自足的文學原理，實則充滿針對晚清政治現實的意識形態性，該文開首談論文明盛衰與文學之間的關係，即透露此中消息。

　　如上所言，周作人推崇「精神萬能」，文明昌盛有賴於國民精神之高揚，但精神爲不可見之物，必賴有形之物使其呈現，就中則首推文學，「蓋精神爲物，不可自見，必有所附麗而後見。凡諸文化，無不然矣，而在文章爲特著。」〔註18〕因此，周作人寄予文學者，不僅僅是一篇好的文學作品，而且是一篇能夠挽狂瀾於既倒、使古老的中國文明爭存於世界之林的好的文學作品。

> 　　實利之禍吾中國，既千百年矣，巨浸稽天，民胡所宅？爲今之
> 計，竊欲以虛靈之物爲上古之方舟焉。雖矯枉過直，有所不辭，刓
> 其未必爾耶？〔註19〕

這種些許孤注一擲的悲壯感，正是晚清殘酷的政治現實在敏感心靈中的反射。因此之故，作爲文學內容的「人生思想」，一方面便不能是凡庸的道德訓誡或流行的凡俗見解，而必須是獨立創見，體現充分的精神自由，「第重者在靈智之思，又必獨立不羈、得盡其意而後可」、「高義鴻思之作，自非思入神明，脫絕凡軌，不能有造」，〔註20〕如此才能喚起讀者的精神覺醒，「助之進於靈明之域」；另一方面，所謂「靈明」、「神思」，又明確指向反抗現實的政治腐敗，負有救世之責。

　　即便如此，由於周作人不僅做出了「什麼不是文學」的界定，而且正面回答了「文學是什麼」，因此，較之魯迅，他所理解的「文學」更富層次感：

> 　　文具全德，固爲至矣，或有數德合於義者，其文亦爲可取。即
> 不然，而異彩殊華，超軼塵俗，則亦可也。若其畔離吾則，不有文
> 德，或顯昏鄙野之詞，殄采絕情之作，皆所弗取。而桎梏思想，希
> 補皇猷，所謂經世之業者，尤必斥之。〔註21〕

〔註17〕《全集》第1卷，第105頁。
〔註18〕《全集》第1卷，第91頁。
〔註19〕《全集》第1卷，第94頁。
〔註20〕《全集》第1卷，第102、104～105頁。
〔註21〕《全集》第1卷，第105頁。

這一細微差別，在兄弟兩人關於屈原的評價中有所體現。魯迅推重屈原文學在思想方面的獨創性，「放言無憚，爲前人所不敢言」，同時也對其缺乏反抗性引以爲憾，「然中亦多芳菲淒惻之音，而反抗挑戰，則終其篇未能見，感動後世，爲力非強。」〔註 22〕而周作人針對時人爲《離騷》爭經部、子部位置的批評，實際上可視爲反對從思想性方面去界定屈原文學。理由在於，即使屈原文學的確表現了濃烈的個人情感和鮮明的個人風格，但他的個人情感也是高度政治性的，與楚國的政治現實密不可分，這也是屈原作品中缺乏「反抗挑戰」的主要原因，因爲以獨立於國家的主體性姿態去關注國家政治的「個人」，在封建時代尚未出現。因此，如果要論屈原文學的思想性，獨創性固然是一方面，但也不能說完全與「希補皇猷」無關。對這一缺憾，由「藝術的特質」所規定的近代文學理念，則有濟窮之功，「且《離騷》爲文，純爲詩體，彼言諸子中有韻之文，不知正無韻之詩耳。……獨不知靈均之作，文辭麗雅，爲詞賦之宗乎？」〔註 23〕《離騷》是美麗的詩（文學），只此已是無需外求的價值所在。

魯迅從語言的整體性上接受西歐近代文藝，對他而言，文學的思想性與文學性，是一而二、二而一的；而周作人從理論上解析出文學自身的藝術特性，思想性是文學成立的必要條件而非充分條件，這使周作人文學觀中高揚的政治意識與其執拗的文學性之間，有可能產生裂隙。

第二節　「悲哀」文學之力

1・思想之「眞」與文學之「眞」

周氏兄弟「個人」觀中的個體性，一方面與人的主體自由的實現關聯，另一方面則與眞／僞的價值判斷關聯，如此，以對殊異的個體性的相互承認爲前提的主體自由的實現，方不致於走入無是非觀的相對主義陷阱。不過，對於眞與僞的理解，二人略有區別。

先看魯迅在《破惡聲論》中的論述：

　　　　心聲者，離僞詐者也。〔註 24〕

〔註 22〕《魯迅全集》第 1 卷，第 71 頁。
〔註 23〕《全集》第 1 卷，第 108～109 頁。
〔註 24〕《魯迅全集》第 8 卷，第 25 頁。

心聲即人發自內心的聲音，與人的個性相關，因此，是否具有個性，成為判分眞／僞的一個標準。接下來批評「僞士」破壞農人信仰之舉：

　　蓋澆季大夫，精神窒塞，惟膚薄之功利是尚，軀殼雖存，靈覺且失。於是昧人生有趣神閟之事，天物羅列，不關其心，自惟為稻梁折腰；則執己律人，以他人有信仰為大怪，舉喪師辱國之罪，悉以歸之，造作讆言，必盡顛其隱依乃快。〔註25〕

僞士被膚淺的功利心蒙蔽精神，喪失靈覺，固然導致其喪失個性；不過這裡重點強調的是，僞士託辭家國大義的破除迷信之舉，實際上只是為謀一己私利，「自未破迷信以來，生財之道，固未有捷於此者矣」。〔註26〕因此，是否具有公益之心是判分眞／僞的另一層標準。

　　因此，魯迅的「眞」，一方面與心聲、內曜、有己、我見等主體的個性特徵緊密關聯，另一方面與天下為公的道德境界相關聯。魯迅強大的主體意識與強烈的入世情懷，沒有給「眾意」和「一己之私」留下討論其眞僞的餘地。

　　如前所述，周氏兄弟理解的「自由精神」，同樣包含了個性與公益心兩方面，也就是說，對魯迅而言，「自由精神」與「眞」等同，屬於思想方面的「眞」，魯迅的文學之「眞」，亦同此理；但對於從文學原理問題入手的周作人來說，思想之「眞」與文學之「眞」並非一回事。

　　周作人借用美國人宏德（Hunt）關於文學的定義，闡釋文學與學術之別時說道，「若綜言之，則文章對付在於中人，以爾者沛布所至，須不至偏於兩端，其流自大，不然而區域甚拘，唯利小群，即莫與於普遍之義。」〔註27〕這是從與適用於某類人群的專門學問相區別的意義上，提出文學在性質上的普遍性。不過，這一原理被用以裁量中國文學時，文學的普遍性所針對的並非專門學問，而是思想專制：

　　試觀上古，文章首出，厥惟風詩。原數三千餘篇中，十三國美感至情，曲折深微，皆於是乎在，本無愧於天地至文，乃至刪詩之時，而運遂厄。孔子以儒教之宗，承帝王教法，割取而制定之，曰：「詩三百，一言以蔽之，曰思無邪。」夫邪正之謂，本亦何常？此所謂正，特准一人為言，正屬王雄主之所喜而下民之所呻楚者耳！

〔註25〕《魯迅全集》第 8 卷，第 30 頁。
〔註26〕《魯迅全集》第 8 卷，第 32 頁。
〔註27〕《全集》第 1 卷，第 97 頁。

〔註28〕
周作人批判中國國民思想禁錮於儒教，則文學只能淪為桎梏思想、服務於帝王統治的工具。因此，以實現自由精神為目標的文學，必須從壟斷性特權手中得到解放，「奪之一人，公諸萬姓」，〔註29〕使人人得以理解和領受。這種針對性，自然是被晚清種族革命的政治意識所轉移。也就是說，當思想之「真」落實於文學，表現為文學普遍性成為文學之「真」的一個方面。

就文學的內容而言，文學普遍性體現為文學的使命之一，是抒寫世間普通人所同具的人類情感與人的道德，即「人情」，「文章猶心靈之學，其責在表示意志、心思、良知、自性，以供研究，又務寫人世悲歡罪苦得失榮辱之故，而於善惡莫不推之至極。」〔註30〕正因人情為人人所同具，所以抒寫人情的作品能夠流傳廣泛，合於普遍之義。由此產生了文學之「真」的另一層面，即抒寫人情的主觀態度，是如實描寫還是曲為隱諱？

> 事之善者著之，惡者亦未嘗晦。蓋人情者，有生之所同然，更
> 何自諱之有？無取乎掩天下之惡，以粉飾太平而阻改革之機為也。
> 且非特阻之，其作偽亦甚矣。〔註31〕

諱惡既壓抑改革，亦是作偽，於「公」於「真」兩皆有害。可見，對周作人而言，由個性與公益心界定的思想之「真」被表現於文學時，由於文學特性的存在，就形成了文學之「真」自身的判定標準：普遍人情與如實抒寫。將「普遍人情」引入文學，則為魯迅所遺漏的「眾意」與「一己之私」的真偽問題，就有了被納入考察範圍的可能。

在本質獨立的文學如何發揮不用之用的問題上，周氏兄弟都注意到了天才、先覺者的「自由精神」，對凡眾、後覺者所具有的啟蒙功用，如魯迅所呼喚的「精神界戰士」，經其詩性語言的論述，已近於文學形象而深入人心；周作人學理化的闡述，相較而言不那麼顯眼，但也屢屢致意於天才、明哲，於新舊交替時代的引領之功，「夫天才之作，每不以時，雖一時見詫於人間，而影響於後來者甚大，新時代之化成，必有是焉以為之領」，「大凡一國時遇澆季，民氣雖漓，亦必有少數明哲排眾獨起，為國人指導，強之改進者」。

〔註28〕《全集》第 1 卷，第 92 頁。
〔註29〕《全集》第 1 卷，第 115 頁。
〔註30〕《全集》第 1 卷，第 103 頁。
〔註31〕《全集》第 1 卷，第 104 頁。

〔註32〕不過，由於對文學之「眞」理解的細微差別，兩人在選擇承載啓蒙思想的文學樣式，以及處理天才（詩人）與凡眾、先覺與後覺的關係方面，均有所不同。

2·「摩羅詩力」與「悲哀」文學

魯迅將文學之「眞」等同於思想之「眞」，其思想具有強烈的反叛性、反抗性與實踐性的個性特徵。其反抗性既指向譴責奴役、壓迫、禁錮、銷蝕人的精神自由的一切強權、眾意，同時，由於反抗性對強權的警戒同樣「反諸己」，因此，又指向在一種交互關係中建立「相互主體性」。〔註33〕例如既反抗侵略本國的西方列強，也致力於扶助弱小民族國家反抗殖民侵略的國際主義行動，使「自由」眞正成爲人與人之間、國與國之間的相互承認。如《破惡聲論》中所言：

> 使其自樹既固，有餘勇焉，則當如波蘭武士貝謨之輔匈加利，
> 英吉利詩人裴倫之助希臘，爲自繇張其元氣，顛僕壓制，去諸兩間，
> 凡有危邦，咸與扶掖，先起友國，次及其他，令人間世，自繇具足，
> 眈眈皙種，失其臣奴，則黃禍始以實現。〔註34〕

爲實現這一反抗性思想之力，魯迅選擇的是「立意在反抗，指歸在動作」的摩羅派文學。《摩羅詩力說》中引介的以拜倫爲首的八位詩人，皆以追求自由故，或反抗俗眾庸見與社會僞善，或號召國民反抗異族侵略，或扶助弱小反抗強權，其文學風格剛柔有異，而皆一宗於反抗性思想，即「大都不爲順世和樂之音」，〔註35〕因而獲稱「摩羅」之總名。

因此，摩羅派文學同樣在兩個層面發揮作用：第一、在「獨」與「眾」的對立關係中，使個性不斷從庸眾之中超拔出來，上徵而完成自身。這一點甚至從基於進化論的宇宙論原理給以支撐：

> 進化如飛矢，非墮落不止，非著物不止，祈逆飛而歸弦，爲理
> 勢所無有。此人世所以可悲，而摩羅宗之爲至偉也。〔註36〕

〔註32〕《全集》第1卷，第93、103頁。
〔註33〕參見高遠東：《魯迅的可能性——也從〈破惡聲論〉尋找支持》，收於《現代如何「拿來」——魯迅的思想與文學論集》，上海：復旦大學出版社，2009年。
〔註34〕《魯迅全集》第8卷，第36頁。
〔註35〕《魯迅全集》第1卷，第68頁。
〔註36〕《魯迅全集》第1卷，第70頁。

宇宙恆動，並且單向度只進無返，甚至不進則退，在進化與退化之間更無中間狀態可以憩足。魯迅視此為人類的悲劇命運，以此為覺悟，則不能不走到「動」的一種極致狀態，即惟以「我」之意志為中心，反抗一切「非我」，如此才能成就「我」之為人、進而為「我」，「人得是力，乃以發生，乃以曼衍，乃以上徵，乃至於人所能至之極點。」只有以這種方式達至個性成熟的個人，才能擔當人之為人的責任，就當時來說，即才能救國救民。摩羅派文學助成這樣的個性成熟，「移人性情，使即於誠善美偉強力敢為之域」。〔註37〕

第二、以「凡人之心，無不有詩」為理論假設，詩人與凡眾的區別不在個性，而只在語言技能的層面上被強調，「惟有而未能言，詩人為之語，則握撥一彈，心弦立應」，〔註38〕詩人與凡眾之間存在可能相通的心理基礎。在這個意義上，摩羅派文學不是在反抗庸眾，而是在突破無聲或同聲的污濁之平和、使各人發出「我」之聲音的層面，助成個性的實現。即，在使「我」成為「我」的同時，也使「你」成為「你」，互相承認為獨立主體。

不過，摩羅派文學在這個層面的作用，毋寧說止於理論的假設。當魯迅檢討中國文學史的事實時，對詩人之詩與凡眾感應兩方面皆感失望，不但中國文學缺乏偉美之聲（僅僅有條件地評價屈原），即有，也難以撼動為膚淺實利所蒙蔽的凡眾之心。即使被魯迅讚譽「厥心純白」的農人，也是在與迷淪實利、喪失初心的「志士」的對立中成立，而不免被理想化之嫌。因此，當務之急，既是救世心切，也是尊己心切，則還是以培養精神界戰士為貴，首先，借助摩羅詩力清掃惑於實利而卑污庸俗的人心，使之復歸於本真的樸素面貌，然後才談得上相互主體性的實現。因此，獨與眾、啟蒙者與被啟蒙者的關係，儘管在理論上是對立統一的關係：一方面在個性層面尖銳對立，另一方面在心靈層面可以相通，而對立是為了達到相通與相互承認；但事實上，「相互主體性」仍然是建立在首先具備「主體性」的基礎之上，就如何獲得主體性這一點而言，獨與眾、啟蒙者與被啟蒙者，仍然是分離的、居於不同層次的。這裡不無尼采「超人」思想的影響。

而對文學之「真」持有自身標準的周作人，從普遍人情與如實抒寫出發，選擇了「悲哀」文學。

首先，周作人認為，「哀音」才符合當前國情的實際情況，這體現其所

〔註37〕《魯迅全集》第1卷，第70、71頁。
〔註38〕《魯迅全集》第1卷，第70頁。

謂事之「惡者亦未嘗晦」的「如實」態度。對國情的判斷，出自周氏兄弟的文明論視野，面對改革者競言革新、大舉政治商工之事的熱鬧局面，他們從文化角度看到的現狀，卻是衰敗、死寂、毫無生機，謂之「蕭條」。對此，同樣是批判粉飾太平的文學之「僞」，魯迅從哲學根源上，追蹤到老子「不攖人心」的思想，因而提倡「攖人心」的反抗挑戰之聲，視此爲「眞」的心聲發露；而周作人對「僞」的批判，導向的「眞」是「如實」，即世情既爲「蕭條」，則心聲宜乎「哀響」。這是文學發生學上樸素的唯物主義認知，並視此爲人情的內容之一，「叔季之世，猶有好音，事既不倫，抑又何其非人情也。」〔註39〕

因此，同樣以文學表露心聲爲「眞」，魯迅側重從內曜、白心、我見等的思想意義方面進行界定，其文學之「眞」帶有鮮明的個性色彩和深度；而周作人側重從人情、「如實」的文學意義方面界定，其文學之「眞」帶有中性的客觀色彩和廣度。就文學體裁而言，周作人推重善寫人情的「傳奇、說部、諷刺滑稽」，而魯迅將摩羅派文學統以「詩」稱之，也顯示出二者在客觀與主觀、再現與表現之間的各有側重。

其次，就普遍人情而言，「悲哀」文學的選擇，同樣得到被賦予情感色彩的宇宙論原理的支撐。與魯迅的宇宙恒動相仿，周作人認爲人世恒哀：

夫人世悲哀而已。宇宙悠遠矣，芸芸萬彙，並生其中，生滅相尋，夐不知其何抵也。凡彼有情，循流周轉，莫不如是。而人類智靈，其變亦極。平和不可遇也，歡樂不可幾也，傾聽人間，僅有戰鬥呼号之聲來破此寂，何樂乎哉。茫茫寰宇，渺渺古今，倘使大地長存，則世亦唯此動靜二因，永相撐距，相消長，牽聯儌擾，以成是悲哀之世而已。〔註40〕

悲哀由宇宙的運動規律所造成，人間雖然也有歡娛，但以人事而言，樂少悲多，樂暫悲久。與其說這是一種深刻的悲觀主義哲學，不如說是一種略帶浪漫色彩的感傷情懷，正是青年周作人某方面個性的投影。而以此爲前提，「哀音」獲得了表達最普遍人情的意義，因此，「悲哀」文學不僅在終極意義上闡發宇宙奧秘與人生意義，而且拯救爲實利所汩喪的靈明之氣，承擔起拯救民族國家危亡的重任，「欲繼絕國者，道在遏樂而絕希，悲哀之聲作，於以寄其

〔註39〕《哀弦篇》，《全集》第1卷，第129頁。
〔註40〕《全集》第1卷，第130頁。

絕望之情，而未來之望，亦造因於是。」〔註41〕

另一方面，正因周作人顯露的這一個性，獨具東方文化特色的中國以及東方古典文學，其價值得以從「悲哀」的角度被認可：

> 中國文章，自昔本少歡娛之音。試讀古代歌辭，豔耀深華，極其美矣，而隱隱有哀色。靈均孤憤，發為《離騷》，終至放跡彭咸，懷沙逝世。而後世詩人，亦多怨歎人生，不能自已，因寄情物外，遠懷高舉，託神仙遊戲之詞，聊以寫其抑鬱；或則汲汲顧影，行樂及時，對酒當歌，不覺沉醉。……吾東方之人，情懷慘慘，厭棄人世，斷絕百希，冥冥焉如蕭秋夜闌，微星隱曜，孤月失色，唯杳然長往而已。讀波斯中世之詩，亦往往感此，蓋人方視為浩浩，而不知正戚戚之尤者也。〔註42〕

周作人所列舉的屈原以下的後世詩人，若從魯迅對文學之「真」的判斷來說，很難說不會被他歸為「悲慨世事，感懷前賢，可有可無之作，聊行於世」，〔註43〕而加以批判。因此，當青年魯迅從思想上斬斷「現代」與中國古典文學可能的關聯時，青年周作人則從文學上為中國（東方）古典文化延伸進「現代」、並為其形成提供思想資源的可能性保留了空間。

不過，周氏兄弟文學觀中高揚的民族國家政治意識，使得周作人在普遍人情意義上談論的「悲哀」，並非人類各種悲哀情感的總和，而總是被賦予與特定政治意識相一致的特定內涵。因此，《哀弦篇》中引介的波蘭、烏克蘭、斯拉夫諸小國及猶太文學，乃是反抗性的「哀音」，是從國家民族被侵略、被毀滅所引發的身世之感、哀怨之情、復仇之心，所自然迸發的詩篇，「雖其為聲各以民殊，然莫不蒼涼哀怨，絕望之中有激揚發越之音在焉。」這些詩篇，雖然各自帶有本國的民族特色，但在反抗性思想與悲哀文學情感的結合上具有一致性，比起摩羅派文學由思想之真所引領的一致性，這裡顯然多出了普遍人情的文學性視角。反過來，這一視角的存在，也使悲哀文學得以突破特定政治意識的限定而擴大了範圍，比如《哀弦篇》中介紹的波蘭作家斯凡多訶夫斯奇，評價所列其四篇小說，「胥為無告者哀」，表現對普通貧苦人民的悲憫同情之心；翻譯烏克蘭作家綏夫兼珂短詩一首，其內容是抒

〔註41〕《全集》第1卷，第129頁。
〔註42〕《全集》第1卷，第131頁。
〔註43〕《摩羅詩力說》，《魯迅全集》第1卷，第71頁。

發兄弟三人辭別母親、妻子、妹妹，出門遠遊而不返，親人各自悲痛之情，
這是表達親人之間生離死別之悲哀。甚至，文學的「美」的藝術特性也會參
與選擇，周作人介紹烏克蘭詩人札來斯奇的詩，「純詠故國物色，美其大野
巨川，流連不已。凡鳥聲人語，鄉曲民謠，在詩人耳中，皆成逸響，而不禁
其遐思焉。」〔註44〕對故鄉風物的流連讚歎，在周作人推重萊蒙托夫熱愛故
鄉的天然愛國情感，反對依恃武力的「獸性之愛國」的思路中，〔註45〕固然
也是愛國之情的一種表現，但美的吟詠本身也自有其獨立價值，這是一種可
以與政治意識、政治實踐相對等的獨立價值，即文學的價值。

因此，相較於魯迅的思想、政治與文學的緊密結合、高度一致，在周作
人這裡，由於文學獲得了自身獨立的評判標準，其思想、政治與文學之間，
表現出一種相互制衡的微妙的張力關係。在周作人看來，由於文學與非文學
之間已經由「自由精神」劃定其界限，「自由精神」是文學存在不言自明的前
提，那麼，只要具備文學自有的藝術特性，只要成為文學，文學本身就是一
種與現狀不妥協的反抗性存在，而無須從外部額外添加別的反抗性思想。不
過，事實上，周作人所確定的文學的藝術特性「情感」與「美」，其具體內涵
既具有普遍性和超越性，同時也受到他個人的情感偏向以及特定政治意識的
制約。周作人面對晚清政治現實所舉薦的中國文學的當務之急，再清楚不過
地表明了其思想、政治與文學三者之間相互牽制的微妙關係：

> 以言著作，則今之所急，又有二者，曰民情之記（Folk-novel）
> 與奇觚之談（Märchen）是也。蓋上者可以見一國民生之情狀，而奇
> 觚作用則關於童稚教育至多。謠歌俗曲，粗視之瑣瑣如細物然，而
> 不知天籟所宣，或有超軼小儒之著述者，文物使之然，亦公私之故
> 乎？吾人治文，當爲萬姓所公，寧爲一人作役？文章或革，思想得
> 舒，國民精神進於美大，此未來之冀也。〔註46〕

這裡強調的不是民間文學與童話的文學性意義，而是作爲「天下爲公」和兒

〔註44〕《全集》第 1 卷，第 131、144 頁。

〔註45〕「夫吾果亦有愛國之說，特甚有異。俄有勒孟埪夫，生爲詩人，摯於愛國，
顧其有情，在於草原浩蕩，時見野花，農家樸素，頗近太古，非如一般志士
之爲，盲從野愛，以血劍之數，爲祖國光榮，如所謂『獸性之愛國者』也。」
《中國人之愛國》，《全集》第 1 卷，第 74〜75 頁。

〔註46〕《論文章之意義暨其使命因及中國近時論文之失》，《全集》第 1 卷，第 115
頁。

童教育的政治性意涵，並以此向未來連接上思想自由與精神美大。清末政治
危機的緊迫性，在此不僅縮減了悲哀文學的應用，而且使被附加上「爲公」
意涵的民間文學和童話，其實也不免顯得迂闊。一直要到民國成立使得周作
人的政治意識自身發生變化之後，這一迂闊才會變得切近起來。

　　此外，啓蒙主義的文學觀，也涉及到啓蒙者與被啓蒙者的關係問題，這
關係到文學之力以何種方式作用於被啓蒙者。將詩人與凡眾，以是否具備自
由精神的覺悟爲依據，區分爲啓蒙者與被啓蒙者，使之分離而居於不同層次，
這是周氏兄弟共有的。如前述，魯迅是在各自實現其個性的「相互主體性」
的維度上，建立將啓蒙者與被啓蒙者統一起來的理論基礎；而在周作人這裡，
由於加入普遍人情的文學性角度，則是在「有生之所同然」的人情的維度上，
建立二者統一的心理基礎。詩人由於闡發無間凡聖、眾所同具的「人情」，文
學才能普及到最廣泛的人群，詩人與凡眾之間的溝通才有可能，文學之力由
此得到落實。

　　試比較周氏兄弟對詩人啓蒙作用的不同描述：

　　　　上述諸人，……無不剛健不撓，抱誠守眞；不取媚於群，以隨
　　順舊俗；發爲雄聲，以起其國人之新生，而大其國於天下。〔註47〕

　　　　波蘭詩人之所言，莫非民心之所蘊。是故民以詩人爲導師，詩
　　人亦視民如一體，群己之間，不存阻閡，性解者即愛國者也。其所
　　爲詩，即所以達民情，振民氣，用盡其先覺之任而已。〔註48〕

魯迅強調的是詩人與「群」的對立，文學喚起的是國人的「新生」，因此，文
學之力是以塑造新的個性的方式作用於凡眾；而周作人強調的，是詩人心聲
與民聲的同一性、詩人與「群」的一體性，文學喚起人人心中已有的普遍性
人類情感（具體爲愛國心），因此，文學之力是以表達共通情感的方式作用於
凡眾。

3・宗教精神與自由精神

　　周氏兄弟文學觀中強烈的民族國家政治意識，使得他們在對歐洲近代文
藝的譯介中，特別重視所謂弱小民族國家的文學。不過，對政治體制往往是
政教合一的歐洲民族而言，政治與宗教具有高度的一致性，追求民族解放與

〔註47〕《魯迅全集》第 1 卷，第 101 頁。
〔註48〕《全集》第 1 卷，第 141 頁。

獨立的自由精神，與堅守衛護本民族宗教信仰的宗教精神是一致的，對神的愛與服從，等同於對民族國家的愛與保衛。這涉及到自由精神、愛國情感的動力機制問題。

以《摩羅詩力說》與《哀弦篇》中同時涉及的波蘭文學爲例，這兩篇對波蘭文學的介紹，以勃蘭兌斯出版於 1881 年的《波蘭印象記》爲藍本，書中指出，波蘭浪漫主義文學的一個重要特徵是「政治局面決定處理一切題材的方式」。正是波蘭文學的政治激情，其百折不撓地追求國家、民族自由獨立的浪漫主義精神氣質，引起處身民族危機而尋求復興之道的周氏兄弟的深切共鳴，而予以大力推介。但另一方面，勃蘭兌斯認爲波蘭詩人的追求自由，並非出自探索人的終極價值，而是出自宗教性的「神聖的狂熱」，「因爲在所有波蘭詩人看來，宗教所給予的回答是最終的答案。他們有時也懷疑，但從不拒絕接受。」〔註49〕這意味著，波蘭詩人追求民族獨立的自由精神，其動力機制來自於服從上帝意旨的宗教信仰，宗教精神與自由精神統一於情感的熱忱、熾烈。泛而言之，對於信仰上帝創世之說的西方文化來說，人的意義、價值、道德倫理的終極源泉，其立法者和判定者，均來自於一神，而非人自身。因此，爲了將自由精神輸入缺乏西方意義上的宗教事實的中國文學之中，周氏兄弟需要處理在西方文學中不成問題的宗教精神與自由精神的關係問題。

魯迅在《文化偏至論》中推崇的十九世紀末葉「新神思宗」思想，無論是尼采、叔本華的唯意志論，還是施蒂納的唯我論，都明顯有一種將人的意義源泉從上帝轉到人自身的傾向，尼采喊出的「上帝死了」這一響亮口號，最足以代表這一趨勢。用魯迅的表述，即「朕歸於我」，「人各有己」。〔註50〕不過，這一先驅性思想變成文學形象出現在文學作品中，要待到 20 世紀西方現代主義文學的出現。而《摩羅詩力說》中舉薦的摩羅詩人，從生卒年來看，基本上同屬於 19 世紀中葉之前的詩人，〔註51〕即，就整體而言，摩羅

〔註49〕 勃蘭兌斯著、成時譯：《十九世紀波蘭浪漫主義文學》，第 61、72 頁，北京：人民文學出版社，1980 年。「十九世紀波蘭浪漫主義文學」是《波蘭印象記》的副題。

〔註50〕 《破惡聲論》，《魯迅全集》第 8 卷，第 26 頁。

〔註51〕 根據《摩羅詩力說》注釋，諸詩人生卒年如下：拜倫（1788～1824）、雪萊（1792～1822）、普希金（1799～1837）、萊蒙托夫（1814～1841）、密茨凱維支（1798～1855）、斯洛伐茨基（1809～1849）、克拉旬斯奇（1812～1859）、裴多菲 1823～1849），其中只有密茨凱維支、克拉旬斯奇卒於 19 世紀中葉之後 10 年之內。

詩人仍籠罩在上帝作爲意義源泉的文化氛圍之中，摩羅文學中對神的不敬，可視爲西方文化內部的自我調節。「摩羅之言，假自天竺，此云天魔，歐人謂之撒旦」，〔註52〕佛教之「魔」與基督教之「魔」，含義截然有別，魯迅在此將摩羅等義於撒旦，則撒旦的存在本身，就已經預設了上帝的存在，摩羅派文學的基督教背景，即使從這一命名本身便顯然可見。因此，在魯迅的個人主義思想與其標舉的摩羅派文學之間，存在一個時代的距離，橫亙其間的是上帝。事實上，《域外小說集》中，魯迅翻譯的帶有現代主義色彩的迦爾洵（1855～1888）、安特來夫（1871～1919）的作品，更能代表他自己其時的文學思想與文學趣味。〔註53〕

因此，《摩羅詩力說》不如當作一個政治性文本來閱讀，才能更好地理解魯迅如何消除兩者之間的距離。正是晚清民族國家的政治意識，使魯迅強烈地注目於兩者之間的共通性即反抗性，而主觀地將二者拉近。撒旦對上帝的反抗，或者說，以撒旦之名對眞正的上帝之敵的反抗，被置換爲個人對虛僞的社會習俗、外族的強權壓迫的反抗，個人主義與愛國主義得以貫通起來。人的意義源泉，即來自個人與民族（國家）互爲主體的交相爲用之中。另一方面，這種置換得以成立，也與魯迅從超越性精神產物的角度來理解宗教有關：

> 宗教由來，本向上之民所自建，縱對象有多一虛實之別，而足充人心向上之需要則同然。顧瞻百昌，審諦萬物，若無不有靈覺妙義焉，此即詩歌也，即美妙也，今世冥通神閟之士之所歸也，而中國已於四千載前有之矣；斥此謂之迷，則正信爲物將奈何矣。〔註54〕

魯迅反對以西方一神論的宗教觀念排斥其他信仰形態，他認爲，宗教是人心不滿於現實物質生活的必然產物，形態有殊，其實則一；而中國文明以自然崇拜爲文化根基，寶愛萬有，更是體現了一種廣泛而博大的人類精神。在此，魯迅將一神論的西方宗教與泛神論的中國民間信仰，一視同仁，認爲它們均體現了人心向上的超越性精神需求。在這個意義上，宗教、文學與美，是同

《魯迅全集》第 1 卷，第 105～118 頁。

〔註52〕《魯迅全集》第 1 卷，第 68 頁。

〔註53〕參見顧均：《周氏兄弟與〈域外小說集〉》，《魯迅研究月刊》，2005 年 05 期；楊聯芬：《〈域外小說集〉與周氏兄弟的新文學理念》，《魯迅研究月刊》，2002 年 04 期。

〔註54〕《破惡聲論》，《魯迅全集》第 8 卷，第 30 頁。

一種不爲現實物質所囿的自由精神的產物。因此，對魯迅來說，宗教並非某一敕定的、排他性的「正信教宗」，而是意味著人對外在於並高於自身的某種精神性存在的不斷渴求與認可、一種不可抑制的精神超越性衝動，與自由精神並無齟齬之處。這樣，魯迅的反抗性思想，作爲人的意義源泉，以個人與民族的交相爲用來取代宗教，就並不徹底；「民族」這一維度的存在——即使理論上它並不高於個人，但反過來說，個人也沒有高於民族，二者相互獨立也相互制約——使得魯迅的反抗性思想仍帶有某種宗教性。

在周作人那裡，由於文學具有獨立的藝術特性，宗教並沒有在與文學是同一精神產物的意義上被看待，相反，他首先將文學作品中具有宗教思想的部分予以排除。例如關於波蘭作家顯克微支，周作人在《哀弦篇》中推崇的《炭畫》、《天使》、《燈塔守者》諸篇，其描寫的細膩逼眞和強烈的抒情性，代表了顯克微支文學風格的典範，〔註55〕與周作人寄望於「悲哀」文學之力相一致。而對於其歷史小說《你往何處去》（Quovadis），與勃蘭兌斯在顯克微支放棄自己文學特長的意義上進行批評不同，周作人是因其宗教性而評價不高，「記羅馬宜祿王事，故景教國人喜諷誦之，特在吾人終有間也」。〔註56〕也就是說，就文學表現普遍人情而言，周作人並未將宗教情感視爲人類的普遍情感，因之，宗教精神無法與人的自由精神並存，文學也無法容納宗教。

因此，對於魯迅在《摩羅詩力說》中以「幽邃莊嚴」盛讚的希伯來文學，周作人雖然同樣首先在文學作品而非宗教教義的意義上給以評價，如稱讚《雅歌》「文情豔美」，也同樣在愛國主義的意義上稱讚耶利米的《哀歌》，但對於希伯來文學中表達的服從神旨的宗教思想，卻不客氣地給以批判，「希伯來人泥於宗教，以禍患之來，爲由天命，神不可逆，則唯籲天自艾而已。」〔註57〕周作人所理解的宗教，是西方一神論的宗教，神的權威、意志是絕對的，人的「自由」受到神的制約，這在以「人」自身爲目的的個人主義思想中難以存立。不過，對政教合一的西方民族而言，宗教情感也是其民族主義情感的動力和最高表現。因此，與魯迅將宗教與文學視爲同一超越性精神的產物，因而對希伯來文學只從文學角度予以評價就足矣相比，周作人則對希

〔註55〕《天使》、《燈塔守者》連同《樂人揚珂》，由周作人翻譯收入《域外小說集》，《炭畫》當時雖譯完而未收入，遲至1914年才得以出版。參見《知堂回想錄·〈炭畫〉與〈黃薔薇〉》，《全集》第13卷。

〔註56〕《哀弦篇》，《全集》第1卷，第138頁。

〔註57〕《哀弦篇》，《全集》第1卷，第146、147頁。

伯來文學做出「六經注我」式的理解，使其宗教情感與民族主義情感二者分離，並爲後者尋求非宗教性動力。

　　例如《哀弦篇》中對新希伯來詩的處理，據比照，其材源很大可能是來自 Israel Abrahams 初版於 1899 年的著作「Chapters on Jewish Literature」。〔註58〕文中所引迦理爾的詩《頌歌》，原文如下：

> O give ear to the prayer of those who long for thy
> 　　　　salvation,
> Rejoicing before thee with the willows of the brook,
> 　　　　And save us now!
>
>
> O redeem the vineyard which thou hast planted,
> And sweep thence the strangers, and save us now!
> O regard the covenant which thou hast sealed in us!
> O remember for us the father who knew thee,
> To whom thou, too, didst make known thy love,
> 　　　　And save us now!
>
>
> O deal wondrously with the pure in heart
> That thy providence may be seen of men, and save us now!
> O lift up Zion's sunken gates from the earth,
> Exalt the spot to which our eyes all turn,
> 　　　　And save us now! 〔註59〕

周作人譯爲「神聽吾言，拯此下民，復昔日蒲陶之園，斥生客而去之，扶什翁廢門，復吾故土也」，基本忠實於原詩。但除了原詩作爲韻尾的「and save us now」（現在就拯救我們）未譯出之外，中間「O regard the covenant which thou

---

〔註58〕這一考證雖尚未有來自周作人自己陳述、或相關證詞的佐證，但通過對讀原文，筆者發現周作人介紹新希伯來詩的部分，在原書中均能找到對應之處，迦理爾的部分與該書第七章「The New-Hebrew Piyut」、約赫陀的部分與該書第十一章「The Spanish-Jewish Poets」存在對應關係，因此參照該書的可能性極大；即使不是參照該書，但對所引詩句的取捨，也能反映出周氏選擇的主觀傾向性。Israel Abraham: *Chapters on Jewish Literature*, Philadelphia: Jewish Publication Society of America, 1899.

〔註59〕引自 http://www.authorama.com/chapters-on-jewish-literature-8.html

hast sealed in us」以下四句被省略了。這四句直譯大意爲：「重視你與我們所立之約，爲我們之故保祐那知曉你的先輩，他們也實在使你的愛爲人所知曉，在潔淨的心靈中行奇妙之事，你的旨意將爲人所看到」。

　　此外，所引約赫陀的詩《什翁之詩》，周作人翻譯的是原詩的前兩段，表達詩人渴望皈依、回歸昔日榮耀而今被侵佔的耶路撒冷，耶路撒冷既爲古代的「神人帝王之居」，也是詩人的「故鄉」，被省略的末一段如下：

> The Lord desires thee for his dwelling-place
>
> Eternally, and bless'd
>
> Is he whom God has chosen for the grace
>
> Within thy courts to rest.
>
> Happy is he that watches, drawing near,
>
> Until he sees thy glorious lights arise,
>
> And over whom thy dawn breaks full and clear
>
> Set in the orient skies.
>
> But happiest he, who, with exultant eyes,
>
> The bliss of thy redeemed ones shall behold,
>
> And see thy youth renewed as in the days of old. 〔註60〕

直譯大意爲：「上帝渴望你（按：指耶路撒冷）永久地作爲他的居所，因神的恩典而揀選的那人，被賜福在你的庭院休憩。他守候著，喜樂臨近了，直到看見你榮耀的光升起。在他之上，你的曙光完滿清晰地顯現在東方的天空。但最使他幸福的是，用狂喜的雙眼，看到人們將見證你被救贖的至福，看到你的青春恢復一如在古昔。」

　　這兩處被省略的原文，將上帝與選民、耶路撒冷與上帝關聯的宗教色彩極爲明顯。對猶太民族來說，耶路撒冷所具有的故國故土的意義，只有在其首先作爲宗教聖地的前提下才能成立。因此，當猶太民族被侵略、耶路撒冷被毀滅的時候，詩人的詠歎、懷戀，都是面對上帝的呼籲、禱告或頌贊。這是承認上帝具有凌駕於人之上的絕對意志，耶路撒冷的興衰榮辱皆取決於上帝，也就是取決於人是否遵從上帝的意旨。因此，與波蘭文學一樣，希伯來文學對國家、民族的熱愛也基於宗教情感的支撐。而周作人有意無意的省略，則隱去了人與上帝之間服從與被服從的關係，淡化了耶路撒冷所象徵的宗教

〔註60〕引自 http://www.authorama.com/chapters-on-jewish-literature-12.html

意味，而凸顯了其作爲故國故土的意義。

因此，通過剔除宗教性因素，凸顯民族主義情感的政治性，周作人也就剔除了人對上帝的服從性，爲人成爲自身的立法者排除了障礙。另一方面，對民族主義情感所指向的民族或國家，周作人也盡力避免從異己的、抽象的角度去理解：

> 吾聞西方愛國一言，義本於父；而國民云者，意根於生。此言地著，亦曰民族。凡是愛國，國民之云，以正義言，不關政府。故如神州人士，見國人衰微，山河破碎，而謀有以興復者，斯爲其選。
>
> 若及脫繫，更修武力，將擴揚國光之是圖，猶爲非也。〔註61〕

配合《天義報》的無政府主義思想，周作人通過追究語源，固然實現了愛國但反政府（其時具體指滿清政府）的民族主義意圖，但同時，他拘泥於 nation 的語源含義，無視其自 16 世紀起已經明顯化的政治用法，〔註62〕只是在 nation（國民）與 subject（臣民）有別的意義上，〔註63〕完成了 nation（國）與存在君臣等級關係的封建制國家的脫離，而並未將其直線連接於「族群」與「政治組織的群體」兩種含義交疊、近代意義上的民族國家（nation-state）。〔註64〕不過，與其說這是周作人知識上的疏漏，勿如說他以自由精神爲內涵的「文明」觀中沒有具體國家形態的設想，客觀上中國也尚未出現近代意義上的國家形態。因此，周作人的「nation」，不得不求助於一種樸素直觀的民族主義意識──「地著」與「民族」。實體性的國民與鄉土，填充了民族（國家）的具體內涵，因而，鄉土之愛被等同於民族主義情感，其天然自發性具有普遍人情的意義，「夫人情戀其故鄉，大抵皆爾，生於斯，歌哭於斯，兒時釣遊之地，有畢世不能忘者，天懷發中然耳。」〔註65〕代替宗教的超越性精神的，是內在於人的、自發性的、具體的普遍人情，成爲民族主義情感的

〔註61〕《中國人之愛國》，《全集》第 1 卷，第 75 頁。

〔註62〕參見雷蒙‧威廉斯著、劉建基譯：《關鍵詞：文化與社會的詞彙》，第 316 頁，北京：三聯書店，2005 年。

〔註63〕在《論文章之意義暨其使命因及中國近時論文之失》一文中，周作人將國民與臣民作了區別，國與國民則視爲同義，如下言：「今夫聚一族之民，立國大地之上，化成發達，特秉殊采，偉美莊嚴，歷劫靡變，有別異於昏凡，得自成美大之國民（nation，義與臣民有別）者，有二要素焉」，「之數者爲形成國民所有事，亦凡有國者所同具也」。《全集》第 1 卷，第 87 頁。

〔註64〕參見雷蒙‧威廉斯著、劉建基譯：《關鍵詞：文化與社會的詞彙》，第 316～317 頁。

〔註65〕《中國人之愛國》，《全集》第 1 卷，第 75 頁。

動力機制，這使超越現代民族國家形態的、從文明論視野加以界定的另一種民族主義成爲可能。

在這個意義上，以歌詠故鄉自然風物爲詩、並不直接涉及民族國家政治的勃洛靖斯奇、札來斯奇等詩人，才能進入爲了救國救民而引介異邦「哀音」的《哀弦篇》中，而並無不協調之感。

第三節　民國「國民」與兒童教育

1·「國民之自覺」

1911年，通過暴力革命，以民主共和爲政治體制的中華民國宣告成立。周作人在爲「奴隸之紹興」變爲「自由之紹興」表達了短暫的興奮之後，〔註66〕革命之後暴力與私欲橫行的社會現實，很快讓他對國家民族能否經由「民國」而得到新生滿懷憂慮。

首先是革命派別之間的爭權奪利和暗殺，似乎是中國歷史治亂相循的復演。周作人認爲，中國歷史悠久的專制政治統治，造就了國民性的嚴重缺陷：貪私利、崇殺戮、畏權威，因此，中國的歷史沒有進步，只有治亂相循，而民國政治也陷入其中一環，「六徵之於今，袁馮之徒無異於曾彭，焦陳之獄，孫黎之□，亦楊李之漸。而今陶君復隕於私劍矣，車過腹痛之感，如何可言！」〔註67〕在私利與殺戮的層面，周作人將袁世凱、馮國璋、焦達峰、陳作新、孫文、黎元洪等民國軍政界的矛盾鬥爭，類比於太平天國時期曾國藩、彭玉麟、楊秀清、李秀成等的作爲。種族革命的先驅陶煥卿死於漢人之手，尤其令他痛感國人罪業之深重。

其次，革命的暴力與反革命的暴力也沒有被進行區分，秋瑾未經定罪而被殺害的暴力行爲，固然令天下共憤，但殺害秋瑾的嫌疑犯，同樣在未經定罪的情況下受到懲罰，似乎革命與反革命共用一個邏輯，「自一面言之，可謂天道好還；又一面言之，亦何解於以暴易暴乎？」〔註68〕

由此，周作人意識到，專制與共和只有形式之別，政治革命並未實現國民性的革新，「自由」並未深入人心，此時魯迅以文言小說《懷舊》，諷刺性

〔註66〕《慶賀獨立》，《全集》第1卷。
〔註67〕《望華國篇》，《全集》第1卷，第228頁。
〔註68〕《民國之徵何在》，《全集》第1卷，第230頁。

地表達了類似的憂慮。〔註 69〕晚清政治革命的目標是推翻封建專制，從制度層面追求民族的自由獨立，與在文明層面追求人的自由的實現，具有一致性，因此，周氏兄弟清末的民族國家政治意識，內含於其文明論視野之中。不過，就以「人」爲終極目標而言，文明是民族國家的必要條件，而民族國家未必是文明的充分條件。因此，當民國成立，在政治制度上完成了民族自由的任務之後，尚需從文明層面對其是否實現了「人」的自由進行檢驗。檢驗的結果，是周作人對共和政治作出了與專制政治並無實質差異的判斷，「昔爲異族，今爲同氣；昔爲專制，今爲共和。以今較昔，其異安在？由今之道，無變今之俗。浙東片土，固赫然一小朝廷也。異於昔者，殆在是耶！」〔註 70〕即政治制度不能作爲自由實現與否的標準，只有造就新的「國民」，「變今之俗」，才可能實現名副其實的「民國」。

周作人認爲，共和制度賦予每個人自主的權利，使「人人得盡其性，自向所趣以求充足」的個人自由的實現成爲可能，那麼個人應該自行努力，完成「國民」的自覺。

> 自覺之道奈何？要在能知己而已。人知之初，等於物物，諸有作業，動於本能，而無成意。及成人時，乃起自覺，知有自我，異於凡他，因生責任心。既具人格，然後乃始不負所以爲人，而與物隔。又知身世對待，近自家庭，以及社會邦族，皆有繫屬，個人道德於以完具。若國民自覺，但爲總合，亦本此則。唯國人先自知其所以爲人，而後國乃亦自知其所以爲國。〔註71〕

周作人在「人－國民－國」的邏輯關聯中完成對於「國民」的論述。首先，從「人」看「國民」，與動物有別的「人」的實現，是形成「國民」的根基和法則。人之爲人，不在與生物同具的本能，而在由自我意識生發的責任心，這一責任心從自我開始，延伸至自我所屬的家庭、社會、國家諸中間組織，形成完整的個人道德。「國民」既是每個具有個人道德的個人，也是這些個人的總和。因此，除了具備個人的實體性之外，「國民」也具備群體的構成性；不過，其構成性由「民族精神」所凝聚，有別於烏合之眾、「獨夫之群」。其次，從「國」看「國民」，國家意識有賴於「人」的自覺，也就是有賴於

〔註69〕 參見王瑤：《魯迅〈懷舊〉略說》，《名作欣賞》，1984 年 01 期。
〔註70〕 《民國之徵何在》，《全集》第 1 卷，第 230 頁。
〔註71〕 《國民之自覺》，《全集》第 1 卷，第 248～249 頁。

「國民」的自覺，因此，「國」不必然具有對「國民」的優先性和超越性。而對於由「國民」所構成之「國」，不是從政治組織，而是從與文明關聯的「民族精神」的角度進行理解，「人生於渾噩之時，以知追求理想，乃得上遂，入於文明。逮其衰也，精神既亡，則民族亦隨以解散，終及於亡。」〔註72〕這樣，「國」與「人」也具有了同構性，這使周作人的「國家」觀念，相較於政治實體，更多帶有「人」的精神性特徵。

周作人論述的「人／國民」與「國」雖然分屬不同層次，但借由自覺、責任心、精神等關節點，又使二者具有同構性，如果割裂這一連帶關係，則「人／國民」的自覺也就失去了意義。

2・「種業」論歷史觀與遺傳學說

儘管周作人意識到造就新的「國民」的重大意義，但有如專制政治歷史再現的民國政治現實，使他必須面對一個問題：如果仍然以傳統的循環論歷史觀解釋這一現象，則國民無從自覺，民族也決無新生之可能，因此，爲了跳出這一循環惡圈，首先必須尋求一種新的歷史哲學予以重新解釋，從而引導現實的變革。

周作人並未完全採納經嚴復引進，清末以來成爲社會改革之有力理論武器的直線式進化論史觀，最初他是啓用佛教思想資源，〔註73〕將佛教用以解釋個體存在的「種業」、「輪迴」等概念移位來解釋民族歷史的形成。

> 種業者，本於國人彝德，駙以習慣所安，宗信所仰，重之以歲月，積漸乃成，其期常以千年，近者亦數百歲。逮其寧一，則思感咸通，立爲公意，雖有聖者，莫能更贊一辭。故造成種業，不在上

〔註72〕《民族之解散》，《全集》第 1 卷，第 238 頁。
〔註73〕《周作人日記》（上）中關於閱讀《天演論》的最早記載是 1901 年 12 月 24 日（均爲陰曆），「晚飯後大哥忽至，攜來赫胥黎天演論一本，譯筆甚好，夜同閱蘇報等至十二鐘始睡」（第 278 頁）；閱讀佛經的最早記載是 1904 年 12 月 9 日，「經延齡巷購經二卷」、12 月 11 日，「又銀二角寄警鐘社購佛書學書目提要」（第 403 頁），之後自稱「思想大變」，「昔主強權今主悲憫，昔主歐化今主國粹，其不同如是」（12 月 12 日日記，第 403 頁），《哀弦篇》中「人世恒哀」的宇宙觀，也可見出佛教思想的影響。這一變化，與周作人 1903 年 10 月至 1904 年初大病一場、1904 年 3 月經營留學日本事而終不成等變故有關，參見日記中 1903～1904 年部分。《周作人日記》（影印本），鄭州：大象出版社，1998 年。

> 智，而在中人；不在生人，而在死者。二者以其爲數之多與爲時之
> 永，立其權威，後世子孫承其血胤者亦並襲其感情，發念致能，莫
> 克自外，唯有坐紹其業而收其果，爲善爲惡，無所揀別，遺傳之可
> 畏乃如是也。〔註74〕

與進化論有關的術語「遺傳」，在此並未與「種業」概念相區分，而是混爲
一談。佛教的「業」意爲「造作」，指人的一切身心活動所造作的行爲、活
動；「業」不僅指當下行爲，其影響力也延及於後果，即業報、業力，人生
由此呈現爲因果輪迴的形態。「種業」一詞加入了唯識學的種子說之意，以
阿賴耶識（種子識）作爲業力的承擔者。〔註75〕這一理論被移用爲解釋民族
歷史時，雖然「種業」的決定性、前定性和因果作用，對於個體和民族同然，
但對民族而言，「種業」的內容不限於個人作爲，而是包括了國民整體的道
德倫理、風俗習慣、宗教信仰，多重因素綜合作用，形成代代遺傳的「種業」，
或曰「國民性」。這就使改變「種業」從而改變國民性、改變歷史成爲可能。

　　周作人借助佛教思想建立的「種業」論歷史觀，既不同於以「天命」爲
動因的中國傳統循環論歷史觀，也不同於西方近代後必勝前的直線式進化論
歷史觀，它既合理地解釋了民國政治現實，也有條件地爲人的主觀作爲留有
餘地，同時擺脫了循環論的消極無爲與進化論的盲目樂觀，具有一種清醒的
現實感，倒是比較接近章太炎「善亦進化，惡亦進化」的雙線進化論史觀。
〔註76〕

　　不過，就如何改變種業而言，最初周作人仍寄望於以悲哀之力導引國人
進於自覺，悔過自新，「若以悲哀之力，能知悔改，則新生抽乙，即見於剝
復之會」。〔註77〕因此，即便留日時期的文學啓蒙運動失敗在前，周作人此
時仍未放棄先覺者的啓蒙之功，他反對以專制時代「天下興亡匹夫有責」之
言，來作盡國民責任的號召，而認爲應該遵從人性之不齊，賢者與庸眾各盡
其能、各安其分，「積極者賢者之責任，重在建設，以利民爲事；消極者不
肖之責任，其事但在自持，不爲害而止耳」，〔註78〕即爲盡責。從這種帶有

〔註74〕《望越篇》，《全集》第 1 卷，第 223 頁。
〔註75〕參見吳學國：《唯識學：緣起論與業力說的矛盾消解》，《學術月刊》，1998 年
　　　　第 10 期；傅新毅：《種子說的緣起》，《宗教學研究》，2005 年 03 期。
〔註76〕參見章太炎：《俱分進化論》，《民報》第 7 號，1906 年 9 月。
〔註77〕《望華國篇》，《全集》第 1 卷，第 227 頁。
〔註78〕《庸眾之責任》，《全集》第 1 卷，第 231 頁。

傳統士大夫責任意識的啓蒙思想中可以感到，儘管周作人對民國政治現實頗感失望，但推翻封建專制制度、成立民國的政治革命的成功，還是短暫地激發了其政治參與意識的高漲。

1912 年 10 月之後，周作人開始接觸西方近代的人種改良學說，〔註79〕他從政治意識方面對於國人自覺的期待，開始轉向從教育方面著手，這也與1912 年 6 月之後，周作人逐漸進入教育界工作有關。〔註80〕

人種改良學說發端於進化論的遺傳理論。達爾文解釋物種之所以能夠進化，要素有三：一、生物有變異性；二、生物有遺傳性；三、生物經過自然選擇後適者生存。簡單來說，通過環境的選擇，生物發生變異，遺傳將有利的變異積累起來，使後代的生物品種越來越能適應環境。達爾文將進化現象歸因於作爲外緣的環境影響，並且認爲外緣的影響也能向後代遺傳，即獲得性遺傳。後世在這個問題上形成了兩派意見，一派將生物進化歸因於胚種細胞自己發生變動，與環境影響無關；另一派認爲生物進化是環境影響所致，而且從環境習得的性質（Acquired characteristics）能夠遺傳。〔註81〕根據後者，遺傳與外緣（環境）作爲生物進化的兩大因素，同時受到關注。

這一遺傳學理論，使周作人的「種業」論獲得了科學理論的支撐而清晰化了，他將人的主觀作爲的空間具體落實到「外緣」，以改變獲得性遺傳的方式來改變「種業」，即「民種改良」。

> 蓋性格差別，隨人而異，所謂人心不同，各如其面。究其成因，
> 凡有四端，爲性別、民種、遺傳、外緣。四者之中，前二最顯見，

〔註79〕《周作人日記》（上）中相關記載，最早見於 1912 年 10 月 11 日，「得サガミヤ三日寄白樺、Galton：inquiries into human faculty」（第 419 頁）。Galton 即英國優生學（Eugenic）的創始人高爾頓，正是在這本出版於 1883 年的《人類的才能及其發展研究》中，高爾頓提出了優生學（周作人譯爲「善種學」）理論，研究人種改良。此後日記的購書目中也多有與優生學相關的書，如 1913 年 6 月 11 日，「上午得サガミヤ十四日箋又 Coulter：Heredity and Eugenics 一冊」第 453 頁；1914 年 4 月 4 日，「サガミヤ前寄 E.Schuster：Eugenics 一冊」，第 496 頁。

〔註80〕1912 年 2 月，周作人由朱逷先介紹到浙江軍政府教育司工作，因妻即將分娩未到差，6 月就職，7 月辭職；1913 年 4 月起，赴浙江省立第五中學教英文，並任紹興縣教育會會長。參見張菊香、張鐵榮編：《周作人年譜》，天津：天津人民出版社，2000 年。

〔註81〕參見周建人：《達爾文以後的進化論》，收於陳長蘅、周建人著《進化論與善種學》，商務印書館，1923 年。

而後二特重要。〔註82〕

所謂「民種」，「實即遠因之遺傳，唯其來既遠，原因複雜，加以歷史影響、社會風俗（即外緣）和合而成」，〔註83〕相當於《望越篇》中的「種業」；「遺傳」則根據善種學的用法，被限定在世代相襲的體質與知能方面；「外緣」包括一切社會影響。綜合起來，不可改變的遺傳與可改變的外緣，共同作用，造成了人的性格。一方面，外緣影響於原有性格而產生的新質，成爲獲得性遺傳，向下一代接續傳遞，從而造就新的遺傳基因和新的個性；另一方面，個性成因仍以遺傳爲主，遺傳之性決定了外緣的影響能否被接受，以及接受到什麼程度。

遺傳學說將生物性狀的成因，區分爲遺傳與外緣，對二者關係作出解說。在遺傳與外緣的關係框架中，作爲外緣之一的教育，被從一種新的眼光進行審視。

3・「善種學」與個性教育

借助遺傳學說研究人種改良，發展出一門專門學問，「優生學」（Eugenic），周作人譯爲「善種學」，這成爲其國民性改造的理論基礎。

根據周建人《人之遺傳》一文的介紹，高爾頓等人的善種學，將遺傳限定爲體質與智慧，根據實際調查的統計數字，結論是遺傳不可改變，因此打破了教育萬能的神話，而人種改良只能寄望於婚姻，「改良人種必汰其劣，抑止其孳乳寖多，……對於智者，當盡法保持，婚姻亦弗太晚，又必養子成健康之體，弗使有損」。〔註84〕人爲地汰劣留良，就不得不仰仗社會法制的強制力量，「善種學的範圍，簡單說，就是『要在社會制裁之下，來研究各種的動作力，改造一番，使將來的人種，在精神體質兩方面，都成良好』」。〔註85〕思想觀念的改變也以養成善種學信仰爲目標。但是，無論是借助社會力量，還是養成善種學的信仰，都隱含著一種以多數福利之名，取消有缺陷個體的生存權利的邏輯，善種學實則成爲一種權力話語。因此，無怪乎高爾頓旨在保全和促進民族生存的善種學，日後會成爲德國納粹種族歧視與種族滅絕的

〔註82〕 《遺傳與教育》，《全集》第1卷，第266～267頁。
〔註83〕 《遺傳與教育》，《全集》第1卷，第267頁。
〔註84〕 周建人：《民種改良說》，《紹興縣教育會月刊》，1913年11月第二號，第12頁。
〔註85〕 周建人：《善種學與其建立者》，收於陳長蘅、周建人著《進化論與善種學》，第61頁，商務印書館，1923年。

理論前驅。〔註86〕科學之被假手用以逾越人道的界限，實在遠比非科學爲便易，翻手即成。作爲對學說本身的關注，周建人也介紹了拉馬克（Lemarck）的感應性遺傳說，即「謂外緣感受之性，能遞傳後世，而性益彰」，〔註87〕其中包含著對外緣影響的重視，但他日後主要還是將善種學應用於注重遺傳的婚育改良方面。〔註88〕

同樣關注善種學與教育關係的周作人，卻是在別一意義上否定了教育萬能說，這與他主要吸收的不是科學家，而是人文學者的善種學思想有關。1913至 1914 年，周作人在《紹興縣教育會月刊》上連續發表《遺傳與教育》等多篇有關人種改良的論文和譯文，〔註89〕其中兩篇譯文《民種改良之教育》與《外緣之影響》，均出自人文學者之手，〔註90〕都是從善種學的角度反言教育之重要性。

此中關鍵在於如何看待「遺傳」？科學家的善種學研究，源自於生物學家對動植物遺傳性徵的研究，與後者一樣，將其假設建立在數據調查與分析的基礎上，其研究方法首先就限定了研究對象。如周建人介紹的 Galton、Pearson 等人的研究，數據分析的是可以被量化的人的體質或智力方面的特徵，如膚色、髮色、癡愚、酗酒、罪犯、癲癇等，而解決之道也就只有從婚

〔註86〕 參見任本命《弗朗西斯‧高爾頓》，《遺傳》，2005 年第 4 期。
〔註87〕 橋風：《外緣感應說》，《紹興縣教育會月刊》，1914 年 6 月第九號，第 15 頁。
〔註88〕 參見謝德銑：《周建人評傳》第三章，重慶：重慶出版社，1991 年。
〔註89〕 《遺傳與教育》（1913.10 第 1 號）、《民種改良之教育》（譯文，1913.10 第 1 號）、《遊戲與教育》（譯文，1913.11 第 2 號）、《外緣之影響》（譯文，1914.5 第 8 號）、《家庭教育一論》（1914.6 第 9 號）。同時周建人也有相關文章發表：《人之遺傳》（1913.10 第 1 號）、《民種改良說》（1913.11～12 第 2、3 號）、《微生物與人生》（1914.1～2 第 4、5 號）、《外緣感應說》（1914.6 第 9 號）等，對善種學持作爲科普知識進行忠實介紹的客觀態度。
〔註90〕 《民種改良之教育》作者爲英國樞密院教育委員長戈斯德，《外緣之影響》節選自愛爾蘭大學加伐威爾教授所著《芒德梭利主義與實施》。芒德梭利主義即爲意大利著名教育家蒙臺梭利（Montessori）所創立的兒童教育理念與方法。關於蒙臺梭利的書，此期周作人日記中出現不少，如 1914 年 1 月 31 日，「得伊文思廿八日寄 D. C. Fisher: A Montessori Mother」，第 486～487 頁；2 月 10 日，「傍晚得サガミヤ二日箋 E. P. Culverwell: Montessori Principles & Practice」，第 488 頁；5 月 9 日，「得伊文思六日寄 The Montessori Method 一本」，第 501 頁；5 月 23 日，「サガミヤ十五日寄 Boyd: From Locke to Montessori」，第 503 頁；5 月 29 日，「サガミヤサ一日箋雜誌三冊，J.White: Montessori Schools 一冊」，第 503～504 頁，《周作人日記》（上）。可見此期周氏對教育非常關注，當然這也與他此時擔任教育職務有關。

姻入手。〔註 91〕至於無法被量化、成因也極複雜的諸多精神特質，先在地就被排除在研究之外了，因此，也可以說只是完成了一個循環論證，其結論必然是本性無法更改，外緣亦無法遺傳於後代。

但人文學者採納的是獲得性遺傳的觀點，即認為，從外緣獲得的影響也可以向後代遺傳。基於這一假設，就人的本性如何形成而言，考察的範圍除上述體質與智力之外，無法被量化的其他精神特質也可以包括在內，這些都成為形成遺傳基因的要素，這就為從教育入手改良人的遺傳素質、進行人種改良開闢了用武之地。另一方面，即使在這一假設中，遺傳為主、外緣為輔的根本關係仍是決定性的、不可易的。

因此，周作人不是在教育無能為力，而是在教育有力、但其力為遺傳所限的意義上，破除教育萬能說，「蓋教育之力，但得順其固有之性，而激厲助長之，又或束制之使就範圍，不能變更其性，令至於一定之境界，如教育萬能者之所想像也」。另一方面，從外緣的意義上看待教育，又使周作人突破了將教育僅限於學校教育的傳統觀念，而是視其為包括家庭教育、學校教育、社會教育在內的，人只要與世相接就會受到的一切影響，甚至包括「胎教與父母之德業，尤不可忽」。〔註 92〕這樣，雖然教育萬能被打破，但教育的範圍擴展至人生全體甚至未生之前，從別一方面說，則教育的重要性又被提升到前所未有的高度。

基於這一人文主義善種學理論，除針對性地分論家庭教育、社會教育的具體措施之外，〔註 93〕作為基本教育原理，周作人提倡個性教育：

> 故個性者，即其人獨具之性，本於遺傳，而駙以外緣，感化以成者也。教育之志，即在陶冶此性，所以養賢而愈愚。惟個人受此，不殊外緣之一，故若違其性，效亦難期。且不必違性也，但或循例為教，而不適應受者之能力，則所□誼旨，不得會解，教亦與無教等。今惟因才施教，助長其固有之性，庶幾其可乎？〔註 94〕

個性由遺傳與外緣和合而成，因此，教育以尊重個性之不齊為前提，從外緣方面致力於培養新的個性。教育也是外緣之一，受到遺傳制約，無法令人人

〔註 91〕參見周建人：《民種改良說》，《紹興縣教育會月刊》，1913 年 11 月第 2 號；《民眾改良續說》，《紹興縣教育會月刊》，1913 年 12 月第 3 號。
〔註 92〕《遺傳與教育》，《全集》第 1 卷，第 268、266 頁。
〔註 93〕參見《家庭教育一論》、《論社會教育宜先申禁制》，收於《全集》第 1 卷。
〔註 94〕《個性之教育》，《全集》第 1 卷，第 240 頁。

達到一種規定劃一的境界，它所造就的必然是受制於固有之性的不同個性；如果違反個性或者齊一標準，教育就無法發揮作用。這裡的「養賢而愈愚」，包含著尊重個體生命權利，以及承認人性不齊爲本然狀態的、深厚博大的人文情懷。

　　孔子「因材施教」的教育理念，經由近代學術思想的理論更新，發展爲近代個性教育理論，爲周作人期待「國民自覺」的政治意識鋪墊了切實可行的道路。反過來，由於個性教育負有造就新「人／國民」的政治責任，其所造就之個性，就不能不受到有關「人／國民」的規定性的制約。

　　有關「人／國民」的規定性，留日時期從「自由精神」方面所作的闡釋依然有效，比如反對以暴易暴，譴責私利之害，「利欲之私，終爲吾毒」，〔註95〕注重精神自主性、獨立性，「寧保靈明而死，毋徇物欲以生」；〔註96〕對於一民族的盛衰成敗，同樣不是從政治制度方面衡量，而是強調精神、意志、自治力的作用。〔註97〕區別在於，留日時期，「自由精神」針對的是專制制度下人心所受的束縛，其現實的政治指向是反滿的種族革命；而共和體制從制度上已經保證了自由的合法性，「古制既革，法尙自由」，〔註98〕那麼，以「自由」爲目標的「國民自覺」，就是在與民國政治同一的方向上，具有從個人角度爲建立共和政治的意識形態奠定人員基礎的作用。這是因爲，從文明論的視野來看，僅有國家制度層面的改變，遠遠無法滿足周作人對於「共和眞義」的理解，腐敗的政治現實更加深他對制度自身的不信任，他爲「人／國民」注入新的內涵，以期造就新的民國「國民」，既是「立人」思想的延續，也是試圖從思想觀念方面推動眞正的「共和」的實現。對此，周作人並從遺傳學說取得理論支撐：

　　　　唯種人心性，乃自造其運命，故種性不變，雖改革頻仍，徒有
　　其表，□其內實，了無殊異，即有良法美意，不適其性，亦莫能用。
　　〔註99〕

將「人」與「制度」的關係，從遺傳與外緣的角度加以理解，一方面，提升了國民性改造優先於制度改革的重要性，制度改革須以國民性爲依據的必要

〔註95〕《望越篇》，《全集》第1卷，第224頁。
〔註96〕《望華國篇》，《全集》第1卷，第228頁。
〔註97〕參見《民族之解散》、《共和國之盛衰》，收於《全集》第1卷。
〔註98〕《國民之自覺》，《全集》第1卷，第248頁。
〔註99〕《共和國之盛衰》，《全集》第1卷，第241頁。

性；另一方面，對於留日時期的「精神萬能」傾向也會有所抑制。

關於如何實現「國民自覺」，周作人也仍然看重先覺者的啓蒙作用，不過，由於個性教育理念的引入，先覺與凡眾的關係得到了新的闡釋。

> 雖性習不同，造至各異，但使一旦豁然貫通，自有會得。無間淺深，要皆凡生命之所在，本此眞誠持化凡眾，足以振其愚蒙，知人生之誼，喜尊其性，不更役於物欲，斯爲大善矣。凡諸方針，皆可取持，第亦在存誠闢妄而已，豈爲名高？〔註100〕

對於民國「國民」的預設是「人人得盡其性」，因此，先覺的作用，就是在人性不齊的基礎上，引導每個人意識到自己的本性所在，使之舒展、充實，不要爲物慾所奴役。留日時期周作人構建的先覺與凡眾的關係，是將二者之間思想上的對立，從人情的角度予以彌補，建立一體連帶感，不免有將思想與人情割裂之感。此時，引入「盡其性」的觀念，則先覺與凡眾的區別，不在思想上的賢愚，而在是否擁有個性的「自覺」。凡眾一旦獲得自覺，知道人生眞義所在，能夠自由發揮其個性，也就與先覺無異了。因爲不再存在思想上的對立，因此，凡眾並不是從外部接受先覺由上而下的教導，而是先覺自下而上導引出凡眾內在本有之性，使凡眾自覺人之所以爲人的本質，實現國民自覺。人人性各不同，而人人各盡其性，在擁有此「自覺」而成爲眞正的「人／國民」的意義上，凡眾與先覺是一體的。

周作人留日時期從普遍人情的角度界定的群己一體說，此時被從各盡其性的角度予以說明，因此，所謂普遍人情，在指向人類的普遍情感之外，也獲得了一種觀念形態的意涵，即承認人性之不齊的觀念。人性之不齊的觀念，並未使周作人落入相對主義陷阱，而是在特殊性與普遍性的辯證關係中，走向「不齊而齊」。每一個個體的個性都不同，無有例外，因此這一「不同」即獲得了普遍性，普遍性不能求之於個體特殊性之外；同時，由於將個體的特殊性限定爲人之所以爲人的「自覺」，因此，存在於特殊性之中的普遍性，就吸收了這一「自覺」的內容，使其有別於特殊性的共性形態具有了特定內涵，即它不僅僅是對「不齊」現實的承認，還具有作爲「理想」將「不齊」引導到「不齊而齊」的超越性品格。簡單說來，人可以動止萬殊，但絕不可以逾越人之爲人的界限，而人之爲人，便是周作人爲新的「人／國民」輸入的現代內涵。因此，所謂「盡其性」實質上仍是一種倫理性的規定。對先覺的要

〔註100〕《國民之自覺》，《全集》第 1 卷，第 249 頁。

求僅僅在於其道德上的誠實，對於凡眾亦然。

周作人從遺傳學等近代學術思想中獲取的這一關於人的本質的認識，出乎意外地與明中期以後李贄等思想家關於「天理」、「人慾」的思考非常接近。〔註101〕換言之，中國傳統儒家思想在明代展開的形態，在此經過周作人的思想操作而得到了近代西方學術思想的佐證。這一點，對於理解周作人思想中的東方文化性格，也許不無啓示。

4・人類學視野中的兒童學

根據善種學理論，爲了造就新的民國「國民」，通過個性教育培養新的遺傳基質必然受到重視。因此，在「兒童者，未來之國民」〔註102〕的意義上，兒童教育進入周作人的視野。從實際生活經驗來說，周作人 1911 年秋從日本歸國後，除短暫地往杭州教育司擔任視學之外，〔註103〕在 1917 年 4 月往北京去之前，一直參與紹興教育界的具體工作，擔任紹興縣教育會會長一職外，同時在浙江第五中學教授英文，〔註104〕其間又有長子豐一等孩子陸續出生。雖然後來他謙稱其時「是在那裡扮一名『桃偶』的腳色」，〔註105〕而且力圖與教育會的「公家的事」撇清關係，〔註106〕但實際上，此時他在教育工作方面

〔註101〕 參見溝口雄三著、龔穎譯：《中國前近代思想的屈折與展開》，北京：三聯書店，2011 年。此外，從思想史角度來看，章太炎在《齊物論釋》中闡述「不齊之齊」的「平等」觀，也可納入此一思考脈絡中，參見李昱：《〈齊物論釋〉與章太炎的「內聖外王」之道》，《南京大學學報》（哲學・人文科學・社會科學版），2005 年 06 期。

〔註102〕 《兒童問題之初解》，《全集》第 1 卷，第 246 頁。

〔註103〕 參見《知堂回想錄・臥治時代》，《全集》第 13 卷，第 439～441 頁。

〔註104〕 《周作人日記》（上）1913 年 4 月 29 日記載，「蔣庸生君來邀爲第五中學教英文，姑暫任之」，4 月 30 日記載，「上午蔣君又來，約已改正，遂爲蓋印予之」（第 442 頁）。另，《知堂回想錄・在教育界裏》有「我在浙江省立第五中學，自癸丑四月至丙辰三月，十足四個年期」（《全集》第 13 卷，第 443 頁），恐記憶有誤，查周作人日記，1917 年 1 月 1 日記載，「中校送時間表及教科書來，云明日開課」（第 648 頁），3 月 5 日載「上午訪徐校長，說北行事」（第 657 頁），據此可知，周氏任教第五中學，當從癸丑（1913 年）至丁巳（1917年），共四年。

〔註105〕 《知堂回想錄・臥治時代》，《全集》第 13 卷，第 443 頁。

〔註106〕 《知堂回想錄・自己的工作一》中說，「我在紹興教育會混跡四五年，給公家做的事並不多，剩下來做的都是私人的事，這些卻也不少」，《全集》第 13 卷，第 446 頁。對該陳述應當考慮到周氏 1960 年起始寫作《知堂回想錄》的時代背景，此外，雖是「私人的事」，但也沒有脫離與公職相關的文藝、教育

可謂盡職盡責。〔註 107〕於公於私，都使周作人對兒童教育投入很大精力，催生了中國最早的近代兒童學與童話研究。

周作人有關兒童學的研究，集中在兩個時期：一是 1912～14 年間，文章基本都發表於《紹興縣教育會月刊》上；一是五四時期，以 1932 年結集出版的《兒童文學小論》爲代表，其中也收集了早期的四篇文言論文。不過，他對兒童文學的愛好與譯介工作則貫穿其一生。

周作人有關兒童和兒童文學的觀點，前後期並無很大變化。在《我的雜學》中，他如是回顧研究兒童問題的發端：

> 照進化論講來，人類的個體發生原來和系統發生的程序相同，
> 胚胎時代經過生物進化的歷程，兒童時代又經過文明發達的歷程，
> 所以幼稚這一段落正是人生之蠻荒時期，我們對於兒童學的有些興
> 趣這問題，差不多可以說是從人類學連續下來的。〔註 108〕

將人類個體從胚胎至成人的生長過程，與人類社會從蠻荒進入文明的發展歷程同構，從而使兒童研究初始即獲得一個基於進化論的人類學的研究視野，這是周作人在兒童問題上始終持有的視點。

這一視野首先破除了傳統對於兒童的含混認識，將兒童作爲獨立的研究對象，使兒童學成爲一門學問。從性質上來說，兒童不再是縮小版的成人，亦非不完全的成人，而是「大人之胚體」，〔註 109〕它具備作爲人的完整性，只是身心發育相對而言處於幼稚階段而已。以此爲據，周作人進一步抨擊了視兒童爲父母私有物的傳統觀念，兒童既然是成人的一個獨立階段，那麼同成人一樣，「外之有社會」、「上之有民族」，〔註 110〕並非家族私產，這就導向從「未來之國民」的意義上來看待兒童，兒童問題被與民族國家問題關聯起來。從時期上來說，兒童期被確定爲從出生至 25 歲，因爲至此，人的肉體精神兩方面才發達完全，可以稱爲成人，這就爲分階段、針對性地對「兒童」施行較長時期的教育，以塑造理想「國民」奠定了理論基礎。〔註 111〕因此，周作

領域。
〔註 107〕參見劉冰：《周作人早期兒童觀、兒童文學觀研究》，華東師範大學 2005 年碩士學位論文。
〔註 108〕參見劉冰：《周作人早期兒童觀、兒童文學觀研究》。
〔註 109〕《兒童研究導言》，《全集》第 1 卷，第 287 頁。
〔註 110〕《兒童問題之初解》，《全集》第 1 卷，第 247 頁。
〔註 111〕參見《兒童研究導言》。

人在人類學意義上建構的「兒童」觀，具有兩個內涵：一、兒童是非私有的獨立個體，在身心兩方面自有其不同於成人的特點；二、就兒童位於一個幼稚階段而言，兒童趨向於發展到一個更高的目標。

有關兒童的這一新觀念，爲確立以兒童爲本位的現代兒童觀奠定了理論基礎。〔註112〕不過，這一現代兒童觀固然從人類學獲得了理論基礎，但視兒童爲獨立個體的觀念，並不完全依賴人類學而確立。據凌冰1921年編著的《兒童學概論》介紹，最初以兒童作爲獨立個體進行研究的是17、18世紀歐洲的教育家，其研究主要是從觀察、統計、分析個別兒童的言行舉動入手，繼之出現團體兒童的研究，遂使兒童學成爲一門專門學問。兒童學研究範圍，包括兒童的天賦本能、兒童的環境、兒童身體發達與腦力發達的關係，研究方法主要爲觀察統計、問卷調查等科學方法，兒童教育則據此而定。從這種兒童學研究得到的關於兒童特性的結論，持與人類學關於原始人類研究的結論相對照，則既有相互佐證之處，也有不能契合之處，因此，兒童學實際上是獨立於人類學的專門學問。〔註113〕從這一專門學問的視野看到的「兒童」，必然與從人類學（在周作人那裡是文化人類學）視野看到的「兒童」有所不同。周作人後來稱兒童爲「小野蠻」，正是表明了他自己的觀看視野，那麼，周作人爲何選擇人類學的視野？

人類學從研究原始民族出發，其理論前提是進化論，人類社會的發展趨勢被視爲從野蠻向文明的進化。從前引周作人的話來看，將這一理論預設與人類個體的成長歷程對應起來時，兒童與成人就被分屬於野蠻與文明兩種狀態。因此，借助人類學視野將兒童定位爲「小野蠻」，就切斷了自然生長狀態下，兒童向成人的自然過渡，「成人」並非兒童自然成長的必然結果，而是具

〔註112〕參見趙景深編著：《童話評論》，上海：新文化書社，1934年。該書收入五四時期兒童文學研究論文30篇，分爲民俗學上的研究、教育上的研究、文學上的研究三個類別，基本可概覽彼時兒童文學研究的概貌。在論到兒童不是縮小的成人，而是與成人具有同等人格的完全的個體時，基本都會提及出自人類學的這一理論前提。此外，研究者對周作人兒童觀的肯定也多就此及由此申發的有關現代兒童學的基礎理論而言，參見錢理群：《周作人研究二十一講》第四講，北京：中華書局，2004年；韓進：《從「兒童的發現」到「兒童的文學」——周作人兒童文學思想論綱》，安慶師院社會科學學報，1993年04期。

〔註113〕參見凌冰編著：《兒童學概論》，上海：商務印書館，1921年。同時可參看關寬之原著，朱孟遷、邵人模、范堯深譯述：《兒童學》，上海：商務印書館，1931年。

有「文明」內涵、有待實現的一個可能性，其實現的過程則留待教育之力。
另一方面，不止於人類學視野，周作人借助遺傳學說，又將上述斷裂在另一
種意義上連接起來：

> 蓋兒童者，未來之國民，是所以承繼先業，即所以開發新化。
> 如其善遂，斯舊邦可新，絕國可續。不然，則雖當盛時，而赫赫文
> 明難爲之繼，衰運轉輪，猶若旦暮，其源竭也。〔註114〕

位於幼稚階段的兒童，既承繼著來自先代的遺傳，同時又成爲能否爲下代培
養新的遺傳基因的關鍵，在「遺傳」這一點上自然之力保有空間，連接起兒
童向成人、野蠻向文明累積式、而非斷裂性的進化，這意味著，「兒童」身上
聚合了過去與未來兩種視角。有待實現的「成人」，因之並非與兒童迥異的全
新之人，而是同時包含「先業」與「新化」，在舊有基礎上增加了新的成分的
人，這作爲下一代的新的遺傳基質，使人種改良成爲可能。「未來之國民」成
長爲「現實之國民」，有賴於個性教育的努力，兒童教育因此具有推進「共和」
實現的政治作用。從有待實現的「成人」與人類社會的「文明」階段同構而
言，處於承前啓後位置的「兒童」，不僅決定著國家未來的存亡，也關係著人
類文明的發展。因此，在人類學視野中建構的「兒童」，在民國政治語境中，
成爲周作人的文明觀與國家政治意識的交匯點。

　　將每一代人視爲生物進化鏈條上一個承前啓後的環節，這一視點，與被
研究者指出的魯迅的「歷史中間物」思想有相似之處。不過，魯迅從自身存
在出發，在個人與歷史的關係框架中考慮問題，其「中間物」意識指向一種
深刻的否定性思想，切斷與過去及未來的關聯，而執著於現在。〔註115〕周作
人則以「兒童」爲思考的起點，將其置於自然與社會的關係框架中，根據遺
傳學說建立起過去、現在與未來的連續性，他的執著現在，有一個相對樂觀
的未來指向，即兒童將成長爲「成人」，在連續性上，現在的「成人」又處於
下一代的「兒童」的位置，未來就是過去與現在的累積而達至，因此，從「兒
童」至「成人」這一段落的教育過程至關重要。

　　就兒童身上留有先代遺傳而言，即使嬰兒也並非表現純然無染的自然人
性，甚至人在胚胎時期，就已經不是白紙一張，毋寧說，兒童身上某種並非
得自當下環境、而是先在的自然性，恰恰成爲有待改良之物。這種自然性，

〔註114〕《兒童問題之初解》，《全集》第1卷，第246頁。
〔註115〕參見祝宇紅：《「中間物」意識辨析》，《魯迅研究月刊》，2011年07期。

自蠻荒時代的先祖積累而歷代遺傳，乃是「蠻性之遺留」，須經「文明」的進化，如是方能「成人」，猶如人類社會須從野蠻被推進到文明。因此，兒童教育是被「文明」的理想所規定和引導，並非僅僅「順其自然」。在與「文明」相對立的意義上，周作人對「自然」有一種否定性看法，「性慾主其始，私利持其終，彼其終生，實爲自然所漂流。」〔註116〕被動物性本能和私利心所支配，就是受制於自然之力，這既與自由精神相悖，也與周作人對中國國民性的判斷有關。他認爲，中國漫長的專制政治壓抑了古民的元氣和生氣，使國民慣於屈從威權，唯利祿是圖，這種奴性和實利性進入遺傳基因，已然成爲中國國民的「自然」，因此，兒童教育就是爲了將人從這種「自然之力」中解放出來而做準備，通過施加外緣影響，改良這一遺傳基因，造就新的國民性。

另一方面，在兒童教育中，周作人也強調「順應自然」，這是就教育方法應該適應各個階段兒童身心發展的程度，順勢助長而言，這裡的「自然」，可作「如實」解。兒童在各個階段身心發育的特點，經由建立在對兒童群體進行抽樣調查、數據分析、比量統計基礎上的科學研究而獲得，其真實性由研究方法的科學性所保證，教育就是以此爲依據，如其實際所是的樣子順性施爲。例如周作人介紹的兒童學研究成果，根據研究所得兒童的身心特點，將兒童期分爲嬰兒期（0～3歲）、幼兒期（4～8歲）、少年期（9～14歲）、青年期（15～25歲）四期，依次施教，嬰兒期「保養而外，遊戲爲重矣」，幼兒期「玩具與童話實爲其主要學科」，少年期「想像作用與好奇心皆至旺盛」，至於青年期，因爲個性漸備，可別立爲兒童期之一部，進行專門研究。〔註117〕

這種歸納式分析統計的研究方法，對于歸納共性是有效的，但它忽視了個體差異。個體差異一部分來自生理，一部分來自個體所成長的具體環境，如果說前者是自然的、天生的，則後者是社會性的。分析統計的結果，無法體現個體的社會性差異，因其無法被量化、數據化，因而無法被歸納爲某種共性。因此，這種貌似科學的研究方法，實際暗含一個自然人性論的理論假設，即人類擁有一個普遍的自然人性，對立於或超越於千差萬別的、各個特殊的社會環境。這表明，以科學自居的統計研究，其實是科學的意識形態，本身就屬於現代文化的一部分。它用樣本調查、數據分析這一看似客觀、普遍的研究方法，遮掩了其方法背後將自然與社會二元對立的意識形態起源，

〔註116〕《兒童問題之初解》，《全集》第1卷，第247頁。
〔註117〕參見《兒童研究導言》。

因而，其科學性和眞實性都是有限的。周作人在對這一研究方法的科學性深信不疑的同時，也不自覺地吸收了其背後自然與社會二元對立的意識形態假設。因此，即使周作人從遺傳學上肯定了兒童與成人之間的連續性，但兒童身上作爲遺傳的「自然」，正是他所要竭力改良的，是被排斥的；反過來，兒童身上的「自然人性」，則成爲他藉以改良遺傳的基礎，是他想通過教育加以扶持、助長的，在此意義上，他將兒童與成人的連續性切斷了，二者的對立正如自然與社會的對立。兒童，無論是「小野蠻」意義上的，還是「自然人性」意義上的，都飽含著周作人建立現代文化和現代文明的意識形態用心。

那麼，他的用心具體是什麼？「兒歌童話以及遊戲之事，視若細微，然兒童生活半在遊戲之中，若除此數者，將使減其生趣，無上遂之望。」〔註 118〕他認爲兒童生活的遊戲性質，決定了幻想性文字作品和非功利性的遊戲，將成爲兒童教育的主要內容，因此排斥兒童教育中的道德訓誡，這就是他的用心所在。換言之，周作人試圖通過兒童教育爲國民性增添的新質、所要建立的現代文化，以自由精神爲主導而更其具體化：不受約束的想像力、創造性、藝術性等。〔註 119〕就此而言，周作人的兒童教育具有文學教育、藝術教育的性質。

5・作爲民俗學的童話研究

早在發表於 1908 年的《論文章之意義》一文中，周作人已經提到童話對於兒童教育的重要作用，不過，那時他將這個來自於德語 Märchen 的概念，用文言詞彙譯爲「奇觚之談」。Märchen 所表示的「童話」之義，與 19 世紀德國格林兄弟收集、編輯德國民間童話和傳說故事的努力密不可分。格林兄弟受到赫爾德民俗學的影響，他們編選民間童話集，是爲了闡揚蘊含在包括童話在內的民間文學之中的德國民族精神，是當時德國浪漫主義的民族主義思潮的一部分。〔註 120〕《論文章之意義》也借用了赫爾德的「民聲」概念，將

〔註 118〕《兒童研究導言》，《全集》第 1 卷，第 290 頁。

〔註 119〕參見錢理群：《周作人研究二十一講》。在第四講《兒童學、童話學、神話學研究與傳統文化的反思》中，錢先生在五四新文化的脈絡中，從「原始的生命力」、「人格的眞誠」、「『泛愛』的境界」、「藝術的化境」等方面，討論以周作人爲代表的五四新文化人，從「兒童」身上所探索的文化精神。

〔註 120〕參見肖晉元：《對德國「童話」定義的探求》，《德語學習》，2009 年 06 期；Willian A・威爾森著、馮文開譯：《赫爾德：民俗學與浪漫民族主義》，《民族文學研究》，2008 年 03 期。

文學視爲國民心理／民族精神的眞實表達。周作人在清末提出文學建設的當務之急爲「民情之記（Folk-novel）與奇觚之談（Märchen）」，「奇觚之談」的翻譯，可見其時他關注的是「童話」在性質上的奇特、奇異，非同尋常。但這一性質並非「童話」所專屬，毋寧說，周作人受到德國民俗學的影響，更加看重的是「童話」作爲「民衆文學」的意義，即與「謠歌俗曲」同樣，具有超越私人著述、作爲爲公的民族文學的意義，這與其時他排滿的民族主義思想相一致。民國之後的文章中，〔註121〕周作人開始用「童話」一詞對譯Märchen。儘管他一直採用人類學關於「童話」的看法——「原始社會的文學」，而非該詞的日語語源的原義「兒童的故事」，〔註122〕尚保留著民俗學的影響，但「童話」一詞的採譯，至少表明周作人的關注重心，從童話的性質轉移到了童話的對象——「兒童」，這是與他對兒童教育的重視同步的。

周作人在人類學視野中，將兒童視爲「小野蠻」，兒童心思單純、純樸，感覺性強，就如同原始人類一樣，因此，誕生於原始社會的「童話」，也就成爲最適合兒童心理特點的教育讀物，這是其「民俗學＋兒童學」式的兒童教育理念。

在民俗學上，周作人主要從安特路朗比較神話學的研究去看待童話，「童話」被視爲與上古神話（Mythos）、傳說（Saga）同源異流，都是原人萬物有靈思想與原始部落生活習俗的表現。這種定位，一方面肯定了童話的奇幻性質，另一方面對其進行理性化解釋，使其脫離了個人的率意造作、不可理喻性，而與可理解的、普遍的人類心理關聯起來，這種心理被認爲在現代社會仍保存於兒童與農人社會。所以，周作人很排斥將童話視爲「兒童好奇多問，大人造作故事以應其求」這種望文生義的不當理解。由此可見，民俗學上的「童話」對於兒童教育，爲周作人所看重的，一是它的奇幻性，二是蘊涵其中的普遍的「自然人性」。但同樣具備這兩點的神話和傳說，爲何不被採納？

〔註121〕《全集》中所見周作人最早採用「童話」一詞的文章，是編爲「1910 年 12月作」的《丹麥詩人安兒爾然傳》，這一寫作時間據周作人 1919 年所撰《墨痕小識》而定，但該文中既有「引《教育部月刊》中《童話研究》」語，《童話研究》發表於該刊 1913 年 8 月號，則該文寫作時間當在此後。可以推斷，採譯「童話」一詞，當是在周作人自 1912 年起開始關注兒童教育之後。

〔註122〕參見《童話的討論一》，收於《全集》第 2 卷。另外，關於「童話」一詞的來源，參見朱自強：《「童話」詞源考——中日兒童文學早年關係側證》，《東北師大學報》，1994 年 02 期；該文考證「童話」一詞的確如周作人所說「來自日本」，表明中國兒童文學在誕生期所受到的日本影響。

神話、傳說、童話，三者在民俗學上的區別，是依據所表現的內容而定，神話講述神的故事，傳說講述半神或英雄的故事，而童話所講述的時代、人物、地方都是模糊的，它的開頭通常是「從前，有一個……」。三者內容上雖然有別，但對實用與藝術仍然合爲一體的原始人類而言，它們的作用是相同的，即表達原始人類的宗教信仰和道德規範，藝術美只是爲了這種實用目的而產生的。因此，當周作人將三者分別比擬爲原人的宗教、歷史和文學，已經是出於現代學科分工意識的再闡釋了，作用在於，將「童話」歸屬於文學，則剔除了其本來具有的道德訓誡作用。正是在此意義上，周作人不僅從內容上，也從功用上對童話與傳說（包括神話）作出區分，「（童話）以供娛樂爲主，是其區別」。〔註 123〕經此現代知識系統的重新闡釋，「童話」便可無礙地進入周作人以藝術教育屬之的兒童教育了，「蓋凡欲以童話爲教育者，當勿忘童話爲物亦藝術之一」。〔註 124〕

不過，如果從兒童學出發，求適合兒童心理特點的「童話」，那麼顯然，童話不應僅限於「原人的文學」，周作人稱之爲天然童話或民族童話，後世文人創作的、以兒童爲讀者對象的幻想性短篇故事，周作人稱之爲人爲童話或藝術童話，都應包括在內。這種理解，更接近我們今天對「童話」的理解，事實上也是清末民初直至五四時期，知識界主流對於「童話」的理解。例如，在中國最早使用「童話」一詞的孫毓修，自 1908 年 11 月開始編輯《童話》叢書，〔註 125〕由上海商務印書館刊行，至 1923 年共出版 102 種（篇），其中一、二集中 77 種由孫氏編撰，後茅盾、鄭振鐸等參與編輯。《童話》叢書作爲中國最早出版的童話集，影響巨大，孫毓修也因此被茅盾譽爲「中國有童話的開山祖師」。〔註 126〕因此，從《童話》叢書的編選體例，可以一窺當時普遍的對於童話的理解。

孫毓修爲叢書撰寫的《〈童話〉序》一文，首先將讀者對象限定爲七八歲的兒童，包括在周作人認爲童話最爲適用的「幼兒期」內，即 3～10 歲。

〔註 123〕《童話略論》，《全集》第 1 卷，第 277 頁。
〔註 124〕《童話研究》，《全集》第 1 卷，第 264 頁。
〔註 125〕關於《童話》叢書的編輯時間，有 1908 年和 1909 年兩說，本文採納新村徹的考證結論，爲「1908 年 11 月」，轉引自朱自強：《「童話」詞源考──中日兒童文學早年關係側證》。
〔註 126〕參見王蕾：《孫毓修與現代中國兒童學的開拓》，《天府新論》，2009 年 04 期。

〔註127〕可以認爲，二人對於「童話」的讀者對象的界定，大體上是一致的。但孫氏是針對學校教科書的莊重典雅，而於校外供給兒童輕鬆愉悅的閱讀的意義上引入童話，其出發點不是民俗學的，而是歐美兒童學的：

> 歐美人之研究此事者，知理想過高、卷帙過繁之說部書，不盡合兒童之程度也。乃推本其心理之所宜，而盛作兒童小說以迎之。
>
> 說事雖多怪誕，而要軌於正則，使聞者不懈而幾於道，其感人之速，行世之遠，反倍於教科書。〔註128〕

本於兒童心理之所宜，這是從兒童學上採擇童話的出發點。但對童話作用的期待，則與教科書無異，只是希望採用比教科書更容易讓兒童接受的方式，以期更快、更深入地實現教科書的目的——「幾於道」。可見，孫氏更多在「兒童小說」或相當於今天的「兒童文學」的意義上指稱童話，可謂以童話教育服務於道德教育。因此，孫氏稱所選童話種類，「以寓言、述事、科學三類爲多」，且闡明每一類的具體作用：寓言以淺事言至理，重在其「理」；述事以社會事實爲基礎，重在「聞者足戒」；科學是以寓言體說明自然界事實。可見，孫氏所重於童話者，一在事實，一在事實（歷史的或文學的）所包含的道理。因此，被周作人視爲「純正童話」、與神話傳說同源的荒唐怪誕之說，反而被孫氏排除在外，「神話幽怪之談，易啓人疑，今皆不錄。」〔註129〕

　　不過，從實際內容而言，據趙景深文，孫毓修編撰的 77 種童話，其中29 種是中國歷史故事，出自《史記》、《前後漢書》、唐人小說、樂府詩辭、明代話本等中國古籍；其餘 48 種取材於西洋民間故事和名著，出自希臘神話、《天方夜譚》、格林童話、《泰西五十軼事》、笛福小說、斯威夫特小說、安徒生童話等等。〔註130〕可見，在取材自西洋的部分，周作人所謂的天然童話和人爲童話都包括在內，其中不乏被《〈童話〉序》所排斥的「神話幽怪之談」；而取材自中國的部分，則以「述事」爲主。爲何出現這種矛盾？可能並非孫氏採用「雙重標準」，而是與他所據以譯述的西洋選本有關。

　　趙景深認爲，《童話》叢書中西洋童話的來源，可能來自於故事讀本，

〔註127〕參見《童話略論》，《全集》第 1 卷，第 279 頁。
〔註128〕參見王泉根評選：《中國現代兒童文學文論選》，第 17 頁，南寧：廣西人民出版社，1989 年。
〔註129〕《中國現代兒童文學文論選》，第 18 頁。
〔註130〕參見趙景深：《孫毓修童話的來源》，收於《中國現代兒童文學文論選》。

而非專書，並且他列出了其中 20 種所出自的三種故事讀本：Chamber's Narrative Readers（室內故事讀本）、「A·L」Bright Story Readers（快樂故事讀本）、Books for the Bairns（小孩書）。其中，像取自希臘神話的《點金術》出於第一種，取自格林童話的《三姊妹》、《大拇指》、《皮匠奇遇》、《三王子》分別出於第一、二種，取自斯威夫特小說的《大人國》、《小人國》出於第三種，取自安徒生童話的《小鉛兵》出於第二種。這些讀本，僅從標題上顯然無法區分其內容爲神話、童話或小說，或者說，在原編選者眼中，這三者都是以兒童爲對象的輕鬆讀物，其共通之處在於「兒童」。如果趙景深的考證成立，那麼可以推論，有可能孫毓修在以這些讀本爲依據進行譯述時，也是著眼於「兒童」，而忽略了或無暇顧及其內容是否爲「神話幽怪之談」。也就是說，他對於「童話」的標準，是從「兒童」出發，歸結於道德教育，因此，爲周作人所看重的天然童話，是因其神怪性不合德育宗旨而被排除在外。

　　尙有一反證可爲證明。周作人在《〈古童話釋義〉引言》一文中提到，《童話》叢書第十四篇《玻璃鞋》開頭有云，「《無貓國》要算中國第一本童話」。〔註 131〕《無貓國》位列《童話》第一篇，是孫毓修根據《泰西五十軼事》第 46 篇《威廷頓和他的貓》（Wittington and his Cat）半譯半創性質的作品。〔註 132〕原作講述英國歷史名人理查·威廷頓，少年時期因爲一隻貓而發跡的傳奇故事。孫氏首先將題目改爲「無貓國」，比原題富於吸引力，而且將關注重心從人物轉向故事。比照原作與改作，〔註 133〕最大的變化是，改作

〔註 131〕《〈古童話釋義〉引言》，《全集》第 1 卷，第 340 頁。

〔註 132〕《泰西五十軼事》，原名「Fifty More Famous Stories Retold」，詹姆斯·鮑德溫（James Baldwin）編寫的通俗故事讀物，在序言《關於這些故事》中，編者將故事分爲神話（fairy tales）、寓言（fables）、古代故事（stories of olden times）和晚近的半傳奇式故事（half-legendary tales of a distinctly later origin），而將該書歸入第四類，即「其主題是著名的英雄和名人的人生，或是一個民族歷史中的傳奇經歷」，並以事實性爲准將前三者排除在外，「我們謹愼地排除了任何不能嚴格地在可能性範圍內成立的故事，所以本書沒有擅自闖入童話（fairy tale）、寓言（fable）和神話（myth）的領域。」參見盛仰紅、余翔譯：《泰西五十軼事：英漢對照》，上海：上海科學技術文獻出版社，2014 年。由此可見，孫毓修所謂的「童話」，實則與鮑德溫的「半傳奇式故事」相近，但其目的都是爲少年兒童所編寫。

〔註 133〕孫毓修《無貓國》的原文，採用《童話》第一集第一編，上海商務印書館 1909年 3 月版，轉引自張建青：《晚清兒童文學翻譯與中國兒童文學之誕生──譯介學視野下的晚清兒童文學研究》，第 148～151 頁，復旦大學中文系 2008級博士學位論文。《威廷頓和他的貓》的英文原文及譯文，採自盛仰紅、余翔

添加了一個相當中國化的「鼠臺」故事作爲楔子,楔子以和尚不養貓而遭鼠患的故事,引出童子將貓賣於無貓國國王而得重價的奇聞,結構安排充分地弔人胃口,各部分的內容也著力凸顯故事的離奇、有趣。主體故事情節基本沒有大的改動,敍述上作出更爲單純化、趣味化的處理,但原作中的人名、地名皆模糊化,如威廷頓改爲「大男」,菲茨瓦倫先生改爲「富人」、「主人」,艾麗絲改爲「主人之女」,倫敦改爲「京城」等,萬聖日、禮拜堂等西方宗教色彩的名詞皆換作普通時地名詞。這樣改寫,使故事具有普遍性,情節的傳奇性首先被關注,而且適合中國兒童閱讀。原作結局,威廷頓發跡後成爲大商人,與艾麗絲喜結良緣,並三任倫敦市長;改作改爲,大男成爲富翁後,仍留主人家中,恭敬和氣如舊,且入學讀書,終成有學問之人,結末並由作者點明故事寓意,「你看他有錢之後,安心讀書,要做個上等之人。這才算受得住富貴了。」這種改寫,顯示出基於傳統道德觀的教化色彩。可見,改寫之後的《無貓國》,顯然是符合孫氏心中理想「童話」的作品,並以此爲衡量,認爲此前中國沒有童話。這個意見,從周作人以天然童話爲童話正宗的目光看去,自然不能同意,「中國雖古無童話之名,然實固有成文之童話,見晉唐小說,特多歸諸志怪之中,莫爲辨別耳。」〔註134〕志怪小說的荒唐怪異性,正是周作人所看重的「童話」的特質,因此,他也不能同意孫毓修以童話爲道德教育之助,「若寄寓訓戒,猶爲其次。」〔註135〕

周作人 1913 年寫了兩篇論文《童話研究》、《童話略論》,闡述他從民俗學所得關於「童話」的理解,以及童話用爲兒童教育時具有非實利性的文學教育、藝術教育的性質等觀點,文中對當時流行的商務印書館《童話》叢書將中國史實當作「童話」的編選,自然不能無所批評。周作人後來回憶,因爲有所顧忌,當時兩篇論文沒有投給商務印書館的雜誌,而是寄給中華書局的《中華教育界》,但之後原稿以「不合用」仍被退回。〔註136〕由此也可見,《童話》叢書的「童話」觀,實則代表了當時社會一般多數人的觀點,而周作人的「童話」觀則顯得另類,不合時宜。周作人與主流童話觀之間的分裂,直到五四時期仍然存在。

譯:《泰西五十軼事:英漢對照》,第 182～197 頁。
〔註134〕《〈古童話釋義〉引言》,《全集》第 1 卷,第 340 頁。
〔註135〕《童話略論》,《全集》第 1 卷,第 279 頁。
〔註136〕參見《兒童文學小論・序》,《全集》第 6 卷。

　　根源在於，周作人一定要保護兒童身上的「自然人性」，因其被視爲造就新的國民性的基礎，而他在兒童（自然）與成人（社會）之間做出的絕對劃分，就使他絕對排斥成人在創作人爲童話時，將其社會性帶入兒童教育之中，這種帶入被視爲道德訓誡，與童話旨在長養兒童想像力的藝術性質相對立。因此，周作人只認可流傳於原始社會、民間的天然童話，對於人爲童話，因爲難以避免的著者個人特性，則僅僅肯定「行年七十，不改童心」的安徒生的童話，其餘則勿論。對周作人而言，在他的兒童教育中，兒童學不能脫離民俗學而單獨存在。

　　1922 年，周作人與趙景深就童話問題，在《晨報副鐫》上發表往來的四次討論，周作人基本上仍持舊論，但也可以看到，日漸發展的現代知識體系對他的衝擊。趙景深已經意識到民俗學與兒童學範圍不同，是兩門各自獨立的學科。受到周作人啓發，趙景深承認對童話的正解須從民俗學入手；但他指出，在現實中，童話可以被分途實施到諸如語言學、政治活動、兒童教育等各個領域，因此，童話雖然不能不從民俗學上得解釋，但不必只從民俗學上去研究，甚至從民俗學上供應童話反而很困難，「若是只從民俗學去研究彙集的童話集恐怕兒童可看的很少，豈非把兒童的幸福掠去了麼？」〔註137〕在這個觀點中，顯然，「兒童」已經脫離了周作人所賦予的人類學視野，而只有獨立個體的意義。因此，趙景深才會說，「我對於童話的志趣，便是將童話供給把兒童看；我願用民俗學去和兒童學比較，我不願用民俗學去研究民俗學」，〔註138〕這就爲教育童話中引入文學童話奠定了理論基礎。對此，周作人沒有給予反駁，他承認對中國古籍中的童話材料進行整理研究的困難，同時也對文學童話略微調整了態度，「文學的童話的本意多是寄託、教訓或諷刺，但在兒童方面看來，他的價值卻不在此，往往被買櫝而還珠：這可以說是文學的童話的共通的運命。」〔註139〕將文學童話的藝術事實，與兒童的心理反應對立起來，動機在於，周作人仍要竭力維護童話教育的文學性質，「我相信童話在兒童教育上的作用是文學的而不是道德的」。〔註140〕

〔註137〕趙景深、周作人：《童話的討論三》，收於趙景深編著《童話評論》，第 174 頁。

〔註138〕趙景深、周作人：《童話的討論三》，收於趙景深編著《童話評論》，第 173 頁。

〔註139〕趙景深、周作人：《童話的討論三》，收於趙景深編著《童話評論》，第 175～176 頁。

〔註140〕趙景深、周作人：《童話的討論一》，收於趙景深編著《童話評論》，第 69 頁。

不過，趙景深由於更新了關於「兒童」的認知，得以從別一角度，重新認知童話教育的文學性質。在他看來，兒童是身心兩方面自有特性的獨立個體，因此，他同樣否定孫毓修式的不顧及兒童能否受用，而硬給童話塞進「那些聖經賢傳的大道理」，但他並不否定教訓本身，而是認爲，教訓或玄美是好的兒童文學讀物（包括童話）自然含有的，而不是外加的。因此，所謂童話的文學性質，不是體現在與道德訓誡的對立，而是在於寫法與形式的文學性，「只要把那事實寫得極眞切，兒童就可以漸漸的受感化了，只要除去太不美的事實，兒童就可以覺出那美妙來了。」〔註141〕另一方面，兒童並非與成人截然對立，而是漸漸地變化成長，給兒童供給兒童文學，本身就是一種漸進的誘導，因此，針對周作人所言，童話的教育作用是文學的而不是道德的，趙景深則認爲，童話的文學涵養，仍要歸於道德。

趙景深的童話理論，有其童年時代閱讀孫毓修童話的經歷爲根據，這一經驗，爲茅盾、冰心、張天翼等更多在五四時代渡過其童年、少年期的知識青年所共享，〔註142〕可以說，他們已經是孫毓修式的現代童話觀所培養出來的新一代了。五四時期，隨著兒童本位的現代兒童觀的成熟，兒童學與兒童文學也漸漸脫離人類學、民俗學的視野，而成爲專門學科。周作人所謂的天然童話，與兒歌、民歌、民間故事等一起，漸漸歸入民間文學範圍，人爲童話作爲兒童文學讀物興盛起來，〔註143〕現代學科分工體制日益明晰化。周作人的「童話」理想日漸遙遠。

民初鄉居時期，周作人輯錄有《古童話釋義》、《童話釋義》數則，前者摘錄晉唐志怪小說中的離奇故事，後者記錄自己聞見的越中民間故事，每則之後附有與世界各國傳說比較異同的文化人類學分析，重在將童話中的離奇因素，用研究原始民族所得的原人心理、習俗，給以科學合理的解釋。其中雖然包含著周作人將天然童話確立爲兒童文學的努力，但採用文化人類學分類比較的研究方法，使這種努力，實際上更接近同時期他對神話傳說、歌謠、民間故事、民俗、民間信仰等所做的廣義的比較文化研究。與其說供給兒

〔註141〕參見趙景深、周作人：《童話的討論三》，收於趙景深編著《童話評論》。
〔註142〕參見張建青：《晚清兒童文學翻譯與中國兒童文學之誕生——譯介學視野下的晚清兒童文學研究》，第147～148頁。
〔註143〕參見新村徹：《周作人的兒童文學論——中國兒童文學小議之一》，收入伊藤虎丸、劉柏青、金訓敏合編《日本學者研究中國現代文學論文選粹》，長春：吉林大學出版社，1987年。

閱讀，不如說對周作人現代文化建設的一個環節──祓除專制政治所造成的人心中的醜惡與恐怖，作用更大。

第四節　「國民文化」與「美育」

1・「國民文化」的提出

　　如果說，對兒童問題的關注，是周作人在建立與共和政治相一致的現代文化、現代文明的過程中，試圖解決如何改造專制政治所造成的「舊人」的問題，那麼，與此同時，他還面臨著一個如何改造「舊文化」的問題。從與兒童教育的銜接而言，這又是屬於社會教育、民眾教育的問題。

　　民國初建，相關法制未備，〔註144〕民間為實用目的毀壞古跡的現象很嚴重，例如周作人提到浙江銀行拆毀杭州的甘士價祠，將其石坊用築新建築階檻。〔註145〕甘士價在明代曾任兩浙巡撫，為政清廉，造福一方百姓，死後，杭州地方立「甘公祠」，以緬懷其功績。如此遺跡尚且不免於難，有迷信嫌疑的古寺廟更難逃一劫。辛亥革命鼓舞了反封建運動，古代的寺廟神祠在破除迷信的名義下遭到大肆毀壞，〔註146〕以今例昔，思過半矣。針對這一現狀，周作人提出了保存古物的建言：

> 　　雖然，往者不可追，及今而謀補苴之方，則保存古物，不可緩矣。古物者，西人稱曰記念物，以其為國民文化之所留遺，足為記念，流連撫視，令人奕然起懷古之思，如承史教也。法人孟德倫貝首立保存之議，有言曰：「凡其記憶深長者，其國民偉大，如先世手澤，子孫所寶，不忘本也；使或不肖，罔知尊惜，棄其先業，以求私利，則家其頹矣。」保存古物，正準此誼。且其為用，可以考見藝術，徵證史實，有益學問，至非淺鮮。〔註147〕

歷史悠久且曾經文化先進的中國，其文明成果因兵燹或劫奪之故，反而留存

〔註144〕1916 年 10 月北京政府制定的《保存古物暫行辦法》是我國第一部由政府頒佈的、具有法律效力的文物保護條規，參見鮮喬鶯：《民國初期的文物保護政策與措施》，《西華大學學報》（哲學社會科學版），2008 年 02 期。

〔註145〕參見《論保存古蹟》，《全集》第 1 卷。

〔註146〕參見許效正：《清末民初（1895~1916 年）廟宇保護標準的變化》，《雲南社會科學》，2011 年第 1 期。

〔註147〕《論保存古蹟》，《全集》第 1 卷，第 251～252 頁。

極少，周作人對此深感痛惜。他提出保存古物，首先通過將「古物」一詞解釋爲西方語言 souvenir 的漢譯詞「記念物」，去除了該詞字面上可能帶有的過時的、無用的、封建的色彩，而賦予其國民文化之遺留物的價值。因此，保存古物也就具有了在國民文化的連續性上，改造舊文化、建設新文化的意義。作爲國民文化的古物，根據周作人認同的孟德倫貝的解釋，不僅單純從時間上與「先世」、「先業」，即與民族歷史相連，而且在性質上與「私利」相對，它並非特殊階層的私人所有物，這樣，前代文化遺留原屬封建特權的私人性，被屬於國民共有的公共性所代替。另一方面，保存古物的作用不是實利性的，而是學術性的，這就袪除了前代文化遺跡服務於封建專制或宗教目的的意識形態性質。

因此，周作人提出的「國民文化」，內涵有二：一是公益性質，國民文化是國民、民族共有的公共財富；二是非實用的精神功用，或於學問上探索眞理，或於藝術上陶冶情操。引入國民文化的視野，之前被排斥的宗教，雖然作爲信仰仍被否定，但也獲得了在學術上獨立存在的價值，「夫破迷信者，在於改革弊習，而非拔除宗教，況建築雕塑，別屬藝術之部，保而存之，所以供賞鑒，資研究，非留爲崇拜之資，旨趣自別，誼至明瞭也。」〔註148〕

專制制度下，正統儒家文化作爲國家意識形態，擔負著向民眾宣傳維護專制統治的價值觀念的任務。辛亥革命推翻帝制，固然摧破了封建思想和舊權威的統治地位，但革命的激變性，尚未使民國有暇產生自己的共和文化，因此，無以向普通民眾推行民主共和的新的價值理念，更談不上使其深入人心。新舊交替之際，不能不產生種種道德失範、社會失序的混亂狀態。價值觀念的混亂，甚至使政治層面的共和體制受到質疑，知識精英之間發生了共和與帝制哪個更適合中國社會現實、以及孔子學說是否合乎共和理想的爭論，結果是尊孔讀經的重新提倡與帝制復辟。雖則旋起旋滅，但也說明了儒家思想在一般民眾中依然擁有一定的社會心理基礎。〔註149〕對於從早年的舊式大家庭生活中，親身體驗到儒家倫理規範名存實亡的周作人來說，〔註150〕

〔註148〕《論保存古跡》，《全集》第 1 卷，第 252 頁。

〔註149〕相關研究參見朱英主編：《辛亥革命與近代中國社會變遷》，武漢：華中師範大學出版社，2001 年；馬勇：《辛亥革命後復辟思潮的文化審視》、高瑞泉：《辛亥革命與近代中國的價值變遷》，收於胡偉希編：《辛亥革命與中國近代思想文化》，北京：中國人民大學出版社，1991 年。

〔註150〕《周作人日記》（上）中所載家事，如 1899 年 4 月 19 日，「晚往老屋送葬（天

正統儒家文化在一般士大夫家庭早已失去信仰，反而滋長壓制與虛偽，因而決不能成爲共和體制的價值觀念。因此，周作人的「國民文化」建設，作爲與共和政治相匹配的文化形態，主要訴諸鄉土文化和民間文化，這也是留日時期，由鄉土之愛自然延伸爲民族國家之愛這一民族主義思路的延續。

利用居鄉之便，周作人首先注目的，是越中地區眾多的風景佳勝與文化遺跡。1913年3月就任紹興縣教育會會長之後，周作人主持發行《紹興縣教育會月刊》，發刊號上載有教育會章程，其第三條「本會所應籌議事件」，將「古跡及美術品保存事件」列爲第七項，﹝註151﹞可見「國民文化」被有意識地納入教育範圍之內。但事實上，作爲組織的教育會無力承擔這項工作，或許可以說，視古跡爲「國民文化」的重要意義並未取得共識吧。

周作人以持光之名，在第一期發表《古跡調查》一文，說明古跡保存工作草創時期的艱難，「本會調查部章程，於學校教育之外，本有風俗古跡天物等調查，因無經費，未能舉行，今由會員私人擔任，隨時報告刊登，以供公覽」。﹝註152﹞經費困難，所謂會員私人，也只是他與三弟周建人而已。在這篇文章中，周作人介紹了紹興的古跡王羲之祠、唐將軍廟、石匱山房，說明其人物事跡、陳設布置、現狀等，證以此期周氏日記中常常出現的遊覽記載，﹝註153﹞可知他確以私人之力，勤奮熱心地從事這項工作，而古跡不被重視、日漸敗落的現狀每每令他歡惋不置。在周作人的倡導下，該月刊也刊發了一些關於紹興風物調查的文章，如第1號高山（從各期所發表文章看，高山很可能就是三弟喬峰）的《天物調查》，考證在紹興被稱爲「鴨腳」的樹的由來、文獻記載、形態、用途等；第3號鈍夫的《古跡調查》，介紹古

明下舟，綱紀紊甚，只圖省財，不顧體面，簡褻之至）。」第55頁；10月19日，「彼之父六十太爺亦殯在亭山，而彼亦漠不關心，唯於阿堵物視爲若父，可嘅也。（按：中間墨塗數字，頁端小注：字之墨填者不足爲外人道也）非予毀訕尊長，然彼之行如此，不得不記之也。」第80頁。

﹝註151﹞《紹興縣教育會章程》，《紹興縣教育會月刊》，1913年10月15日第1號，第3頁。

﹝註152﹞《古跡調查》，《紹興縣教育會月刊》，1913年10月15日第1號，第18頁。

﹝註153﹞如1913年1月22日，「同喬峰由廣寧橋繞至蕺山下，望斷塔，過戒珠寺，殿已壞圯，不留寸椽，王右軍像尚在，亦剝落不堪矣」；1914年3月29日，「同喬風乘小舟至攢宮，登岸覓小兒二人爲導行五里觀、宋六陵，但見北陵即度宗、南陵孝宗又高宗哲宗孟后陵四處，尚有東陵等不到，唯有南陵有饗殿一楹，圍牆一周，餘僅荒冢及石碣而已。中途有郭太尉殿林唐二義士祠」。《周作人日記》（上），第433、495頁。

跡七星岩。此後，周作人繼續在擴刊改名後的《紹興教育雜誌》上，發表《越中名勝雜說》、《越中遊覽記錄》等文，對故鄉名勝古跡、鄉邦文獻詳加調查、考證、評述。1915 至 1916 年，發表總題爲《讀書雜錄》的一組文章，共 22 篇，內容包括對越中地區的鄉邦文獻、鄉先賢、碑刻磚甋、古跡名勝的介紹與考證。

綜觀上述文章中與所述古跡相關的對象，可大別爲三類。第一、關於歷史人物，著者如大禹、王羲之、徐文長、范嘯風等，也可分爲兩類：一是以大禹爲代表的「立功」派，有政治功績，爲民造福；二是以徐文長等爲代表的「立言」派，或文章，或著述，以文學或學術才能行世。第二、關於歷史事件，如宋六陵、唐將軍廟、東渡橋等，大多與宋末、明末等易代之際的歷史或死義之士有關。第三、關於鄉邦文獻與文物。文獻著述，一方面是作爲文獻資料的研究價值，如《百孝圖》，儘管是勸善性質的道德讀物，而非好的文學作品，僅僅是因爲越人所著，就被加以介紹；另一方面是作爲文學藝術作品或學術著述的文化價值，如《會稽風俗賦》、《三不朽圖贊》等。文物方面，包括紹興地區發現的碑刻磚甋，其意義重在考古、書法變遷及審美方面。由此可見，周作人所構築的「鄉土文化」形象，蘊涵著濃厚的民族主義情感，這種民族主義情感，既體現在政治方面，爲民造福的政績，或者抵抗異族的忠節；也體現在文化方面，傑出的文學藝術成就與學術成就。

就政治方面而言，爲了使鄉土文化體現的民族主義情感，與專制制度下忠君愛國的封建意識形態有所區別，周作人訴諸情感的自然、自發性，例如：

> 渡東柳橋，但存白水，而過其地者，不禁憶及余王二公之大節，
> 初何待夫誇飾。至攢宮弔宋六陵，見數堆荒冢，雖曠達之士，亦必
> 代爲宋人感亡國之哀，此情景適合，發於自然。〔註154〕

余王，指明代殉節的官員余煌、王思仁。明朝末年，清軍攻入紹興，余煌在東渡橋處投河殉國，王思仁絕食而死。清初，越人在東渡橋左立先賢祠，奉祀余煌等 20 餘位死於國難的忠節之士。〔註155〕宋六陵爲南宋高宗、孝宗、光宗、寧宗、理宗、度宗陵寢，原意恢復中原後歸葬北方，乃用淺埋，故又稱「攢宮」。南宋凡 9 帝，歷 153 年，而宋六陵中的六位皇帝，在位時間連續 148 年，因此，由宋六陵可見一部南宋興衰史。在周作人看來，這樣的歷

〔註154〕《越中名勝雜說》，《全集》第 1 卷，第 430 頁。
〔註155〕參見《渡東橋與歷史悲歌》，《紹興縣報》，2011 年 1 月 16 日。

史遺跡存在本身就是最好的、活生生的歷史教科書，無待添枝加葉；觸物生情，前代歷史、文化與現代人的民族主義情感自然就會打通。情感的自發性，排斥的是國家政治的強制性。

就文化方面而言，鄉土文化也被視爲一種包含美的形式的文化形態。這些文化遺跡，不僅坐落在紹興山青水秀的優美自然環境之中，天成勝景與史跡遺留相映成趣，而且後人的保護措施，也應該以美的意識爲指導。在周作人的名勝調查中，常常可見他從優美、風雅角度所進行的批評，例如批評蘭亭現狀的俗氣，「蘭亭爲古風雅之地，而以塵俗污之，山水雖靈，亦反爲減色」；大禹塑像的庸陋，「惜塑像拙陋，俗氣可掬，唯以較倉頡之四目肉角，已大勝矣」；窆石古刻極有價值，但旁邊今人刻石傖陋，恨不能有人像元末胡大海推到窆石那樣，將其拔走，「石旁又有某令立二短碣，粗糲惡刻，至爲障目，安得有胡大海拔而去之。」〔註 156〕

因此，周作人的「國民文化」建設，既是一種情感教育，也是一種審美教育。美的非功利性和超越性，使其民族國家的政治意識超越了國家意識形態的意涵，而指向共和眞義、人的自由、現代文明。

2·民國初年「美育」論的思想環境

對於自然美與藝術美的領略、欣賞和認識，自人類文明誕生以來就一直存在著。不過，「美」被賦予獨立性、超越性，使「美學」成爲一門專門學問，則是西方現代文化的產物。

留日時期，在有關文學特質的論述中，周作人已經注意到了文學特有的藝術美，「有美質（Artistic）」，「至言美質，則所貴在結構，語其粗者，如章句、聲律、藻飾、鎔裁皆是，若其精微之理，則根諸美學者也。」〔註 157〕對結構方面的「粗者」的論述，中國古代文論中並不罕見，中國傳統的美育思想往往就體現於其中。但作爲「精微之理」的美學，則無疑屬於近代西方學術體系。

基於西方哲學、美學的近代美育主義的提倡，可追溯到王國維、蔡元培等人。「美育」一詞，蔡元培自稱是譯自德文的 Ästhetische Erziehung。〔註 158〕

〔註 156〕《越中名勝雜說》，《全集》第 1 卷，第 430、431 頁。
〔註 157〕《論文章之意義暨其使命因及中國近時論文之失》，《全集》第 1 卷，第 98 頁。
〔註 158〕《二十五年來中國之美育》，收於高平叔編：《蔡元培美育論集》，第 216 頁，

最早從教育方面提倡美育者，當推王國維，他的倡導在近代美學史上具有開創之功，「他第一個拋棄了『教化』美學範疇，以『美育』取而代之，且給之以近代的美學內涵」。〔註159〕所謂近代的美學內涵，主要指的就是源自西方哲學的對美的純粹性、超功利性的強調，「獨美之爲物，使人忘一己之利害而入高尚純潔之域，此最純粹之快樂也」。〔註160〕美育的超功利性，是由蔡元培、王國維等人接受德國古典哲學、美學之後所奠定的其後中國美育思想的基石；而蔡王二人由於思想來源與個人特性不同，在美的超功利性基礎上，也開闢了美育應用的兩個不同方向。

主要受叔本華悲觀哲學影響的王國維，將美的超功利性發展到極致，認爲美完全與現實無涉，而只能對現實人生的苦難與空虛給以慰藉，在這一點上，美與宗教對象不同而功用相同，「美術者，上流社會之宗教也」。〔註161〕因此，美最終成爲與現實無關的抽象、靜止之物，王國維的美育思想，最終只應用於有關文學藝術的美學研究，如其《紅樓夢評論》、《人間詞話》等。

而主要受康德哲學影響的蔡元培，通過將美感的超越性與普遍性關聯，最終建構起以德育爲中心、以美育和智育爲輔翼的有層次的教育思想體系，用以實現其破除利害得失、舍己爲群的道德理想。〔註162〕對他而言，美的超功利性，恰恰使其對現實具有積極的促進作用。蔡元培認爲，審美所產生的超功利性經驗，將拘執於一己利害得失的世俗情感，淘洗爲超脫利害關係的美的情感；這種泯滅人我之見、物我合一的美的情感，可以被直接導向舍己爲群、大公無私的道德行爲。因此，美的超功利性，對蔡元培而言，是超越一己私利而達到的普遍性，超越性之於美，與「群」之於道德，具有同構性與互證性。〔註163〕蔡元培的美育思想，以德育爲終點，這與中國傳統儒家文

　　長沙：湖南教育出版社，1987年。

〔註159〕潘知常：《從「教化」到「美育」——近代美學思潮札記》，《雲南社會科學》，第88頁，1987年04期。

〔註160〕《論教育之宗旨》，姚淦銘、王燕編：《王國維文集》（第3卷），第58頁，北京：中國文史出版社，1997年。。

〔註161〕《去毒篇》，姚淦銘、王燕編：《王國維文集》（第3卷），第25頁。

〔註162〕參見《美育》，收於高平叔編：《蔡元培美育論集》。

〔註163〕因此有論者指出，蔡元培忽略了康德美學深層的西方宗教精神，因此限制了其美育思想的超越性品格，「蔡元培在現代中國文化語境中所達成的審美之思乃是建基於沉重的現實關懷之上的，審美精神的超越之維亦始終隱沒在宏廣的政治目的論之中」。參見潘黎勇：《論「以美育代宗教」說與蔡元培審美信仰建構的世俗性》，《文藝理論研究》，2012年02期。

化重視政治倫理的價值取向相合。〔註164〕

「美育」作爲教育理念第一次被蔡元培提出，見於他就任南京臨時政府教育總長之後，於1912年2月發表的《對於教育方針之意見》一文。這意味著他的美育思想具有「施政綱領」的性質，是國家總體意識形態的組成部分，其超越性內涵受到國家政治的限制。因此，勿論五四時期的「美育代宗教」說，甚至抗戰時期，國家民族危急存亡的關頭，也不妨礙蔡元培仍然堅持美育必需說，〔註165〕因爲在他看來，美超越一己私利，因而越是事關社會、民族、國家的時刻，越是需要美育。

從留日時期周氏兄弟對文學獨立性的論述來看，毫無疑問，與蔡、王一樣，他們也接受了近代美學關於美的超功利性的思想，但從其文學觀所具有的政治性維度而言，他們對於美育的見解，應該更接近於蔡而非王。不過，魯迅和周作人幾乎沒有專門關於美育的理論性表述，甚至「美育」一詞也很少見於文章，他們更多使用「美術」一詞，相應地更多採用「藝術教育」或「趣味教育」的概念。〔註166〕這與他們主要不是從哲學或美學思想著眼，而是在留日以來立人與立國的延長線上，面對文學啓蒙失敗與民國成立的政治現實，而將「美術」納入思想建構與文學實踐的思考路徑有關。這也意味著，他們與蔡元培的接近是有限的。

魯迅從結束日本留學回國，到新文化運動期間開始大量創作之前，這段時期通常被研究者視爲魯迅文字生涯的「沉默」期。〔註167〕不過，「沉默」、「蟄伏」只是針對文學作品而言，事實上，在相關的學術積累和藝術研究領

〔註164〕潘黎勇在《論「以美育代宗教」說與蔡元培審美信仰建構的世俗性》中指出，「『以美育代宗教說』儘管在知識學和哲學邏輯層面依據的是啓蒙主義的西學資源，但就其美學精神意蘊與美育所闡發的功能意旨來說，確實潛伏著一股隱而不彰的文化保守主義氣質。」

〔註165〕1939年5月20日蔡元培在《在香港聖約翰禮堂美術展覽會演說詞》中說，「當此全民抗戰期間，有些人以爲無賞鑒美術之餘地，而鄙人則以爲美術乃抗戰時期必需品」。收於高平叔編：《蔡元培美育論集》，第312頁。

〔註166〕周作人實際上把童話教育就視爲一種藝術教育。如《童話研究》云，「蓋凡欲以童話爲教育者，當勿忘童話爲物亦藝術之一，其作用之範圍，當比論他藝術而斷之，其與教本，區以別矣。」（《全集》第1卷，第264頁）並，人爲童話也被稱爲「藝術童話」，（《全集》第1卷，第280頁）。他認爲童話「與各科皆有聯絡之用，而於藝術教育尤有功焉。」（《全集》第1卷，第354頁。）

〔註167〕參見牟利鋒：《文化突圍與文類重構——魯迅後期雜文的生成（1927～1936）》第一章第一節《「沉默」的意義》，北京大學中國語言文學系2009級未刊博士論文。

域，魯迅表現出了不亞於留日時期對文學活動所投入的熱情。相應地，周作人同樣在兒童教育、鄉土文化與民間文化研究方面投入了絕大精力。這表明，周氏兄弟留日時期所確立的思考，在民初語境中，以別種形式得到了延續。其中，魯迅對「藝術／美術」領域的關注，與民國成立後受邀進入蔡元培擔任總長的教育部工作有關。

據《魯迅年譜》記載，1912 年 5 月，魯迅任社會教育司第二科科長，主管「文化、科學、美術」工作；6～7 月，教育部主辦「夏期美術講習會」，魯迅赴會演講「美術略論」數次；8 月，魯迅被任命爲教育部僉事，兼任社會教育司第一科科長，主管「博物館、圖書館」、「美術館及美術展覽會」、「文藝、音樂、演劇」、「調查及搜集古物」、「動植物園」等五項工作；9 月，教育部成立「美術調查處」，魯迅擔任領導工作。〔註 168〕彼時蔡元培正力倡美育，據許壽裳回憶，當時識者寥寥，而魯迅「深知其意」，因此受到重用。〔註 169〕並且，許文對於魯迅美術成績——搜集漢魏六朝石刻的評述，「不但注意其文字，而且研究其畫像和圖案，是舊時代的考據家賞鑒家所未曾著手的」，〔註 170〕實際上也是源自蔡元培的評價。〔註 171〕可以說，是蔡元培最早看出魯迅的學術工作在美育方面的意義，並引爲同調，其中不無爲自身的美育理念尋找共鳴的驅動。但即使如此，關於「美育」理念本身，二人的認識卻顯有差異。

1913 年 11 月，魯迅在《教育部編纂處月刊》上發表譯文《社會教育與趣味》，作者爲日本學者上野陽一，文末按語參照該文觀點針砭時下的美育論，

〔註 168〕鮑昌、邱文治：《魯迅年譜》（上卷），第 92～96 頁，天津：天津人民出版社，1979 年。

〔註 169〕據許壽裳《亡友魯迅印象記》中回憶，「這種教育方針，當時能夠體會者還很寥寥，惟魯迅深知其原意：蔡先生也知道魯迅研究美學和美育，富有心得，所以請他擔任社會教育司第一科科長，主管圖書館博物館美術館等事宜，」第 45 頁，峨眉出版社，1947 年。

〔註 170〕許壽裳：《亡友魯迅印象記》，第 45 頁，峨眉出版社，1947 年。

〔註 171〕蔡元培在《〈魯迅全集〉序》中說，「惟彼又深研科學，酷愛美術，故不爲清儒所囿，而又有他方面的發展，例如科學小說的翻譯，《中國小說史略》、《小說舊聞鈔》、《唐宋傳奇集》等，已打破清儒輕視小說之習慣；又金石學爲自宋以來較發展之學，而未有注意於漢碑之圖案者，魯迅先生獨注意於此項材料之搜羅；推而至於《引玉集》、《木刻紀程》、《北平箋譜》等等，均爲舊時代的考據家賞鑒家所未曾著手」。高平叔編：《蔡元培全集》（第七卷），第 214 頁。同時可參見收於該書的《記魯迅先生軼事》一文，也對魯迅在美術方面的成績特爲揭出。

「按原文本非學說，顧以我國美育之論，方洋洋盈耳，而抑揚皆未得其眞，甚且誤解美誼，此篇立說淺近，頗與今日吾情近合，爰爲迻譯，以供參鑒。」〔註172〕鑒於當時提倡美育最力者非蔡元培莫屬，那麼可見，魯迅自己的「藝術教育」理念，別有淵源與涵義。之前發表同名作者的另一篇譯文《藝術玩賞之教育》，文末按語也提出，此論對於有志於美育者「極資參考」。〔註173〕同一時期，周作人在《紹興縣教育會月刊》上，發表有關兒童教育的譯文《遊戲與教育》，作者爲日本文學士黑田朋信，該文針對兒童生活中遊戲占其大半的特點，提出兒童教育當以趣味教育爲主導，此即美育。因此，與主流的美育思想主要受到德國美學的影響不同，周氏兄弟從兒童教育、社會教育著眼，引入了日本心理學家、教育學家的美育學說。〔註174〕

2·魯迅的「美術」觀與上野陽一的美育論

魯迅使用「美術」一詞，最早見於留日時期的《摩羅詩力說》，「由純文學上言之，則以一切美術之本質，皆在使觀聽之人，爲之興感怡悅」，〔註175〕正是屬於近代對「美」的超功利性的認知。

據陳振濂對「美術」一詞引進史的研究，《摩羅詩力說》中，魯迅對「美術」一詞的用法，屬於該詞從日文引入中文的最初級用法，指的是詩文的藝術表現。〔註176〕不過，從緊接其後「文章爲美術之一」的用法來看，事實上，魯迅也注意到了已由王國維加以闡發的「美術」的另一含義，即接近於今日所言的「文學藝術」。這可由周作人同時期的用法予以佐證，《論文章之意義》

〔註172〕止菴、王世家編：《魯迅著譯編年全集》第 2 卷，第 204 頁，北京：人民出版社，2009 年。

〔註173〕《魯迅著譯編年全集》第 2 卷，第 161 頁。

〔註174〕1911～17 年間，魯迅有關教育的 4 篇譯文全部譯自日本，計上野陽一三篇：《藝術玩賞之教育》（載 1913 年 8 月《教育部編纂處月刊》第 1 卷第 7 冊）、《兒童之好奇心》（1913 年 11 月同刊第 10 冊）、《社會教育與趣味》（1913 年 10～11 月同刊第 9～10 冊），高島平三郎一篇：《兒童觀念界之研究》（載 1915 年 3 月《全國兒童藝術展覽會紀要》）；周作人有關教育的譯文計 5 篇，其中 3 篇譯自日本，即：《遊戲與教育》（黑田朋信著，載 1913 年 11 月《紹興縣教育會月刊》第 2 號）、《玩具研究二》（長濱宗佶著，1914 年 2 月同刊第 5 號）、《小兒爭鬥之研究》（新井道太郎著，1914 年 2 月起同刊第 5～8 號連載）。

〔註175〕《魯迅全集》第 1 卷，第 73 頁。

〔註176〕陳振濂：《「美術」語源考──「美術」譯語引進史研究》，《美術研究》，2003 年 04 期。

一文中，周作人批評題爲《文學上之美術觀》的文章，僅標題就混淆了「文學」與「美術」兩個概念，「第就名字推之，如言以文學觀美術焉者。夫文章可屬之美術而不能以統美術，則即標目一言猶有巨謬在也。」〔註177〕文學屬於美術，但美術不止於文學，這與魯迅言「文章爲美術之一」的用法一致。

不過，周作人意識到「文學」與「美術」的區別，從而將文學的藝術表現用「美致」一詞來表示，這使他有可能研究與其他藝術門類相區別的文學獨有的藝術表現形式，例如《哀弦篇》引介的「哀音」文學，「悲哀」既是其情感內容，也指其文體風格。

在魯迅這裡，「美術」一詞兼指「藝術表現」與「文學藝術」兩種含義，這使他對文學的關注，聚焦於將形式與內容、文學與藝術統一起來的「美術」的超越性內涵，這一超越性越過具體藝術門類各自藝術表現手法的不同，而直接與主體的「自由精神」關聯。因此，魯迅以屬之「美術」確立了文學獨立性的本體屬性之後，重點論述的，並非文學作品的美的藝術表現，而是這種美所由以被創造的作者主體「爭天拒俗」的「自由精神」。而文學「無用之用」的發揮，則被期待於「純文學」的作者、作爲先覺的「精神界戰士」，以其強大的精神感染力即「詩力」喚醒國人、啓蒙後覺。另一方面，在獨立性之外，魯迅文學又具有反抗封建專制統治的政治屬性，是由「立人」而至「立國」，「國人之自覺至，個性張，沙聚之邦，由是轉爲人國」。〔註178〕文學啓蒙運動遭遇失敗和中華民國成立，意味著魯迅文學需要在上述兩個方面——文學作用的方式及其政治意識——重新尋找眞正有效的、現實的對象。回國後，魯迅深入著中國社會的政治現實，同時也深入了文學本體的藝術現實，在作者的主體精神之外，作品客體的藝術表現形式，通過「美術」這個領域進入其視野。

首先是「美術」一詞的用法趨於專門化。陳振濂指出，在此期魯迅最重要的美術論文《儗播布美術意見書》中，「美術」被作爲「藝術門類」（與今日「藝術」用法接近）和「造型藝術」（與今日「美術」用法接近）使用的意義，在於排除了該詞在引進初期兼有「藝術表現」的方法或「美化」、「美感」之類的含義，「而開始指一個對象（形式）」，「作爲一個對象或形式，它卻首先是『物』，是『實體』，是『作品』這個實物的存在。只有這個過程完

〔註177〕《全集》第 1 卷，第 106 頁。
〔註178〕《文化偏至論》，《魯迅全集》第 1 卷，第 57 頁。

—71—

成了，『美術』才會由美學（它是一種抽象的思想或思考）轉向美術作品（它是一個繪畫或雕塑的形式實體）。」〔註179〕完成了的美術作品獨自構成一個藝術世界，它是由包含藝術表現方法在內的整體藝術形式呈現出來的。只有在這樣一種對於「藝術」本體的認識中，有關藝術與現實、作者與作品、形式與內容等一系列文學本身固有的問題才會被提出，從而對魯迅早期從「思想性」來攝取文學的觀念給以豐富和充實，文學之用發揮的途徑也才能得到重新思索。

在達到這一「美術」觀的過程中，魯迅作爲美育理論加以介紹的上野陽一的兩篇論文值得注意。《儗播布美術意見書》發表於《教育部編纂處月刊》1913 年 2 月第 1 卷第 1 冊，兩篇譯文《藝術玩賞之教育》和《社會教育與趣味》，分別發表於該刊 1913 年 8 月第 1 卷第 7 冊以及 10 月、11 月第 9、10 冊。雖然存在時間差，但比勘三篇文章，魯迅受到影響而加以活用的痕跡是顯然的。〔註180〕從上野陽一得到的啓發，最重要的是藝術形式的存在價值被凸顯，從而更新了魯迅對藝術本體和藝術功能的認識，爲其日後繼續以文學改造社會，以及確定民國語境下文學／藝術所負有的政治意識奠定了基礎。參照竹野美惠的研究，將魯迅與上野陽一文中，與本論題相關的論述列表於下：

	《儗播布美術意見書》	《藝術玩賞之教育》	《社會教育與趣味》
藝術本體	故作者出於思，倘其無思，即無美術。然所見天物，非必圓滿，華或槁謝，林或荒穢，再現之際，當加改造，俾其得宜，是曰美化，倘其無是，亦非美術。故美術者，有三要素：一曰天物，二曰思理，三曰美化。緣美	凡畫之本務，不在模仿自然之忠，苟能利用自然藍本，而別作世界，使與實世界絕然離立，自具特有之形與色者，實藝術之主眼也。 藝術者，蓋重在感情的內容，在於線之美，色之調和，	

〔註179〕陳振濂：《「美術」語源考——「美術」譯語引進史研究》。
〔註180〕關於兩篇譯文與《儗播布美術意見書》之間的影響關係，參見竹野美惠：『「人」の子ども教育をめざした社會教育司科長——魯迅が翻訳した上野陽一著三篇の論文』，《野草》第 66 號，2000 年 8 月。該文將上野陽一的原文、魯迅的譯文與《儗播布美術意見書》中的相關部分，一一列舉並加以比較，從內容的相似度推斷，魯迅很有可能在上野陽一於 1912 年 3 月發表『趣味の社會的教化』（即《社會教育與趣味》的原文。《藝術玩賞之教育》的原文『藝術翫賞の教育』發表於 1913 年 1 月）之初，就已讀到該文並發生共鳴。該文並對魯迅三篇譯文與原文之間的細微差別，一一對照予以說明。此文承蒙吉田薰提供，謹表謝意。

	術必有此三要素，故與他物之界域極嚴。刻玉之狀爲葉，髹漆之色亂金，似矣，而不得謂之美術。象齒方寸，文字千萬，核桃一丸，臺榭數重，精矣，而不得謂之美術。……	光線之巧布，合而表出其心影。故玩味此心影，乃玩賞藝術之極致。 若在藝術作品，得有形式與內容相一致者，則斯作可謂造型美術之造極。而「古典」之所以可貴，亦即在是矣。 要之表象的內容之表出，必賴於形式；而色線光度之表出，亦必賴於內容，然後乃能有孟德斯倍之所謂「孤離」，而克饗吾儕以完全之慰藉與滿足也。	
藝術功能	一 美術可以表見文化…… 一 美術可以輔翼道德…… 一 美術可以救援經濟……		使克逃於欲望之追者，惟趣味教育爲功。……趣味上進，則美善非不相伴也，此其功在道德者也。……苟能趣味上進，則吾制推行外國，而輸入可冀絕跡矣。此則其功，又在貨殖者也，顧不偉哉。

　　上野陽一將藝術的內容大別爲模仿現實的「表象之內容」，與作者感於外物而生發的「感情之內容」，即「心影」。前者與形式無必然聯繫，而後者必須與形式相合，就繪畫而言，心影之美，必由線條、色彩、光線的恰當配置合而表出。藝術世界有別於現實世界的本質，即在此表現感情內容的心影之美，因此，藝術形式是藝術之爲藝術的本質要素。不過，上野陽一看重藝術教育的諸功能，因而不會成爲「爲藝術而藝術」的高蹈派，比如蔑視表象內容、「僅以線與色表出其特殊之生命」的裝飾美術，他認爲沒有達到藝術本旨的要求。因此，實際上通過設定藝術內部的等級，上野陽一確定最高的藝術是表象的內容與感情的內容相一致，即內容與形式相一致的「古典藝術」，從藝術類別而言，則是建築和音樂。只有這樣的藝術，才能完全與現實世界分離，讓人得到完全的慰藉和滿足。因此可以說，上野陽一對藝術形式的推崇，其實質是要求藝術形式須與表象內容協宜相稱，否則無從表現作爲藝術本質的感情內容。如其文中比喻所表明，「畫牧場之圖者，宜賦溫柔

之色，宜作婉曲之線。非然者，牧場雖可表出，而牧場之閒靜溫和，不可見也。」從上野陽一對後期印象派的態度，尤其能看出其藝術觀方面的古典性格。他認爲繪畫從古典派到近代印象派，經歷了從以形爲主到以色、光爲主的演變過程，至後期印象派則完全捨棄形，「欲聚色彩之點，以表現一切者」。雖然他主張，藝術教育應該順應不斷出現的新的藝術形式而變化欣賞態度，以便不斷開拓新的審美境界，但卻表示自己對後期印象派之美難以領略，「不佞對於繪畫以其與吾舊來態度，因緣太遠，亦雖莫悟其美，異哉。」〔註181〕

　　這一矛盾，或許可以從上野陽一主張藝術教育的問題意識得到部分解釋。《社會教育與趣味》一文，〔註182〕主旨是將趣味教育作爲救治現代文明所造成的精神疾病的良方提出。上野陽一所處的時代，日本已經完成明治維新，國民經濟得到極大發展，社會生活繁劇，物質刺激頻仍，社會分工加劇，導致人的完整性受到破壞，爲現代生活欲望所苦，心神不堪勞累，產生拜「文明之厚賜」〔註183〕的各種精神疾病。對此，已經身處「現代」之中的上野陽一，習慣性地遵從以政治與美學分屬不同專業領域的現代知識體系的思維方式，將這一社會問題轉換爲心理問題，而僅僅在審美領域予以解決，因而託付於藝術欣賞、趣味教育的心理慰藉功能。這是他以內容與形式相一致的古典藝術爲最高典範的根源所在，這種藝術以其藝術形式調和主觀與客觀、理想與現實而呈現出來的圓融境界，完成了與現實的「孤離」，讓欣賞者從現實世界的煩惱困擾中脫身出來，在藝術中暫時恢復被現實所分裂的人的完整性，爲現實中人的主體性所遭受的挫敗感提供一種美學補償。而放棄「表象的內容」、僅以藝術形式（「色彩之點」）表現「感情的內容」的後期印象派藝術，其藝術形式不是對現實缺陷的修補，而是創造出一個截然不同的新的實在，〔註184〕它是對現實的美學否定而非美學補償。

〔註181〕《藝術玩賞之教育》，《魯迅著譯編年全集》第2卷，第159、148頁。

〔註182〕據竹野美惠的研究，該篇論文，上野陽一的原文爲講演形式，因而魯迅的譯文多有省略，「改換前言和用語講述同樣事情的部分省略了。目錄沒有採用原文那樣分爲前編和後編的形式，而是將全體簡化爲『一文明生活，二勞苦原因，三救濟方法，四趣味教育（一）玩具（二）居室器物（三）建築（四）人體（五）語言，五餘論』、并概述各節要點的形式進行翻譯。」該研究列出魯迅文章中參考該文的部分，並指出譯文中有意譯內容和換例之處，但只是個別，總體上是相似的。參見竹野美惠：『「人」の子ども教育をめざした社會教育司科長──魯迅が翻訳した上野陽一著三篇の論文』。

〔註183〕《社會教育與趣味》，《魯迅著譯編年全集》第2卷，第193頁。

〔註184〕參見劉海粟有關後期印象派的論述，「描寫的結果是已經和被描寫的物象脫離

　　在魯迅對藝術本體的認識中，相較於早期將「文學」等同於「自由精神」，偏重主觀精神範疇，這時，首先在人爲的「美術」和客觀存在的「天物」之間進行區分和關聯。簡而言之，美術＝天物＋思理，作爲客觀物質世界的「天物」，開始顯現於思考之中，從而，思理在天物之中的運動方式——「美化」被提出，其運動結果「美術」，則是超過天物以上，比其更加圓滿的藝術境界。「美化」，即藝術手法，是相較此前魯迅的文學／藝術觀的新增因素，這與上野陽一從體現作者個性的藝術形式立論，區隔藝術世界與現實世界的觀點相似。此外，魯迅同樣也否定了將僅僅模仿現實或缺乏內容與之匹配的單純技術或風格層面的「技藝」列入美術。不過，他的否定並非指向形式與內容的古典式和諧，而是將「美化」的功用指向比天物「圓滿」的藝術境界，從而引導出藝術形式自身的創造性。換言之，如果說，上野陽一的藝術源於現實而離於現實，那麼，魯迅的美術則源於現實而高於現實。因此，魯迅將思理與美化並重，在藝術形式中注入了一種改造現實的強烈的主觀精神力量，這使他對「形式感」的理解顯出特異，與上野陽一相反，魯迅鍾愛後期印象派藝術。

　　這一差異仍可從二人不同的問題意識上得到解釋。魯迅所處的時代，中華民國剛剛成立，國力衰弱，百廢待興，封建復辟勢力與帝國主義虎視眈眈，伺機而動，國民個人與國家民族並未脫離生存危機，而生存需求的問題是由物質匱乏或被侵奪而造成，除了抵抗侵略與創造新生，別無他途。因此，求之於藝術者，顯然不能是缺乏實際所指的解脫與安慰功能。換句話說，在上野陽一那裡作爲心理問題呈現的，對魯迅的時代來說，首先是一個政治問題。而鑒於在周氏兄弟那裡，民族／國家問題與文化問題的不可分性，甚至，前者往往以後者的方式被提出和討論，因此，藝術功能的三個方面中，第一方面被魯迅以「表見文化」代替上野陽一提出的精神慰藉，「凡有美術，皆足以徵表一時及一族之思惟，故亦即國魂之現象；若精神遞變，美術輒從之以轉移。此諸品物，長留人世，故雖武功文教，與時間同其灰滅，而賴有美術爲之保存，俾在方來，有所考見。他若盛典佚事，勝地名人，亦往往以美

　　　而獨立著的一種實在——是作者個人的感情上新生出來的新創造物。這是絕
　　對的境地，這樣的描寫是表現的。『表現』的作品，和外界的眞理相對地比較，
　　是不能決定它的價值的。……表現的藝術不是模寫『生』，是和『生』同樣價
　　值的。」《十九世紀法蘭西的美術》，第107～108頁，上海：中華書局，1935
　　年。

術之力，得以永住。」〔註185〕這段話表明，此前魯迅文學觀中以文學（＝「自由精神」）與政治構成的二元結構，轉變為「美術」／藝術（包括文學）、「國魂」（「精神」）／文化、「武功文教」／政治的三元結構。對於三者關係之理解，一方面，在藝術與政治之間，以文化為媒介，避免了藝術對政治的直接功利性而損害藝術自律性；另一方面，由「美」所保證的藝術自律性，又受到作為精神外現的文化的制約，避免了它的無限膨脹而孤立於政治。同時，在文化與政治之間，由於嵌入具有形式實體的藝術，也避免了精神對於政治的能動作用被主觀拔高。藝術、文化、政治三者各自有別，但又同為一體。將它們連結為一體的，與此前連結文學與政治的同樣，是流貫於其間「立人」的道德動力，以及注目於「方來」而貫通過去、現在與未來，以民族文化傳承的方式所體現的歷史進步意識。這種理解方式既是現代的，又是超現代的。

至此，通過「美術」，魯迅終於為「自由精神」找到了將主觀與客觀、形式與內容、本體與功用、精神與物質統一為一體的文化載體，它既是精神的產物，又具有美的形態。藝術不僅表現民族精神、民族文化的傳承，而且傾注作者個人情感與思理的藝術形式，具有生成別一新的現實的創造性力量，這就為魯迅從再造民族新文化方面，延續其文學觀中固有的政治意識提供了途徑。

這一更新的藝術觀，落實為此期的文學實踐，是魯迅從「美術」走向對漢代畫像石的搜集和研究。據許壽裳回憶，魯迅曾告訴他，「漢畫像的圖案，美妙無倫，為日本藝術家所採取。即使是一鱗一爪，已被西洋名家交口贊許，說日本的圖案如何了不得，了不得，而不知其淵源固出於我國的漢畫呢」。〔註186〕為西洋名家所交口稱讚的日本藝術，指的是 19 世紀中後期流入西方，從色彩、構圖等方面對西方印象派繪畫給予重大影響，因此得到高度評價的日本浮世繪。〔註187〕有過六年日本留學經歷的魯迅，對浮世繪並不陌生，而且也有喜好。〔註188〕而自 1912 年起，魯迅大量搜讀印象派、後期印

〔註185〕《擬播布美術意見書》，《魯迅著譯編年全集》第 2 卷，第 106 頁。
〔註186〕許壽裳：《亡友魯迅印象記》，第 45～46 頁。
〔註187〕有關西方印象派、後期印象派與東方美術的關係，參見王才勇：《印象派與東亞美術》，南京：江蘇人民出版社，2008 年。
〔註188〕參見江小蕙：《從魯迅藏書看魯迅──魯迅與日本浮世繪》，《魯迅研究動態》，1988 年 03 期。

象派畫作及近代美術史、美術理論書籍，這些書籍大多由周作人向日本書店訂購並轉寄給他。〔註189〕可見，漢代畫像石是經由日本浮世繪和後期印象派的雙重媒介，進入魯迅視野。魯迅對浮世繪保留了個人喜好和收藏，但從他對藝術的精神內涵與藝術形式創造性的雙重要求來看，他顯然意識到浮世繪所體現的日本民族精神，與中國民族精神的相異，因而在其文學實踐中，越過浮世繪而探向它的中國淵源，並從後期印象派嶄新的美學思想出發，反觀、認知漢代畫像石。

　　後期印象派的藝術理念，從古典的「摹仿論」轉變爲近代的「表現論」，

〔註189〕《魯迅日記》1912 年 7 月 11 日，「收小包一，内 P.Gauguin：《Noa Noa》、……夜讀阜庚所著書，以爲甚美；此外典籍之涉及印象宗者，亦渴欲見之」(《魯迅全集》第 15 卷，第 10 頁)，8 月 7 日，「晚得二弟所寄小包，内復氏《美術與國民教育》一冊，福氏《美術論》一冊，均德文」(第 15 頁)，8 月 11 日，「晚收二弟所寄德文思氏《近世造形美術》一冊」(第 15 頁)，8 月 16 日，「得二弟所寄 V.van Gogh：《Briefe》一冊」(第 16 頁)，11 月 23 日，「晚得二弟所寄書三包，……J.Meier-Graeve：《Vincent van Gogh》一冊」(第 31 頁)；1913 年 1 月 12 日，「晚得二弟寄小包二，内德文《盧那畫傳》一冊，珂納柳思《有形美術要義》一冊」(第 44 頁)，3 月 9 日，「收二弟所寄德文《近世畫人傳》二冊」(第 53 頁)，4 月 16 日，「下午得二弟所寄 Hausenstein：《Der Nackte Mensch in der Kunst》一冊」(第 58 頁)，5 月 18 日，「下午收二弟所寄德文《近世畫人傳》二冊」(第 63 頁)，8 月 8 日，「又小包一個，内德文《印象畫派述》一冊」(第 74 頁)，8 月 21 日，「晨得二弟所寄 E. W. Bredt：《Sittiche oder Unsittliche Kunst?》一冊」(第 76 頁)。可對照《周作人日記》中的相關記載，1912 年 11 月 1 日，「サガミヤ廿四寄……德文 Meier-Graefe：Vincent van Gogh 一冊」，(《周作人日記》上，第 421 頁)，11 月 23 日，「得サガミヤ十三寄 C. Mauclair: The French Impressionists 一冊」，(第 423 頁)，12 月 28 日，「又サガミヤ二十日箋 D. Meier. Graefe: Aususte Renior, H. Esswein: Ernest Neumann（皆獨乙文）各一冊」(第 427 頁)；1913 年 2 月 24 日，「得サガミヤ十六日函又 Michel: Das Teuflische in der Kunst 一冊」(第 437 頁)，2 月 28 日，「得サガミヤ廿一日寄 Esswein: Ed. Munch 一本」(第 438 頁) ，3 月 24 日，「得サガミヤ十七日函又 Esswein: Aubrey Beardsley 一冊」(第 441 頁)，4 月 4 日，「サガミヤ廿八日寄 Hausenstein: Der Nackte Mensch in der Kunst 」(第 443 頁)，4 月 18 日，「サガミヤ十二日寄 Esswein: Toulouse Lautrec 一冊」(第 445 頁)，5 月 14 日，「寄北京 beardsley 等書二本」(第 449 頁)，8 月 12 日，「得サガミヤ五日寄 Bredt: Sittiche oder Unsittliche Kunst 一冊」(第 460 頁)，10 月 24 日，「得サガミヤ十四日寄 H. R. Poore: The New Tendency in Art 一冊」(第 470 頁)。其中涉及到的（後期）印象派及現代主義畫家包括梵高、高更、雷諾阿、勞特累克、紐曼、蒙克、比亞茲萊等。印象派繪畫的藝術在上野陽一的《藝術玩賞之教育》一文中也被提及。

對自然的逼眞再現不再成爲藝術價值的衡量標準，相反，浸透作者個性與情感的藝術手法，被強調到至高無上的地位，最終帶來藝術對自然的超越。這與忽略細節完善、追求整體神韻的漢畫像石的藝術，有異曲同工之妙。〔註190〕後期印象派繪畫，也有從重視藝術手法出發，走向只講技巧的純形式主義取向，最顯著如莫奈，〔註191〕但從周作人寄給魯迅的有關後期印象派繪畫的書目來看（參見注釋189），提到人名的沒有莫奈，被提及最多的是梵高和高更。此外，包括雷諾阿、勞特累克、紐曼、蒙克等在內，這些藝術家，正是以各具個性的藝術手法表現主體精神的自由、情感的強烈、想像力與創造力的豐富而著稱。由此可見，只有當藝術形式與精神自由互相爲用，產生具有創造性力量的藝術，才能爲魯迅所認可，正是這一點，打開了魯迅文學政治實踐的新局面。

漢畫像石藝術被稱爲「最具民族特色的藝術形式」，與魏晉南北朝之後，由於佛教傳入而逐漸變得「陰柔」起來的中國美術造型相比，「漢畫像石藝術是中國美術史上『陽剛』風韻發展到極致的『樣本』」。〔註192〕20 年代，魯迅稱讚漢人「閎放」、魄力「雄大」，〔註193〕正與此相仿，可以說，從漢畫像石藝術所體現的渾厚、博大、充滿陽剛之氣的文化氣質，魯迅確認了中國本原精神的特徵。中國民族「新文化」的建設，即建基於此。一方面，漢畫像石藝術「中國式的藝術思維和藝術手法」，〔註194〕有助於改革因異族入侵變得荏弱、畏葸的中國民族的思維方式與人生態度，「遙想漢人多少閎放，新來的動植物，即毫不拘忌，來充裝飾的花紋。」〔註195〕只有深層思維方式的變革，才能使人產生最爲根本性的改變，也只有通過藝術的方式，才能最深層、最自主地引導這種變革。另一方面，魯迅爲民族「新文化」所注入

〔註190〕參見楊絮飛：《漢畫像石造型藝術》，「漢畫像石的特點恰恰就是不刻意追求細節的完善，而是強調整體的力量和氣勢。無名的工匠們在畫像石這個獨特的藝術空間裏，運用誇張的藝術表現手法，重神情、抓神韻、棄成法、追天趣，創造了渾然如拙的大氣象。」第 4 頁，開封：河南大學出版社，2010 年。

〔註191〕參見劉海粟：《十九世紀法蘭西的美術》。

〔註192〕楊絮飛：《漢畫像石造型藝術》，第 17 頁。

〔註193〕參見《看鏡有感》，收於《魯迅全集》第 1 卷。

〔註194〕顧森指出，漢畫的藝術研究從藝術考古範圍歸入國學範圍意義重大，「這不僅因爲漢畫內容的特殊性（中國固有文化或根文化特徵），而且也提出一個新命題：中國式的藝術思維和藝術手法」。《漢畫像石造型藝術·序》，第 1 頁。

〔註195〕《看鏡有感》，《魯迅全集》第 1 卷，第 208 頁。

的美意識，帶著由西方自由精神理念所煥發的漢唐文化的壯美風格。在此脈絡裏，有了後來他對木刻藝術的關注與提倡。〔註196〕從這一藝術觀出發，當魯迅將「倘參酌漢代的石刻畫像，明清的書籍插圖，並且留心民間所賞玩的所謂『年畫』，和歐洲的新法融合起來，許能夠創出一種更好的版畫」〔註197〕作為木刻藝術的指導思想時，就不僅僅是在借鑒民族藝術傳統創造新的藝術形式，更是要通過藝術形式的創造力和感染力，創造出新的民族文化與新的現實。魯迅後來的文學創作，衝破現實主義手法的局限，而自由運用現代主義諸技巧，與他的藝術觀應不無關係，其中或許隱藏著文學者魯迅與革命者魯迅實現統一的奧秘。〔註198〕

3・周作人的「純文學」觀與民間文化改良

　　魯迅對「美術」及藝術形式的關注，可以說是其文學啟蒙受挫的產物，源於對啟蒙者個人英雄主義的反省，「我決不是一個振臂一呼應者雲集的英雄」。〔註199〕而對自始即從文學原理入手關注文學的周作人來說，文學功用本來就原理性地包含在文學自身之內。因此，與魯迅從文學「轉向」美術不同，周作人的探討，毋寧說是沿著文學本體的方向繼續推進，推動文學與現實分離，成為獨立的文學自身，對文學形式的重視則是題中應有之義，這與上野陽一的思路很接近。比如此期周作人提出的改良小說之道，具有鮮明的古典色彩，「以雅正為歸，易俗語而為文言，勿復執著社會。使藝術之境，蕭然獨立，斯則其文雖離社會，而其有益於人間甚非淺顯」，〔註200〕對小說與現實社會分離自成一藝術世界，而又作用於人生教育的期待，也與上野陽一提倡藝術教育的旨趣相一致。

　　鄉居時期，周作人的文學譯介尤為關注詩體，1914 年發表的一組《藝文雜話》，內容均涉及西方古典及近代詩歌（包括民歌、童謠），文學翻譯以《須

〔註196〕參見馬蹄疾、李允經編著：《魯迅與新興木刻運動》，北京：人民美術出版社，1985 年。

〔註197〕《致李樺》，《魯迅全集》第 13 卷，第 373 頁。

〔註198〕「文學者魯迅」與「革命者魯迅」分別是竹內好和丸山昇指稱具有「原點」意義的魯迅的概念，參見竹內好：《魯迅》，收於孫歌編：《近代的超克》，北京：三聯書店，2005 年；丸山昇著、王俊文譯：《魯迅・革命・歷史──丸山昇現代中國文學論集》，北京：北京大學出版社，2005 年。

〔註199〕《〈吶喊〉自序》，《魯迅全集》第 1 卷，第 439～440 頁。

〔註200〕《小說與社會》，《全集》第 1 卷，第 318 頁。

華勃擬曲五章》、《希臘擬曲二首》（周作人視擬曲爲「詩之一種」〔註201〕）爲
最，1916 年開始寫作的《一賣軒雜錄》，介紹了日本俳句，這與他從「純粹文
章」的角度看待詩歌有關，「古時純粹文章，殆惟詩歌，此外皆懸疑問耳。」
〔註202〕正如這一個性鮮明的觀點，在留日時期的論文中被放置於括號之內所
表明的那樣，周作人的純文學熱情在清末因緊迫的民族國家政治意識而有所
壓抑，而在民國共和政治環境中，得以盡情釋放。詩歌比之任何其他文學體
裁都更讓周作人關注到「文」（形式）與「情」（內容）的和諧配置，他高度
認同蘇曼殊關於詩歌翻譯的意見，「詩歌之美，在乎節奏長短之間，慮非譯意
所能盡也」，〔註203〕因此，藝術形式被提高到至少不低於思想內容的程度，共
同參與詩歌／文學之「美」的構成。民歌、童謠、俗歌等，除了用作比較文
化研究的材料之外，也在這一意義上受到青睞。周作人對「美」的體察，基
於對作爲純粹文學的詩歌的閱讀體驗而生發，這一傾向並且彌漫到他對文學
的總體認識中，他所偏好的敘事文學，也無不帶有詩化色彩。

　　因此，在「美」的生成和趣味上，周作人較爲接近上野陽一，注重的是
形式與內容的均衡和諧，「美」的獨立性由其與現實的分離而保證，這也使
周作人的藝術觀帶有保守的復古色彩。1917 年 4 月所作《〈蛻龕印存〉序》
一文，在對印章篆刻史的簡略回顧中，隱然勾勒出一條藝術發展的特殊法
則，社會由草昧入於文明，而藝術因「美」的法則，則相反地以「古法」爲
依歸，「飾文字爲觀美，雖華夏所獨創，而其理極通於繪事，是知以漢法刻
印，允爲不易之程，夫豈逞高心，以爲眇論哉。」〔註204〕文學與藝術具有
相通之理，在於「觀美」。不過，周作人並非形式主義的信徒，他同時認識
到，「美」的起源在於物質性的「致用」，這就爲「美」的獨立性標示了限度：
「以給事爲足」。與魯迅以精神制約藝術自律性的膨脹相仿，周作人以與事
相稱來制約其膨脹，這自然制止了藝術向脫離現實的形式主義發展，但同時
也限制了藝術形式可能蘊涵的超越現實的創造力。

　　以「藝術」爲媒介，民國初年周氏兄弟的文學政治實踐，從留日時期的
文學譯介，拓展到與各自所從事的實際工作相應的文化、教育領域。致力於

〔註201〕《〈希臘擬曲二首〉小引》，《全集》第 1 卷，第 43 頁。
〔註202〕《論文章之意義暨其使命因及中國近時論文之失》，《全集》第 1 卷，第 92
　　　　頁。
〔註203〕《裴倫詩（藝文雜話一）》，《全集》第 1 卷，第 301 頁。
〔註204〕《全集》第 1 卷，第 502 頁。

建設美的民族新文化,即爲其內容。而由於二人藝術觀的略微差異,對於民族新文化的形態的思考也不盡相同。魯迅在文學活動方面歸入「沉默」,致力於再造漢唐式壯美風格的民族新文化的研究,而周作人從「純粹文章」的角度,將文學收束於「觀美」,在解放文學想像力的同時,也拆解了文學與政治意識的關聯。但是,從「純文學」獲取的有關「美」的藝術思想,被周作人運用於民間文化的改良和社會教育,則與魯迅殊途同歸,從民族文化傳承方面使其政治意識得以延續。

在《論社會教育宜先申禁制》一文中,周作人表明,對以啓發民智爲目標的社會教育而言,在學問、文藝等方面推行新舉措之前,必先滌除舊污方可奏效,「蓋以性習所染,積於千載,欲遍興一利,必先除其弊。不然,非特無益,且將逆應,反善爲惡。故今言社會教育,亦當於化導之先,申其禁罰,然後舊污可滌,而新化可行也。」〔註205〕這意味著,在建設民族新文化的路向上,周作人是立足於社會性的「教育」而非個人性的「創造」,展開思考。因此,他的工作是面對現有的舊文化形態,進行分析、鑒別、改良和除舊布新。

民國所承受的最大的舊文化遺產,無疑是儒家文化。如前所述,周作人對維護權力階層的正統儒家思想早已絕望,但他看重儒家內部體現民本思想、與正統有別的「異端」。例如《讀書雜錄》中介紹的越中先賢,均非正統的儒學大師或達官顯貴,而是與普通人生活更爲接近、甚至有點畸言畸行的所謂「畸人」一類,如徐文長,「兒時聞鄉人談文長逸事,多誕妄可笑」,〔註206〕編《越諺》的范嘯風,「全以俗語爲主,隨語記錄,不避俚俗」,〔註207〕對於此類人物的興趣後來也一直延續下去。這一方面是辛亥革命推翻封建專制,作爲其意識形態表現的士大夫文化衰落的表現,另一方面,也未嘗不是對於留日時期文學啓蒙事業過於孤高難以諧俗的反省。民國成立帶給周作人的現代民主意識,與儒學內部非主流的民本思想發生共鳴,在新文化建設方面,表現出站在民眾或接近民眾的立場來思考問題的態度,這種立場,在儒學內部的變革中自明清以來一直有存在和發展。〔註208〕

另一方面,儒學內部這種潛在的思想流脈,在接近民眾的同時,並未放

〔註205〕《全集》第 1 卷,第 244 頁。
〔註206〕《徐文長(讀書雜錄三)》,《全集》第 1 卷,第 402 頁。
〔註207〕《越諺跋》,《全集》第 6 卷,第 124 頁。
〔註208〕參見溝口雄三著、龔穎譯:《中國前近代思想的屈折與展開》。

棄儒家文化對士大夫作爲一個特殊階層所規定的經世濟民的責任意識，這一
點又使它與普通民眾立場拉開距離，這種責任意識同樣爲周作人所吸收。例
如，越中的許徵士祠，供奉晉代名士許詢，忽被鄉民改作朱天君祠，朱天君
即崇禎皇帝，民間信仰以三月十九日爲太陽神生日，也即崇禎忌辰與明朝覆
亡之日，因此一起加以祭拜。﹝註209﹞對此，周作人責問擁有文化權力的士大
夫，「世俗淫祀尚不足怪，獨當地士夫充耳不聞，縱不好古，於坊里之事亦何
忽不過問耶？」﹝註210﹞許詢以終身不仕的品行聞名，太陽神崇拜的民間信仰
寄託了哀悼故國故君的情感，因此，從周作人的批評可見，其責任意識實際
上蛻去了傳統士大夫的君臣思想，毋寧是一位教育工作者的國民意識，與一
位科學工作者的文化意識相結合而產生的社會責任感。

面對儒家文化，周作人取其民本思想和社會責任意識，捨其君臣名分的
國家意識形態性質，可以視爲明清以來儒學內部變革的現代發展，在保持民
族文化連續性的同時，周作人爲其現代變革注入了作爲現代文化的科學思想
和美意識。具體到文學實踐的對象，周作人也不取與國家政治相關的儒家正
統文化的經典形態，而是關注與普通民眾日常生活密切相關的民間文化形
態，致力於它的現代改良。

周作人爲紹興縣教育會擬定的「應籌議事件」中，第四項是「風俗改良
事件」。《紹興縣教育會月刊》第 2 號登載高山的《風俗調查一》，用生物學
知識解釋畸行胎兒的發生原因，用以化解「俗以爲妖，輒取溺死之」﹝註211﹞
的舊習俗。周作人的《風俗調查二》，集列越中各類民間習俗，引據文獻，
從近代科學知識角度予以理性化分析，釋除附於其上的迷信色彩。將科學理
性運用於解析民間習俗、民間信仰等民間文化形態，在民俗與文學的交叉地
帶，則有了周作人運用文化人類學，對中外童話、兒歌、民歌、神話、史詩
等產生於上古時代、流傳於民間社會的集體性文化產品的比較研究。﹝註212﹞
此後，於科學理性之外，周作人又加入得自日本文化、希臘神話的愛美精神，
科學與美（藝術），成爲他持續關注和改良民間文化的「一陣清風式的被除

﹝註209﹞參見趙世瑜、杜正貞：《太陽生日：東南沿海地區對崇禎之死的歷史記憶》，《北
京師範大學學報》（社會科學版），1999 年 06 期。
﹝註210﹞《越中名勝雜說》，《全集》第 1 卷，第 431 頁。
﹝註211﹞高山：《風俗調查一》，《紹興縣教育會月刊》，1913 年 11 月 15 日第 2 號，第
16 頁。
﹝註212﹞參見《藝文雜話》、《一簣軒雜錄》中諸文，收於《全集》第 1 卷。

力」，〔註213〕用以滌除數千年專制統治在人心與文化上造成的迷信與恐怖分子。

　　越中地區文化遺跡眾多，祠廟、造像、碑刻、磚甋等尤多。周作人在《讀書雜錄》組文中，對其有考證文字，文化自豪感溢於言表。考證石刻的發現情況、歷史淵源等，看似傳統金石學的工作，而周作人於考證之外，關注民間文化的問題意識，往往使其別有發現。例如會稽跳山發現的石刻，記錄東漢建初年間兄弟六人買地之事，爲石刻中最古者。周作人寫有《跳山建初買山石刻》、《建初買山題記》兩文，摘引金石學文獻，對相關內容詳加考證。他通過考證、對比其他石刻文字，發現有兩種地券，一種是買地於人，另一種是買地於鬼神。這一點就連專門考釋金石小品的羅振玉的《蒿里遺珍》，也只以「地券之制，前籍未詳」模糊過去。於此周作人不僅訂正跳山石刻屬於前者而非後者，並且發現了「買地於鬼神」的習俗如此長盛不衰，「此雖荒誕無稽之俗，然由吳晉迄於唐宋，相沿不改，亦可異也」。〔註214〕因此，關注民間文化的意義，對周作人而言，不僅是其現代民主意識的體現，而且，人的生活的連續性的意義於焉顯現：古與今、傳統與現代，在日常生活之流中是相互彙入的，有變化而無截然的斷裂。這裡無疑有他以民間文化——包括前述鄉土文化，二者在一定程度上是疊合的——爲基礎，通過對其改良建設民族新文化即國民文化的理論基礎。

　　不過，周作人的國民文化建設，雖然依託於與官方、中央正統文化有異的民間、鄉土文化，但他並非簡單地以此代彼，僅僅調換正統與異端的地位，而是通過引入超越性的「美」，使文藝領域徹底從政治上專制與民主、思想上正統與異端的二元結構中獨立出來，依據不以社會屬性爲轉移的自身規則而發展。因此，與周作人在政治上擁護共和民主相反，他在文藝領域的觀點顯得貴族、精英味道十足。有關「純文學」的觀點已如前述，此外，在較爲大眾化的通俗文學領域，比如他認爲，散文小說源自上古詩歌，其進化途徑是「由普遍而爲單一，由通俗而化雅正」，從滿足社會嗜好轉向發展個人藝術趣味。因此，中國採用俗語、注重事實的章回體小說，從藝術標準衡量，「猶在元始時代，仍猶市井平話，以凡眾知識爲標準」，只具備作爲研究資料的價值。他倡議的可用爲文學教育的未來的小說路向，卻表現出與社會進

〔註213〕《希臘神話・我的雜學之六》，《全集》第 9 卷，第 200 頁。
〔註214〕《建初買山題記（讀書雜錄十四）》，《全集》第 1 卷，第 422 頁。

程背離的「復古」色彩，「以雅正爲歸，易俗語爲文言」。〔註215〕

　　但是，如此獨立、貴族性的「美」，如何作用於以普通民眾爲對象的社會教育？在此，與上野陽一相仿，周作人訴諸藝術教育的道德功能。《社會教育與趣味》中云：

> 又趣味者，美之判斷也。判斷藝術之美醜者，曰趣味，而判斷道德之善惡者良心也。所判有美與善之殊，而其事則同。故趣味高者，好善之心相駢亦進，彼屠戮慘怖，而觀者環堵，昧於美也，而屠戮非仁也。鄭衛之聲鄙褻，而聽者色舞，昧於美也，而鄙褻非禮也。趣味上進，則美善非不相伴也，此其功在道德者也。〔註216〕

　　根據竹野美惠的研究，這段文字有魯迅意譯部分。原文爲：當此現代，人勞累於生活，苦惱於刺激，於是僅僅貪圖下等的肉體享樂，追求滿足之時，必須使趣味發達，並同時完成其人的道德陶冶，此爲當務之急。〔註217〕在肉體享樂的「鄙褻」之外，魯迅添加「屠戮」，作爲道德改進之一端，於此可見有「尚武」傳統的日本民族文化，與中國民族以「仁」爲本的儒家禮樂文化的差異。這也可以解釋，在《破惡聲論》中，魯迅對武力的認可僅限於自衛以及扶助弱小，而非「崇侵略」。但與儒家文化主要訴諸道德教化不同，魯迅在此領受了日本文化訴諸藝術教育、趣味教育的理念，這與他得自西方近代的自由精神理念相結合，產生了前述魯迅特有的不羈的藝術觀。周作人同樣觸及了這一道德建設的目標和理念，在《論社會教育宜先申禁制》一文中，他將「殺伐之風，淫靡之性」作爲「東方通德」加以批評，並指責專制統治有以助成之弊。因此，在社會教育所涉及的通俗文藝領域，周作人首先關注其中體現的性道德觀。他用「蕩佚」、「淫聲」、「淫佚之風」指摘影戲、演劇、歌謠等民眾文藝，批評民眾觀新劇只欣賞「女形（即旦角）之色」，觀西洋裸體畫則「以爲秘戲」，並將其歸爲「國人感覺之頑屯，趣味之惡俗」。〔註218〕那麼，反過來說，對周作人而言，負有教育民眾之責的

〔註215〕《小說與社會》，《全集》第 1 卷，第 318 頁。
〔註216〕《魯迅著譯編年全集》第 2 卷，第 196 頁。
〔註217〕參見竹野美惠：『「人」の子ども教育をめざした社會教育司科長——魯迅が翻訳した上野陽一著三篇の論文』。該論文中所引日文原文爲：現代の如く人が生活に労れ、刺戟の爲に悩んで、さうして下等なる肉體的快樂を貪って僅に滿足を求めて居る時に當つては、是非とも趣味を發達させ、さうして一方に其の人の道德的陶冶を全うすると云ふことが急務であります。
〔註218〕《全集》第 1 卷，第 245 頁。

文藝，首先在思想上要確立科學、健全的兩性道德觀，再對此給以美的藝術表現，方能實現趣味教育的目的，這與他注重內容與形式相和諧的古典式藝術觀具有一致性。因此，與魯迅的美術觀偏重藝術形式的創造力不同，周作人藝術教育的方式，接近於上野陽一提出的「美化」，「美化者，美其境遇而化之」，〔註219〕是對包括物質與精神在內的人的生活環境，鉅細無遺地進行美的改造。那麼，美的藝術形式的運用，就文藝而言，則不能不受制於先已確立的思想內容，這一思想內容的真實性由近代科學理性予以保證。換言之，周作人的藝術之美，受制於科學之真；反過來，科學之真，必須出之以藝術之美。

因此，與魯迅的美意識與自由精神相關聯不同，周作人為民間文化注入的美意識，是與科學之真（如性道德）相關聯的一種趣味之美。這種趣味之美，除了中國民族文化固有的風雅傳統之外，不能不考之於其終生愛好的日本文化。與魯迅不同，周作人把浮世繪看作日本獨有的藝術，並處處在與中國文化的比較中，定位其特色，例如浮世繪民初之與中國士女畫、30 年代之與姑蘇版畫、40 年代表現「東洋人的悲哀」之特色。此外，對日本俳句、童話，也往往在中日文化比較中，發現其獨有之美，例如俳句之與中國絕句，言簡意深處相同，而俳句「尤多含蓄」，〔註220〕日本童話受到愛美的國民性影響，「故童話亦幽美可賞，勝於華土，與他藝術同也。」〔註221〕日本藝術的含蓄、自然、灑脫、清麗之美，與周作人的個人審美趣味相合，構成其美意識的重要組成部分，參與著周作人不同時期的文化構想。

由於藝術觀與美意識的不同，魯迅的文化實踐，越過既有的文化形態追本溯源，找到時間上距離現代最遠的漢代文化，創造出似乎與當下中國現實最不相容的峭刻、壯美的藝術風格，表現出鮮明的詩人氣質，而他通過新文化建設改造現實的政治意識，反而具有一種指向超越現實的未來（在另一意義上或者可說是虛無）的面向。周作人致力於對舊文化形態的現代改良，去蕪存精，更接近一位社會教育工作者的態度，這有助於社會心理內容的重建，避免因文化斷裂導致社會失範。但與魯迅僅有四歲之差的周作人，比之魯迅，從時間上已經位於「現代」起源期之後，置身於「現代」之中，較之經歷了「現代」起源的魯迅，對現代文化的接受也少了幾分懷疑與困擾。因

〔註219〕《魯迅著譯編年全集》第 2 卷，第 196 頁。
〔註220〕《日本之俳句》，《全集》第 1 卷，第 486 頁。
〔註221〕《童話研究》，《全集》第 1 卷，第 264 頁。

此，周作人運用現代科學理性對舊文化的改造，不僅牽制其美意識的創造力，因藝術形式相對於思想內容的滯後性，限制了他從新的藝術形式汲取新的思想情感的可能性；也使其國民文化建設帶上了現代民族國家的意識形態性和保守性。

另一方面，由於周氏兄弟的文化理想中始終保有藝術美的獨立地位和超越品性，因此，周作人的國民文化，同樣也具有超越國家意識形態、指向現代文明的性質。正如在他的現代文化觀中科學與美的相互制約那樣，在周作人的文學政治實踐中，民族國家的政治視野與現代文明的文化視野，也保持著一種相互依存和相互制約的關係，二者的交集在於「人」，對於「人之為人」的思想建構，即在關聯著的政治與文化兩個維度上進行。周作人的文學既是其思想的載體，又具有藝術的獨立美，因此，他的文學與思想同樣構成一種相互依存與相互制約的關係。這裡或許可以看出周作人思維方式的原型。美意識的超越性品格，使周氏兄弟的文化政治與國家政治之間始終保持距離，為前者對於後者的反作用力提供空間，但周作人的美意識，使他在與一切身外之物保持距離之時，其偏於和諧、靜美的傾向，卻恰恰使他與這種美本身之間沒有了距離。

第二章　個人主義思想的文學形態

　　1917 年，周作人北上加入新文化運動陣營，從「新文化」角度，更新了此前具有復古色彩的藝術觀，建立了文學與人生的關聯。五四時期，周作人建構「人的文學」觀，致力於人道主義文學實踐，以期實現「新村」式的社會形態。「六三事件」之後，隨著對五四啟蒙主義的反思，周作人建構以「現代人情」為內容的個人主義文藝觀，致力於藝術與倫理合一的個人主義文學實踐，將中國現代文藝的建設，與實現「全而善美的生活」的中國現代化進程統一起來。兄弟失和事件之後，周作人放棄文學的道德功能，在文學的個性與思想自由的結合中，倡導「閒話風」散文，致力於以「美的生活」為內容的中國新文明的重建。20 年代中期之後，隨著中國政治走向國民革命，知識界在思想與行動、文學與政治之間分化之際，周作人堅持思想革命的立場，強調知識分子面對政治權勢的思想獨立，北伐失敗後，這一立場將以檢討中國歷史文化的形態持續下去。

第一節　「人的文學」觀與人道主義文學實踐

1·「新文化運動」視野中的「新文學」

　　紹興時期周作人提出的「國民文化」，已經帶有與共和政治體制相應的「新文化」性質，但基本限於一人之力（最多也就是周氏兄弟三人之力），偏於紹興一隅，影響力有限。1917 年 4 月，周作人應蔡元培之招到北京大學任教，以此為契機，加入以北京大學等高等學府、《新青年》等刊物為陣地，

具備一定社會基礎的新文化運動。周作人的文學政治實踐，開始在與具有全國性影響力的社會思潮、政治風向的互動中展開，最先得到糾正的即是其帶有復古色彩的藝術觀。

作於1917年9月的《論中國之小說》，將小說的起源從詩歌修改爲神話，敘述出神話→傳說（野史）→志怪（閒書）的小說變遷路徑。因此，對於中國舊小說，之前周作人以「美」爲標準的形式批評（採用俗語和注重事實），一變而爲以思想爲標準的功能批判（娛樂性的閒書），文學的「觀美」屬性，被關涉人生問題的思想意義所取代，「現既以小說爲文學之一種，文學之意義，由今日言之，已趨於人生之藝術之一面。故小說自亦隨之轉變，非僅供娛樂，或爲觀美，當關於人生根本問題有所關連，乃有價值可言。」〔註1〕可見，在新文化運動爲了反對舊文化，大力提升小說、戲曲等傳統邊緣文類的文學價值時，周作人的文學觀也得到更新，不再拘泥於「純文學」，「純粹文章」擴展爲「人生之藝術」。關於人生根本問題，文中列舉的兩例爲死刑問題和娼妓問題，這意味著，隨著文學觀的更新，此前從文情相稱的藝術美討論文學，也轉爲關注文學中包括暴力與性在內的人的道德問題，只有此時才會帶來文學形式上變文言爲白話的文學革命。

因此，對新文化運動，周作人首先是帶著對包括文學觀、藝術觀、道德觀、政治觀等在內的一切價值進行重估的思想革命的共鳴而加入的，他晚年回憶魯迅加入《新青年》的原委，「魯迅對於文學革命即是改寫白話文的問題當時無甚興趣，可是對於思想革命卻看得極重，這是他從想辦『新生』那時代起所有的願望，現在經錢君來舊事重提，好像是埋著的火藥線上點了火，便立即爆發起來了」，〔註2〕在較爲溫和的程度上，可謂夫子自道。

新文化運動在線性歷史觀上，建立起傳統之「舊」與現代之「新」的對立，反對傳統的舊思想、舊道德、舊文學，這是《新青年》能夠集結起眾多立場、觀點各異之人的一條底線，而對「現代」的不同理解以及不同的實現方式，則包孕著《新青年》陣營日後必然離散的命運。〔註3〕論者從話語研究的角度指出，「《新青年》的眾多話語可以在兩大維度上理解，即思想話語和文學話語，這兩個話語共同塑造了《新青年》及以後的不同於傳統的『新

〔註1〕《全集》第1卷，第513頁。
〔註2〕《補樹書屋舊事十·〈新青年〉》，《全集》第12卷，第163～164頁。
〔註3〕參見王風：《文學革命的胡適敘事與周氏兄弟路線──兼及「現代文學」、「新文學」的概念問題》，《中國現代文學研究叢刊》，2006年01期。

文化』與『新文學』」。〔註4〕《新青年》創辦之始，陳獨秀即明確宣佈，「改造青年之思想，輔導青年之修養，爲本志之天職，批評時政，非其旨也」，〔註5〕可以說，各種思想主張的討論、闡述、譯介，構成了《新青年》作爲雜誌的主要內容之一。〔註6〕這種特色，也成爲後來研究者將新文化運動概括爲「借思想文化以解決問題」的依據之一，並認爲，五四反傳統主義者正是根源於傳統整體觀的思維模式。〔註7〕這種概括有一定道理，但它忽略了五四新文化人在「借思想文化以解決問題」的過程中，引入了傳統不曾有過的一個全新觀念，即在西方 literature 意義上理解的「文學」觀，〔註8〕它與傳統勸善懲惡或消遣娛樂的實用主義文學觀，最大的不同在於其自足於審美獨立性。文學是獨立的，這一點就徹底打破了政治、文化、文學、道德一體性的傳統整體觀，使改革的目標穿過政治、道德、思想、文化等專門領域，深入到觸動人的本性、心靈、精神的根本所在。作爲物質與精神、客觀與主觀的統一體，「人」自身的改革，必然會觸及從經濟基礎到上層建築的社會各方面的變動。

　　不過，在新文化運動發軔之初，關於新思想與新文學的討論，尚處於各自分離的狀態。以《新青年》爲例，1915 年 11 月，1 卷 3、4 號連載陳獨秀的《現代歐洲文藝史譚》，爲《新青年》討論文學問題的發端。該文追述歐洲文藝思想從古典主義、理想主義到 19 世紀寫實主義、自然主義的變遷之後，在科學求眞的意義上，推重自然主義文學與眞實人生的關聯，「此派文藝家所信之眞理。凡屬自然現象。莫不有藝術之價值。夢想理想之人生。不若取夫世事人情。誠實描寫之有以發揮眞美也。」將「誠實描寫」與「發揮眞美」聯結，相較 1921 年沈雁冰在《小說月報》上發表的《自然主義與中國現代小說》，將自然主義「求眞」的文學理念，落實於客觀觀察與精細描

〔註4〕李靜：《〈新青年〉雜誌話語研究》，第 19 頁，天津：天津大學出版社，2010年。
〔註5〕《通信》，《新青年》1 卷 1 號，北京：人民出版社影印版，1954 年。
〔註6〕參見郭武平：《新青年雜誌與民初中國意識轉變》，該書第三至五章，討論了《新青年》的諸多主題：青年改造、文學革命、反儒反孔、民主政治、科學、西方思潮、西方文學、社會主義、馬列主義等等。國立政治大學東亞研究所研究生論文，1982 年 6 月。
〔註7〕參見林毓生著、穆善培譯：《中國意識的危機》（增訂再版本），貴陽：貴州人民出版社，1988 年。
〔註8〕參見李春：《文學翻譯與文學革命——五四作家的文學翻譯研究》第一章《西學視野與文學自覺》。北京大學 2006 級未刊博士論文。

寫的藝術手法，可以看出，在對文學的理解上，陳沈二人有偏重思想意義或文學手法的不同。在此意義上，陳獨秀才將托爾斯泰與左拉、易卜生並列為自然主義三大代表。而他特別稱頌一般被視為現實主義作家的托爾斯泰，而非自然主義的典型代表左拉，也是看重托氏的道德力量遠甚於其文名，「尊人道。惡強權。批評近世文明。其宗教道德之高尚。風動全球。益非可以一時代之文章家目之也。」可見，文學雖然已經不再如傳統那樣被視為「小道」，但文學之為文學的意義，在陳獨秀這裡尚不分明，毋寧說，他更重視「發揮真美」的文學功能，及道德觀上的人道主義思想。

自然主義（naturalism）與寫實主義（realism）是兩個概念，陳獨秀著眼於二者共通的對人生問題的求真態度，並未予以細緻區分，〔註9〕而認為二者僅有寫實程度上的差別，因此，他同時也提倡寫實主義，但由於對文學的思想意義的倚重，他完全忽略了「寫實」二字所包含的形式意味。這個矛盾被胡適指出。《新青年》2 卷 2 號《通信》中，針對陳獨秀既提倡寫實主義，又刊發謝无量的長篇律詩並給以高度評價，胡適主要從「用典」角度提出批評，指出其詩至少「用古典套語一百事」，因此，「正以足下論文學已知古典主義之當廢。而獨嘖嘖稱譽此古典主義之詩。竊謂足下難免自相矛盾之誚矣」。可見胡適是從文體、語言形式的層面理解文學，與陳獨秀對文學的思想、道德意義的重視正好發生錯位。謝无量的長律《寄會稽山人八十四韻》，與陳文上篇刊發於同期，對從蕪湖沿江入蜀的長江風光進行了描繪，而在相關歷史典故的引用中，表達了作者對江漢、巴蜀地區的勇武豪強精神於今衰落的哀歎，寄予著作者對當下中國受到外國武力威脅，而空談仁義道德於事無補的存亡危機的憂心，「柱史空修禮，蘭陵但議兵。問頻憂國蹙，望極何衢亨。尚武茲成俗，依仁意倍誠。若為傳道德，敢冀報瓊瑤」。正是詩中的現實關懷，觸動了陳獨秀關注文學的思想意義的現實動機，因此，在按語中給以高度評價，「文學者、國民最高精神之表現也。國人此種精神委頓久矣。

〔註9〕 對寫實主義與自然主義更為深入的認識，要待諸文學研究會諸人。如郭紹虞在 1920 年 7 月 12 日《晨報》第七版《藝術談》專欄中論及「文藝上的自然主義」，指出寫實主義與自然主義在共同的「求真」原則之外的不同所在，「寫實主義，還可加少許自己的理想而有所選擇；自然主義，全不參加己意，只盡所有現象而描寫。換句話說來，即寫實主義，要委屈吾人的理想，以調和於自然；而自然主義，則要委屈吾人的理想以服從自然」；沈雁冰在 1921 年 7 月 13 卷 7 號的《小說月報》上發表《自然主義與中國現代小說》，積極介紹自然主義的文學思想、描寫手法、採取題材等。

謝君此作。深文餘味。希世之音也。」將文學與國民精神關聯，與周氏兄弟
留日時期的文學觀相似，正是訴求建立現代民族國家的政治意識的體現。不
過，受制於新舊對立的新文化邏輯，陳獨秀的文學觀出現了雙重標準，當被
讀者問及古典主義與理想主義在中國文學中如何對應時，他卻是從文體形式
方面，對古典主義作出解釋，「歐文中古典主義。乃模擬古代文體。語必典
雅。」古典主義因擬古而「了無眞意」，理想主義沒有擬古之弊，但「或懸
擬人格。或描寫神聖。脫離現實。夢入想像之黃金世界」，〔註 10〕同樣無以
表現人生眞相，由此可見實證主義的科學觀，對新文化人「現實」觀與「眞
實」觀的塑造。在這個意義上，謝无量的律詩，反而是接近古典主義和理想
主義的。陳獨秀在具體閱讀中的政治意識，穿透了「新文學」的理論捆縛，
但也因此無從解答胡適的質疑，只能以當前文藝界缺乏寫實作品爲由而敷衍
過去，「不得已偶錄一二詩。乃以其爲寫景敘情之作。非同無病呻吟。」

　　胡適從自己的質疑出發，判斷中國文學的弊病，在於「文勝質」的形式
主義傾向，因而提出著名的救弊「八事」：

> 一曰不用典。二曰不用陳套語。三曰不講對仗（文當廢騈、詩
> 當廢律）。四曰不避俗字俗語（不嫌以白話作詩詞）。五曰須講求文
> 法之結構。此皆形式上之革命也。六曰不作無病之呻吟。七曰不摹
> 倣古人、語語須有個我在。八曰須言之有物。此皆精神上之革命也。
>
> 〔註 11〕

以上「八事」中，從文學形式上消極地規定「不……」，正是針對形式主義的
「模倣」而言，正面則可以導向第八項「須言之有物」的積極規定，也即前
文所言，「當注重言中之意。文中之質。軀殼內之精神」。這與陳獨秀強調文
學上的「現實」主義（包括自然主義與寫實主義在內）並無本質區別。但陳
獨秀的「現實」觀具有含混性，一方面是自然主義式的對一切人生現象美醜
無遺地如實發露，另一方面則是現實主義式的對文學的思想意義與社會政治
功能的看重，可謂「事實」與「意義」的混合體，在理論上他談論前者，而
在具體作品中，他總是感受後者。因此，當胡適在理論上提出「言之有物」
時，引起了陳獨秀的警惕，他認爲專提「言之有物」會發生「文以載道」的
流弊，「以文學爲手段爲器械。必附他物以生存。」在陳獨秀看來，文學只須

〔註10〕　《通信》，《新青年》1 卷 6 號，1916 年 2 月。
〔註11〕　《通信》，《新青年》2 卷 2 號，1916 年 10 月。

消極地避免「無病之呻吟」即可。但從陳獨秀含混的「現實」觀出發，這個問題可以延伸為：新文學對現實人生真相與人道主義思想的置重，與傳統的「文以載道」觀如何區別？

面對被胡適逼出來的這個問題，陳獨秀終於開始從「美感」上，區別文學之文與一般應用之文，〔註12〕「竊以為文學之作品。與應用文字作用不同。其美感與伎倆。所謂文學美術自身獨立存在之價值。是否可以輕輕抹殺。豈無研究之餘地。」但對「美感」問題的研究，由於陳獨秀拘泥於新舊對立，先是以是否「別有寄託」來區別理想主義與寫實主義，「自然派文學。義在如實描寫社會。不許別有寄託。自墮理障。蓋寫實主義之與理想主義不同也以此。」這一點的確不如從文學本體出發的王國維，對二者關係認識的透徹，「有造境，有寫境，此理想與寫實二派之所由分。然二者頗難分別。因大詩人所造之境，必合乎自然，所寫之境，亦必鄰於理想故也。」〔註13〕理想主義與寫實主義的區分，是文學手法上的「造境」與「寫境」之別，至於「境」本身，自然的成分與理想的成分，在二者中只有程度上的差別。於此恰恰可見「新文化」的意識形態性，即使討論獨立的「美感」，因其討論方式受到反對舊文化的政治意識的制約，而影響其討論結果。因此，接下來，為了反對理想主義的「自墮理障」，則不能不將「美感」與「思想」分離，這樣，所謂文學的藝術美問題，只能求之於語言形式層面的修辭學。這就是陳獨秀對「八事」之五提出的異議，他認為以單音字為主、無詞尾變化的中國文字，不能律以西洋語法，而如果論章法語式，則所謂文法，當屬漢文固有的修辭學，而非普通文法。因此，文學之文當求諸修辭學。此後，針對讀者常乃惪從形式方面理解美術之文，從而將駢體和用典歸為文學之美，陳獨秀將藝術美從語言層面予以擴展，提出「結構之佳，擇詞之麗（即俗語亦麗，非必駢與典也），文氣之清新，表情之真切而動人」為文學美文的四要素。〔註14〕這裡有可能引發文學形式與思想內容之關係的探討，例如讀者來信中陳丹崖文，「然精神每憑形式而發現，無高尚優美雋永妍妙之文字，決不能載深遠周密之思想」；〔註15〕曾毅白文，「理想與學術相依，似不必屬入文學範圍內，

〔註12〕陳獨秀文學觀的這一轉變，有研究者認為是受到黃遠生的影響，參見沈永寶：《陳獨秀與黃遠生：〈文學革命論〉來源考》，《復旦學報》（社會科學版），1992年02期。

〔註13〕王國維著、徐調孚校注：《人間詞話》，第1頁，北京：中華書局，2009年。

〔註14〕《通信》，《新青年》2卷4號，1916年12月。

〔註15〕《通信》，《新青年》2卷6號，1917年2月。

然文學與學術，實有密切之關連，其理想優而其文字亦愈美，即其物足而意味亦與深長」，〔註16〕但均描述爲主，缺少學理的闡發。陳獨秀本人對此也無進一步展開。

　　堅持文學審美獨立性的這一立場，貫穿於此後陳獨秀對於讀者來信中有關文學問題的回覆中，但他自己的文學實踐，卻不能如此徹底。在應援胡適《文學改良芻議》的《文學革命論》一文中，陳獨秀揭櫫國民文學、寫實文學、社會文學三大主義，用以對抗將中國古典文學幾乎一網打盡的貴族文學、古典文學、山林文學，雖然不無形式層面對於擬古、藻飾、晦澀等的批評，但這些論述，與其說導向對形式美感的討論，不如說是服務於文學的思想意義與政治功能，「此種文學。蓋與吾阿諛、誇張、虛僞、迂闊之國民性互爲因果。今欲革新政治。勢不得不革新盤踞於運用此政治者精神界之文學。」〔註17〕這一矛盾的產生，從文學層面而言，在於文學獨立的藝術美，與引入自然主義文學所帶來的關注現實人生的思想性，以及由此衍生的人道主義思想之間有何關係，這一問題並未得到理論上的澄清。進一步而言，陳獨秀的文學意識與政治意識，尚未找到有效的結合途徑，而是各自爲政，出現了理論與實踐的分離，這樣也就無從從根本上與他所反對的「文以載道」相區別。

　　遺憾的是，胡適在後續討論中，急於穩住自己的立場，也沒有關注到陳獨秀質疑中潛存的深層問題。在應陳之請，更爲詳盡地闡述「八事」主張的《文學改良芻議》中，胡適用「情感」與「思想」解釋自己的「言之有物」說，以與「文以載道」相區別，並將「美感」也歸爲「情感之一」，這就把陳獨秀提出的獨立的藝術美的問題，收編到自己的論述結構中，而無從生發新的問題意識。因此，與語言形式相關的「文法之結構」問題，胡適也只能繼續從語法邏輯的角度給以加強，講文法是爲了邏輯通順，「不講文法，是謂『不通』，此理至明，無待詳論」。〔註18〕這一立場，到後來就發展爲胡適以白話代替文言的國語文學論，文學革命收縮到語言形式層面。

　　此後，《新青年》討論文學改革的文章和通信增多，就上述涉及的問題，不無更爲詳盡的探討。例如3卷2號刊載的方孝岳《我之改良文學觀》、3卷

〔註16〕《通信》，《新青年》3卷2號，1917年4月。
〔註17〕《新青年》2卷6號，1917年2月。
〔註18〕《新青年》2卷5號，1917年1月。

3號劉半農的《我之文學改良觀》，結合西文 language 與 literature 的區別，進一步論證了文學主美的屬性和獨立性。在文言白話問題上，也提出了兩者並存、同步改良的漸進式改革思路。但總體而言，這些討論還是比較限於在語言形式層面的推進，其結果是白話文學的正宗地位漸漸得到確立，直至激進的廢漢字論出現。〔註19〕而思想內容的問題則與道德關聯，在新舊倫理道德的範圍內被討論。

綜上所述，作爲「新文化運動」的一般共識，對於「新文學」的界定，一方面確立文學與現實人生的關聯，在思想內容上將產生於封建專制政治的道德觀念，轉換爲現代的人道主義觀念，使之成爲共和政治的意識形態；另一方面確立文學獨立的本體屬性，建立起近代意義上的文學觀念。但是，對於同樣看重文學啓蒙功能的新文化人來說，獨立的文學如何承載現代的人道主義思想，即文學形式與思想內容如何相輔相成，從而與傳統的「文以載道」說相區別，限於他們僅從語言形式方面理解文學形式，這一問題並無圓滿解答。因此，一方面，文學形式與思想內容被割裂，文學革命的重心被置於語言形式層面的改革；另一方面，文學的價值被與道德問題關聯，文學的評價標準受制於道德觀念，又損傷了文學的獨立性。這事實上是在文學革命與思想革命之間造成了一定的斷裂。

2・「人的文學」觀與新村主義

1918年12月，《新青年》5卷6號發表周作人的《人的文學》，此文連同他隨後所作《平民的文學》（1919）、《新文學的要求》（1920）等，構建了周作人五四時期「人的文學」文學觀的理論體系，正如胡適後來從理論建設角度指出的，「周先生把我們那個時代所要提倡的種種文學內容，都包括在一個中心觀念裏，這個中心觀念他叫做『人的文學』」，〔註20〕周作人「人的文學」觀，可以視爲新文化陣營對上述裂隙進行彌縫的一次努力，同時也延續著他自己「立人」的問題意識。

《人的文學》一文，從「人的發現」談起，這就將被割裂的文學與思想、形式與內容、本體與功用的聯結點，重新確立在作爲文學、思想、政治、生

〔註19〕錢玄同：《中國今後之文字問題》，《新青年》4卷4號，1918年4月。
〔註20〕胡適：《中國新文學大系・建設理論集導言》，第30頁，上海良友圖書公司，1935年。

活的根本性目標的「人」上面。在周作人這裡，「人」不是本質化的而是建構性的，「所謂『人的發見』是一種新的關於人的知識的建構」，〔註21〕不過，調用何種知識、思想資源，進行有關「人」的理論話語的建構，卻是基於周作人所身處的具體歷史階段，以及由此生發的政治意識，因而其建構性同時包含著眞實性的基礎。就此而言，周作人不同時期關於「人」的話語，留日時期的「民族」、居紹時期的「國民」、五四時期的「人」，儘管調用了民族主義、民主主義、人道主義等不同的思想資源，但從根底上仍具有連貫性與一致性，最後統一爲「人」這一概念，可以說是將「民族」、「國民」、「個人」、「人類」等現實的不同表述集約起來的最大公分母，界定純粹意義上的人之爲人的本質。這種集建構性、眞實性、現實性、理想性爲一體的「人」的實現，就成爲周作人1949年之前（之後則另當別論）文學政治實踐的目標。在此過程中，「文明」成爲他據以判斷「人」的實現的重要指標。

「文明」一詞是中國固有語彙，其古典語義與文采、文德、文治、文教等儒家崇尚文治教化的道德、政治理念相關，與「文化」一詞的古義相近，〔註22〕作爲主詞的「文」，強調的是，與使用武力迫人臣服的「武功」相對的管理人類活動的方式和目標。清末，隨著西學東漸，「文明」一詞被用來對譯英語的 civilization。在西方語境中，該詞出現於18世紀末，19世紀初形成其現代意涵，指涉西方世界現代化的社會過程，以及在該過程中確立的狀態，就後者而言，它同時被指認出正面影響與負面影響。〔註23〕清末，civilization 所攜帶的「文明」新意，隨同西方列強的武力侵略，主要被展示爲物質層面科學技術的優越，這自然與注重道德教化的中國傳統價值觀念形

〔註21〕 參見曠新年：《「人」歸何處——「人的文學」話語的歷史考察》，《中國現代文學研究叢刊》，2014年01期。

〔註22〕 參見楊海蛟、王琦：《論文明與文化》，《學習與探索》，2006年01期。

〔註23〕 參見雷蒙·威廉斯著、劉建基譯：《關鍵詞：文化與社會的詞彙》，北京：三聯出版社，2005年。關於 civilization 一詞的近代內涵，該書指出，「就某種意涵而言，從18世紀末期以來，civilization 之新詞義是由『過程』及『確立的狀態』（an achieved condition）兩種概念特別組合而成。這個詞背後潛藏著啓蒙主義的一般精神，強調的是世俗的、進步的人類自我發展。Civiliation（文明）不僅表達這種歷史過程的意涵，而且凸顯了現代性的相關意涵：一種確立的優雅、秩序狀態」（第47頁），「然而，將 civilization 形容爲『好壞參半』——正如同穆勒一樣，詳細說明其正面與負面的結果——凸顯了一個觀點：這個詞代表了整個現代化的社會過程。從這個時候起，這層意涵變成主流，不管結果是好、是壞，或是好壞參半。」（第49頁）

成「文明的衝突」。〔註 24〕周作人在留日時期的論文中，批評一味趨新的改革者，「或超軼凡軌，大言文明，將蛻爲晢民，以與一世祈乎治；又或壹意政治商工之事，思以是爲興國不二之謨」，〔註 25〕正是站在民族主義立場，對注重制度、技術、物質的西方文明觀的批評。至於「文明」的正面用法，周作人將其與「精神」關聯，他認爲古代埃及、希臘「文明特得先進」的原因，就在於其藝文作品中所顯示出來的「精神」之偉大，「第緣精神之故，能善自大，而底於玉成之域者耳。」〔註 26〕而拈出作爲「美術」之一的文學，視作精神外現的「特著」者加以重點論述，則顯示出周作人同時對中國古典「文明」觀的揚棄，在共通的注重精神層面的方向上，將傳統的「道德教化」，轉化爲現代的「情感教育」。

隨著民國成立，周作人「文明」觀中的民族主義立場漸漸淡化，而其「現代」的一面得到強化，主要體現爲他通過遺傳學、文化人類學等西方近代學術，對現代知識體系與科學理性的吸收；同時，其「文明」觀中「情感教育」的一面，從精神層面的文學，向同時涵蓋精神與物質的廣大的文化領域普及。因此，作爲現代知識的科學，在已成淡化背景的民族主義立場之上凸顯，與藝術一道，參與此後周作人「文明」觀的構成。科學的加入，一方面，其普遍的客觀眞理的面貌，將對特殊的民族特性提出挑戰；另一方面，它在物質層面的應用，也會對精神的無限膨脹有所限制。這意味著，周作人的「文明」觀，從此前著重在民族特性與精神活動之間搭建聯繫，轉爲開始處理普遍的人類發展與特殊的生活方式、物質生產與精神生產之間的關係，從而使之協調發展。以「情感」與「美」界定其自由獨立本質的文學，被選爲實現「文明」的方式，則前後如一。

在此脈絡中，周作人五四時期建構的「人」的話語，也同時兼顧普遍性與特殊性、物質與精神，其表達方式，也是在科學語言（「從動物進化的人類」）與宗教語言（「肉的一面，是獸性的遺傳；靈的一面，是神性的發端」）、文學語言（引用英國詩人布萊克的詩歌，「很能說出靈肉一致的要義」）之間進行同義互換，由此勾勒出「人」的理想生活：

　　　　這樣「人」的理想生活，應該怎樣呢？首先便是改良人類的關

〔註 24〕 參見黃興濤：《晚清民初現代「文明」和「文化」概念的形成及其歷史實踐》，《近代史研究》，2006 年 06 期。
〔註 25〕 《哀弦篇》，《全集》第 1 卷，第 128～129 頁。
〔註 26〕 《論文章之意義暨其使命因及中國近時論文之失》，《全集》第 1 卷，第 89 頁。

係。彼此都是人類，卻又各是人類的一個。所以須營一種利己而又
利他，利他即是利己的生活。第一，關於物質的生活，應該各盡人
力所及，取人事所需。換一句話，便是各人以心力的勞作，換得適
當的衣食住與醫藥，能保持健康的生存。第二，關於道德的生活，
應該以愛智信勇四事為基本道德，革除一切人道以下或人力以上的
因襲的禮法，使人人能享自由真實的幸福生活。〔註27〕

周作人的這種人道主義思想，從改良人與人的關係出發，建基於個人與人類、
利己與利他、個體的物質生存與個人的倫理道德這一組兩極關係的協調發
展，他稱之為「個人主義的人間本位主義」。周作人否定「無我的愛，純粹的
利他」，將人道主義的基點設定在「從個人做起」，這意味著，人類之愛不具
有對個體自由的強制性權力，但是，個體自由的優先性，也以其存在於對人
類之愛的連帶關係之中才獲得意義。關於周作人在此基礎上所建構的「人的
文學」觀念，羅鋼將其包含的基本思想因素歸納為四種：靈肉一致的進化人
性觀、個性主義、博愛型人道主義、新村主義，並一一分析其思想來源，指
出周作人所構建的人道主義思想模式，「包含了各個時代的各種西方人道主義
觀念，但又不同於任何一個時代的任何一種西方人道主義觀念」，周作人在各
種觀念之間尋求統一與調和的努力，「最終仍然是為了滿足中國反封建的思想
要求。」〔註28〕

　　值得注意的是，周作人反封建的思想要求，並未指向現代民族國家的政
治形態，而是矚望於日本「新村」所代表的一種理想社會形態，〔註29〕這
與他對於「人」的話語的建構是一致的。他對「新村」最大的稱道，一是新
村實踐了個性自由與協同勞作、個人主義與人道主義的協調發展，是「正當
的人的生活」；二是採用平和方法，倡導同類愛，拒斥暴力。因此，新村主
義不僅在社會的層面，同時在「文明」的層面，成為五四時期周作人實現其
「人」的目標的理想方式。1919 年 7 月，周作人乘探親之便，實地訪問位
於日本日向的新村，在《訪日本新村記》等文中，可以看到他罕見的昂奮、

〔註27〕《人的文學》，《全集》第 2 卷，第 87～88 頁。
〔註28〕參見羅鋼：《周作人的文藝觀與西方人道主義思想》，《中國現代文學研究叢
　　　刊》，1987 年 04 期。
〔註29〕關於周作人與「新村」關係的始末，參見董炳月：《周作人與〈新村〉雜誌》，
　　　《中國現代文學研究叢刊》，1998 年 02 期。五四時期，新村主義在中國產生
　　　很大影響，參見倪墨炎：《周作人宣傳新村運動及其影響》，《上海師範大學學
　　　報》，1989 年 01 期。

絕對不容置疑的語調，「新村的人，眞多幸福！」、「實是我平生極大的喜悅」、「眞是一件極大的喜悅」、「那又是我的極大喜悅與光榮了」、「我深信這新村的精神決無錯誤」、「暴力絕對不可利用」。〔註30〕這一現實經驗對其思想情感烙印之深，可見一斑。

20 年代初，隨著中國革命形勢的發展，馬克思主義的傳播和中国共產黨的崛起，五四新文化陣營發生分化，「新村」作爲一種社會理想破滅了。對周作人而言，「新村」理想並非指向一種國家形態，而是「正當的人的生活」的社會形態，因此，他對新村主義的反省，不是在政治層面，而是在思想層面進行，這與毛澤東等早期共產黨人從「新村」走向政治革命的道路，形成鮮明對照。

青年毛澤東等人受到周作人所介紹的「新村」思想影響，在京滬兩地試驗「工讀互助團」遭遇失敗，這使他們開始質疑在舊社會的基礎上建立新生活是否可能，例如施存統的意見頗具代表性，「要改造社會，須從根本上謀全體的改造，枝枝節節地一部分的改造是不中用的」、「社會沒有根本改造之前，不能試驗新生活，不論工讀互助團和新村。」1920 年夏，毛澤東在北京閱讀了大量共產主義書籍，新村試驗的失敗，使他最先也最堅定地接受了馬克思主義的階級鬥爭學說，從此走向以階級革命改造社會之途。〔註31〕與此相反，雖然周作人在中國熱心介紹、提倡新村主義，捐助工讀互助團，設立新村北京支部，〔註32〕但他本人並非「一邊勞動一邊讀書」的身體力行者，大學教授的固定薪酬和稿費收入保證了他的生活來源，使他無法體會在城市開展「新村」或工讀互助團的實際經濟壓力。〔註33〕周作人唯一直接的新村經驗，是1919 年 7 月實地訪問日本新村，所見所聞以及親自參加勞動，無不給予他巨大感動，甚至半日的田間勞作，被他不無誇張地看作三十餘年來未曾經驗過的「『人的生活』的幸福」，致使他一反常態地做出了一個非常感情化的判斷，

〔註30〕《訪日本新村記》，《全集》第 1 卷，第 174～186 頁。

〔註31〕參見孫代堯：《青年毛澤東與「工讀新村」之夢》，《文史雜誌》，1989 年 04 期；汪澍白：《毛澤東早年對空想社會主義的追求（下）》，《同舟共進》，1998 年 04 期。

〔註32〕參見倪墨炎：《周作人宣傳新村運動及其影響》。

〔註33〕在總結工讀互助團失敗的經驗教訓時，胡適、李大釗等人都談到了經濟原因，參見倪墨炎：《周作人宣傳新村運動及其影響》。但這一失敗並未動搖周作人對新村主義的信仰，直到 1920 年 12 月，周作人仍撰文《新村的討論》，堅信新村式的社會改造辦法是「最適合的路」。《全集》第 2 卷，第 288 頁。

「我深信這新村的精神決無錯誤，即使萬一失敗，其過並不在這理想的不充實，卻在人間理性的不成熟。」〔註34〕因此，儘管新村作為一種社會理想破滅了，周作人對理性的信託卻有增無減，他沒有從社會經濟制度中探尋原因，而是開始在思想體系內部調整個人主義與人道主義的比重，而逐漸偏向個人主義一極。

也許周作人並未意識到，信託理性本身就是一種情感態度，它審察一切卻從不反觀自我，或可稱之為信仰，其信仰對象是作為理性化身的「人」。因此，周作人偏向個人主義的思想調整，實際上缺乏社會現實內容的支撐，是思想的一種自我運動，這也將導致其「人」的話語中現實的、具體的內容的減少，同時建構的、抽象的內容的增加。

3・人道主義思想與文學事實的分裂

包含著「新村」社會理想的「人的文學」觀，成為周作人五四時期文學實踐的指導思想，其反封建的政治意識，使中國古典文學中的小說、戲曲，幾乎被盡數掃入「非人的文學」。另一方面，在以周作人式人道主義思想開拓「新文學」／「人的文學」方面，除創作新詩之外，他仍延續《域外小說集》的經驗，進行外國文學翻譯，〔註35〕譯作主要發表於《新青年》（參見附錄1）。篇目稍加增減之後，於1920年結集為《點滴》出版，〔註36〕《序》云：

〔註34〕《訪日本新村記》，《全集》第2卷，第180～181頁。
〔註35〕參見錢理群：《周作人研究二十一講》第八講《周作人的翻譯理論與實踐》，對包括周氏兄弟在內的五四新文化人的翻譯實踐如此評價，「從『借思想改造語言，借語言改造思想』的指導思想出發，注重於翻譯內容的突破，力圖輸入真正與中國封建傳統文化異質的『世界的現代思想』」，第120～121頁，北京：中華書局，2004年。
〔註36〕《點滴》目錄：俄國托爾斯泰：空大鼓；俄國但兼珂：摩訶末的家族；俄國契訶夫：可愛的人；俄國梭羅古勃二篇：童子林的奇跡、鐵圈；俄國庫普林三篇：帝王的公園、聖處女的花園、晚間的來客；俄國安特萊夫：齒痛；波蘭顯克微支：酋長；波蘭什郎斯奇二篇：誘惑、黃昏；丹麥安兒爾然：賣火柴的女兒；瑞典斯忒林培克二篇：不自然的淘汰、改革；新希臘藹夫達利阿蒂思二篇：揚奴拉媼復仇的故事、揚尼思老爹和他驢子的故事；南非須萊納爾二篇：沙漠間的三個夢、歡樂的花園；日本江馬修：小小的一個人；匈牙利育珂：愛情與小狗。附錄：人的文學、平民的文學、新文學的要求。周作人輯譯：《點滴：近代名家短篇小說》，新潮叢書第三種，北京大學出版部，1920年。

但這些並非同派的小說中間，卻仍有一種共通的精神，——這
便是人道主義的思想。無論樂觀，或是悲觀，他們對於人生總取一
種真摯的態度，希求完全的解決。如托爾斯泰的博愛與無抵抗，固
然是人道主義；如梭羅古勃的死之讚美，也不能不說他是人道主義。
他們只承認單位是我，總數是人類：人類的問題的總解決也便包涵
我在內，我的問題的解決，也便是那個大解決的初步了。這大同小
異的人道主義的思想，實在是現代文學的特色。因為一個固定的模
型底下的統一是不可能，也是不可堪的；所以這多面多樣的人道主
義的文學，正是真正的理想的文學。〔註37〕

對《點滴》中的譯作而言，「人道主義」只是以思想總名的形式存在，實際上
作品本身是「多面多樣」，這與周作人的人道主義思想體系本身來自多種思想
資源、包含多種思想因素的駁雜性有關。羅鋼指出，周作人對於具有不同甚
至相互矛盾面向的西方人道主義諸觀念，是通過抑制或削弱它們相互間的對
立並強調其相互間的統一，而實現了自身所建構的、以個人主義與人道主義
為理論支柱的人道主義思想體系的統一與調和。〔註38〕但這種統一具有空想
性，正如賦予周作人「人的文學」觀以統一的理論架構的「新村主義」，其以
個人為單位組建人類共同生活的社會目標具有空想性一樣，或者說，正是「新
村」在日本局部、短期的實現，暫時掩蓋了它的空想性，使周作人毫不懷疑
自己理論的自足性。但是，人道主義諸觀念一旦落實到文學作品中，則各自
本身具有的衝突性就顯現出來，例如托爾斯泰的博愛與梭羅古勃的讚美死
亡，在思想上如何統一？因此，實際上，周作人的人道主義思想體系充滿了
不自覺的理論漏洞，它的統一性無法取自思想邏輯，而只能訴諸對於人生的
情感態度，「對於人生總取一種真摯的態度，希求完全的解決。」「真摯」表
現的是周作人對文學的情感要求，但「真摯」並不自足於自身，而是導向對
人生問題的「完全的解決」。換言之，是周作人寄望於以文學之力改造社會的
政治熱情，維繫著其思想體系既偉大又脆弱的統一性，五四時期，這種政治
熱情明確地指向「新村」所代表的一種理想社會形態，導致了其文學實踐向
該體系中人道主義一極的偏重，如其後來所反省的，「我以前是夢想過烏托邦
的，對於新村有極大的憧憬，在文學上也就有些相當的主張。」〔註39〕因此，

〔註37〕《全集》第2卷，第236頁。
〔註38〕參見羅鋼：《周作人的文藝觀與西方人道主義思想》。
〔註39〕《〈藝術與生活〉序》，《全集》第4卷，第733頁。

依據感情的「眞摯」這一文學自身標準所遴選的文學作品的「多面多樣」,與依據社會政治功能所標舉的人道主義思想之間,產生了裂隙。

這一裂隙的根源在於,對周作人而言,文學不像在傳統的「文以載道」觀,或梁啓超的借小說以改良群治的文學觀中那樣,只是作爲思想載體的附屬性存在,而是由其藝術性所造就的獨立性存在。文學自身就表達了一種客觀的藝術眞實,因此,周作人只能通過在譯文前後配置大量的附記、按語,將未必盡數符合藝術眞實、卻是他希望文學能夠承載的人道主義思想予以添加,試圖以此引導讀者去感受、認識作品,但他的有意識引導,與作品的客觀藝術事實卻不無出入。其中的悖論在於,文學作品的選擇事實上是在「人的文學」(包含從個人主義一極到人道主義另一極的廣闊思想地帶)名義下,依據周作人自身的審美趣味而實現,但如此被選定的作品,卻被期待向讀者傳達文學自身之外的、周作人自己的人道主義思想訴求。五四啓蒙主義蘊涵的政治熱情,在周作人的文學實踐中,使思想對於文學具有優先性,但文學卻不斷逸出思想的約束。

例如梭羅古勃的兩篇作品。《童子 Lin 之奇跡》是很明顯的反戰小說,附記對小說本身並無提及,介紹的是作者「死之讚美者」的藝術特色,「Sologub以『死之讚美者』見稱於世,書中主人,實唯『死』之一物,然非醜惡可怖之死,而爲莊嚴美大白衣之母;蓋以人生之可畏甚於死,而死能救人於人生也。」〔註40〕小說本身表達的反對暴力與虐殺的反戰思想,無疑符合周作人的人道主義思想,但附記提出的梭氏文學作品的總體藝術特色,是在解脫人生苦難的意義上,賦予死亡以莊嚴美大之價值,那麼,對周作人人道主義文學的社會功能而言,即便死亡能成爲「我的問題的解決」,如何能成爲「人類的問題的總解決」?這恰恰暴露了在他努力調和的個人主義與人道主義之間,其本身存在不可調和性。《鐵圈》表達的是擺脫人生苦難的另一種方式:空想。按語對此評論道,「所以他可算一個『眞是幸福』的人,因爲他能在這不幸的眞實的世界之外,別有一個空虛的世界,可以容得他住」。但對於「希求完全的解決」的文學功能而言,周作人顯然又意識到「空想」對於解決人類問題的空虛性,因此,不能不從小說之外標示一種更爲有效的立場,「但我的意見,不能全與著者相同,以爲人的世界,究竟是在這眞實的世界一面,須能與『小鬼』奮鬥,才算是唯一的辦法。」〔註41〕這正是其時周作人進化

〔註40〕《新青年》4 卷 3 號,第 233 頁,1918 年 3 月。
〔註41〕《新青年》6 卷 1 號,第 40 頁,1919 年 1 月。

的人性論思想中昂揚一面的表現，但小說畢竟以藝術的方式，呈現了另一種思想的可能，而且這種藝術首先感染了即使並不認可其思想的周作人。

此外如斯特林堡的兩篇，《不自然淘汰》講述男爵孱弱的兒子靠農婦的哺乳活下來，而農婦強壯的兒子死去了的故事；《改革》講述的是堅決實施女性獨立理想的畫家夫婦，因孩子意外的誕生而致理想落空，妻子不得不由丈夫養活，但對此妻子亦感滿足。原作分別帶有嘲諷達爾文進化論思想與婦女解放思想的意味。前篇的譯者按語，也未提及小說本身，而是介紹了斯特林堡的創作特色，「其藝術以求誠爲歸，故所有自白，皆抒寫本心，毫不粉飾，甚似 Tolstoj。對於世間，揭發隱伏，亦無諱忌。」在藝術「求誠」這一點上，即感情的「眞摯」，不僅思想傾向大不相同的斯特林堡與托爾斯泰能夠「甚似」，甚至斯氏「非議女子最力」的輕視女性的思想也能得到諒解。〔註42〕斯特林堡認爲女性解放終將失敗，是因爲女性生產這一「自然的障礙」，終將妨礙女性的經濟獨立，《改革》中的妻子就是因爲小孩的意外降生，而忘了要被人養活的一切事。

對周作人而言，女性問題非僅關女性，而是包含在「人」的實現的問題之內。女性最先進入周作人的思想視野，是由於從他清末所接受的進化論話語而言，在人從野蠻向文明、從隨順天賦本能到運用理智判斷的進化程途中，女性和兒童是處於「較近自然，多率性而行」的低級階段，「是皆爲自然所漂流者也」。〔註43〕這一表述換作五四新文化話語，就是在封建專制的等級制度中，婦女與兒童處於被奴役被壓迫的最底層。因此，關於婦女解放，此前周作人關注女子教育，此後則關注經濟獨立與兩性倫理。但差異只在於話語和角度，問題意識是一致的，即「婦女問題是全人類的問題，不單是關於女性的問題」，〔註44〕因此，婦女解放就成爲檢驗人的解放的最終尺度，甚至成爲周作人辨取思想資源的首要標準。〔註45〕這也就意味著，對他而言，婦女解放決不能、決不許失敗，否則人的解放就無望，始終以「人」的實現爲目標的周作人的思想體系便會就此坍塌。如果說，除短暫融入新文化潮流的五四時期之外，周作人一生的思想都很難看到理想主義的光輝，總是

〔註42〕 《新青年》5 卷 2 號，第 106 頁，1918 年 8 月。
〔註43〕 《婦學商兌》，《全集》第 1 卷，第 379 頁。
〔註44〕 《婦女問題與東方文明等》，《全集》第 5 卷，第 473 頁。
〔註45〕 例如「我曾說看文人的思想不難，只須看他文中對婦女如何說法即可明瞭。」《讀〈初潭集〉》，《全集》第 8 卷，第 377～378 頁。

嚴格地追隨現實經驗，警惕感情用事，理性清明，那麼應該說，只有在「人」的實現這一無法以經驗來測量的問題上，周作人懸掛了他一生的理想和信仰。因此，不難理解，儘管周作人反對暴力革命，但在社會主義制度能夠解決婦女妊娠生產期的經濟問題這一點上，他能夠接納共產社會，換言之，社會主義在他的理想中有一席之地，他在談自己之所以選擇「新村」道路時也表明了這一點，「方才說的兩派（按：指善種學家與社會主義者）與新村，表面很有不同，但是他們的目的是一樣的，都是想造起一種人的生活，所以我想有可以互相補足的地方，不過我是喜歡平和的，因此贊成新村的辦法罷了。」〔註46〕由此可見，斯特林堡的女性觀，礙難得到周作人在思想上的認同，但表現為「求誠」的藝術卻得到他的認可。於是，《改革》的譯者按語，在關於婦女解放的兩種態度的對比中，將其作為問題而非結論提出來，「從前讀日本田村俊子著的彼女之生活，也感到同一的印象；但田村是『新婦人』，將此事說得很痛切；Strindberg 是一個 Misogynistes，自然別有一種氣味。現在翻譯這一篇，並非附和著者的態度，也不是因為他比田村有名，不過這篇較短，可是其中的問題，原是一樣，很可研究，所以便譯了這一篇。」〔註47〕此文之後，《新青年》5 卷 4 號上發表周作人《〈愛的成年〉》，該文援引凱本德的觀點，斬釘截鐵地贊同以共產製度作為女子徹底獨立的基礎，比之這種富於單純高邁的理想色彩的思想觀點，可以說，在翻譯小說的藝術世界中，周作人無意中提供了一種更為複雜的思想態度。

　　將周作人的思想意圖與小說的藝術事實之間的裂隙表現得最明顯的，是譯文《可愛的人》及其按語。小說講述溫順的阿倫加盡心盡力地愛她的每一任丈夫，並以他們的所愛為愛，當她的最後一位愛人在離開多年之後，又帶著與他和解的妻兒返回之時，不能沒有愛的阿倫加，又將全副的愛投給那個兒子，從而得到溫暖。按語中翻譯了托爾斯泰的一篇評論，該文認為，契訶夫塑造阿倫加這一女性形象，本意是「教女人不可如此」，這一思想意圖受到當時關於新女性形象看法的影響，新女性被認為「能同男人平等，智力發達，極有學問，能獨立勞動，為社會出力」，與此相反，阿倫加是「柔弱的順從的知力不發達的專心奉事男子的女人」。契訶夫本意想嘲笑、咒詛這種女性，但他的情感背離了理智，藝術的優美「無意中將這可愛的人被上微妙

〔註46〕《新村的理想與實際》，《全集》第 2 卷，第 243 頁。
〔註47〕《新青年》5 卷 2 號，第 113 頁，1918 年 8 月。

的光明，使她成了女人的模範的型式」。托爾斯泰肯定了契訶夫的藝術，並由此發揮他自己的女性觀，他認為女性能做一切男性所能的事，而男性不能做女性所能的事，除生產之外，例如「愛的工作，對於所愛者全心的奉事」，就是女性的專屬。因此，他贊同女性的自我發展，但發展的應該是基於兩性天然差異的女性特性，因而，必然不能從與男性的齊一平等來要求女性，「但女人的事業，從伊天分上便與男子的不同；所以女性完成的理想，也不能與男性完成的理想相同。」〔註48〕

周作人的婦女解放思想，從屬於他的「人的生活」的總體觀，這使他對作為普遍的「人」的女性的關注，壓倒了對作為特殊的「女性」的女性的關注，因此對小說產生誤讀，「Tolstoj 說 Olenka 是柔弱的順從的知力不發達的專心奉事男子的女人，在這些德性上，譯者也不覺可以讚美，她固然可愛可憐，然而世間女人，正不必如此，……所以譯者對於這篇裏『可愛的人』的態度，是與著者相同，以為她單是可愛可憐，又該哀悼，並且咒詛造成這樣的人的社會，希望將來的女子不復如此，成為剛健獨立，知力發達，有人格，有自我的女人，能同男子一樣，做人類的事業，為自己及社會增進幸福，因為必須到這地步，才能洗淨灰色的人生，真貫徹了人道主義。」〔註49〕周作人這裡闡述的，是從「人」的實現出發的婦女解放理想，雖然伸張了女性權利，但缺乏一種基於兩性生理差異的女性意識，他同情女性的現實境遇，卻無法理解女性天然的心理需求，這裡凸顯的思想困境，仍是他在調和普遍與特殊、人道主義與個人主義之關係時的左支右絀。而從小說的藝術效果本身而言，無疑是托爾斯泰的判斷更為準確，〔註50〕即使並不如托氏所言成為女人「模範的型式」，契訶夫塑造的阿倫加，也是一個令人哀憐、也並非不能加以讚美的女性形象。這個形象因其藝術真實的有效表達，對於周作人所渴望的那種「剛健獨立」的新女性形象，反而造成一個有力的反襯和質疑，因之更談不到小說「咒詛造成這樣的人的社會」。因此，從情感真摯所選取的

〔註48〕《新青年》6 卷 2 號，1919 年 2 月。

〔註49〕《新青年》6 卷 2 號，第 139～140 頁。

〔註50〕托爾斯泰的原話是，「雖然篇中有許多微妙快活的詼諧，我讀到幾節地方，不能不流下淚來。我見篇中寫伊全心的愛古庚和他一切的意見，愛材木商以及獸醫，以至只剩一身，無人可愛時的悲哀，後來用了女性的母性的——在伊一生，雖然未曾經驗——感情的全力，與無限的愛，專心奉事那未來的男子，那戴大帽的孩子：我不能不非常感動。」《新青年》6 卷 2 號，第 136 頁。

小說，其藝術事實背離了周作人自己的理論主張。在有意識地以人道主義思想爲主導的選擇中，文學的藝術感受力不知不覺發生作用，在思想與文學之間造成裂隙，從而產生悖論：如果像周作人所期待的那樣，文學以其藝術感染力對讀者產生影響，改良人生，那麼讀者從中獲取的，恰恰是與他本人的思想意圖背道而馳的理念，若如此，他的婦女解放進而「人」的解放的理想，如何能夠實現？

　　1928 年，《點滴》略作增刪，改名《空大鼓》出版，周作人在新序中表明了對捨棄「意思」之後「寫法」的認同，「《空大鼓》這一類的東西不是我現在所以爲最好的，我只覺得它寫得還不錯，至於內含的意思卻不一定是可以服膺的了。」〔註51〕其實，彼時周作人放棄的是「人道主義思想」這一概念，作品本身「內含的意思」，本來並不能盡以「人道主義」而概之，而在「寫得還不錯」的肯定中，是文學的藝術標準的復活。

　　周作人的思想中，與「人」的實現密切關聯的女性觀、兒童觀，自始至終不曾有大的改變，但他的文學觀卻屢遭修改，原因就在於文學作品的藝術眞實，以情感經驗的方式，在不斷修正他關於文學及其功能的理性認知。

第二節　現代「人情」觀與個人主義文學實踐

1・「個性的文學」與民族主義

　　《新青年》創辦之初將討論限定在思想文化範圍之內，20 年代風雲激蕩的國內外政治形勢，使其難以堅守「不談政治」的約定。1918 年 12 月《每周評論》的創立，就是在思想文化之外分出專門談論時事政治的周刊，新文化人的思想分化開始顯露，〔註52〕直至 1920 年 9 月《新青年》南遷上海，逐漸成爲中国共產黨的機關刊物，「後五四時期」思想界的分化格局漸漸形成。〔註53〕這一分化的直接後果，是周作人失去了一個一邊對現實政治進

〔註51〕《全集》第 5 卷，第 490 頁。

〔註52〕參見尤小立：《五四新文化派的政治轉向及其思想差異——以〈每周評論〉時期爲中心的分析》，《南京大學學報》（哲學人文科學社會科學版），2006 年 06 期。

〔註53〕參見章清：《1920 年代：思想界的分裂與中國社會的重組——對〈新青年〉同人「後五四時期」思想分化的追蹤》，收於中國社會科學院民國史研究室、四

行學理上的討論，一邊發表文學翻譯以推行思想啓蒙的統一陣地。作爲替代的，是 1920 年 7 月孫伏園接手後的《晨報》第七版（偶而是第五版），〔註 54〕主要也登載思想文化方面的譯述、文學創作與翻譯，雖然可以作爲一個補償，但副刊作爲媒介物的性質與雜誌不同，文體形式也會相應出現一些變化。副刊限於版面，不能長篇大論，而且每天出版，對現實的反映更爲及時、更有針對性，短小的時評文章更受歡迎。因此，統觀周作人在《晨報》第七版上的發表，與《新青年》相較，翻譯（參見附錄 2）以詩歌爲主，總的數量減少；散文增多，除幾次演講稿之外，〔註 55〕全部爲發表在《雜感》欄的短小評論。以此爲契機，周作人開始介入對現實政治、社會事件的直接發言，這種文藝短評與社會短評的形式，一直延續到孫伏園主編的《晨報副鐫》時期。這意味著，此前幾乎全部由文學翻譯所承擔的思想啓蒙任務，逐漸由批評性文章所分擔，思想對文學的外在管制降低，文學翻譯的重心才可能復歸被周作人視爲「純文學」的詩歌翻譯爲主，隨之文學有別於思想、學術的個性開始凸顯。

　　1921 年 1 月，周作人發表《個性的文學》一文，以印度女詩人那圖夫人的創作爲例，對文學的個性從兩方面進行界定：其一是眞實，排斥模仿的（＝假的）；其二是能爲「世界的『人』們」所理解，排斥「人情以外的思想」。可見，所謂「個性的文學」，並非孤立的存在，而是仍然受到「人的文學」的限制，發生變化的是，「人的文學」的思想結構的兩極──個人與人類，被分別表示這兩個範疇特性的個性與人情所取代，從而構成一個具有新質的兩極結構。其「新」表現在，思想的範疇逐漸具體化爲文學的範疇，思想對文學的外部干預，逐漸轉化爲文學自身呈現其內部的思想性，即通過「個性」，呈現具有人類共通性的「人情」。這裡，探討文學的藝術形式與思想內容之間的關係，以及隨之而來的文學的「體」與「用」之關係，這一五四新文學以來未曾解決的文學原理問題，已經呼之欲出。「人情以外的思想」，周

　　　　川師範大學歷史文化研究學院編：《一九二〇年代的中國》，北京：社會科學文獻出版社，2005 年。

〔註 54〕參見任嘉堯：《孫伏園主編的〈晨報副刊〉》，《新文學史料》，1984 年 01 期。

〔註 55〕《晨報》登載的這幾次演講爲：《新文學的要求（一月六日在北京少年學會講演）》（1920.1.8）、《新村運動的解說（對於胡適之先生的演說）》（1920.1.24）、《新村的理想與實際（六月十九日在北京社會實進會演講會所講）》（1920.6.23～24）、《文學上的俄國與中國（一九二〇年十一月在北京師範學校及協和醫學校所講）》（1920.11.15～16）。

作人所舉之例是印度的「崇拜撒提（Suttee）」。早在《人的文學》一文中，周作人已將「撒提」（據該文解釋，「指寡婦與他丈夫的屍體一同焚化的習俗」）作爲「一種畸形的貞順之德」進行批判，可見「人情」的內涵，與尊重個體生命、伸張婦女權利的現代人道思想相關。在此觀照之下，周作人認爲，僅僅滿足一國特有而別國所無條件的，不能被稱爲「國粹」，例如撒提，「講東方化的，以爲是國粹，其實只是不自然的制度習慣的惡果。」這一思路出現在《個性的文學》中，是周作人從正面將「國粹」與受「人情」制約的「個性」相關聯，「個性就是在可以保存範圍內的國粹，有個性的新文學便是這國民所有的眞的國粹的文學。」〔註56〕如果說，在人的文學中，個體成爲個人與人類的聯結點，那麼，在個性的文學中，個性成爲民族特性與人類普遍性的聯結點，由於這種聯結，個人與人類、民族特性與人類普遍性，構成一種相互依存、相互制約的關係，只有雙方的協調發展，不偏於一極，才能實現人的文學、個性的文學。

　　「國粹的文學」進入周作人的視野，與一戰之後西方知識界對崇尚物質的西方現代文明的反思有關，這種反思反向地找到所謂「東方精神文明」，將其視爲未來新文明的方向而大加追捧。例如羅素1920年10月訪華時，在上海的歡迎會上發表演說，媒體報導「羅素博士演說之精義爲中國宜保存固有之國粹」。〔註57〕羅素反對資本主義、主張和平主義的社會改造理論，得到梁啓超等研究系知識分子的共鳴，在中國學界引起很大反響。〔註58〕與他的這一政治理念對照來看，羅素對東方文化的關注，與其說是對西方文明的放棄，不如說，正是西方文化具有自我批判和自我更生能力的體現，因此，西方知識界對東方文化予以「東方精神文明」的定位和稱揚，恰恰是其西方中心主義意識所使然，是在自身遭遇主體性危機、爲重建主體性而構造「他者」的需要。在由西方名人的讚揚所帶來的舉國陶然中，周作人警覺到「保存國粹」論對中國民族主體意識的淹沒，他於10月19日即發表《羅素與國粹》一文，將對「國粹」的判斷權、保存權，收回到現代中國人的立場上，「我想國粹實在只是一種社會的遺傳性，須是好的，而且又還存在，這才值得保存，才能保存。……我們看中國的國民性裏，除了尊王攘夷，換一個名稱便是復古排外的思想以外，實在沒有什麼特別可以保存的地方。」同時，通過對泰戈爾

〔註56〕《全集》第2卷，第290頁。
〔註57〕《各團體歡迎羅素博士紀》，《申報》，1920年10月14日。
〔註58〕參見馮崇義：《羅素訪華緣起》，《學術研究》，1992年06期。

「主張東方化」的批評，〔註 59〕將民族主義立場中可能潛存的保守、阻礙社會進步的傾向予以剔除，「何以說國粹或東方化，中國人便喜歡？因爲懶，因爲怕用心思，怕改變生活。所以他反對新思想新生活，所以他要復古，要排外。」〔註 60〕

因此，經周作人重新定義，與個性和人情相關聯的「國粹」，作爲一種帶有周氏個性的民族主義立場，成爲他應對 1920 年代現實政治情勢的思想武器。20 年代初，中國學界的「泰戈爾熱」、羅素熱，以及諸如梁漱溟的《東西方文化及其哲學》、梁啓超的《歐遊心影錄》等著作，在中西方文化比較中表達對中國文化的肯定，從中國方面而言，這些現象反映了隨著第一次世界大戰的爆發和結束，中國被捲入世界歷史進程，從而在世界性格局中定位中國文化，在世界舞臺上追求民族解放與民族獨立的政治訴求。周作人民族主義立場的出發點，與此並無二致，不同的是，他的民族主義疊加著追求文明進化的新文化立場，因此，反而出之以一種對中國文化、中國國民性進行自我批判的形態。這種立場的複雜化，也使他在民族主義的另一面——反對帝國主義侵略上，表現出理性、審愼、超越二元對立的主體姿態，「我們反抗的範圍應該限於敵對的人。……對於自己的一方面，我們不值得爲了快心的小利益去供獻這樣的大犧牲，——培養國民間的憎惡，養成專斷籠統的思想，失墜了國民的品格。」〔註 61〕由此出發，周作人將處理國際關係的角度調整到超越政治之上的文化視角，「我們承認一國的光榮在於他的文化——學術與藝文，並不在他的屬地利權或武力，而且這些東西有時候還要連累了缺損他原有的光榮。」〔註 62〕被如此構成的民族主義思想，成爲彼時周作人「個性的文學」所要表達的「人情」的具體內容之一。

周作人在《晨報》第七版發表的翻譯作品，詩歌收入 1925 年出版的譯詩集《陀螺》，小說中的兩篇日本作品，收入 1923 年 6 月出版的《現代日本小說集》，一篇亞美尼亞和三篇希臘作品，收入 1922 年 5 月出版的《現代小說

〔註 59〕 周作人對泰戈爾的批評有誤解之處，且有一個變化過程，與其說是公允的泰戈爾評價，不如說重在凸顯他本人的問題意識，參見孫宜學：《泰戈爾與周作人》，《南亞研究》，2013 年 01 期。有關五四時期泰戈爾作品的翻譯情況，參見秦弓：《「泰戈爾熱」——五四時期翻譯文學研究之一》，《中國社會科學院研究生院學報》，2002 年 04 期。

〔註 60〕 《全集》第 2 卷，第 252 頁。

〔註 61〕 《排日的惡化》，《全集》第 2 卷，第 254 頁。

〔註 62〕 《親日派》，《全集》第 2 卷，第 255 頁。

譯叢第一集》，這兩部譯文集中其他周譯小說，〔註63〕大部分發表於《新青年》
和 1921～1923 年間的《小說月報》（參見附錄 3）。《小說月報》1921 年初由
茅盾接編並改革，作為同時成立的文學研究會的機關刊物，致力於推動新文
學現實主義的深化。10月，《小說月報》12 卷 10 號作為「被損害民族的文學
號」，刊載了關於波蘭、捷克、塞爾維亞、芬蘭、新猶太、小俄羅斯、保加利
亞、南斯拉夫等國家的文學評論及翻譯作品。這一專號，可以視為新文化人
反抗強權的民族主義立場的文學展示，〔註 64〕《現代小說譯叢第一集》則可
視為這一立場的文集版。周作人所作序言云：

> 我不相信藝術上會有一尊或是正統，所以不但是一人一派的主
> 張覺得不免太隘，便是一國一族的產物，也不能說是盡了世間的美
> 善，足以滿足我們的全要求。而且我們生活的傳奇時代——青年期，
> ——很受了本國的革命思想的沖激；我們現在雖然幾乎忘卻了《民
> 報》上的文章，但那種同情於「被侮辱與損害」的人與民族的心情，
> 卻已經沁進精神裏去：我們當時希望波蘭及東歐諸小國的復興，實
> 在不下於章先生的期望印度。直到現在，這種影響大約還很深，終
> 於使我們有了一國傳奇的異域趣味，因此歷來所譯的便大半是偏僻

〔註63〕這兩部書為周氏三兄弟合譯的小說集，其中周作人所譯篇目如下：《現代小
說譯叢第一集》（上海商務印書館，1922 年 5 月）：俄國彌里珍那：老乳母；
波蘭顯克微支三篇：波尼克拉的琴師、二草原、願你有福了；波蘭普路斯
二篇：世界之黴、影；波蘭戈木列支奇：燕子與蝴蝶；波蘭科諾布尼支加：
我的姑母；愛爾蘭丹綏尼二篇：乞丐、朦朧中；西班牙伊巴涅支：意外的
利益；希臘藹夫達利阿蒂思五篇：神父所孚羅紐斯、初戀、凡該利斯和他
的年糕、庫多沙非利斯、伊伯拉亨；芬蘭哀禾：父親拿洋燈回來的時候；
亞美尼亞阿伽洛年：一滴的牛乳。《現代日本小說集》（上海商務印書館，
1923 年 6 月）：國木田獨步二篇：少年的悲哀、巡查；鈴木三重吉三篇：金
魚、黃昏、照相；武者小路實篤二篇：第二的母親、久米仙人；長與善郎
二篇：亡姊、山上的觀音；志賀直哉二篇：到網走去、清兵衛與壺盧；千
家元麿二篇：深夜的喇叭、薔薇花；江馬修一篇：小小的一個人；佐藤春
夫四篇：我的父親與父親的鶴的故事、「黃昏的人」、形影問答、雉雞的燒
烤；加藤武雄一篇：鄉愁。

〔註64〕編者茅盾在《引言》中說到研究被損害民族文學的原因，「凡被損害的民族的
求正義求公道的呼聲是真的正義真的公道，在榨床裏榨過留下來的人性方是
真正可寶貴的人性，不帶強者的色彩的人性。他們中被損害而向下的靈魂感
動我們，因為我們自己亦悲傷我們同是不合理的傳統思想與制度的犧牲者；
他們中被損害而仍舊向上的靈魂更感動我們，因為由此我們更確信人性的砂
礫裏有精金，更確信前途的黑暗背後就是光明！」《小說月報》12 卷 10 號。

的國度的作品。〔註65〕

以文學的個性爲主導，不僅「一人一派」的人道主義思想，而且狹隘的「一國一族」的民族主義思想，都無法從外部統轄作品，作品自身的多樣性釋放出來，包括眾多國度與流派的《現代小說譯叢第一集》的外在統一風貌，因此僅由選材範圍所標示──弱小民族國家文學，其內部的統一性，則被聚焦於具有革命意味的反抗性思想，以及具有文學風格色彩的「一國傳奇的異域趣味」。此時特別重提青年時代對弱小民族國家的同情與復興的期待，並非簡單地發思古之幽情，而是在以民族國家爲單位的世界秩序的語境中，再度強調追求民族自由與反抗強權的結合，二者缺一不可。不是被賜予的自由，也不是盲目的反抗。因此，周作人借助弱小民族國家文學所表達的民族主義立場，凸顯的是以反抗壓制來獲取自我，而非構造與自我對立之他者的民族主體意識，這使得其反抗性，不限於政治上的反抗帝國主義強權與本國專制制度，同時也指向一切壓制、銷蝕人的主體性的意識形態。如果說，人類聯合的五四夢想已經褪色，那麼，基於共同的被侮辱與被損害地位而發出「人」的反抗之聲，則是周作人此時期待於文學所發揮的思想力量。

因此，綜觀《現代小說譯叢第一集》中周作人的譯作及其文末按語，可以看到反抗形態的多種多樣。以文學形式區分，可大別爲空想性或抒情性作品，與寫實性或敘述性作品兩類。前者包括《二草原》、《願你有福了》、《世界之黴》、《影》、《燕子與胡蝶》、《乞丐》、《朦朧中》、《初戀》八篇，這些作品的特色在於，以空靈的想像、美妙的筆調，蘊涵某種人生哲理或描繪人生圖畫，周作人的按語也大多以引述或評述作品的藝術特色爲主，表現出其出色的藝術感受力和鑒賞力。如果談其反抗性，可以他對丹綏尼作品的評論爲代表，「所作……都是夢幻神異的作品，但與耶支（Yeats）的神秘主義又不同；他並不主張什麼主義，只是尊重想像，隨其變幻造成種種奇美的景象，與凡俗的現實相對抗。」〔註66〕也就是說，想像力對題材賦予形式美感這一行爲本身，即蘊含著對凡俗現實的反抗，它所追求的是不受現實法則束縛的人的精神自由。其餘 10 篇可歸入後者，其中涉及階級矛盾或民族矛盾內容的篇目，可舉出《老乳母》、《波尼克拉的琴師》、《伊伯拉亨》、《一滴的牛乳》，

〔註65〕《全集》第 2 卷，第 483～484 頁。
〔註66〕止菴編：《周作人譯文全集》第 9 卷，第 186 頁，上海：上海人民出版社，2012年。

《燕子與胡蝶》一篇也可算入；其餘諸篇，則涉及人性中的愛（《我的姑母》、《意外的利益》、《神父孚羅紐斯》）、非理性（《凡該利斯和他的年糕》、《庫多沙非利斯》）以及現代文明與鄉土傳統的衝突（《父親拿洋燈回來的時候》）。

　　西方的文化傳統是政教合一，因此，上述作品中所涉及的階級矛盾或民族矛盾，幾乎無不與宗教問題相關聯。〔註67〕《老乳母》中，在老乳母對自己所做夢的講述中，雖然可以看到下層人民的善良、忍耐，以及因階級地位所遭受的不公正待遇，但最終，階級差異消融在基督教的無差別之愛中。按語中，周作人將該篇與所譯「革命的社會主義者」科羅連柯的《瑪加爾的夢》作對比，一為「有反抗的聲音」，一則「近於無抵抗」。〔註68〕《燕子與胡蝶》反諷「聰明」的人類，以「民族」的名義，在人與人之間設置人為區隔的不「自然」，其抒情性的寫法，幾乎可以隱喻一切使人與人分離、隔膜的意識壁壘，最後以天空、太陽「只是一個不可分的」，以及胡蝶和燕子隨意越過人為區隔的棚欄，反諷人類的「聰明」，這裡仍然不無基督教博愛主義的影子，也可視為周作人五四時期世界主義夢想的殘留。按語只引述關於作者的評論，「『是在實證主義文學失敗分散時代（案即近來三十年間）的一個詩人，唯理主義之子，所謂高蹈派的第一顯著的優雅的代表』」，〔註69〕則表明重在介紹作者的藝術特色。《一滴的牛乳》描寫亞美尼亞宗教衝突背景下，遭虐殺的基督教徒的苦難，不難讓人推想，在人生的苦難面前，宗教不惟無力，甚至可以是引發爭端與苦難的導火索。《伊伯拉亨》敘述希臘少年愛上土耳其人的女兒，為愛情改宗回教，最終導致親人慘死的悲劇故事，則直接呈現具有排他性、凌駕於個體之上的宗教信仰的殘酷。對這些作品，與其說周作人贊同其宗教思想，不如說他共鳴於其敘述與描寫的藝術。

　　例如《伊伯拉亨》的附記，周作人稱讚著者「雖然是愛國思想的作家，但仍是富於人情，描寫希臘和土耳其人不分什麼輕重，令人對於篇中的人物，

〔註67〕　比較特殊的是《波尼克拉的琴師》，不過，該篇雖然寫到琴師克倫先生的貧窮以及因貧窮受到的輕蔑與愛情受阻，但小說重在表現克倫在拉琴中體驗到的忘我的喜悅，以及獲得琴師職位後對愛情隨之順利的陶醉與憧憬，以此減緩克倫被凍死的淒慘氣氛，正如周作人的按語所言，「這一篇寫琴師的凍死，出以輕妙之筆，造出一幅美而悲哀的畫」。《周作人譯文全集》第 9 卷，第 150頁。

〔註68〕　《周作人譯文全集》第 9 卷，第 141 頁。

〔註69〕　《周作人譯文全集》第 9 卷，第 171 頁。

一樣的各自引起同情，這可以說是他的好處」。〔註70〕「人情」由描寫的藝術體現出來，「人情」的介入，使周作人將一個宗教衝突的悲劇故事，解讀爲民族國家問題，並爲民族主義賦予一個超越性視角，避免了宗教衝突的二元對立性質，及其可能引發的專斷與暴力行爲。從人情出發，在民族主義的表達形式上，周作人沿用了留日時期以來以鄉土之愛表達國家之愛的思路，這種思想先在性，導致了他對《神父所孚羅紐斯》和《父親拿洋燈回來的時候》兩篇作品的誤讀。

《神父所孚羅紐斯》寫乖僻而古怪的神父，在年輕時代的戀人死去之後，向年輕的「我們」講述他當年的戀愛苦樂及自己的懺悔，隨後神父亦死。附記云，「我們讀這一篇故事，不覺聯想到二千多年前的諦阿克利多思（Theokritos）。……著者是獨立戰爭時代的人，所以富於愛國思想，爲反抗異族的運動，即以懷慕古昔之情作根柢，這在被壓迫的民族裏，原是自然的趨勢，如現代波蘭和愛爾蘭都是一例。在這篇裏，所以懷古的思想也很豐富。」所謂「懷古」，實際上是指小說描寫物色和戀愛苦甜的情調，類似於古希臘諦阿克利多思的牧歌情調，與「反抗異族」的關聯，是周作人從小說之外附加的。小說中唯一提到「異族」的一筆，是神父回顧身世時講到，少年時帶他來村子的叔父的妻兄，在建造希臘教堂時，因不符合上諭而被土耳其人斬決，隱約可見土耳其人統治希臘時代的殘酷，但小說並非藉此表現民族問題。因此，事實上是爲了使懷慕古昔的作品能有用於現實的民族鬥爭，周作人必須建構其反抗性與革命性，並將「革命的復古」作爲民族主義的一種表達方式，「革命精神的懷古，是一種破壞現狀的方便，與對於改革而起的反動的保守的運動很不同，……中國革命以前的復古思潮也如此，與革命後的反動的復古完全是兩樣的；所以我們對於被壓迫民族的懷古的思想要能客觀的理解他，不可將他認作民族的傳統精神。」〔註71〕

《父親拿洋燈回來的時候》通過描寫家庭各人對洋燈這一新事物的反應，表現闖入傳統生活的文明事物的勢力。附記主體，引用英國倍因和德國勃勞綏威德爾對作者哀禾的評論，前者分析哀禾小說的藝術特色，後者指明哀禾的創作主旨之一，是展開「『影響於芬蘭人民的歐洲文明生活的潮流的反映』」，本篇主旨即如其所言，「『最初的石油燈和最初的鐵路：及於少年和老

〔註70〕《小說月報》12卷10號。
〔註71〕《周作人譯文全集》第9卷，第208頁。

人的效力，有種種的不同。人看出開創的進步來，但從誇口的僕人的狀態上，也看出一切文化在最初移植時偕與俱來的無可救藥的勢力；而終在老僕沛加這人物上，對於古老和過去，都罩上了傳奇的溫厚的微光』」。哀禾對古昔的溫情和戀慕，主要來自於對現代文明的反思，但在周作人的評論中，他用並不對等的「鄉土藝術」和「寫實」來描述哀禾的創作分期，「哀禾早年著作，大抵是鄉土藝術一流。因爲芬蘭雖爲屬國，但瑞典與俄國先後待他都頗寬和，不像波蘭那樣的受壓，所以愛國思想趨重歌詠鄉土，而懷慕古昔之情，也就自然而然的同時發生了。但到九十年代末，哀禾的著作便傾向於寫實，與先前不同。」〔註72〕《父親拿洋燈回來的時候》被歸入「鄉土藝術」，這使周作人將小說中的懷慕古昔與歌詠鄉土的愛國思想嫁接起來，而拋開了其對現代文明的反思。這一嫁接，同時意味著「現代文明」並未被排除於愛國思想之外，因此，指向現代文明的鄉土之愛，是周作人民族主義的另一種表達方式。作爲哀禾後期「寫實」作品例舉的《前驅》，曾譯載《域外小說集》中。《前驅》寫同役牧師家的婢僕二人，放棄安逸生活，到荒林中開闢土地、試圖建設新生活而終至失敗的故事。事實上，就題材而言，《前驅》的鄉土性反而更強，而其「寫實」的特點並不那麼突出，可謂主題單一而鮮明的寓意性小說，讚頌先驅者、開創者雖敗猶榮，「雖然，芬蘭之林，乃正以如是資斧，辟爲田疇。假使二人留牧師家，一爲御者，一爲侍兒，固當終身晏安，不遭憂患，惟荒林且永久不闢，而文化曙光，亦無由入矣」。〔註73〕這與留日時期周氏兄弟從事寂寥的文學啓蒙事業的情懷有共通之處。由此可見，「寫實」被周作人排除在「鄉土藝術」之外，不是作爲藝術手法或藝術風格被排除，而是因其中沒有表現周作人所要求的民族主義思想。因而，「鄉土藝術」也並不僅指題材而言。

　　古昔與鄉土有很大重合性，因此，周作人民族主義思想的表現形式，可歸納爲以鄉土之愛等同國家之愛，儘管中國的國家形態，經歷了從封建專制的清帝國到作爲民族國家的中華民國的轉變，他的這一思想形式卻未發生變化，這使它相對於其內容而言具有滯後性與凝固性。清末的民族主義，首先指向排滿的種族主義，因滿清政權無法確保中國的獨立完整而必須被推翻，此時周作人採用愛鄉土＝愛國的思路沒有問題，因爲「鄉土」所指向的「國」，

〔註72〕《周作人譯文全集》第9卷，第239、240頁。
〔註73〕《域外小說集》，第169頁，北京：新星出版社，2006年。

無論滿族的「國」也好，漢族的「國」也好，總之只有這一個「中國」，因此滿族並未因民國成立而被排除於國民之外，而是「五族共和」。但是，20年代的民族主義，首先指向在民族國家身份上與中華民國對等的帝國主義列強，二者無法共享同一個「中國」，更不會分享同一個國民身份，此時如果只談鄉土之愛，而不對「中國」的國家主權性質予以強調，那麼，「鄉土」與「國」的統一性就可能被分裂。表現在文學翻譯中，已經擺脫思想外在束縛的文學意識，與滯後於現實政治的思想形式之間就會出現裂隙，而為了推動思想的實現，周作人對文學作品的誤讀就在所難免。

2·「六三事件」與五四啟蒙主義的反思

　　北洋軍閥政府時期，各派軍閥擁軍自重，戰爭頻仍，中央政府財權旁落，軍費開支巨大，導致國立院校教育經費短缺、被拖欠問題嚴重，引起學界不滿，索薪罷教事件時有發生。1921 年 6 月 3 日，北京大學等國立八校師生前往總統府請願，在新華門外遭總統府衛隊毆打，釀為「六三慘案」。請願教職員不僅要求發還欠薪，而且喊出教育基金和經費獨立的口號，是為教育界與政府因教育經費問題衝突以來的最激烈事件。〔註74〕

　　對於自 3 月上旬開始，持續至「六三事件」達到頂點的索薪事件的解決，政府最終迫於輿論壓力，同意由交通部支付教育費用。教育界雖未達到預期目的，但迫使政府屈服，這一行為本身的象徵意義似乎更為重要，它表明政府不可漠視教育界的不同聲音。對政府所取得的這一抗衡地位，與事件中教育界的聯合、有效組織密不可分，研究者指出，「從各校會議到聯合會議，組織井然有序、快捷高效，可見知識人對組織的運用已相當嫻熟。馬敘倫回憶也稱，『因五四的經驗，大家都曉得組織的重要了』，所以，索薪起始，便有意識地建立組織。或正是因掌握『組織』的利器，教職員日後才具『興風作浪』的能力。」〔註75〕

　　索薪事件同樣關係到作為北大教員的周作人的切身利害，他亦投以高度關注。但年初周作人患肋膜炎臥病，3 月底入醫院兩月，「六三事件」前一天，移往香山碧雲寺居住養病，至 9 月 21 日始返家，〔註76〕他並未親歷整個事

〔註74〕參見楊實生：《1921 年「六三」事件始末》，《蘭臺世界》，2013 年 19 期。

〔註75〕任偉：《異心協力：索薪運動中之民國教員像──以 1921 年國立八校索薪運動為中心》，《史林》，2012 年 03 期。

〔註76〕《周作人日記》（中），1921 年 1 月 1 日，「因肋膜炎臥病」；「三月初病大愈」；

件經過。「六三事件」發生後，周作人 6 月 10 日於《晨報》發表《碰傷》一文，正話反說，用一種與現實事件若即若離的詼詭寫法，譏刺政府公告將請願隊伍的被毆打說成教員自己「碰傷」，這種不同尋常的寫法本身，即意味著其情感受到重大刺激的反應態度，〔註 77〕也往往預示了其思想變動的徵兆。隨後接連發表《實在情形》、《廉恥與秩序》兩文，正面攻擊政府造謊，誣衊教職員。與事件過程中更為具體、複雜的情形相比，例如教員如何處理罷教與國家教育事業之關係、組織者有意藉重於社會輿論對政府施壓、中央財政實況、政府各部門之間的掣肘關係等等，〔註 78〕周作人的發言，雖然有其自身邏輯的合理性，但他信息主要得自媒體報導的局外人立場也顯而易見。這次事件給予他的親身經驗，反而是由《碰傷》一文的讀者反應所引發的他對五四啓蒙主義的反思。

周作人自以為「無論哪一方面均不予誤解者以可乘之隙」的《碰傷》一文，因其寫法的「彆扭」，招致了一位讀者的完全誤解，將文中反話全部當做正面意思理解，〔註 79〕這引起他對啓蒙效力問題的思考。7 月 15 日，周作人發表《宣傳》一文，以《碰傷》一文的被誤解為由頭，提出啓蒙主義的困境，「人們只要能夠曉得，那就好了。不過怎樣能夠使他們曉得，卻是一個重大的難問」。〔註 80〕新文化陣營對於啓蒙主義的正當性，以及自身主導的啓蒙者地位居之不疑，但經由五四群眾運動的經驗，以及隨著 20 年代初共產主義的傳播，作為被啓蒙者的普通民眾的力量日漸受到重視，索薪運動中的「組織」、聯合發揮功效即為其例。周作人不僅未曾親歷運動，而且始終

---

3 月 29 日，「上午進山本醫院」；5 月 31 日，「上午退院」，第 188 頁；6 月 2
日，「移住香山碧雲寺養病」，第 189 頁；9 月 21 日，「六時後，山本及永井來
診，同乘自動車回家」，第 200 頁。

〔註 77〕 周作人針對 1919 年親歷的、五四運動餘波的「六三事件」寫作的《前門遇馬
隊記》、針對五卅慘案寫作的《吃烈士》，都採用這種被他稱為「彆扭」而又
「喜歡」的寫法，參見《知堂回想錄·五卅》，「在《澤瀉集》裏有一篇名叫
《吃烈士》的文章，便是諷刺這事的，不能正說，只好像是開玩笑似的，可
見這事的重大了，——我遇見同樣事情的時候，往往只有說玩笑話的一法，
過去的寫《碰傷》和《前門遇馬隊記》，便都是這一類的例子。」《全集》第
13 卷，第 648 頁。

〔註 78〕 參見任偉：《異心協力：索薪運動中之民國教員像——以 1921 年國立八校索
薪運動為中心》，對索薪運動中的教育界與政府雙方的複雜情形，均有細緻梳
理。

〔註 79〕 參見《編餘閒話》，《全集》第 2 卷。

〔註 80〕 《全集》第 2 卷，第 376 頁。

對群眾運動的動亂形態心懷憂懼，[註81] 這使得他對啟蒙主義的反思，表面上看指向啟蒙者自身的啟蒙思想，如 7 月底所作《勝業》一文，表明要將工作從面向他人的思想言論，轉為收束於自身的文學翻譯，「我的勝業，是在於停止製造（高談闊論的話）而實做行販」，[註82] 並以此為契機，走向棄絕啟蒙功利主義的「自己的園地」；但《宣傳》一文中，周作人列舉一系列為大眾謀利益的改革者反為大眾所誤解，甚而迫害的實例，甚至文末附錄作為其中一例的屠格涅夫散文詩《工人與白手的人》，最後佐以法國呂滂的社會理論，「大眾的心理極不容易變換」，面對這些事實，雖然周作人以「或者竟可以說誤解是宣傳正當的報酬」，對「誤解」的大眾施以諒宥，但原諒了情，也就意味著坐實了罪，大眾心理的頑固性，通過他對啟蒙效力的質疑，就被確立為反思啟蒙主義的自明前提。因此，周作人從啟蒙主義向個人主義的收縮，實際上不無對啟蒙者自身地位進行自我保護的意味，這固然使他的個人主義未曾喪失關懷社會的啟蒙品格，但對啟蒙意義盡其在我、不假外求的限制，也同時割裂了啟蒙者與大眾之間的關聯，伴隨這一分離而來的，不能不是啟蒙者對於自身的無力感。周作人的這種無力感，且被身體疾病帶來的病弱感所加強。

自 1921 年 3 月至西山養病期間，繼五四時期的新詩寫作之後，病中的周作人迎來了新詩寫作的又一個也是最後一個高峰期。[註83] 五四時期的詩作，主要抒寫對底層人民（《兩個掃雪的人》、《畫家》等）、兒童（《荊棘》、《所見》、《兒歌》等）等弱小者的人道主義關懷與讚美，以及輕妙地描繪清新、細膩的景物圖（《慈姑的盆》、《秋風》）；比較特別的是《愛與憎》，以薔薇與青蟲、稻苗與飛蝗之間的關係作對比，喻示抒情主體在啟蒙功利主義的

〔註81〕 周作人 1919 年 1 月發表的新詩《小河》，據其 1944 年 9 月所作《〈苦茶庵打油詩〉後記》解釋，即表達此種「古老的憂懼」。從詩體形式上對《小河》一詩的政治性作出有效解讀，參見姜濤：《從周作人〈小河〉看早期新詩的政治性》，《海南師範大學學報》（社會科學版），2012 年 08 期。

〔註82〕 《全集》第 2 卷，第 386 頁。

〔註83〕 以收錄周作人全部新詩的《過去的生命》計算，作於 1919～1920 年的共 10 篇，作於 1921.3～9 月的共 9 篇（包括組詩《山居雜詩》7 首、《小孩》2 首），作於 1922～1923 年的共 7 篇。參見止菴校訂：《周作人自編文集・過去的生命》，石家莊：河北教育出版社，2003 年。《知堂回想錄》中回憶病中做詩的情形，「這種精神狀態卻似乎於做詩頗相宜，在疾苦呻吟之中，感情特別銳敏，容易發生詩思。我新詩本不多做，但在詩集裏重要的幾篇差不多是這時候所作。」《全集》第 13 卷，第 582 頁。

「憎」與審美的「愛」之間感到的困惑。與此相比，患病期間的詩作，題材上並無大的變化，首先是《愛與憎》一詩所表達的主題被深化，主體自身呈現分裂趨勢，從而導致行動的滯緩：在夢想與現實之間被撕扯（《夢想者的悲哀》）、無法捕捉過去生命的意義而只能任其從自身脫落（《過去的生命》）、徘徊於人道主義與個人主義的歧路而無法行進（《歧路》），主體的無力感清晰地呈現出來，「我的力眞太小了」、「但是懦弱的人，／你能做什麼事呢？」〔註84〕與此相應，面對弱小者的啓蒙視角也發生變化。《中國人的悲哀》開始刻畫「我」與大衆之間的隔膜、以及大衆無意識的冥頑，對此，「我」的情感不是面向外部的截然分明的愛或憎，而是返歸自身，感到「做中國人的悲哀」。比較複雜的是面對兒童的態度，「小孩」的題材在周作人的新詩中屢屢出現，病中所作，包括同題爲《小孩》的兩篇3首及一篇《對於小孩的祈禱》。

如前章所述，兒童在周作人的「成人」理論中，居於承前啓後的關鍵位置，同時也成爲檢驗「人」的實現的最終標準，因此，同樣作爲被啓蒙的對象，他不能像對待大衆那樣，無愛無憎地將其拋置於啓蒙主義之外，只留下啓蒙者自身的自我滿足或哀憐情感。從某種意義上來說，兒童就是周作人自身的一部分，兒童無法從啓蒙主義中被分離，一如啓蒙知識分子的身份無法被周作人放棄，這幾乎可以看作出生、成長於新舊交替時代的五四一代知識分子的宿命。但是，啓蒙效力之上終究覆了懷疑的陰影，因此，詩中的情感態度複雜化了，啓蒙主義式的愛憎與個人主義式的悲哀交織在一起，「　我看見小孩，／每引起我的貪欲，／想要做富翁了。／　我看見小孩，／又每引起我的瞋恚，／令我嚮往種種主義的人了。／　我看見小孩，／又每引起我的悲哀，／灑了我多少心裏的眼淚。」同時，啓蒙者的無力感也發生了，組詩《小孩》之二，喻設爲了幫助荊棘叢裏生長的小花，需要移植於花盆或除去荊棘的情境，刻畫啓蒙者對於扶助弱小的有心無力，「倘使我有花盆呵！／倘使我有鋤頭呵！」〔註85〕在啓蒙者與大衆的關係中，啓蒙者的無力感，產生於將自身與大衆對立並分離，大衆自身的力量雖然因此得以凸顯，但也被排斥。與此相反，在啓蒙者與兒童的關係中，啓蒙者的退後和無力感，使兒童從啓蒙者的視野中釋放出來，與啓蒙者同等處於一個更爲廣闊的「自然」

〔註84〕《周作人自編文集·過去的生命》，第18、23頁。
〔註85〕《周作人自編文集·過去的生命》，第26、27頁。

的視野中，其自足的個體性得到承認。單篇詩《小孩》，將跑過窗前的小孩於「我」的「寂靜」，與大樹上成群叫的烏鴉、麻雀形成對比，但這種對比沒有導向抑此揚彼，而是使其成爲一幅參差和諧的畫面，讓「我」感到內心的寧靜，「　我在這些時候，／心裏便安靜了，／反覺得以前的憎惡，／都是我的罪過了。」〔註86〕更進一步，意外地出現了啓蒙關係的反轉，小孩從被啓蒙的對象變爲「我的贖罪者」，不僅贖「我的罪」，甚至「還有我所未能贖的先人的罪」，「用了你們的笑，／你們的喜悅與幸福，／用了得能成爲眞正的人的矜誇。」小孩的前面，「有一個美的花園」，那是「我」因爲「罪」而不能夠到達的，甚至「連那微茫的影子也容易望不見」。〔註87〕應該說，這裡才眞實地表達了周作人對於啓蒙者自身的深刻反省，如同魯迅在《狂人日記》中揭示的，狂人終於意識到自己也未必沒有在無意中吃過人。不過，魯迅隨後在《孤獨者》、《在酒樓上》等小說中，將集啓蒙意識與「罪」的意識於一身的自我，分身爲兩個藝術形象，使之相對化，並在相互反襯、糾纏、駁難中，探索超越啓蒙困境的出路，最終在《野草》中完成「經歷絕望與死而通向希望與生」的主體建構，如此形成的魯迅「自我」，從與歷史的內面一致性上重新展開行動。〔註88〕

　　與此不同，周作人的思考方式，毋寧說返歸了中國傳統的藝術思維與審美觀念。以繪畫爲例，中西藝術思維的一大分別在於透視法，〔註89〕西洋繪畫採用焦點透視，從一個固定角度把握對象，一切視線集結於一個焦點（或消失點），畫面呈現近大遠小，五四啓蒙主義所形成的啓蒙者高於（或大於）被啓蒙者的關係，恰如焦點透視的結果。中國傳統繪畫採用散點透視，則是以「心」觀物，以大觀小，作者移動視點，「把全部景界組織成一幅氣韻生動、有節奏有和諧的藝術畫面，不是機械的照相。」整個畫面構成部分與整體的辯證關係，其空間意識表達「大自然的全面節奏與和諧」，〔註90〕美學

〔註86〕《周作人自編文集・過去的生命》，第 25 頁。

〔註87〕《對於小孩的祈禱》，《周作人自編文集・過去的生命》，第 32～33 頁。

〔註88〕參見木山英雄：《〈野草〉主體建構的邏輯及其方法》，收於趙京華編譯：《文學復古與文學革命——木山英雄中國現代文學思想論集》，北京：北京大學出版社，2004 年。

〔註89〕本段有關中西藝術思維的論述，參考自宗白華：《中國詩畫中所表現的空間意識》、《論中西畫法的淵源與基礎》、《中西畫法所表現的空間意識》，收於宗白華：《美學散步》，上海：上海人民出版社，2006 年。

〔註90〕《美學散步》，第 96、97 頁。

風格不是著重科學的寫實，而是講究「氣韻生動」。並且，作者與對象的關係，與基於西洋宇宙觀的物我對立不同，體現出基於中國宇宙觀的「天人合一」，「在畫境裏不易尋得作家的立場，一片荒涼，似是無人自足的境界」，「然而中國作家的人格個性反因此完全融化潛隱在全畫的意境裏，尤表現在筆墨點線的姿態意趣裏。」〔註91〕這種以大觀小、小中見大、物我無間的傳統藝術思維，復活在周作人對五四啟蒙主義的反思中，如前述《小孩》一詩，出現了一個無主體的「自然」視野，啟蒙者的視點在其中被反省。

　　尤為突出的是組詩《山居雜詩》，一個生生不息、自在自為的「自然世界」被呈現出來，「　一片槐樹的碧綠的葉，／現出一切的世界的神秘」（五），這裏頗有英國詩人布萊克「一粒沙裏看出世界，一朵野花裏見天國」的神秘主義氣息，〔註92〕但周作人並未取其宗教神秘的一面，毋寧說，此時他對基督教有條件的許可是相當功利主義和折中主義的，他所看重的是基督教對科學的容受，想藉此掃除中國多神信仰的迷信思想。〔註93〕因此，與布萊克重在呈現萬物皆分有神性整體的「神秘」本身不同，周作人將「神秘」的奧義懸而不問，卻落腳於抒情主體「我」對「神秘」的所見，「我彷彿會悟了這神秘的奧義，／卻又實在未曾了知。／但我已經很是滿足，／因為我得見了這個神秘了。」（五）「得見」這個具體的動作，一方面對自然世界去神秘化，呈現其物質性、可視性；另一方面則凸顯了主體意識的能動性。周作人由此重構了人與自然、我與物、主體與客體的關係，從焦點透視式的對立關係、近大遠小，轉變為散點透視式的部分與整體關係、以小見大。自然世界的生生不息、自在自為，雖然與人的意志無關，「澆花的和尚被捉去了，／花還是火焰似的開著」（二）；但是，唯有被人的意志所把握，才能顯現出其意義，「我雖然不能懂得他歌裏的意思（按：指無名小蟲的叫聲），／但我知道他正唱著迫切的戀之歌，／這卻也便是他的迫切的死之歌了。」（四）同時，人的作為也只有達到與自然意志的契合，才能具有合理性，「我」因為糊上

〔註91〕《美學散步》，第 134 頁。
〔註92〕關於周作人對布萊克思想的介紹和接受，參見孫麗：《周作人「靈肉一致」思想與英國詩人布萊克之間的關聯》，《楚雄師範學院學報》，2013 年 10 期。
〔註93〕參見《山中雜信六》，「我想最好便以能容受科學的一神教把中國現在的野蠻殘忍的多神——其實是拜物——教打倒，民智的發達才有點希望。不過有兩大條件，要緊緊的守住：其一是這新宗教的神切不可與舊的神的觀念去同化，以致變成一個西裝的玉皇大帝；其二是切不可造成教閥，去妨害自由思想的發達。」《全集》第 2 卷，第 354 頁。

窗布的舉動，阻隔了窗外黃蜂飛向窗內松葉菊採蜜的自然行為，而反省自己的過錯，「阿，我真做了怎樣殘酷的事呵！」（六）以「自然」為視野，啓蒙者與被啓蒙者之間的差異被相對化，二者如同自然界中老樹與新葉一般相依相安的共生性得到強調，「在古老深碧的細碎的柏葉中間，／長出許多新綠的大葉來了。」（一）以此消除啓蒙與罪之間的緊張感。

　　但是，這種思想結構上重新建立起來的平衡關係，無法得到現實的支撐。在周作人寫給孫伏園的六則《山中雜信》中，比起山林清景的息養病體、平和心境，反而處處可見周作人在對凡眾的接觸、觀察中思想被攪起的波動，所見聞的瑣屑小事，諸如方丈弔打和尚、賣汽水夥計相互打仗、遊客提籠架鳥、闊人建造圍牆、廣東小孩對西洋小孩打嘴巴等等，無不引動他的質疑、思慮與大發議論，這與從報紙上看到「不愉快」的時事而引起的思想紛亂是同一的，「每天的報裏，總是充滿著不愉快的事情，見了不免要起煩惱。……但我又捨不得不看」。〔註94〕這種思想與現實、理智與情感的衝突，最明顯地表現於周作人對蒼蠅的態度，「一面承認蒼蠅是與我同具生命的眾生之一，但一面又總當他是腳上帶著許多有害的細菌，在頭上面上爬的癢癢的，一種可惡的小蟲，心想除滅他。」西山養病期間，周作人開始大量閱讀佛經，佛教視眾生平等的普親觀，與前述中國傳統「天人合一」式的哲學思維有相通之處，同樣被周作人採納，用為解決思想困境的資源。但是，這些傳統思想，儘管有平衡其原有思想體系的矛盾之效，卻難以平息周作人親歷親觀的現實感受，因此，與其說由它們重新組成了新的思想體系，不如說周作人僅僅從藝術之「美」的角度對其加以領受，這才導致了他對藝術之美與科學之真之間矛盾的發現，「這個情與知的衝突，實在是無法調和，因為我篤信『賽老先生』的話，但也不想拿了他的解剖刀去破壞詩人的美的世界，所以在這一點上，大約只好甘心且做蝙蝠派罷了。」〔註95〕所謂甘心做「蝙蝠派」，即周作人在相互矛盾的藝術之美與科學之真之間，沒有做出取捨，而使其共存的唯一辦法，只有讓二者相互獨立，分屬不同的領域，互不干擾。這意味著，由五四啓蒙主義被緊密結合在一起的文學與思想，在解決啓蒙主義困境的過程中，傾向著被周作人分離對待而得到相互獨立。

　　同時期所作《美文》一文，便是在「美」的領域建立起文學的標準。「美

〔註94〕《山中雜信三》，《全集》第 2 卷，第 345 頁。
〔註95〕《山中雜信二》，《全集》第 2 卷，第 342～343 頁。

文」與批評的、學術性的論文相對，其特徵是「記述的」、「藝術性的」、「敘事與抒情」的，美文所能表達的思想內容，與其體裁特徵相匹配（「我以爲文章的外形與內容，的確有點關係」），因而與體裁殊異的小說、詩歌所能表達的思想內容有異，但就性質而言，「則美文也是小說，小說也就是詩」。這裡，使體裁、思想各異的美文、小說、詩歌之間能夠溝通連結的「性質」，顯然非「美」莫屬，這也就是周作人所建立的「純文學」的標準，「他的條件，同一切文學作品一樣，只是眞實簡明便好。」〔註96〕如果說「簡明」一語，標明了周作人所偏好的文學形式美的特徵，那麼「眞實」一詞，則不能不將作者的個性、情感等主體意識納入其中，而這些主體意識必然包含著特定的社會、歷史的內容，例如他據此反對模仿，批評「衰弱的感傷的口氣」，就透露出五四新文學提倡寫實主義，及其背後的反封建社會思潮的消息。因此，儘管文學被歸入「美」的領域，而與被歸入「眞」的領域的思想有別，但「美」被深植於與現實人生密切關聯的社會歷史的深厚土壤之中，因而，在根柢上又與同樣產生於該土壤的思想一脈相通。佛經中泛愛眾生的大慈悲思想，小林一茶俳句中對蒼蠅、蝨子的愛憐，既被周作人視爲一種藝術的「美」，同時又將其與「仁人」的思想聯結，「但是愛物也與仁人很有關係，倘若斷了大慈悲性種子，如那樣吃醉蝦的人，於愛人的事也恐怕不大能夠圓滿的了」，〔註97〕即透露此中消息。對「人」的關注，同時主導和溝通著分屬不同領域的文學與思想。

在此意義上，周作人將最初以日文寫作、散文形式的兩篇《西山小品》，收入新詩集《過去的生命》，則自有其道理，這也就意味著，將此讀爲小說亦無不可。因此，日本學者伊藤德也從敘事作品的角度，對之所作的解讀頗有意味，他認爲，由於敘事者「我」的限知視角和旁觀者身份，故事中人物的關鍵性信息皆據傳聞而進行「敘述」，使得人物的結局「懸而未決」，在文章上造成了「漂浮著不使眞相明確的不安定的」的近代「情調」。〔註98〕據

〔註96〕《全集》第2卷，第356頁。
〔註97〕《山中雜信四》，《全集》第2卷，第349頁。
〔註98〕原文爲：作中の語り手「私」は必ずしも作者自身とは限らないから作品世界の全知者とも限らない。それに徹底して傍観者である「私」は、決定的な情報のほとんどすべてを人づてのうわさから得て、それでもって「語って」いる。……肺病の男がロバの男だったかどうか、秦がごまかしていたかどうかを宙吊りにしてしまう、「私」という装置の玄妙さである。特に「一人の百姓の死」においては、「語り」の緊張をそれによって保ち「宙吊り」

此，伊藤德也將包括《西山小品》在內的周作人的日語創作試驗，視爲中國
近代「文學語」形成的契機。根據柄谷行人「風景之發現」理論，具有內面
性的現代主體，是由「現代文學」這一認識性裝置所創生的，〔註99〕那麼，
對於表現了近代文學情調的周作人的《西山小品》，仍須仔細考察這一中國
現代文學形成初期的作品，所創生的現代主體包含怎樣具體的內容。〔註100〕
這也意味著，在文學卸下思想啓蒙的負擔之後，周作人試圖通過文學建立一
種怎樣的主體意識。

　　首先如伊藤德也指出的，「我」作爲旁觀者所知有限，「我」的所知限於
個體經驗之內，因而對於肺病男人、秦的故事，只有見聞的客觀敘述，而無

のまま話を終わらせることにより、眞相が明確にされぬ不安定な──その
意味では如何にも近代的な──「情調」を漂わせる効果をあげている。(「作
品中的敘事者『我』未必是作者自己，因此也不限於作品世界的全知者。
而且，徹底的旁觀者的『我』，關鍵性信息的大部分都是得自別人的傳言，據
此而進行『敘述』。……肺病男人與馬夫是否爲同一人，秦有沒有作弊，都懸
而未決，正是因爲『我』這一裝置的玄妙。尤其是《一個鄉民的死》，據此保
持了『敘事』的緊張，『懸而未決』地結束了文章，從而獲得了漂浮著不使眞
相明確的不安定的──這種意思無論如何都是近代的──『情調』的效果。」
伊藤德也：《「我」的懸空裝置──周作人的日語創作》(〈「私」という宙弔り
裝置──周作人の日本語創作〉)，收於魯迅論集編集委員會編：《魯迅と同時
代人》，第 22 頁，東京：汲古書院，1992 年。該文將周作人《對於小孩的祈
禱》、《西山小品》等日語創作試驗，作爲反映近代「文學語」形成史上中日
之間的「時差」問題來思考。從敘事作品角度來考慮《西山小品》，作者因此
重視周作人的日語創作對於形成中國近代「文學語」的意義，以及與日本近
代文學的關聯。由此啓發，我則看重周作人在「我」的無判決的態度中所包
含的自身也作爲其中一員的「平凡人」、「普通人」意識。這一點該文末尾也
有提及，「這種『懸而未決』的裝置，和與其獨特的文章表現相平行的、他的
世界認識的狀況有關，這點值得注意。」(第 24 頁)
〔註99〕參見柄谷行人著、趙京華譯：《日本現代文學的起源》，《英文版作者序》，「我
在『言文一致』的形成過程中尋找促使現代文學成爲不證自明的那種基礎條
件。言文一致運動與其命名的意義相反，乃是某種『文』的創立。……這個
『文』的創立是内在主體的創生，同時也是客觀對象的創出，由此產生了自
我表現及寫實等等。」第 10 頁，北京：三聯書店，2006 年。
〔註100〕這也是伊藤德也最後在其論文中提出的問題，原文：後に散文家として中國
近現代文學史に大きな位置を占める周作人に即して考えれば、この「宙弔
り」裝置は、獨特の文章表現と平行する彼の世界認識のあり方に係わるも
のとして注目されることになろう。(「考慮到此後周作人作爲散文家在中國
近現代文學史上佔有重要地位的話，應該注意到，這種『懸而未決』的裝置，
和與其獨特的文章表現相平行的、他的世界認識的狀況有關。」)《魯迅と同
時代人》，第 24 頁。

主觀評論的介入，這使得「我」與外部世界的關係看似冷漠。《一個鄉民的死》中，「我」不知道大廚房裏一共有多少人，聽聞大廚房裏的肺病男人的死訊時，「我」無法確知他是否爲曾經見過的在大廚房裏磨粉的馬夫；《賣汽水的人》中，秦作弊被趕走的概括敘述，夾在「我」親歷的散步時遇見秦，秦送郁李與豐一，以及秦離開時與寺裏佃戶打招呼的兩段現場描寫之間，但後者所描繪的秦的形象，無法爲秦是否作弊提供確證，「我」亦不做裁決。這裡呈現出在人與神（自然）、我與人、內與外相分離的前提下所建立起來的近代自我意識，將「自我」收縮爲有限的、孤立的、內在的現代個體。但是，作品中「我」的主體意識並不限於此，因爲「我」的旁觀敘事並不「徹底」，作品結尾以突然顯現的「我」的主觀心理活動而收束。肺病男人孤身而死，聽聞有欠賬的各種店抹去了他的賬單，並拿紙錢燒給死人，住在山門外與其無關的老婆子也有燒紙錢弔他的，「我聽了這話，像平常一樣的說這是迷信、笑著將他抹殺的勇氣，也沒有了。」〔註 101〕秦故意用了高興的聲音與佃戶打招呼，想隱藏他憂鬱的心情，看到這樣離開的秦，「我覺得非常的寂寥。那時在塔院下所見的浮著親和的微笑的狡獪似的面貌，不覺又清清楚楚的再現在我的心眼的前面了。我立住了，暫時望著他彳亍的走下那長的石階去的寂寞的後影。」〔註 102〕這兩處收束，在全篇散漫、平淡的客觀敘述中非常有力，反而顯得前面皆是鋪墊，越是不提供完整的故事信息，越是不介入的冷漠敘事，越是無所措意的旁觀態度，反而越是加重了結尾的情感力度。所以，結尾的「我」，才是作品的畫龍點睛所在。「我」的情感深深地介入了理性所知有限的別人的故事，因而不再僅僅是旁觀者。這個「我」所呈現的主體意識，既與現代個人意識相通，同時又滲透著中國「民胞物與」的傳統觀念所體現的人我、物我一體連帶感的情感內涵。

　　這樣的主體意識，也是周作人在解決啓蒙主義困境的過程中，借助傳統文化資源重新獲取的統一的自我意識，可以用他病中試圖作而終未作的一篇小說題目來將其形象化：平凡的人。〔註 103〕啓蒙思想與罪感意識之間的分裂

〔註 101〕《一個鄉民的死》，《全集》第 2 卷，第 392 頁。
〔註 102〕《賣汽水的人》，《全集》第 2 卷，第 395 頁。
〔註 103〕語見《山中雜信四》，「我以前病中忽發野心，想做兩篇小說，一篇叫《平凡的人》，一篇叫《初戀》，幸而到了現在還不曾動手」，《全集》第 2 卷，第 347 頁。其實，從兩篇《西山小品》中，大致可以推見《平凡的人》所可能有的形態。

於此得到彌合。

3‧現代「人情」觀與日本文學翻譯

　　與「凡人」形象所代表的新的自我意識相應，周作人以個人－人類爲兩極結構的人道主義文學觀，也轉變爲以個人－人情爲兩極結構的個人主義文學觀。

　　「人情」這一用語，早在周作人留日時期的文學論中已經出現，彼時使用這一概念，意在表明文學的普遍性，其內涵是人類所同具的悲哀情感。20 年代初，爲反對盲目的「國粹」論者而提出的「人情」，含有人道主義與民族主義的雙重內涵。當上述用法中所包含的啓蒙意識隱退之後，再度提出的「人情」內涵也隨之發生變化。

　　「人情」一詞，此時首先出現在周作人介紹日本詩人小林一茶的文章《一茶的俳句》的評論中：

> 他的詩脫離了松尾芭蕉的閑寂的禪味，幾乎又回到松永貞德的詼諧與灑落（Share 即文字的遊戲）去了。但是在根本上卻有一個異點：他的俳諧是人情的，他的冷笑裏含著熱淚，他的對於強大的反抗與對於弱小的同情，都是出於一本的。他不像芭蕉派的閑寂，然而貞德派的詼諧裏面也沒有他的情熱。〔註104〕

「冷笑裏含著熱淚」是藝術手法，「對於強大的反抗與對於弱小的同情」是思想內容，因此，在與芭蕉派、貞德派的對比中呈現出來的一茶俳句的特色──「人情的」，並非一個思想概念，而是指向形式與內容相匹配的一個藝術整體。這就爲人道主義文學觀中被分離的文學與思想、藝術本體與社會功用，提供了一個統一的基礎，正如在「凡人」形象上統一了啓蒙者與被啓蒙者。不過，只在形式層面運用的詼諧風格，固然不爲周作人所取，以閑寂風格配合禪味思想、在藝術上具有完整性的芭蕉派文學，同樣被排除。可見，「人情的」藝術，既區別於人道主義文學，也區別於「藝術至上主義」文學。

　　《一茶的俳句》包括兩節，第一節介紹一茶生平，第二節翻譯沼波瓊音的評論文章，並在相關評論的原例句下，添加若干首新例句。沼波瓊音將一茶俳句的特色歸納爲五項：「在句與想之間沒有一點間隔」、「他是以萬物爲人，一切都是親友的意思」、「親密的看自然」、「頗多恬淡灑脫的句，但其中

〔註104〕《全集》第 2 卷，第 462 頁。

含有現今的所謂『生之悲哀』」、「在灰色裏，也有它的趣味」。其中一、五兩項可視爲藝術手法，二、三兩項可視爲一茶的哲學思想，第四項則總括一茶俳句的整體藝術特色。周作人在二、五兩項下增譯若干例句，加以強調，由此可以窺見「人情」一語所指稱的思想內涵。首先，「人情」包含一種「天」或「自然」的視點，只有這種視點，能夠超越人與動物、人與人之間的差異，而產生眾生平等的觀念；同時，這種「天」或「自然」，並非人格神的概念，而近於「生生之謂易」的中國傳統哲學觀念，代表一種永恒流轉變化的自然法則，從其客觀性、永恒性的立場來看，人類的生老病死、悲歡離合、七情六欲等都是無常的、短暫的，因而是可悲憫的，佛教的平等觀、普親觀，與此有相通之處。第二，「人情」也包含一種「人」的視點，面對被「自然」所規定的無常的、可悲的人間世，人並非只有被動服從一條路可走，藝術即是人類反叛「自然」的一種方式。一茶俳句的詼諧手法，在灰色人生中發現趣味的態度，即是對人生的灰色不妥協的一種表示，在這一點上，被「自然」所抹平的人與動物、人與人的差異，重新得到體現。因此，在藝術的主權在我、依自不依他的意義上，「人情」的文學也是個人的文學，這就是隨後周作人在回覆讀者提問時所說，「我想現在講文藝，第一重要的是『個人的解放』，其餘的主義可以隨便」，〔註105〕在《自己的園地》中，他將其命名爲「人生的藝術」。文學獲得了自我表現的自由，其「無形的功利」，正來自於「獨立的藝術美」所給予讀者的感染力，藝術美由此成爲文學實踐的首要關注。思想啓蒙與文學獨立之間的矛盾，也在「人情」的文學中得到彌合：藝術的功用即包含在藝術自身之內，藝術的思想內涵即其藝術形式所呈現。

此前，在「人的文學」觀中，周作人將「人」界定爲「從動物進化的人」、「靈肉一致的人」，其理論前提預設了人與動物、靈與肉的對立，這與他一直在自然本能的意義上理解「自然」，從而將其與作爲「人」的目標的「文明」相對立是一致的。而在「人情」的文學觀中，由於「自然」獲得了一種自然法則的意義，因而不再僅僅與「文明」對立，而是將其包含在內；這樣的「自然」，沒有實體，隨物賦形，「文明」就是自然法則賦予人類的特有的生存方式，而人類的「文明」也不能違背自然法則。因此，周作人關於「人」的話語，自此開始在人與「自然」（包含自然本能與自然法則兩種意義），而非人與動物的結構關係中進行建構。

〔註105〕《文藝的討論》，《全集》第 2 卷，第 508 頁。

　　「人情」的文學觀，來自周作人閱讀日本文學作品的情感體驗，與他從日本藝術思想中汲取的趣味主義態度有相通之處，以此爲契機，具有東方文化性格的日本文學作品，開始進入周作人的翻譯視野。

　　周作人翻譯日本文學，始自 1918 年 12 月《新青年》5 卷 6 號發表的江馬修《小小的一個人》，敘事者「我」感到「人類中有那個孩子在內，因這一件事，也就教我不能不愛人類」，[註106] 正是五四時期周作人世界主義思想的體現，8 卷 4 號發表的千家元麿的《深夜的喇叭》，也屬同類。其後直到 1920 年 7～10 月，在《晨報》副刊發表了石川啄木等人的詩歌譯作（參見附錄 2），與發表陣地的轉移有關，作爲「純文學」而關注，似乎更加推崇其藝術表現。從 1921 年開始，正是在提出「個性的文學」之後，周作人對日本文學的翻譯增多，1923 年 6 月出版與魯迅合譯的《現代日本小說集》，其中魯譯 11 篇，周譯 19 篇（見附錄 4），全部譯文當完成於 1922 年 5 月之前。[註107] 可以說，《現代日本小說集》中的周氏譯作，正是此期確立的個人主義文學觀的集中展示。

　　集中周氏譯作，除過前述五四時期的兩篇譯文，從思想內容上可大別爲兩類。第一類，包括《少年的悲哀》、《金魚》、《黃昏》、《照相》、《第二的母親》、《亡姊》、《到網走去》、《清兵衛與壺盧》、《薔薇花》、《鄉愁》10 篇，基本上延續五四時期人道主義思想對於婦女、兒童問題的關注。例如《少年的悲哀》、《照相》、《到網走去》，將女性不得自主的不幸命運，通過敘事者「我」的回憶或見聞敘述出來；《清兵衛與壺盧》寫小孩的愛好不能得到大人的尊重，諷刺大人的無見識與不能領略小孩的樂趣。不過，與啓蒙主義視角下，將女性、兒童單純視爲被委屈、被犧牲的對象不同，這些作品中的形象更加複雜一些。例如《清兵衛與壺盧》一文，固然清兵衛的愛好受到大人的壓制，但小說用大量筆墨描述他對葫蘆的入迷和陶醉，外界的毀譽不能相加，而且，葫蘆的愛好被剝奪之後，轉移到對繪畫同樣的熱愛，使其忘記先前的怨恨，似乎作者更在意呈現小孩獨有的、無法被剝奪的自在樂趣，大人的視角變得無足輕重，甚至相形見絀。這與《薔薇花》中，大人對小女孩的摘花行爲，加以種種評論，而小女孩完全不以爲意，致使敘事者「我」發出感歎，「只有小孩對於自己所做的事毫不爲意，我覺得是非常的美」，[註108] 有相

〔註106〕《周作人譯文全集》第 8 卷，第 325 頁。
〔註107〕《周作人日記》（中）1922 年 5 月 17 日，「編日本小說集下午了」，第 239 頁。
〔註108〕《周作人譯文全集》第 8 卷，第 319 頁。

似的意趣。更加微妙的是女性形象。《金魚》中同居的青年男女，與《傷逝》
中涓生、子君的處境相似，阿房不顧母親責備與「我」同居，「我」因心情
煩躁或生活窘迫，有時遷怒於她，阿房則無怨無尤地照料家庭生活，直至病
逝。小說絲毫也不涉及個性解放的主題，只在「我」悲傷的回憶中，刻畫出
阿房溫順、忍耐、自我犧牲的美好形象。《黃昏》雖然以母親出嫁之夜自殺
的悲慘故事，映照「我」對愛情的沉迷，暗示女性一旦陷入愛情便捨身忘己，
從而遭遇不幸的命運，但對此命運，小說中沒有一個高出敘事者「我」的視
點進行評判，不如說，小說所設置的「我」對「你」深情傾訴的情境，反而
展示了「我」對這一命運的自覺和順從，只有悲哀之感彌漫於字裏行間。《第
二的母親》在對少年複雜微妙的暗戀心理的敘述中，側面勾畫女性的美麗、
純潔和尊貴，流露出女性崇拜思想。《亡姊》更是正面刻畫了一位優美、溫
雅、慈悲的女性形象，成為「我」的「美而溫和的偶像」，〔註 109〕使「我」
改善平常對於女性的不好看法。這些女性形象，比起五四時期婦女解放思想
所塑造的人格獨立、剛健智性的女性形象，真有天壤之別。儘管小說也展示
了她們或夭亡，或犧牲於愛情、家庭的不幸命運，但完全不涉及女性解放的
主題，相反，女性的溫順、自我犧牲、感情用事，作為使女性成為女性的獨
特品質，得到美的表現，同時也表現了這些品質所具有的美，是一種被悲哀
所浸透的美。表現女性特有的「美」，以及在其中發現悲哀，這裡體現出與
啟蒙主義大異其趣的男性作者的視角。

　　不過，周作人欣賞的是這些作品藝術上的美妙，《附錄》的作者簡介，
幾乎沒有提及作品的思想內容，而以介紹作家的文學觀和藝術風格為主，〔註
110〕他的兒童觀、婦女觀並不因此而改變。譯完《清兵衛與壺盧》所寫的《感
慨》一文，感慨的仍是權威對兒童的壓制和不理解，表達對兒童教育的擔憂
和期待，念念不忘的仍是如何經由符合兒童天性的教育，使其「成人」。1922
年 6 月發表的《女子與文學》一文，也仍然是強調女性「個人的自覺」，是
自覺到自身作為「人類一分子，有獨立的人格」，「毅然肯定人間的根本的生
活，打消現在對於女性的因襲的偏見，以人類一分子的資格，參與人生的活

〔註 109〕《周作人譯文全集》第 8 卷，第 287 頁。
〔註 110〕《鄉愁》與《金魚》兩篇在刊物發表時的譯者附記中，用人道主義思想解釋
　　　　作品內容的部分，收入集中《附錄》的作者簡介時加以刪改，使全部作者簡
　　　　介統一以介紹作家文學觀和藝術風格為主。《鄉愁》載於 1921 年 1 月《新青
　　　　年》12 卷 1 號，《金魚》載於 1922 年 1 月 15 日《晨報副鐫》。

動」，﹝註111﹞仍然是啓蒙主義的女性觀。這顯示出，思想上的啓蒙主義與文學上的獨立藝術美並行不悖。

第二類，包括《巡查》等其餘7篇，其總的思想色調，大悖於啓蒙主義所依託的進化論的人生觀。例如《巡查》、《我的父親與父親的鶴的故事》，刻畫了兩位具有隱逸氣息的人物形象，獨自享受生活情趣，不為家庭、社會事業所累。《久米仙人》改寫舊有的日本傳說，通過描寫久米仙人在成仙途中而跌落凡間的過程，一方面刻畫在超越生死的永恒的仙界視點下，人生的空虛、無常與人類行為的無意義；另一方面刻畫在人性視野中呈現出大地的美，和人類在污穢勞作中的可愛，展示人世的虛無與美、人類的污穢與可愛，正是不可分割的一體兩面。《山上的觀音》仍然有一個用「觀音」形象所代表的「自然」的視點，為人類依靠自力的行為賦予正當性，而報酬即在其中，所謂自求多福，不懂這樣的自然法則的人類，是「不懂情理」和「可憐」的人。《「黃昏的人」》和《形影問答》，帶有濃厚的虛無與唯美情調，人世被視作無聊、孤獨、沉悶的所在，唯有空想的藝術能予以暫時的慰藉。《雉雞的燒烤》描寫人與人之間的誤解，遠多過於理解，讓對啓蒙效力發生質疑的周作人產生共鳴，「讀完了《雉雞的燒烤》一篇小說，我不禁為一般從事宣傳事業的人打了一個寒噤」。﹝註112﹞與前述「人情」的思想內涵對照，應該說，這類作品最能代表周作人在啓蒙主義之後所形成的人生觀、藝術觀與文學趣味。在「自然」的視點下，雖然進化論許諾給人類的光明前景黯然失色，裸露出人世空虛、無聊、孤獨的本相，但同時也為人類獨有的藝術行為賦予最高的意義：依借自力實現人之為人的自然法則，於瞬間通往永恒。這就無怪盛行一時的日本自然主義文學，雖然對所選作家的文學產生過不少影響，但其「以決定論為本的悲觀的物質主義」，﹝註113﹞礙難得到周氏兄弟青眼。

1925年1月，周作人發表《日本的人情美》一文，將以《古事記》為代表的日本文學的藝術表達特色──「有情的人生觀」浸透於「牧歌的美」的藝術中，提煉為日本國民性的優點，「富於人情」。﹝註114﹞從與魯迅合譯日本文學，中經1923年的兄弟失和，周作人在思想道路上終與魯迅分道揚鑣，告別西方近代啓蒙主義文化，獨自走上以東方文化為主體的中國現代化道路的

﹝註111﹞《全集》第2卷，第686、688頁。
﹝註112﹞《編餘閒話》，《全集》第2卷，第373頁。
﹝註113﹞《現代日本小說集·序》，《周作人譯文全集》第8卷，第218頁。
﹝註114﹞《全集》第4卷，第32頁。

探索，其中以「人情美」爲開端的日本文化，成爲其思想建構的一個重要借鑒。〔註115〕

4・「現代人的悲哀」與個人主義文藝

在「人情」的思想結構中，人的主觀意志，作爲人之爲人的自然法則能否實現的決定性因素得到強調。有關「人」的自然法則，最低限度是自然賦予的人與生物同具的生存本能，但只有以反叛自然本能的方式——對周作人而言是文學藝術——實現人的自由的「文明」，才是最高意義上的「人」的自然法則。周作人這一新的思想視野的形成，正是後五四時期新文化人向文化改造與政治運動兩條道路分化的一個症候，〔註116〕固執自我而選擇前者的周作人，開始離開現實政治，滑向思想層面或者說廣義的文化政治層面，對中國現實與文學進行觀察和處理。

關於中國現實，周作人得到「中國人實在太缺少求生的意志」的結論，但就新的「人」的話語而言，他談論的不是生存本能，而是自由意志，恰恰因爲在他看來，現實中國人的生存只剩下維持生命的惰性，「中國人近來常常以平和耐苦自豪，這其實並不是好現象。我並非以平和爲不好，只因中國的平和耐苦不是積極的德性，乃是消極的衰耗的證候，所以說不好。」針對此而引入希臘民族的「現世主義」思想，讚美其熱烈的求生欲望，「他不是只求苟延殘喘的活命，乃是希求美的健全的充實的生活。」從激發中國人的求生意志出發，此前困擾、分裂自我的各種矛盾的思想之間，獲得了並立共存的統一意識，「進化論的倫理學上的人生觀，互助而爭存的生活，尼采與托爾斯泰，社會主義與善種學，都是必要」，〔註117〕思想的效力被收歸於思想者個人的主體意識。

〔註115〕參見拙文：《周作人與「人情美」的日本文化像》，《魯迅研究月刊》，2012年05期。

〔註116〕參見羅志田：《從新文化運動到北伐的文化與政治》，該文指出「五四」之後新文化人的分化，「一方面很多人因爲對政府甚至政治的整體失望，……進而探索『文化』方面的深層變革；另一方面，學生運動又使此前大受青睞的『個人』淡出，思想和行動都轉而朝著群體的方向發展，不少知識精英關注的重心開始由文化向政治轉移」，這一分化過程至「五卅」之後基本完成，形成「群體壓倒了個人，政治壓倒了文化，行動壓倒了言論」的局面，開啓了一個新的時代。《社會科學研究》，2006年04期。

〔註117〕《新希臘與中國》，《全集》第2卷，第411～412頁。

　　另一方面，進化論視野中，文學的發展進程被講述爲貴族的文學被對立的平民的文學取而代之的故事，也得到重新改寫。文學的共時存在、普遍性，取代了歷時發展、階級性，「我現在的意見，以爲在文藝上可以假定有貴族的與平民的這兩種精神，但只是對於人生的兩樣態度，是人類共通的，並不專屬於某一階級」。平民的精神即滿足於現世有限生存的「求生意志」，貴族的精神則是超越世間追求無限的「求勝意志」，作爲實現「人」的目標的文學，應是這兩種精神的結合，「我想文藝當以平民的精神爲基調，再加以貴族的洗禮，這才能夠造成眞正的人的文學。」〔註118〕這樣，以汲取東方文化觀念而建構的新的「人」的話語爲中心，周作人實現了其思想、文學與政治意識的統一。

　　在新的「人」的話語中，進化論視野與其說被放棄，不如說被一個更高的思想視野所包容，「從動物進化到人」的進化序列，被「末人－人－超人」的進化結構所取代，「人」的目標並非「超人」，而是「凡人的超人化」，是在兩項之間一種向上的運動趨勢，「凡人如不想化爲超人，便要化爲末人了」。「凡人的超人化」，顯示出周作人在以眾生平等的「凡人」形象界定自我主體意識的同時，對啓蒙者意識近於本能的隱秘的保留。正是這一殘留的、自我保護式的啓蒙者意識──相對於封建專制而言進步的資產階級意識形態，使周作人更傾向於從人類精神的層面討論文學的發展，以對文學普遍性的追求，遮蓋其起源上的階級性。從實際經驗上，周作人不能不認識到文學的階級性，「雖然他的分佈最初與經濟狀況有關，──這便是兩個名稱（按：指平民的文學與貴族的文學）的來源」，但他拒絕以階級意識來衡量文學價值，「倘若把社會上一時的階級鬥爭硬移到藝術上來，要實行勞農專政，他的結果一定與經濟政治上的相反，是一種退化的現象」。〔註119〕遮蔽於自身的階級立場，周作人無法處理階級意識與文學價值之間的複雜關係，其結果，自然是「思想與行動不妨各各自由與分離」。〔註120〕周作人自居於凡人的立場，對平民生活的認可，並不能直接轉化爲他對平民文學的認同，相反，他將更接近貴族精神的、用「猛烈的求生意志與現在的不如意的生活的掙扎」所界定的「現代人的悲哀」，〔註121〕視作各種主義的文學發生的共

〔註118〕　《貴族的與平民的》，《全集》第 2 卷，第 519、520 頁。
〔註119〕　《貴族的與平民的》，《全集》第 2 卷，第 519、520 頁。
〔註120〕　《詩的效用》，《全集》第 2 卷，第 524 頁。
〔註121〕　《三個文學家的記念》，《全集》第 2 卷，第 476 頁。

同根源。留日時期作爲抽象的宇宙原理的「悲哀」情感，被賦予「現代」的特定內涵，因此，排除階級性而以「現代人的悲哀」爲普遍性的文學追求，實際上確立了文學以個人爲本位、以表現情思爲目的的正當性，「個人所感到的愉快或苦悶，只要是純眞切迫的，便是普遍的感情，即使超越群眾的一時的感受以外，也終不損其爲普遍」，〔註122〕「眞的藝術家本了他的本性與外緣的總和，誠實的表現他的情思，自然的成爲有價值的文藝，便是他的效用。」〔註123〕周作人的個人主義文藝觀於焉成立。

不過，「個人主義」在周作人這裡只是姑且使用的一個名目，〔註124〕正如之前使用「人道主義」一詞一樣，不能以其在西方近代語境中形成的既定涵義去理解，其具體內涵仍須仔細辨析。

「現代人的悲哀」這一提法，最早出現在周作人 1919 年在北京大學講授歐洲文學史課程的講義中，〔註125〕在論及波德萊爾時提出，「Baudelaire 愛重人生，慕美與幸福，不異傳奇派詩人，唯際幻滅時代，絕望之哀，愈益深切，而持現世思想又特堅。理想之幸福，既不能致，復不肯遺世以求安息。故唯努力求生，欲於苦中得樂，於惡與醜中而得善美。以媮樂事，蓋其悲痛。此所謂現代人之悲哀，Baudelaire 蓋先受之也。」〔註126〕這段話稍加增刪之後，復引用在《三個文學家的記念》（1921.11）一文對波德萊爾的介紹中。據小川利康的研究，「現代人的悲哀」這一表述受到廚川白村《近代文學十講》的影響，〔註127〕該書第四講《近代之思潮（其二）》第一節標題即爲《近代之悲哀》（日語的「近代」，漢語即譯爲「現代」）。廚川氏用「近代之悲哀」一語，描述在近代科學主義與物質文明背景下發展起來的「懷疑的物質的個人主義的思想」，在近代人心理與文藝上所造成的一種情調，「慘怛哀愁的色，深沉的暗愁的調子」。這種悲哀的情調，因個人性情不同又生不同變化，

〔註122〕《文藝的統一》，《全集》第 2 卷，第 572 頁。

〔註123〕《詩的效用》，《全集》第 2 卷，第 522 頁。

〔註124〕參見《文藝的討論》，「我想現在講文藝，第一重要的是『個人的解放』，其餘的主義可以隨便：人家分類的說來，可以說這是個人主義的文藝，然而我相信文藝的本質是如此的，而且這個人的文藝也即眞正的人類的——所謂的人道主義的文藝。」《全集》第 2 卷，第 508 頁。

〔註125〕該講義在周氏生前並未出版，2006 年止菴發現遺稿，整理校注，出版爲《近代歐洲文學史》，有關情況參見該書《序》，北京：團結出版社，2007 年。

〔註126〕止菴、戴大洪校注：《近代歐洲文學史》，第 229 頁。

〔註127〕參見小川利康：《周氏兄弟與廚川白村》，「魯迅與 20 世紀中國」國際學術研討會論文，南京師範大學 2013 年 3 月，承蒙作者賜文，在此深致謝意。

廚川氏概括爲四種，可大別爲兩類：一是「幻影消滅 Disillusionment 的悲哀，是絕望的悲哀」，〔註128〕以及從「懷疑」生發的較「絕望」更深一層的「暗愁」、「憂鬱」，這體現的是宗教與科學、理想與現實的衝突；二是從近代文明催生的個人主義所起的悲哀，積極方面表現爲個人與社會的衝突，消極方面表現爲個人內部靈與肉的衝突。廚川氏認爲，笛卡坦 Decadent（即「頹廢派」）耽於感官享樂、避離俗世創造詩美的「藝術之宮」的生活，正是近代的悲哀的代表。在《近代歐洲文學史》中，周作人從理想與現實衝突的角度，闡釋波德萊爾的「現代人之悲哀」，與廚川氏使用這一術語的意義接近；並且，對於世人從反對意義上稱呼的「惡魔派」，周作人釋之爲「Baudelaire 思想尊崇個性，超絕善惡」，〔註129〕與廚川氏在「爲藝術的藝術」的「耽美派」文學脈絡中論述波德萊爾，雖然側重有所不同，但同樣以藝術爲本位的思路，也有相近之處。

但到了《三個文學家的記念》一文，對「現代人的悲哀」的論述發生了微妙變化。上述引文的增刪在文末語句，自「以媮樂事」起之後的句子，更換爲「求得新異之享樂，以激刺官能，聊保生存之意識。」〔註130〕引文之後解釋道，「他的貌似的頹廢，實在只是猛烈的求生意志的表現，與東方式的泥醉的消遣生活，絕不相同。所謂現代人的悲哀，便是這猛烈的求生意志與現在的不如意的生活的掙扎。」〔註131〕也就是說，原來用爲「現代人之悲哀」的論述，更換引文之後是用來描述「頹廢」的，按照廚川氏的解釋，本來二者也幾乎同義，但值得注意的是，以「頹廢」爲媒介，「現代人的悲哀」與「猛烈的求生意志」關聯起來了。

「求生意志」一語借自叔本華，周作人用來描述「平民的精神」，與之相對的，是用來描述「貴族的精神」的、借自尼釆的「求勝意志」。在五四啓蒙主義思路中，貴族文學與平民文學，正如社會階級上的貴族與平民一樣，構成二元對立的等級關係。而在「人情」觀的思想視野中，周作人從普

〔註128〕廚川白村著、羅迪先譯述：《近代文學十講》（上），第 106、107 頁，上海：學術研究會叢書部，1925 年。

〔註129〕《近代歐洲文學史》，第 230 頁。

〔註130〕《全集》第 2 卷，第 476 頁。更換的此句原也出自《近代歐洲文學史》，在這段引文的上一段落，「Baudelaire 感生活之困倦者甚深，又復執著人生，不如傳奇派之厭世。遂遍探人間深密，求得新異之美與樂，僅藉激刺官能，聊保生存之意識。」第 229 頁，「僅」之用字，堪可玩味。

〔註131〕《全集》第 2 卷，第 476 頁。

遍的人類精神領域，將「貴族的與平民的」視作兩種不同、並非對立而是互補的人生態度，均是人生全體的組成部分，「我並不想因此來判分那兩種精神的優劣，因爲求生意志原是人性的，只是這一種意志不能包括人生的全體，卻也是自明的事實。」〔註132〕因此，「求生意志」前面添加「猛烈的」修飾語，可以視爲周作人以此指代兩者的結合，即「平民的貴族化」或「凡人的超人化」。根據廚川氏的解釋，作爲西歐近代文明產物的「現代之悲哀」，因其思想背景是宗教與科學、精神與物質的對立，因而不可避免地包含著理想與現實、個人與社會、靈與肉的對立和衝突，其結果是人的完整性的分裂，例如作爲現代之悲哀代表的頹廢派，在生活上耽於肉欲享樂的同時，在藝術上卻追求超脫俗世的「唯美」。作爲文學史敘述，周作人在《近代歐洲文學史》中，原樣呈現了這一線索。但到了《三個文學家的記念》一文中，「現代人的悲哀」與「猛烈的求生意志」相關聯，顯然具有了思想建構性，這一關聯的意義在於，西歐語境中「現代之悲哀」原本包含的二元對立關係被取消了，不存在非此即彼的選擇，恰恰相反，需要兼顧二者，實現人的「全而善美的生活」。這一轉換之可能，就在於周作人是徹底唯物的。

「現代之悲哀」在西方近代產生的根源，在於科學對基督教世界觀的摧毀，賦予人意義的神不復存在，現世生存變成不可承受之輕，因此，無論耽於肉欲享樂，還是耽於唯美的藝術，對「無神」的現實的否定態度是一致的。對唯物論者的周作人而言，否定現實的機制不是宗教的，而是政治的，其目的不是在「忘我」的享樂或藝術中，重拾在現實中喪失的與神合一的神秘體驗，而是肯定和創造更高的現實，即建立「第三國土」、「地上的天國」。〔註133〕五四時期寄望於新村主義和思想啓蒙，隨著五四啓蒙主

〔註132〕《貴族的與平民的》，《全集》第2卷，第520頁。

〔註133〕參見《遊日本雜感》，「第三個師傅當能引導人類建造『第三國土』——地上的天國，——實現人間的生活，日本與中國確有分享這幸福的素質與機會。」《全集》第2卷，第194頁。寄望於中國和日本，顯然是以兩國不存在西方一神教的宗教傳統爲前提而言。五四啓蒙主義退卻之後，唯有在婦女與兒童問題上，周作人始終固執地堅持這一啓蒙主義思路，如1922年1月發表的譯文《兒童的世界——論童謠》，贊同其觀點，「大人對於兒童應做的事，並不是去完全變成兒童，卻在於生出在兒童的世界與大人的世界的那邊的『第三之世界』」，《全集》第2卷，第506頁；1922年6月發表的《女子與文學》，講自覺的女性，應「以人類一分子的資格，參與人生的活動，以對於自己與同類之愛爲基礎建設起所謂『第三的國土』。」《全集》第2卷，第688頁。

義的退卻，與「凡人」視野相一致，出現了對現世生活的肯定，但這一肯定，與對現世生活的超越不可分地聯結在一起，互爲倚賴，構成周作人「現世主義」思想的核心，指向人的「全而善美的生活」。這自然與「人的文學」觀中，以靈肉分離爲前提的「靈肉一致」說也不盡相同。因此，從「現代之悲哀」產生的西方現代主義藝術，是以與現實對立的方式，開闢出與善分離，獨立的美的領域——廚川氏所謂「象牙塔」藝術，從而也形成了審美現代性對傳統文化和社會－歷史現代性原則的雙重疏離關係。〔註 134〕而經過周作人轉換的「現代人的悲哀」，由其生發的現代藝術，固然也屬於獨立的美的領域，但美並不孤立於現世生活，藝術本身是以對現實否定之否定的方式所實現的更高的現實，屬於人的完整生活的一部分，就此而言，美即是善。在回答俞平伯所提出的「感人向善是詩底第二條件」的時候，周作人排除了用現代通行的道德觀念解釋「善」，反對將其作爲藝術價值的判斷標準，他採納克魯泡特金的道德定義，解釋詩的「善」，「不分利己利人，於個體種族都是幸福的」，即表明了美與善的同一性。在此意義上，不僅波德萊爾的藝術，連同他生活中吃大麻之類的反常行徑，也被周作人從「善」的意義上加以理解，「他的尋求超現世的樂土的欲望，卻要比紳士們的飽滿的樂天主義更爲人性的，更爲善的了。」〔註 135〕因此，不難理解，周作人在翻譯波德萊爾散文詩的附記中，要求於中國新文學的文學修養，應是善美兼備，「同時能夠瞭解陀斯妥也夫斯奇的愛之福音與波特來耳的現代憂鬱」。〔註 136〕

　　與「現代人的悲哀」關聯的「猛烈的求生意志」，來自周作人從希臘文藝中領悟的希臘民族的生活態度，「他們對於生活是取易卜生的所謂『全或無』的態度，抱著熱烈的要求。」這種領悟，或許與周作人此時的病中體驗不無關係。疾病是生命機體的缺陷和阻礙，它帶給身體的痛感以及死亡的陰影，對於想活下去的人而言，相反地會激起對超過延續生命以上的自由生存的熱烈渴求，越是意識到身體的病弱，超越病弱的意志越是頑強，越是顯示出生命力的蓬勃躍動，同時，這種渴求被疾病壓制而不能得到滿足的受阻感也越發鮮明。在疾病與猛烈的求生意志之間，存在一種相反相成的關係。周作人難道不是從這裡得到了「現代人的悲哀」的啓示麼？作爲從這一情感源頭生

〔註 134〕關於審美現代性的問題，參見龔覓：《深淵中的救贖——論審美現代性視野中的波德萊爾》，《國外文學》，2000 年 02 期。
〔註 135〕《詩的效用》，《全集》第 2 卷，第 522 頁。
〔註 136〕《〈波特來耳散文小詩〉附記》，《全集》第 2 卷，第 501 頁。

發的藝術的代表，他推舉福樓拜的藝術主義、陀思妥耶夫斯基極致的人道主義、波德萊爾頹廢的惡魔主義，他們的藝術思想，同樣存在一種缺陷與其對立面相反相成的結構。福氏精細地解剖人類的愚蠢作成美的藝術，陀氏在墮落卑微的靈魂中發現人性的光輝，波氏從惡與醜中得到善美，與周作人在疾病中感受生命意志的強勁，具有隱喻關係和同構性。這種個體經驗，同時被周作人自然推及至對中國政治現實的觀察中，「中國人實在太缺少求生的意志，由缺少而幾乎至於全無」，因積弱而受到外敵侵凌的中國，如同受到疾病侵襲的生命機體，這種處境竟然沒有激發中國人對超過維持生存之上的自由生存的拼命渴望，如同病中的自己對超過健康以上的健全而充實的生活的渴求那樣，實在是令周作人感到焦灼，姑且用「或者中國人是植物性的」〔註137〕聊以挽救失落的心情。不過，將個體經驗與政治現實同構的意義，並不在於對中國現實作出如何的判斷，而在於個人性的文藝因此被放置於民族文化的場域來理解，「我們如要知道一國的藝術作品，便有知道這特異的民眾文化的必要。一個人的思想藝術無論怎樣的傑出，但是無形中總受著他的民族的總文化的影響，──利益或是限制。」〔註138〕在此意義上，周作人不僅重視本國民俗研究對於文學的重要性，而且在「人的文學」觀中被大部分抹殺的中國古代文學，也可以成為建設新文學的有益借鑒，「利用了自己國語的知識進而研究古代的文學，涵養創作力或鑒賞文藝的趣味，是最上算的事，這正是國民所享的一種權利了」，文言文的體裁形式也可資參考，「古文學的研究，於現代文藝的形式上也有重大的利益。」〔註139〕準此，西方現代主義文藝與傳統文化、社會歷史的疏離性，在周作人的個人主義文藝觀中都得到修復。究其實，作為產出西方現代主義、審美現代性的宗教世界觀、科學主義與物質文明的社會歷史背景，在中國是付之闕如，周作人以尼采「忠於地」的態度，忠實地反映了這一社會現實，及其與西方有別的現代化方向，他通過審美現代性的方式，調節社會－歷史現代性的方向並對其作出肯定，「中國現在文藝的根芽，來自異域，這原是當然的；但種在這古國裏，吸收了特殊的土味與空氣，將來開出怎樣的花來，實在是很注意的事。」〔註140〕在此，中國現代文藝與中國現代化進程是一體的。

〔註137〕《新希臘與中國》，《全集》第 2 卷，第 411、412 頁。
〔註138〕《在希臘諸島・附記》，《全集》第 2 卷，第 443 頁。
〔註139〕《古文學》，《全集》第 2 卷，第 525、527 頁。
〔註140〕《在希臘諸島・附記》，《全集》第 2 卷，第 444 頁。

綜上，周作人以反思五四啓蒙主義爲契機建立的個人主義文藝觀，並非孤立於美學領域，而是貫通了美學的、倫理的、社會的與歷史文化的內容，成爲中國現代化的一個文化方案，而貫通諸種內容卻仍保有美的獨立性，就在於總領這一切的，是植根於社會歷史中的個人的主體意識。因此，於新文化人在個人與群體、文化與政治之間分化之際，周作人重申「第一重要的是『個人的解放』」，﹝註141﹞就顯得意味深長。1922年所作《詩人席烈的百年忌》文中，他避而不談雪萊的文學成就，而是大談其無政府主義的社會思想及與其文藝的關係，稱之爲「無抵抗的反抗主義」，「因爲他不主張暴力的抵抗，而仍是要理性的反抗，這便是一切革命的精神的本源」，﹝註142﹞這也可視爲周作人個人主義的政治宣言。

5・克魯泡特金的道德論與希臘古典文藝翻譯

　　1921年10月12日起，《晨報》第七版擴充爲擁有四個版面，獨立發行的《晨報副鐫》（也稱作《晨報副刊》），除明顯增加陳大悲等人提倡「愛美劇」的討論與戲劇作品、理論的譯介之外，社會雜感、文藝創作的篇幅也大爲增加。版面的擴充，爲與文學研究會「爲人生的文學」漸行漸遠的周作人發表文學翻譯提供了便利，他的譯作漸由《小說月報》移至《晨報副鐫》，使之成爲繼《新青年》開展人道主義文學實踐之後，周作人繼續開展個人主義文學實踐的陣地。《新青年》時期的「論文＋譯作」，變成《晨報副鐫》時期的「雜感＋譯作」，這既與雜誌和副刊的媒介屬性不同有關，更重要的是展示出個人主義文藝觀的新形象：思想與文學相互分離而各自獲得表現的自由，一方面借助文藝評論與社會批評，思想積極介入對政治、社會、思想文化問題的直接發言；另一方面借助文學翻譯作品，探索中國文藝的現代樣式，二者共同指向「全而善美」的現代生活的實現。

　　因此，如果人道主義文學用「人的文學」命名，那麼個人主義文學可以稱爲「人的生活的文學」，人的文學與非人的文學的區分標準，帶有西方人道主義思想的鮮明印跡，而關於「人的生活的文學」的界定標準，周作人採用了克魯泡特金的「善」的道德觀念：

> 倘若指那不分利己利人，於個體種族都是幸福的，如克魯泡特

﹝註141﹞《文藝的討論》，《全集》第2卷，第508頁。
﹝註142﹞《全集》第2卷，第707頁。

金所說的道德，當然是很對的了，但是「全而善美」的生活範圍很廣，除了眞正的不道德文學以外，一切的文藝作品差不多都在這範圍裏邊，因爲據克魯泡特金的說法，只有資本主義迷信等等幾件妨害人的生活的東西是惡，所以凡不是詠歎這些惡的文藝便都不是惡的花。〔註143〕

「不分利己利人」云云，與周作人此前人道主義思想的表述並無差別，只是在將之歸爲克魯泡特金的道德觀念之後，從思想視野轉到道德視野的文學自身發生了變化。一方面，克氏的「道德」，不是抽象的道德律令或劃一的道德規範，它是基於生物同具的互助本能的社會性情感的漸次發展，「新倫理學的基礎就是互助本能的事實，即從社會生活發源來的社會的感情，它漸次發展而進化。最後發展到三個連續的遞陞的階段：互助──正義──道德。」〔註144〕因此，以這種「道德」界定的文學的內容，不是表現抽象的思想理念，而是落腳在人的日常社會生活與人的社會性情感，換言之，文學表現的是人情──人在社會生活中發生的情感狀態。另一方面，克氏肯定人類具有尊重個人自由與重視共同利益兩種傾向，於人類社會的發展缺一不可，他認爲現代社會的宗教、強權、資本等忽視這兩種傾向，因而不可避免衰亡的命運。對此，他的新倫理學，將人類所專有的「自我犧牲」作爲道德的最高階段，認爲只有它才可以眞正被稱爲「道德」，由此出發，對於個人與群體的關係，他主張「在社會的進步與民眾的解放中見到個人人格的發展」，從而使其倫理學具有了爲社會革命提供道德理想的意義，與其無政府主義立場相一致。〔註145〕周作人剝離社會運動的內容，將其道德論與自己的文學觀嫁

〔註143〕《詩的效用》，《全集》第2卷，第522頁。

〔註144〕巴金：《克魯泡特金的〈倫理學〉之解說》，《巴金譯文全集》第10卷，第444頁，北京：人民文學出版社，1997年。

〔註145〕參見巴金：《〈倫理學的起源和發展〉前記》、《克魯泡特金的〈倫理學〉之解說》，收於《巴金譯文全集》第10卷。周作人留日時期開始接觸克魯泡特金的著作，1907年作《論俄國革命與虛無主義之別》，關注重心在虛無主義的哲學思想，據此辨析虛無論者與恐怖主義者不同；1908年從克魯泡特金自傳選譯《西伯利亞紀行》，均收入《全集》第1卷。周作人1918年日記中有購買克魯泡特金《互助論》的記載，「丸善十六日寄互助論、コロレンコ小說集各一本」（《周作人日記》（上），第736頁）；1920年日記中也有關於克氏的書，9月14日，「上午往大學，得克水君贈克魯泡特金的思想一冊」、「黃君十一日函又告少年一冊」（《周作人日記》（中），第145頁），9月16日，「上午往大學，得失名贈克魯泡特金的思想一冊」，9月18日，「夷庚來贈克氏思

接，因此，同樣從道德論出發，克氏在政治上的反對資本主義制度，就變爲周作人在文學上的反對「資本主義迷信等等幾件妨害人的生活的東西」，這一移植，使周作人的文學在表現人情時，帶有鮮明的倫理立場。不過，由於取消了社會革命的維度，道德論的「自我犧牲」階段也被取消了，周作人作於 1922 年的組詩《小孩》之二，即表達了以徹底的個人性立場處理個人與群體的倫理關係，「　我真是偏私的人呵。／我爲了自己的兒女才愛小孩，／爲了自己的妻才愛女人，／爲了自己才愛人。／但是我覺得沒有別的道路了。」〔註146〕

從「道德」的標準出發，建立在進化論基礎上的文學判斷失效了，古今文學作品被置於同一平面對待。1921 年 2 月，周作人爲之撰寫宣言、提倡「爲人生的文學」的文學研究會成立不久，在致茅盾的信中，他對陳獨秀胡適諸君提倡翻譯古典文學作品提出異議，認爲古典文學翻譯「其實是一種『現實迴避』的取巧方法；得提倡文藝的美名，而其所提倡的，也無『危險思想』之慮」，〔註147〕主張重視近代文學作品翻譯，這正是五四啓蒙主義以思想主導文學的思路，文學形式與思想內容有被割裂之嫌。而僅僅 8 個月之後，結束西山養病的周作人，就開始在《晨報副鐫》上發表古典作品的翻譯，〔註148〕主要是希臘古典作品和日本狂言（參見附錄 5）。在第一篇譯文《大言》的附記中，周作人表明了在以表現人情爲內容的新的文學視野中，古典文學翻譯對建立現代文學的意義，「古今相去七百餘年，但人情沒有變化，讀古文書，仍有現代文藝的趣味，所以譯他出來。我想古典之有生命者，不以古

想一冊」（第 146 頁）。《克魯泡特金的思想》一書，1920 年上海泰東書局出版，收錄克魯泡特金的研究論文 18 篇，周作人對克氏道德論和文學論的瞭解，極有可能來自該書。

〔註146〕 《過去的生命》，第 35 頁。

〔註147〕 《翻譯文學書的討論》，《小說月報》12 卷 2 號，1921 年 2 月 10 日。

〔註148〕 1921 年 10 月 28 日起，《晨報副鐫》特設《古文藝》專欄，發表周作人的古典文學譯作。編輯孫伏園並在該期《雜感》欄發表《古文藝》一文給以呼應，提出古代文藝的介紹和研究是建立新思想的「第一步重要功夫」，「我以爲也該有少數的人，分出一部分功夫來研究，將古代文藝品之合於現代思想的，譯成現代中國的語言，介紹給現代中國的讀者。」但此舉並未得到明顯回應，此後《晨報副鐫》登載的翻譯作品（戲劇除外）仍以俄法尤其是以寫實見長的契訶夫、莫泊桑等人的作品爲主。三四十年代之後對於西方古典文學作品的翻譯，「名家名著」的翻譯標準與周作人擇定希臘與日本特定古典作品的翻譯意圖大異其趣。

而遂湮滅，正猶今『典』之無生命者不以今而得幸存」。〔註149〕如果說發表於《新青年》4卷2號的古希臘擬曲《古詩今譯》尚是偶一爲之，那麼，《晨報副鐫》所開啓的希臘與日本古典文學作品的翻譯，則成爲此後直至晚年，周作人傾注心血的文學翻譯領域，其成規模、有意識的性質，與此前從《域外小說集》到《現代日本小說集》的諸譯作集並無二致。但是，從流派眾多、風格各異，而以現代人道主義思想爲主的譯作集，一變而爲以某個作家或某種文體爲主、思想各異而風格趨同的翻譯，其間顯示的正是周作人的文學政治實踐，從思想主導文學向文學與思想各自獨立開展的轉換過程。

　　希臘與日本古典文藝的翻譯，從《晨報副鐫》延續到《語絲》（參見附錄6）。除日本狂言單獨結集爲《狂言十番》，於1926年9月出版之外，〔註150〕古希臘作品連同此前此後周作人其他的詩歌譯作，結集爲《陀螺》，於1925年9月出版。〔註151〕《陀螺》文體駁雜，可大別爲牧歌體、喜劇體、小詩體三類，希臘古典文藝譯作主要集中於前兩類。集中所譯希臘古詩，雖然屬於「小詩」，但「小詩體」是周作人特別拈出的一種「有意味的形式」，其代表是日本的小詩（詳後），希臘小詩的特性，在形式上只是「精練」，〔註152〕而在情調上其實更接近牧歌體與喜劇體。

　　周作人所譯古希臘喜劇體作品，包括路吉亞諾斯的對話與海羅達思的擬曲，從內容上看，幾乎是對人類行爲與情感的負面形態的全展示：說謊、嫉妒、欺騙、愚蠢、猜忌、嚼舌、虛榮、嘲弄弱小等。一方面，詩人表現的眞摯，賦予其任時光也無法湮沒的普遍人情的存在感，「古今相去七百餘年，

〔註149〕《大言》譯者記，載1921年10月28日《晨報副鐫》。
〔註150〕《狂言十番》目錄：《序》、《骨皮》、《伯母酒》、《立春》、《發跡》、《花姑娘》、《偷孩賊》、《柿頭陀》、《雷公》、《工東嚙》、《金剛》、《山口蓼洲畫三幅》，並配有五副插圖。北新書局1926年9月發行。
〔註151〕《陀螺》主要由《希臘小篇》、《法蘭西小篇》和《日本小篇》組成。《希臘小篇》收入諦阿克列多思牧歌三篇：《情歌》、《農夫》、《私語》；海羅達思擬曲二篇：《媒婆》、《密談》；路吉亞諾思對話三篇：《大言》、《兵士》、《魔術》；郎戈思小說五節：《苦甜》、《斷片四則》；《雜譯希臘古詩二十一首》。《法蘭西小篇》收入波德萊爾散文小詩八首、果爾蒙田園詩六章、法國的俳諧詩二十七首。《日本小篇》收入《古事記中的戀愛故事》、《一茶的俳句》、《啄木的短歌二十一首》、《詩三十首》、《俗歌六十首》。此外，單列有《雜譯詩二十九首》，主要以英國古代民歌及弱小民族國家的民歌爲主，此前曾發表於《新青年》、《晨報》（第七版）等。新潮社1925年9月初版。
〔註152〕《論小詩》，《全集》第2卷，第555頁。

但人情沒有變化」；另一方面，表現出之以喜劇的文學形式時，詩人對人情的觀照，就獲得了一種既存身其中又超越其上的第三的倫理性立場，體現出「平民的貴族化」。例如海羅達思的擬曲，「多寫日常瑣事，妙能穿人情之微」，〔註153〕路吉亞諾思的對話，「路吉亞諾思的諷刺往往是無慈悲的，有時惡辣地直刺到人家心坎裏。但是我們怎麼能恨他。他是那麼明智地，又可說那麼好意地這樣做，而我們又實在值得他那樣的鞭撻。」〔註154〕藝術形式中包含的作者的超越性思想態度，爲道德的漸進發展提供動力。

　　受到肯定的道德情感的正面形態，可以從雜譯希臘古詩、諦阿克列多思的牧歌與郎戈思的牧歌小說中看到。21首希臘古詩的主題，不外愛與美與死，表現的正是周作人稱道的熱烈的求生慾望。對現世生活的肯定，出於對死亡的唯物論態度，死亡抹消一切不留痕跡；而對現世生活的超越性，表現在對愛與美的追求與享樂。〔註155〕就連海羅達思的《媒婆》，以有夫之婦美忒列該對非法的戀慕者的拒絕，似乎刻畫了堅貞這種正面的道德情感，但是，對話中篇幅最長的兩段文字，是媒婆瞿列斯所描述的埃及的現世繁華，「大家所喜歡的一切的好東西」，以及戀慕者的出色與其陷入相思的癡狂，以此對獨居的美忒列該進行及時行樂的勸誘。美忒列該的拒絕固然令人欽佩，但由於瞿列斯的生動描述，不得不說後者以美與愛爲追求的及時行樂觀，反而給人留下更深的印象。

　　牧歌與牧歌小說，表現人類情感中的兩性情感，包括《陀螺》中法國果爾蒙的田園詩、日本的俗歌等在內，全是吟詠戀愛的甜蜜與煩惱，可同歸爲「情詩」。兩性情感在傳統道德觀中，是最受到嚴密監視的部分，文學表現也

〔註153〕《媒婆》附記，《晨報副鐫》，1922年1月1日。

〔註154〕《論居喪》附記，《全集》第5卷，第645頁。

〔註155〕舉其三首以見一斑（《周作人譯文全集》第9卷，第462～463頁）：
　　七、阿思克勒披亞臺思作：
　　　　你保藏你的童貞，又怎樣呢？因爲到了冥土，／女郎，你將更找不到一個情人。／在活人才有愛神的歡樂；但在苦河那邊，／姑娘，我們睡著只是白骨與塵土了。
　　九、斯忒拉多作：
　　　　美如會老，那麼及時分享了罷；／如若永存，又爲甚怕給予那存留的東西呢？
　　十、無名氏作：
　　　　勿獻香花於我的石墳上，／也勿燒火：耗費都是空的。／你如有意，請在生時惠我；用酒澆我的灰／只做成一團爛泥，死者是不復飲酒了。

不得不「發乎情止乎禮義」。隨著新文化運動喊出個性解放、戀愛自由的口號，情慾本身得到突破封建禮教的描寫，最典型如郁達夫表現青年性苦悶的自敘傳體小說，因此，《沉淪》甫出，便被冠以「不道德的小說」的徽號，汪靜之的情詩集《蕙的風》，也被指出有「不道德的嫌疑」。對周作人從現代生活全體上理解的「道德」觀而言，藝術地表現兩性情感，不僅不能算作「不道德」，而且，「這舊道德上的不道德，正是情詩的精神」，〔註156〕情詩表現了作者對於舊的禮教道德的反抗態度，因此反而成為新道德的文學。那麼，表現情慾的文學，其新的道德性是什麼？

　　首先值得注意的是，在為小說集《沉淪》寫的辯護文章中，周作人借用弗洛伊德性本能受到壓抑的昇華說，來解釋有關性的文學的產生動機：

> 　　據「精神分析」的學說，人間的精神活動無不以（廣義的）性慾為中心，……這色情在藝術上的表現，本來也是由於迫壓，因為這些要求在現代文明——或好或壞——底下，常難得十分滿足的機會，所以非意識的噴發出來，無論是高尚優美的抒情詩，或是不端方的（即猥褻的）小說，其動機仍是一樣；〔註157〕

性本能的受壓抑，具體指向「現代文明」，這就仍然將郁達夫小說中的性苦悶，與「現代人的悲哀」勾連起來，是「生的意志與現實之衝突」的一種表現。在此意義上，郁達夫在小說裏分別表現的性苦悶（《沉淪》）與理想主義者的沒落（《南歸》），對周作人而言不是各自孤立的現象，而是源自同一「現代的苦悶」的產物，「所以《南歸》的主人公的沒落與《沉淪》的主人公的憂鬱病終究還是一物」，這就避免了在靈肉衝突、理想與現實衝突的框架中，可能作出的靈優而肉劣，或者理想優而現實劣的二元評判。因此，「情慾」文學的道德性，就在於對抗迫壓、肯定「生的意志」，從最上的高尚優美的情詩，到最下的色情狂的著作，在此意義上都是道德的，它們的區別只在藝術價值的高低。情慾只有得到真摯、普遍地表現，才可成為藝術。色情狂的文學不是普遍的，而是狂的病的，淫詩即使有技工方面的長處，卻不是真摯的，也不能歸入藝術，而《沉淪》是一件藝術的作品，「他的價值在於非意識的展覽自己，藝術地寫出昇化的色情，這也就是真摯與普遍的所在。至於所謂猥褻部分，未必損傷文學的價值」。周作人僅僅在讀者範圍上對其進行

〔註156〕《情詩》，《全集》第 2 卷，第 584 頁。
〔註157〕《〈沉淪〉》，《全集》第 2 卷，第 537 頁。

限制，「在已經受過人生的密戒，有他的光與影的性的生活的人，自能從這些書裏得到希有的力，但是對於正需要性的教育的『兒童』們卻是極不適合的。還有那些不知道人生的嚴肅的人們也沒有誦讀的資格，他們會把阿片去當飯吃的。」〔註 158〕這也可見，他將文學之力的發揮，開始放置在作品與讀者的互動關係中考慮。

其次，從上述「道德」視野出發，「情慾」文學的價值從道德與否的討論，轉移到「藝術的表現」，即情慾的昇華方面，情詩因此受到周作人的特別關注。情詩以最爲純粹的文學形式，淨化了兩性情感中動物本能部分的物質性和社會關係部分的世俗性，使之呈現出情感的精神性的純粹形態，因此，周作人在翻譯情詩時，特別強調其「優美」的藝術形式。如《情歌》附記，「今所譯者係第三章，雖然足以見牧歌之一斑，但不足包括作者優美的藝術。……譯者感於自己能力的薄弱，每致不能將最優勝之作譯出，也常有這一種抱歉的心情。」〔註 159〕《苦甜》附記，「現在牧羊人與牧羊女的那種擬古的小說雖然已經不再流行了，但是在描寫田園生活的作品裏，一切的清新優美之氣，差不多仍然從這個源泉裏出的。」〔註 160〕《〈古事記〉中的戀愛故事》附記，「這兩篇故事是《古事記》裏的傑作，而輕兄妹故事中的幾首情歌又是全書裏的最優美的詩篇。」〔註 161〕這些古典的愛情詩，恰好可以當得起「牧歌」的稱呼，純淨的情感形態，優美的文詞，彷彿被提純過一般，連苦惱也是甜蜜的，即使對於如《古事記》裏的愛情悲劇，情歌詠唱的也是「愛情如死之堅強」的讚美。這種表現形式，賦予情慾一種高純度的理想形態，「我們不信有人格的神，但因了戀愛而能瞭解『求神者』的心情，領會『入神』（Enthousiasmos）與『忘我』（Ekstasia）……實在戀愛可以說是一種宗教感情」，〔註 162〕與其說周作人是在描述實際的戀愛體驗（當然不能否定其存在），不如說，這是從情詩閱讀中體驗到的昇華的情慾的描述，情慾因之具有了倫理意義，「戀愛因此可以說是宇宙的意義，個體與種族的完成與繼續。」這種倫理意義以現代科學的性知識爲基礎，破除了宗教與禮教以性的「不淨」爲前提的傳統道德觀，指向人與人之間平等、自由的現代道德關係。換言之，兩性關係不過是個體

〔註 158〕 《全集》第 2 卷，第 538～540 頁。
〔註 159〕 《晨報副鐫》，1921 年 11 月 27 日。
〔註 160〕 《晨報副鐫》，1921 年 12 月 11 日。
〔註 161〕 《周作人譯文全集》第 9 卷，第 538 頁。
〔註 162〕 《情詩》，《全集》第 2 卷，第 582 頁。

與群體關係的表現之一種。因此，周作人將傳統的「發乎情止乎禮義」，修改為「發乎情，止乎情」時，第一個「情」指性本能，而第二個「情」具有了道德含義，「過了情的分限，即是性的遊戲的態度，不以對手當做對等的人，自己之半的態度。」〔註163〕

　　但是，兩性情感在人與人的倫理關係之外的特殊性何在？這個問題，如同周作人從「人」的立場支持婦女解放，卻忽視女性自身的特性一樣，在昇華為倫理形態的情慾中，無從解答。事實上，從民間產生的日本俗歌，包含了更多兩性情感實際的複雜形態，例如負心、薄幸、嫉妒、苦悶、猜疑、悔恨等，〔註164〕同時更多社會性的內容，例如賣身的妓女、被親權或習俗阻撓的情人等。〔註165〕但私情的特殊性，無法體現普遍性的倫理意義，因此，周作人主要從形式意義的角度關注俗歌，「俗歌的特色，同別種的日本詩歌一樣，是『言簡意該』，富於含蓄，能在寥寥兩三句話裏，包括一個人生的悲喜劇。」換言之，俗歌主要是作為體現了「日本詩歌」特有的藝術形式而受到關注，這與他對日本小詩的關注動機一致。因此，周作人寧肯將俗歌譯為散文而能保持原有的風格，也不願做成中國式的歌謠，而且，即使俗歌能夠譯成漂亮的子夜歌，他也認為「不過成了一首漢詩，已經不是日本的俗歌了。」〔註166〕在此意義上，日本俗歌的道德性，反而與小說《沉淪》接近，而與情詩表現的倫理意義相遠。

　　如果說，周作人翻譯古希臘喜劇體作品表明，文學通過藝術形式可以表現一種倫理立場，那麼，牧歌式情詩則表明，藝術或美本身就是一種倫理。牧歌之外，大概只有周作人寄望於借鑒日本小詩而創造出中國現代文藝樣式的「小詩體」，可作如是觀。

6・亞里士多德詩學觀點與「小詩體」

〔註163〕《情詩》，《全集》第2卷，第582～584頁。

〔註164〕例如《日本俗歌六十首》之二四，諷刺男子薄幸，「一夜的親近，就有了這個〔孽障〕，『新茶的茶瓶』，〔說是〕我是不知道。」《周作人譯文全集》第9卷，第582頁。

〔註165〕例如《日本俗歌六十首》之十一，寫妓女苦情，「鬢髮的散亂，這是枕頭的磨折呵。做買賣的身真是沒法呀，苦海呀，苦海呀，請你寬恕罷。」《周作人譯文全集》第9卷，第580頁。之五四，寫雙親的阻撓，「雖然不是彼此嫌憎的交情，也只好休了你罷，為的是雙親的緣故。」第588頁。

〔註166〕《周作人譯文全集》第9卷，第577頁。

從現代分類來看，《陀螺》的文體相當駁雜，幾乎涵蓋文學文體的所有種類：小說、詩歌、散文、散文詩、戲曲，但周作人全部稱之爲「詩」，文體則爲「散文」，「這些幾乎全是詩，但我都譯成散文了」，〔註167〕這幾乎就是廢名30年代談新詩觀點的藍本，「如果要做新詩，一定要這個詩是詩的內容，而寫這個詩的文字要用散文的文字。」〔註168〕與廢名針對特定的文體不同，周作人在此談的是文學本身。

用「詩」來定義文學，無疑受到古希臘尤其是亞里士多德詩學觀點的啓發。周作人留日時期學習古希臘語，本意爲了將《新約》翻譯爲如佛經一樣古雅的古文，〔註169〕這是彼時受到章太炎與種族革命相結合的文學復古思想影響的一個表徵；及至回國，民國成立，復古思想失去政治依託，共和新文化建設成爲政治意識的關注重心，官話譯本得到認可，這才中止翻譯計劃。1917年加入新文化陣營，在北京大學講授歐洲文學史時，周作人在講義中介紹了亞里士多德及其《詩學》，〔註170〕並根據英人 Frederick Robertson 的論述，將希臘思想概括爲二大特徵：美之宗教與現世思想，給以高度評價。〔註171〕隨著對五四啓蒙主義的反思，除日本文化之外，希臘思想也開始從文學史敘述，變爲周作人的思想建構資源，1921年大病之後標示其思想轉變的重要文章，除《一茶的俳句》、《三個文學家的記念》之外，另外兩篇均與希臘思想有關。《新希臘與中國》對比新希臘與中國的相似文化現象，在於引出希臘民族「現世主義」的思想特性，以期促發中國人猛烈的求生意志；《在希臘諸島》是翻譯英國勞斯所譯《希臘島小說集》的序文，附記中比較希臘文明與中國文明，將希臘作爲「現代諸文明的來源」，〔註172〕關注其從多神崇拜中生發出美的文藝，以爲中國建立現代文藝的借鑒。現世主義與愛美精神，作爲希臘文化與日本文化共通的特性，此後開始在周作人的思想建構中發揮重要作用。

周作人對愛美精神的認識，最先受到柏拉圖影響，「以美與愛，乃能導人止於至善，此實 Platon 美之宗教觀，足爲希臘思想代表者也。」柏拉圖首先

〔註167〕《陀螺・序》，《周作人譯文全集》第9卷，第425頁。
〔註168〕《談新詩》，王風編：《廢名集》第4卷，第1629頁，北京：北京大學出版社，2009年。
〔註169〕參見《知堂回想錄・八二學希臘文》，《全集》第13卷。
〔註170〕參見《周作人自編文集・歐洲文學史》第一卷第五、七章。
〔註171〕參見《周作人自編文集・歐洲文學史》第一卷第十章。
〔註172〕《全集》第2卷，第444頁。

是一位哲學家，他以絕對理念（或謂「形念」）爲眞，現實世界不過是理念世界的影子，而摹仿現實的藝術則是影子的影子，因此，他所推崇的美，是所謂「絕對美」，即「Platon 亦以體美爲精神美之發現」。〔註173〕藝術的感性之美，只是位於較低層次的美，無法與絕對美或善相提並論。〔註174〕在周作人使用「美之宗教」這一表述中，也可以看到，對柏拉圖而言，道德與善，是藝術與美的更高階段和目的，因此，詩人被排除於他以哲學家爲王的理想國之外。以善爲目的的美的認識，與五四啓蒙主義的功利主義相一致。而在周作人反思啓蒙主義、建立個人主義文藝觀的過程中，他對美與藝術的認識，開始接近了亞里士多德。亞里士多德與柏拉圖的最大不同，恰恰在於通過重新闡釋詩與自然的關係，高度評價了作爲摹仿藝術的詩。《詩學》有關詩的本質的觀點，大致可以概括如下：屬於「製作」或「技藝」的詩，它摹仿的對象並非「形念」的影子，而是經過提煉的生活；摹仿並非被動的現象，而是在理性原則指導下充滿主動精神的一種活動，因此，「藝術作品可以表現作者的主觀意向，藝術摹仿（表現）不僅可以，而且應該高於生活。」〔註175〕換言之，亞里士多德在「摹仿」中強調的，並非作爲客體的自然，反而是詩人主體對於形式的創造。〔註176〕當然，亞里士多德的時代，在屬於「製作」的諸「技藝」中，詩仍然無法比肩於政治，「柏拉圖和亞里士多德都是技藝等級論者。在他們看來，政治或管理城邦事務和組織城邦生活的藝術是理所當然的技藝之『王』。」〔註177〕但是，在《詩學》中，擁有「自我完善」的詩，不再是政治或道德的附庸，自然也不能是現代意義上自足的美學領域，而是藝術與倫理、審美經驗與道德效果的合一。《詩學》主要處理敘事性藝術類型史詩、悲劇和喜劇，重視「行動」和「情節」，強調悲劇的「淨化」（Katharsis）

〔註173〕《周作人自編文集・歐洲文學史》，第 56 頁。

〔註174〕有關柏拉圖的詩學思想，參見陳中梅譯注亞里士多德《詩學》附錄十三《柏拉圖的詩學思想》，北京：商務印書館，1996 年。

〔註175〕陳中梅譯注：《詩學》，第 213 頁。有關亞里士多德詩學中闡述詩本質的關鍵概念「技藝」與「摹仿」，參見該書附錄四《Mimēcis》、附錄六《tekhnē》。尤其值得注意的是，亞里士多德對於「自然」的理解，與中國傳統的「自然」觀有相近之處，古希臘人重視向自然學習，「技藝和自然一樣，是一種生產力量」，第 211 頁。

〔註176〕參見陳增福、伊慧明：《亞里士多德〈詩學〉中的詩的眞實性》，《吉林大學社會科學學報》，2001 年 05 期。

〔註177〕陳中梅譯注：《詩學》，第 241 頁。

效果，卻不涉及抒情詩，至少不能與考究藝術的道德力量沒有關係。〔註 178〕抒情詩與故事或情節的相容性甚低，不利於從故事中演化意義，引為道德訓誡。

　　周作人的個人主義文藝觀，同樣重視藝術與倫理的合一，不過，他所生長其中的中國文化傳統，缺乏史詩與悲劇藝術的傳統，因此，他的美感經驗，恰恰來自亞里士多德漏掉、而在中國淵遠流長的抒情詩傳統。另一方面，身處古典時代的亞里士多德，對詩形式上的規定性，卻與中國古典詩歌相同，即詩屬於格律文，與散文相對。〔註 179〕在語言的音、形、義三屬性中，唯有語音，在文化系統不同的語言之間無法通用或轉譯，是語言形成的決定性因素，而詩的格律，便與語音的物質屬性（音節、音調等）密不可分。語言所表達的意義可以通約，語音自身的節奏、韻味、情調卻無法通約，正是在此意義上，周作人一再強調「詩是不可譯的」，〔註 180〕為此，才需要探索與散文化趨勢相適合的中國新詩自己的詩形。不僅新詩，整個新文學在起點上，就是以具有反封建意義的白話文運動為開端，因此，包括詩在內的文學形式的散文化，恰恰是中國現代文學與現代化進程的內在要求。套用廢名的表述，周作人所期待的中國現代文藝，一定要是抒情詩的內容，寫它的文字要用散文的文字。

　　早在周作人自覺意識到之前，天生的性情與自身的文化薰染，已經在引導著他的傾向性。還在為了人道主義思想而進行文學翻譯的五四時期，周作人已經注意到庫普林小說的獨特樣式。〔註 181〕從稱《晚間的來客》為「抒情

〔註 178〕參見劉小楓：《作詩與德性高低——亞里士多德〈論詩術〉第 2～3 章繹讀》，該文通過細讀闡釋亞里士多德的詩學是政治哲學，「亞里士多德從如何作詩的角度來解釋人的生活方式有高低德性之分」。《中山大學學報》（社會科學版），2011 年 03 期。

〔註 179〕參見陳中梅譯注《詩學》附錄二《Logos》。

〔註 180〕如 1916 年《日本之俳句》，「至於俳句翻譯，百試不能成，雖存其言詞，而意境迥殊，念什師嚼飯哺人之言，故終廢止也。」《全集》第 1 卷，第 487 頁。1920 年《譯詩的困難》，「倘是詩歌，他的價值不全在於思想，還與調子及氣韻很有關係的，那便實在沒有法子。要尊重原作的價值，只有不譯這一法。」《全集》第 2 卷，第 257 頁。1924 年《關於〈幾首古詩的大意〉》，「詩是不可譯的，只有原本一篇是詩，別的都是塾師講唐詩的講解罷了。」《全集》第 3 卷，第 413 頁，《陀螺》序言中再度引用。

〔註 181〕發表於《新青年》7 卷 5 號（1920.4）的《晚間的來客》附記云，「我譯這篇，除卻介紹庫普林的思想之外，就因為要表示在現代文學裏有這一種形式的短

詩的小說」，到《美文》中「若論性質則美文也是小說，小說也就是詩」，其思路一脈相承；只是前者側重表明「文學的特質是在感情的傳染」，後者側重闡明文學文體藝術美的形式共性。因此，基本上收錄 1921 年以後所譯小說的《現代小說譯叢第一集》中的譯作，已經顯示出在情感與美的結合這一點上，將現代被文體（小說、詩歌、散文、戲曲等）所分割而功能化的「文學」（如用以敘事、抒情、寫景等），重新統一所形成的新的文學觀的萌芽。例如《我的姑母》的附記，將小說的價值置於描寫情感的藝術的獨特上，「這便是描寫獨身女人的感情的變化。那種細膩優美的描寫，帶著一點輕妙而且有情的滑稽，的確是女性的特長，不是一般男性文人所能容易學到的。我以為在這一點上，女小說家的獨有的價值差不多就可以確定了。」〔註 182〕此外，在藝術上不追求反映現實、情節完整，而具有抒情詩氣質的小說作品大大增加，如《波尼克拉的琴師》「寫琴師的凍死，出以輕妙之筆，造出一副美而悲哀的畫」，〔註 183〕《二草原》是「空想的詩的作品」，〔註 184〕《願你有福了》可以看出作者「又是一個純粹的抒情詩人」。〔註 185〕《世界之黴》、《影》、《乞丐》、《朦朧中》、《初戀》等篇，像散文詩一般，想像與情緒的分子濃厚，注重營造特殊的意境而非情節連貫。到了《現代日本小說集》中的譯作，這一傾向更加鮮明。前述所分二類中的第二類自不必說，空想性、抒情性、象徵性、意境化，是其明顯的形式特徵；即使敘事性相對比較強的第一類，也不以故事或情節為重，除《清兵衛與壺盧》之外，全部是第一人稱敘事（《第二的母親》、《亡姊》中的「我」甚至被呼以作者名字，〔註 186〕疑似非虛構性作品，

篇小說。小說不僅是敘事寫景，還可以抒情：因為文學的特質是在感情的傳染，便是那純自然派所描寫，如左拉（Zola）說，也仍然是『通過了作者的性情的自然』，所以這抒情詩的小說雖然形式有些特別，卻具有文學的特質，也就是真實的小說。」

〔註 182〕《周作人譯文全集》第 9 卷，第 181 頁。
〔註 183〕《周作人譯文全集》第 9 卷，第 150 頁。
〔註 184〕《周作人譯文全集》第 9 卷，第 156 頁。
〔註 185〕《周作人譯文全集》第 9 卷，第 164 頁。
〔註 186〕《第二的母親》作者為武者小路實篤，文中有「我吹熄洋燈，決計在貞子留著的期間我也留在祖母那裡，便走出房外，在黑暗的廊下摸索著正將走去，聽得祖母的聲音道，『你到實篤的房裏去看看罷。』」《亡姊》作者為長與善郎，文中有「那時並排睡著的藤姊說道，『善郎（Yocchan），你又……』這個笑嬉嬉的面貌，我也還記憶著。」《周作人譯文全集》第 8 卷，第 270、280 頁。

可見周作人全不在意現代的文體分類），因此，敘事者的情感、心理很容易就在敘事過程中帶出來，形成濃鬱的抒情氛圍。

繼《哀弦篇》將「悲哀」視爲東方文學的情感特質之後，周作人愛好以抒情氛圍、意境營造爲重的詩化小說、散文化小說的文學趣味，在 20 年代西方寫實主義與浪漫主義主導的中國文學界，無疑是樹立起一種具有東方文化特色的文學樣式，但反而迎頭趕上了從反思西方現代文明中生發出來的重視心理現實、文學表現技巧的西方現代主義文學。

到周作人開始有意識地以此爲指導，自覺探索中國的現代文藝樣式時，在由上述文學翻譯完成的文學的本質與功能、思想與形式的統一之外，藝術與倫理的合一，就成爲政治意識層面的更高追求。這也使他認爲，藝術可以與政治等價，從個人立場看，甚而高於政治。

不過，文學與倫理的結合，對周作人而言並不是一個新問題。從留日時期追隨魯迅從事文學啓蒙活動、鄉居時期致力於民國新文化建設，到五四時期人道主義文學的提倡，立足於個人（分別以「民族」、「國民」、「人」的形式出現）自覺的政治倫理，始終是周作人文學活動的思想指導和目標。經歷了啓蒙主義的反思，行動與思想、政治與文化的分離，個人主義文藝觀的建立，文學的倫理問題，也轉變爲表達與「全而善美的生活」相適應的生活倫理。

在政治倫理的傳達方面，由於啓蒙思想與文學趣味之間的裂隙，〔註 187〕始終不盡如人意，前述五四時期的文學翻譯，周作人每每需要在前言附記中添枝加葉，即其表徵。不過，他的新詩創作中卻有成功的例子，即《小河》。姜濤結合木山英雄有關現代文人的舊體詩研究指出，《小河》具有天然的政治性，因爲它沒有發生在現代的文學「裝置」中，它生發於詩尚未從政教系統中獨立爲純文學的古典詩詞寫作系統，因此，不像新詩，已經在文學與政治發生現代性分離的前提下寫作，其與現實只能形成一種或捲入或逃離的簡單化關係，《小河》卻能表述一種複雜、幽暗的歷史感性，表現出主體對歷史的處理能力。這種天然的政治性，與《小河》採用的獨特形式密不可分，周作人三四十年代寫作的打油詩、雜詩，與此一脈相承。〔註 188〕《小河》

〔註 187〕參見拙文：《在啓蒙思想與文學趣味之間》，《渤海大學學報》（哲學社會科學版），2011 年 01 期。

〔註 188〕參見姜濤：《從周作人的〈小河〉看早期新詩的政治性》，《海南師範大學學報》

的形式，周作人自己說是「仿歐洲的俗歌」、或者「譬喻」，〔註189〕姜濤認為，「作爲一首寓言詩，《小河》應該是一首非個人化的作品」，這點明了寓言體形式與詩的政治倫理之間的對應關係，思想與形式恰如其分的匹配，使這首詩獲得表現的成功。1922 年，當周作人受到社會政治事件刺激，政治倫理高漲之時，他也試圖用文學創作來表達或「淨化」憤激之情，這就是總題爲《眞的瘋人日記》與《夏夜夢》的兩組貌似諷刺小說的作品。〔註190〕仍然採用譬喻、寓言或「夢」的形式，但並不成功，過於急迫的理性分析和現實諷刺，使思想來不及被形象化和形式化；或者換用姜濤的說法，這些作品中，一個與現實緊張對抗的內面化自我，已經被「現代的裝置」生產出來了，而這個「自我」暫時還沒找到與現實重新發生政治性關聯的有效形式，結果就是一堆支離破碎的「諷刺」。這也說明，與個人主義文學的政治性相對應的生活倫理，是兼容政治倫理的，只是此後，周作人放棄對其形式化，直接出之以社會批評了。他尋求對之進行形式化的，是生活倫理中個人性的部分，即新道德的建設。〔註191〕因此，在周作人這裡發生的現代性分離，乃是在文學與政治、思想與行動各自獨立的同時，在「人的生活」的終極層面，再建立起使其統一的基礎。

　　與個人道德相對應，周作人找到了在文學諸形式中抒情性最強的抒情詩，前述情詩即爲一例。不過，情詩所表達的情感類型局限於兩性情感，只

（社會科學版），2012 年 08 期。

〔註189〕《小河》前言，「內容大致仿那歐洲的俗歌」，《全集》第 2 卷，第 126 頁；《〈苦茶庵打油詩〉後記》，「形式也就不是直接的，而用了譬喻」，《全集》第 9 卷，第 281 頁。

〔註190〕《眞的瘋人日記》共 6 篇，發表於 1922 年 5 月 17 日至 23 日《晨報副鐫》；《夏夜夢》共 11 篇，發表於 1922 年 8 月 19 日至 9 月 7 日《晨報副鐫》，寫於 1921 年 9 月的非虛構性散文《初戀》亦收入其中，可見文體很隨意，對「夢」的理解也頗別致，夢固然是現實的曲折投影，而現實又何嘗非夢？這些作品中可見周作人急於對剛剛經歷過的諸如非基督教大同盟運動、「保存國粹」的復古運動等事件所暴露的專制、狂信、自大、奴性等國民性進行思想批判。

〔註191〕周作人對此不無略感苦澀的自覺，《〈雨天的書〉序二》云，「我平素最討厭的是道學家，（或照新式稱爲法利賽人，）豈知這正因爲自己是一個道德家的緣故；我想破壞他們的僞道德不道德的道德，其實卻同時非意識地想建設起自己所信的新的道德來。我看自己一篇篇的文章，裏邊都含著道德的色彩與光芒，雖然外面是說著流氓似的土匪似的話。我很反對爲道德的文學，但自己總做不出一篇爲文章的文章，結果只編集了幾卷說教集，這是何等滑稽的矛盾。」《全集》第 4 卷，第 346 頁。

關涉到兩性倫理，對於更爲廣泛的現代人際的倫理關係，周作人提出以日本小詩爲借鑒的「小詩體」，作爲表達方式：

> 情之熱烈深切者，如戀愛的苦甜，離合生死的悲喜，自然可以造成種種的長篇巨製，但是我們日常的生活裏，充滿著沒有這樣迫切而也一樣的眞實的感情；他們忽然而起，忽然而滅，不能長久持續，結成一塊文藝的精華，然而足以代表我們這刹那的内生活的變遷，在或一意義上這倒是我們的眞的生活。如果我們『懷著愛惜這在忙碌的生活之中浮到心頭又復隨即消失的刹那的感覺之心』，想將他表現出來，那麼數行的小詩便是最好的工具了。〔註192〕

周作人對現代生活日常性、瞬時性和内面性的認知，其所體現的時間意識，與柏格森開創的以「綿延」爲眞實時間的現代時間意識很接近。柏格森的「綿延」概念，一方面將時間界定爲非均質的、流動的、不可分割的時間之流，與科學的空間化的時間相區別；另一方面將時間與自我意識關聯，使其内在化，與外在的物理時間有別，「眞正的綿延卻是以直覺的方式通過深刻的内省才能達到的深層自我狀態，即一種純粹内在的、主動的、前後關聯不可分割而又自由流動的狀態，具有意識性。」〔註193〕這種時間意識，實際上將世界本體建立於「時間（綿延）」即自我（深層）意識之上，將人的自由的實現，從上帝之手轉交到人自己手中（當然在柏格森這裡並不徹底）。柏格森的時間觀念，爲了糾正「可分割性的」的科學時間之誤，其結果，卻不免將科學時間與哲學時間、經驗與意識、世界與自我相互割裂。〔註194〕而周作人通過選擇「小詩」這種藝術形式，創造了現代生活世界的完整性，並在自我與世界之間建立起新的倫理關係。

「數行的小詩」，雖然普遍存在於中外古典詩歌中，但周作人獨以日本小詩爲理想。中國周朝的歌謠、唐絕句及之後的小令、民歌中的子夜歌等，受到格律體形式約束；印度短詩，耽於冥想，傾向宗教神秘主義，這兩者都不能同時滿足抒情詩的内容與散文的形式的雙重要求。古希臘詩銘是符合要求的，但它的形式特徵是「精練」，與周作人置重的日本小詩的共性「簡潔

〔註192〕《自己的園地十三·論小詩》，《全集》第 2 卷，第 553 頁。

〔註193〕溫靭：《柏格森的時間概念及其時代意義》，《安徽大學學報》（哲學社會科學版），2000 年 03 期。

〔註194〕參見譚裘麒：《唯有時間（綿延）眞實——柏格森自我意識本體論初探》，《哲學研究》，1998 年 05 期。

含蓄」，終有一間之距。由此可見，對「小詩體」的表達具有決定性意義的形式要素是「含蓄」，在這一點上，即使意趣相近的中國絕句，也不得不讓賢，「寥寥數言，寄情寫意，悠然有不盡之味。彷彿如中國之絕句，而尤多含蓄。」〔註195〕

周作人認為，「含蓄」是基於日本語言語音的特性而產生的，因此，與語音不可通約的漢字無關，也就是說，儘管日本文化受到中國文化很大影響，但「含蓄」卻是與中國文化完全異質的日本獨有思想形態的產物。他舉兩國語言中表示「黃鶯」的詞為例，中國單音的「鶯」，與日語復音的「Uguisu」，意義並無不同，但運用於詩歌，在總字數有限的空間中（日本詩歌以「音數」為限制），單音字比復音字更易於添加修飾，也就更易於說盡，「若說詩歌上的運用，Uguisu 一語佔了一句的大部分，不能多加許多屬詞，所以有讀者想像的餘地；不比五言中的一個鶯字，尚可加上四個字去，易有說盡的弊病。總之這含蓄是在著想措辭上面，與音的多少並不相干。」所以，「含蓄」的第一要義在於，文本的字面中留有想像空間，有空白，是一種虛實結合的形態。這就要求讀者不是被動接受文本的呈現，而是主動將自我意識加入到對藝術世界的創造中，正如周作人引用小泉八雲關於日本詩歌的評論所言，「詩歌的目的，並不在滿足人的想像力，單在去刺激他，使他自己活動。」〔註196〕讀者與文本的關係，隱喻了作者與其表現對象的自然世界之間的關係。

「含蓄」的第二要義，是從其形態而來的效果上的「不盡之味」，「別國的短詩只是短小而非簡省，俳句則往往利用特有的助詞，寥寥數語，在文法上不成全句而自有言外之意，這更是他的特色。」據周作人介紹，日本的短詩主要有三十一音的短歌和十七音的俳句、川柳，川柳是諷刺詩，於抒情詩中，周作人尤其重視俳句。與「長於抒情」的短歌相比，俳句因為形制更加短小，抒情不能不取間接的方式，「俳句是靜物的畫，向來多只是寫景，或者即景寄情，幾乎沒有純粹抒情的，更沒有敘事的了。」〔註197〕在俳句詩人中，提倡閒寂趣味的芭蕉派、主張寫生的正岡子規、〔註198〕與謝蕪村等根岸派，

〔註195〕《日本之俳句》，《全集》第 1 卷，第 486 頁。
〔註196〕《日本的詩歌》，《全集》第 2 卷，第 318 頁。
〔註197〕《日本的小詩》，《全集》第 3 卷，第 123、125 頁。
〔註198〕對於正岡子規，周作人接受的不是詩歌而是俳文的影響，參見木山英雄：《正岡子規與魯迅、周作人》，收於趙京華編譯：《文學復古與文學革命——木山英雄中國現代文學思想論集》。

只出現於周作人對俳句的文學史敘述中，他發生愛好而成爲其思想資源的，是小林一茶，「他善用俗語入詩，又用詼諧的筆寫眞摯的情，所以非常巧妙，又含有人情味，自有不可及的地方。」〔註199〕由此可見，並非寫景或敘事，而是俳句「即景寄情」這種抒情方式，爲周作人所看重，與「不盡之味」聯繫來看，那麼，俳句是用有限之景來蘊涵無限之情，是有限之物與無限之我之間的生生不息，其最終所表達的「不盡之味」，乃是突破「物」的有限性而無限生長的「我」的主體情感。

因此，「含蓄」的形式意味，就在於這種藝術思維所呈現出來的主體與自然世界的關係的思想，這種關係以「我」爲主，但「我」只有依託於自然世界才能得到完滿的實現，二者不可分割、相互依存。前述汲取中國傳統藝術思維而建立的「人情」思想，與此有相似之處。不同在於，周作人將「小詩體」與現代生活關聯，借取了俳句的「俳道」精神，「眞的俳道是以生活爲藝術，雖於爲己之中可以兼有對於世間的供獻，但決不肯曲了自己去迎合群眾。」〔註200〕因此，在現代生活世界建立起的個人與群體共生、相互依存的倫理關係中，以自我爲本位的理由在於，由主體與自然世界共同創造出來的，將主觀與客觀、精神與物質、瞬間與永恒、有限與無限融而爲一的藝術世界，乃是最高的現實。

7・「滑稽趣味」的倫理意義

抒情性文學之外，以諷刺爲主要藝術手法的喜劇性文學，也是周作人關注的一個重心。前述古希臘擬曲、對話即其一，此外，還有日本的狂言、川柳。

如果說，抒情文學是承載周作人道德理想主義的正面形態，則諷刺文學爲其負面形態，一者以愛，一者以憎，其促進道德完善的動機是一致的，「諷刺小說雖然與理想小說表面相反，其精神卻是一致，不過正負不同罷了」。因此，抒情文學側重「立新」，諷刺文學則從「破舊」角度支持新道德的建設，「所以不是因襲的諷刺文學也自有其獨特的作用，而以在如現代中國一般的昏迷的社會爲尤甚。」〔註201〕

〔註199〕《日本的詩歌》，《全集》第 2 卷，第 326 頁。
〔註200〕《日本的小詩》，《全集》第 3 卷，第 124 頁。
〔註201〕《〈阿 Q 正傳〉》，《全集》第 2 卷，第 533 頁。

諷刺文學對「惡」的憎恨，出自公心而非私怨，但其描寫技術有高下之別，魯迅在《中國小說史略》中，因此區分「諷刺小說」與「譴責小說」，除了公心諷世的思想意圖之外，描寫上的「婉曲」、真實也是諷刺文學的必要條件。周作人出自新道德建設的立場，只從摘發惡這一點上看取諷刺文學，而將其描寫技術分類：「冷嘲」與「熱罵」，一者多理性，一者多情熱。這兩種都是中國文學傳統所有，雖然前者少見；他認為魯迅的《阿Q正傳》，雖然受到外國近代作品的影響，但仍是屬於中國的「冷嘲」這一諷刺系統。與其新道德觀的形態緊密關聯，周作人則從古代希臘、日本的喜劇作品中，提煉出另外一種諷刺類型，可稱為滑稽文學。

滑稽文學同樣以「憎」為主旨，但憎中有愛，是憎恨與同情的混合，這就在諷刺文學共有的理性的機智之外，引入個人性的主體情感，成為感情的滑稽，〔註202〕其效果則產生可以容納多種情感的「笑」，「淚中的笑」即為一例。另如路吉阿諾斯「無慈悲」的諷刺是出自好意，「他是那麼明智地，又可說那麼好意地這樣做，而我們又實在值得他那樣的鞭撻」；〔註203〕又如川柳同樣沒有惡意的諷刺，反而從另一面令人感到人世的可愛，「川柳揭穿人情之機微，根本上並沒有什麼惡意，我們看了那裡所寫的世相，不禁點頭微笑，但一面因了這些人情弱點，或者反而覺得人間之更為可愛，所以他的諷刺，乃是樂天家的一種玩世不恭的態度而並不是厭世者的詛咒。」〔註204〕滑稽文學的最高境界，周作人稱之為「有情滑稽」，〔註205〕「上者體察物理人情，直寫出來，令人看了破顏一笑，有時或者還感到淡淡的哀愁，此所謂有情滑稽，最是高品。」〔註206〕因此，滑稽文學的要義在於作者主體情感的投入，相當於選取了諷刺文學與抒情文學的交集部分，這一選取與周作人認為文學的特

〔註202〕參見《兒童的文學》，「古書如《韓非子》等的裏邊，頗有可用的材料，大都是屬於理智的滑稽，就是所謂機智。感情的滑稽實例很少：世俗大多數的滑稽都是感覺的，沒有文學的價值了。」《全集》第2卷，第279頁。《讀〈笑〉第三期》，「中國本來絕無感情的滑稽，也缺少理性的機智，所有的只是那些感覺的挑撥，聽了叫人感到呵癢似的不愉快；這是最下等的詼諧，歷來的滑稽文章大都如此」。《全集》第2卷，第783頁。

〔註203〕《〈論居喪〉附記》，《全集》第5卷，第645頁。

〔註204〕《日本的諷刺詩》，《全集》第3卷，第139頁。

〔註205〕「有情滑稽」本為日語詞彙，是對西方語彙「humour（幽默）」的翻譯，關於二者區別及對周作人的影響，參見吳紅華：「周作人文學の滑稽趣味について」（《關於周作人文學的滑稽趣味》），《中國文學論集》，第二十五號。

〔註206〕《我的雜學・十六川柳、落語與滑稽本》，《全集》第9卷，第227～228頁。

質在於「感情的傳染」，以及中國現代文藝的內容必是抒情詩的這一期待有
關。滑稽文學的投入主體情感，混融憎與愛，與其說模糊了價值判斷的是非
標準，不如說凸顯了價值判斷的個人立場，這與周作人以個人爲本位的新道
德觀是一致的。

這種個人性，在古希臘喜劇作品中，表現爲詩人超越性的倫理立場，在
狂言中則表現爲「滑稽趣味」。狂言的諷刺對象，大多是對平民握有生殺予奪
大權的權勢階層，如公侯、僧道、鬼神等，「狂言中的公侯率皆粗俗，僧道多
墮落，即鬼神亦被玩弄欺騙」，〔註 207〕其中包含著對封建等級秩序與強權道德
的不合作態度，這種態度的表現方式，周作人稱之爲「滑稽趣味」。以「笑」
表達出對「社會的乖謬和愚鈍」的否定態度，這一點可說是「滑稽」的共性，
而狂言的滑稽特別與「趣味」相連，被視爲具有日本文化的特性，「但其滑稽
趣味很是純樸而且淡白，所以沒有那些俗惡的回味」，「它的好處在能把威嚴
兇猛的雷公寫得滑稽可笑，卻是古樸醇厚，沒有一點惡俗氣，這正是中國人
所不能及的了。」〔註 208〕

周作人並不介意平民文學文詞的粗俗或粗鄙，他所反對的「俗」，指的
是藝術上的因襲思想，「藝術上最嫌忌者是市俗之氣，……就是因襲的陳套
的著想與表現，並不是不經見的新奇粗鹵的說法。」〔註 209〕平民文學的粗
鄙，反而表現了任何文藝不可或缺的眞摯態度，因而「不俗」，比如他講川
柳，「他的那種對於一切人事的眞率坦蕩的態度倒還是他的好處，他的所以
勝於法利賽文學的地方」；〔註 210〕中國民間的目連戲，「這些滑稽當然不很
『高雅』，然而多是壯健的，與士流之扭捏的不同，這可以說是民眾的滑稽
趣味的特色。」〔註 211〕「法利賽文學」、「士流」云云，可見俗與惡連在一
起的「俗惡」或「惡俗」，是針對上層社會因襲守舊的道德觀念而言，狂言
「滑稽趣味」的個人性，因而體現在對道德觀念持一種無僞飾的眞率態度。
可見，「趣味」首先與情感的眞摯性相關聯，「無論樂觀也罷，悲觀也罷，革
命文學也罷，頹廢派也罷，總之要使人把人生看得極嚴肅，飲食男女以及起
居作息都要迫切的做去，才是眞正的做人的路道。」相反，不懂得享樂人生，

〔註 207〕 《〈狂言十番〉中的附記》，《全集》第 4 卷，第 736 頁。
〔註 208〕 《〈狂言十番〉中的附記》，《全集》第 4 卷，第 735、740 頁。
〔註 209〕 《日本的小詩》，《全集》第 3 卷，第 124 頁。
〔註 210〕 《日本的諷刺詩》，《全集》第 3 卷，第 142 頁。
〔註 211〕 《談目連戲》，《全集》第 4 卷，第 73 頁。

而以玩弄、笑謔態度對待人生的「污毀一切的玩世與縱慾的人生觀（？）」，在周作人看來是現代的惡趣味，「在人的前途上決不是一個好現象」。〔註212〕

　　但是，就狂言體現的道德觀念本身而言，它對封建等級秩序的否定並不徹底。吳紅華在將「滑稽」與西方的「幽默」進行比較時指出，二者在內容上雖然有重合，但產生的社會背景與作者階層完全不同。中國與日本的滑稽作品，均產生於上下等級關係嚴密的封建專制的文化背景之下，出自平民階層，因此，與西方幽默作品多具貴族的、智性的、好意的特徵相較，「東洋的滑稽」多屬嘲笑的、卑俗的平民作品。〔註213〕這也意味著，「東洋的滑稽」，其道德觀念本身難以擺脫封建社會等級秩序的倫理結構，周作人不得不在譯記中對狂言的思想意義加以甄別，〔註214〕即其表徵。即便態度是眞摯的，狂言的「滑稽」中來自民眾的道德觀，也與現代以個人爲本位的道德觀相差有間，由此可見，所謂「趣味」，在具有普遍性的情感的眞摯之中，同時包含著現代民主精神的道德觀念，這使它與西洋幽默或東洋滑稽均有所不同。「趣味」因此也成爲周作人期待的中國現代文藝的形式要素之一。他解釋川柳難以翻譯的原因，除作爲詩歌共通的「詩不可譯」之外，另一方面由於川柳多含江戶時代的風俗分子，「不加說明便不易懂，加了說明又減少原有的趣味」，〔註215〕可見「趣味」本身便是形式意義的一個考慮。《陀螺》中與川柳相當的諷刺詩，收入的是受日本俳句啓發而作的法國當代詩人的俳諧詩27首，既保有川柳式的諷刺趣味，又別無添加解釋的需要，也許便與「趣味」的考慮不無關係。

　　綜上，「滑稽趣味」可以說是以「笑」的方式表現一種眞摯的現代人生觀的文學樣式，不僅存在於基於嚴格的寫實的諷刺性作品中，〔註216〕也存在於

〔註212〕《惡趣味的毒害》，《全集》第2卷，第773頁。

〔註213〕參見吳紅華：「周作人文學の滑稽趣味について」。

〔註214〕如解釋《立春》中女人的詭計，「這篇的意思並不如宗教的憎女家那樣要說明女人可畏，連鬼也要上她的當，更不是說她的貪癡；這無非寫出她的勝利以博一笑。鬼只是一個障害，障害愈大則勝利的程度也愈大，所以用這個古怪的鬼者即由於此，正如被欺的丈夫一樣，倘若有人以爲意在破攻迷信，那未免是認眞太過了。」《全集》第4卷，第736～737頁。又如解釋《工東嚙》中的欺凌弱小，「瞎子這樣地吃虧，實在也覺得有點對他們不起，但我們『要知道』，殘廢與弱敗照例是民眾的嘲笑的對象，這也是莫怪的事。好在我們並不是勸大家這樣對付瞎子，所以講道德的人們也可以安心罷。」《全集》第4卷，第739頁。

〔註215〕《日本的諷刺詩》，《全集》第3卷，第139頁。

〔註216〕周作人認爲一般諷刺小說易流於類型描寫，與理想小說一樣，將眾惡或眾善

完全推翻寫實的空想性作品中，周作人因此重新發現了「文學童話」的價值。

周作人一直在人類學的視野中理解童話，認爲童話與神話、傳說本質相同而性質有別，同爲原始社會的故事，神話是宗教的，傳說是歷史的，而童話是文學的。居紹時期，他關注的是三者表現原人的思想與風俗這一共通的思想意義，因此，其童話研究從屬於神話學領域，運用比較神話學的方法，探究原始民族具有普遍性的思想情態。此時，文學已然專屬獨立的美學領域，則三者同屬於「文藝作品」的共性開始得到強調，〔註 217〕尤其是童話的地位直線躍升，原來「神話－世說－童話」的發生次序，〔註 218〕被調整爲「童話－傳說－神話」，「童話（廣義的）起的最早，在『圖騰』時代，人民相信靈魂和魔怪，便據了空想傳述他們的行事，或藉以說明某種的現象。」〔註 219〕比較之前對神話源起的解釋，「本其時之信仰，演爲故事，而神話興焉」，〔註 220〕可見在作爲「文藝作品」的共性方面，周作人強調的是與人的創造性相關的「空想」。

從「空想」出發，此前，因包含作者意識而被排除於兒童教育之外的文學童話，就得到接納。周作人出於其獨特的「兒童」觀，拒絕道德訓誡摻入童話教育，因之此前重視天然童話，那麼，現在將文學童話用於兒童教育，面臨的問題就是，文學童話的空想性與作者意識的寓意性之間如何協調？針對此，周作人推舉「無意思之意思」的文學童話爲理想。

童話中的「沒有意思」，就是一種滑稽。周作人將此類童話的源頭，追溯至兒歌中重音不重義的抉擇歌、趁韻歌，詞與詞的組合只爲了造成音節的節奏感，不能連貫爲確定的含義。這種「沒有意思」，與兒童思維方式不受現實關係約束、聯想奇特，具有天然的滑稽感有關。據此，文人也創作滑稽兒歌、

集於形象一身，其結果是「一幅人生的善或惡的擴大圖」，反而是比較觀念化的作品；真正成功的諷刺，是基於寫實，「作成人生的『實物大』的繪圖，在善人裏表出惡的餘燼，在惡人裏表出善的微光」，這與滑稽文學的情感態度類似。參見《〈阿 Q 正傳〉》。

〔註 217〕1922 年作《神話與傳說》，特別解釋神話與文藝的關係，在區分神話、傳說、童話三者性質不同的同時，強調「但這不過是他們原來性質上的區別，至於其中的成分別無什麼大差，在我們現今拿來鑑賞，又原是一樣的文藝作品，分不出輕重來了。」《全集》第 2 卷，第 563 頁。

〔註 218〕參見《童話略論》，「童話者不過神話世說之一支」，《全集》第 1 卷，第 277 頁。

〔註 219〕《神話的辯護》，《全集》第 3 卷，第 330 頁。

〔註 220〕《童話略論》，《全集》第 2 卷，第 276 頁。

滑稽詩與滑稽童話等，其特點是拆解能指與所指的固定搭配，通過語詞或情節的變幻組合，凸顯語言或敘事自身的奇異性，造成矛盾、古怪、荒誕不經的非現實情境，逃離文本意義的生成。〔註221〕因此，所謂「沒有意思的意思」，指的就是滑稽與空想的結合，作者意識以模擬兒童天性爲目標，空想性與寓意性也就合二爲一了。

　　由此可見，「無意思之意思」的空想，並非任意亂想，它有明確的反現實性，一邊徹底瓦解現實的、理性邏輯的秩序，一邊自行組織、建構新的超現實關係。兩邊同步進行，使用相同的現實材料，如周作人所認識到的，「不論任何不可能的奇妙的空想，原只是集合實在的事物的經驗的分子綜錯而成」，〔註222〕在此，作者個人意識，反而成了作品成功與否的決定性因素，這也使他「很感到兒童劇的必要」，這種空想的藝術，「雖以現實的事物爲材而全體的情調應爲非現實的」，〔註223〕不僅完全符合周作人對童話教育以長養兒童想像力爲目的的要求，而且，加入作者個人意識的創造性，產生了與天然童話截然不同的藝術功效。如果說，天然童話旨在保護兒童自身的「自然人性」，那麼，人爲的滑稽童話，致力於在此基礎上創造新的理想人性，這就是周作人通過翻譯日本柳澤健的《兒童的世界——論童謠》一文提出的觀點，「大人對於兒童應做的事，並不是去完全變成兒童，卻在於生出在兒童的世界與大人的世界的那邊的『第三之世界』。」〔註224〕周作人將「空想」的反現實性，與他對實用主義教育的批評關聯起來，滑稽童話的形式意義，因此指向人的精神的健全，「人間所同具的智與情應該平勻發達才是，否則便是精神的畸形。……我相信對於精神的中毒，空想——體會與同情之母——的文學正是一服對症的解藥。」〔註225〕

　　就其對現實關係的拆解和重組而言，滑稽童話的創作機制，與弗洛伊德所言「夢」的機制相似，正如「夢」於人生的必然性一樣，滑稽趣味也因此成爲人的內面生活不可或缺之物。當新村理想的熱度已經冷卻，年近不惑的

〔註221〕參見張磊：《愛德華・李爾胡說詩藝術特色初探》，《世界文學評論》，2010年01期。

〔註222〕《〈阿麗思漫遊奇境記〉》，《全集》第2卷，第530頁。

〔註223〕《兒童劇》，《全集》第3卷，第45、47頁。1923年7月24日至1924年1月17日，周作人在《晨報副鐫》的《兒童世界》欄目中，以《土之盤筵》爲總題，翻譯發表了十篇兒童劇與兒童故事。

〔註224〕《全集》第2卷，第506頁。

〔註225〕《〈阿麗思漫遊奇境記〉》，《全集》第2卷，第530頁。

周作人卻令人意外地說道，「夢想是永遠不死的。在戀愛中的青年與在黃昏下的老人都有他的夢想，雖然她們的顏色不同。人之子有時或者要反叛她，但終究還回到她的懷中來」。〔註 226〕滑稽趣味具有「夢想」的意義，即以現實經驗爲材料構築超於現實的理想世界，具體而言，即通過滑稽趣味的藝術，實現人性的健全、道德的完善。20 年代中期以後，周作人開始從滑稽趣味自身的「有趣」、「好玩」，來認知其於「美的生活」的意義。

第三節　「閒話風」散文與「美的生活」

1・「兄弟失和」與轉向「庸人的談話」的文學

　　1923 年 7 月 18 日，周作人向魯迅遞出絕交信，自幼年時期「兄弟怡怡」、自留日時期親密合作從事文藝活動的周氏兄弟，自此參商永隔，對二人此後的人生與思想均造成重大影響。中島長文通過細緻梳理兄弟失和前後的相關文本，關於此事對周作人的影響云，「但這表明背後還有更大的問題，是一個直接打擊周作人精神和思想的有關『人之存在』的根本問題。這就是指使周作人從根本上失去對『人』的信賴的事情。」〔註 227〕錢理群也得出相似的結論，「與自幼保護、指導著自己的大哥永遠決裂，就意味著周作人與童年時代，以至青年時代的理想主義人生的真正訣別。」〔註 228〕將「人之存在」與「理想主義」聯繫起來，具體地說，兄弟失和事件，使周作人通過建立藝術與倫理合一的中國現代文藝，從而建設新道德觀的道德理想主義徹底崩潰，文藝與道德的關聯迅即被斬斷。

　　這種關聯性，在兄弟失和之前，周作人借助精神分析學說建立起來。1923年 6 月作《文藝與道德》一文，介紹英國性心理學家藹理斯關於文藝與道德之關係的觀點，主體部分是幾大段譯文，其中有云：

　　　　我們愈是綿密的與實生活相調和，我們裏面的不用不滿足的地面當然愈是增大。但正是在這地方，藝術進來了。藝術的效果大抵在於調弄這些我們機體內不用的纖維，因此使他們達到一種諧和的

〔註 226〕《綠洲九・〈鏡花緣〉》，《全集》第 3 卷，第 53 頁。
〔註 227〕中島長文著，趙英、董斌譯：《道聽途說——周氏兄弟的情況》，《魯迅研究月刊》，1993 年 09 期。
〔註 228〕錢理群：《周作人傳》（修訂版），第 236 頁，北京：華文出版社，2013 年。

> 滿足之狀態，——就是把他們道德化了，⋯⋯藝術的道德化之力，
> 並不在他能夠造出我們經驗的一個怯弱的模擬品，卻在於他的超過
> 我們經驗以外的能力，能夠滿足而且調和我們本性中不曾充足的活
> 力。藝術對於鑒賞的人應有這種效力，原也不足爲奇；如我們記住
> 在創作的人藝術也正有若干相似的影響。〔註229〕

周作人熟悉廚川白村「苦悶的象徵」的文藝源起論，藹理斯將源起的範圍更加擴大化和普遍化，沒有被調和生活所用完的剩餘精力，都是文藝產生的動機。文藝的道德化之力，即是使人的精神健全發展，這在作者與讀者兩方面作用相同。這可以視爲前述周作人個人主義文藝觀的理論基礎。周作人並非反對文藝含納道德觀點，而是探討什麼樣的道德，以何種方式被形式化成爲文藝作品，通過文藝的情感傳染而非道德訓誡的方式，促進道德進步。因此，文藝與道德的關聯，既發生在作者與作品之間，也發生在作品與讀者之間。

　　兄弟失和之後，周作人開始談「藝術與道德是沒有什麼關係的」，將作者與作品相互孤立，看似重申了藝術的優先和獨立，「我們對於作品的要求第一是表現之眞與美：⋯⋯其他的事我們都可以不管」；實則將作者的道德與作品的道德分離，將其關係作爲問題提出來：

> 　　我說藝術與道德沒有什麼關係，決不是主張藝術家應該放縱。
> 藝術家也是社會的一分子，當然有一種持己接物的道德，不過這應
> 歸他自己主持，不是賞鑒他的藝術的人所能容喙。只是有一件，倘
> 若藝術家本身是個僞善者，那麼我們可以有輕蔑他的權利。品性卑
> 劣的作家憤世嫉俗地呼號，游蕩的批評家痛哭流涕地說維持道德的
> 話，一樣的是戴著鬼臉向人，我們應當不去理他。〔註230〕

讀起來既矛盾又強勢的這段話，可以從兩個層面來看。第一層面，作爲「人」，應具怎樣的道德品性，應與社會建立怎樣的倫理關係，對這一道德理想主義的課題，周作人認爲藝術中如何回答，與作者本人如何實行，完全不相干，這就切斷了作者與作品之間的道德化關聯。第二層面，假如作者私德有虧，那麼他的作品就失去了感染別人的道德力量，這是切斷了作品與讀者之間的道德化關聯。這兩個層面被放進同一個邏輯，如果不考慮之前周作人道德理想主義的文藝觀，以及有關兄弟失和起因涉及私德的「流言」——至少周作

<hr>

〔註229〕《全集》第3卷，第62頁。
〔註230〕《忠臣美術》，《全集》第3卷，第322頁。

人自己是如此確認的，〔註231〕則無法說得通。藝術既孤立於作者，也孤立於讀者，則藝術的道德化之力歸於零，即「教訓之無用」，藝術化的道德，只有欣賞之用，而無實現之望，「但是如今既有言行流傳，足供有藝術趣味的人的欣賞，那就盡夠好了。至於期望他們教訓的實現，有如枕邊摸索好夢，不免近於癡人」。〔註232〕

　　道德理想主義的破滅，重傷之下的自我失重，周作人的自我定位從「凡人」墜落到「凡庸的人」；與此相連，文藝的存在意義進一步退卻到自身，「其實不朽決不是著作的目的，有益社會也並非著者的義務，只因他是這樣想，要這樣說，這才是一切文藝存在的根據。……因爲文藝只是自己的表現，所以凡庸的文章正是凡庸的人的眞表現，比講高雅而虛僞的話要誠實的多了。」從此之後，「高雅」和「虛僞」彷彿就結下了不解之緣。文藝的自我表現說雖仍舊，其「無形的功利」卻被取消了，「我並不想這些文章會於別人有什麼用處，或者可以給予多少怡悅；我只想表現凡庸的自己的一部分，此外並無別的目的。」〔註233〕唯有在將童話供給兒童教育方面，周作人始終未曾放棄文學助成人性健全的藝術／道德功用。〔註234〕

　　以宣告個人主義文藝觀成立的「自己的園地」命名，周作人於 1923 年 9 月，出版了第一部文藝批評集《自己的園地》，〔註235〕如研究者指出的，集中文章的文學批評性質，與寫於兄弟失和之後幾天的序中的申明，「並不是什麼批評」，以及集中文章明確的理想性，與序言的寂寞感，形成不和諧的對照。〔註236〕而以失和之後兩年內所寫文章爲主體出版的第二本文集《雨天的書》，

〔註231〕參見中島長文：《道聽途說──周氏兄弟的情況》。

〔註232〕《教訓之無用》，《全集》第 3 卷，第 356 頁。

〔註233〕《〈自己的園地〉舊序》，《全集》第 3 卷，第 188、189 頁。本文與《尋路的人──贈徐玉諾君》一文，是表現周作人經過兄弟失和事件思想與情感變動的重要文章，詳情參見榮挺進：《〈晨報副鎸〉上有關周氏兄弟失和的幾則材料》，《魯迅研究月刊》，2002 年 11 期。

〔註234〕《土之盤筵》的翻譯預定 20 篇，第二篇尚未譯完，發生兄弟失和事件，本擬停止，後來還是足成 10 篇，寫於 1923 年 7 月 20 日的附記云，「不過這是我所喜歡的工作，無論思想變化到怎樣，這個工作將來總會有再來著手的日子。因爲即使我們已盡了對於一切的義務，然而其中最大的──對於兒童的義務還未曾盡，我們不能不擔受了人世一切的苦辛，來給小孩們講笑話。」《全集》第 3 卷，第 281 頁。

〔註235〕《自己的園地》有 1923 與 1927 年兩個版本，參見止菴：《關於〈自己的園地〉》，收於止菴校訂：《周作人自編文集·自己的園地》。

〔註236〕參見榮挺進：《〈晨報副鎸〉上有關周氏兄弟失和的幾則材料》、中島長文：《道

可以說從文體上與情調上，都顯示出周作人調整文藝觀之後的文學寫作的方向。如其兩篇自序所表明的，一是文體上的隨筆或小品文，「這些大都是雜感隨筆之類，不是什麼批評或論文。據說天下之人近來已看厭這種小品文了」；二是文學風格上的「平和沖淡」或「閒適」，「我近來作文極慕平淡自然的景地」，〔註237〕即如《自序一》，通過「雨天」營造出淡淡的苦澀與憂鬱的情境。到出版於 1927 年的第三本文集《澤瀉集》，大部分選集舊作，以表現「情思與趣味」之文爲重，則顯示出，隨著對兄弟失和事件所受創傷的調整，周作人個性化的主體意識開始確立，自我被定位爲叛徒與隱士、流氓與紳士的結合體，文學風格的個性在閒適與凌厲之中建立起來，「我希望在我的趣味之文裏也還有叛徒活著」。〔註238〕

2．「語絲文體」與「趣味」

1924 年 1 月，周作人作《我的負債》一文，追溯在精神上給予自己影響的文章言論：梁啓超的革新思想，嚴復、林紓的學術與文學翻譯，以及章太炎的「瘋氣」。這可以視爲當作爲「道德家」的自我幻滅之後，通過重新審視自我的構成，以探索眞實自我、確立「我」之所能的開始。前兩者，周作人一直提倡的思想革命與文學翻譯，可以約略當之，至於「我只學到太炎先生的喜歡講玩話，喜歡挖苦人的一點脾氣」，〔註 239〕則作爲釋放出來的個人癖性，開始形成周作人文學風格的個性特徵。

文章中的「講玩話」，與此前的「滑稽趣味」相似，但其負載的倫理意義已被解除，因此，一方面，文學的滑稽童話被神話所代替；另一方面，民眾文學的滑稽趣味不再受到道德糾正，而自足於自身的「壯健」、「好玩」。

周作人對神話的興趣，最初受到安特路朗文化人類學派的神話研究的吸引。居紹時期，他將比較神話學應用於包括天然童話在內的民間文藝形式與民間習俗的研究，旨在袪除附於其上的迷信與恐怖分子，注重學理闡釋，使不可解的變得可解。1924 年之後，隨著將神話引入兒童教育，「神話在兒童讀物裏的價值是空想與趣味，不是事實和知識」，神話的文藝趣味得到強調，在

聽途說——周氏兄弟的情況》。
〔註237〕《〈雨天的書〉序二》，《全集》第 4 卷，第 345、346 頁。
〔註238〕《〈澤瀉集〉序》，《全集》第 5 卷，第 281 頁。
〔註239〕《全集》第 3 卷，第 326〜327 頁。

神話研究方面開始關注英國學者哈利孫女士的著作，並翻譯介紹。〔註 240〕從哈利孫的神話研究中，周作人獲得了對希臘愛美精神的具體認知，既非柏拉圖式的理念之美，也非亞里士多德式的藝術與倫理合一之美，而是希臘神話將宗教或現實中的恐怖與醜惡分子進行美化的趣味之美。如果說，「趣味」一詞成爲 20 年代中期以後周作人文學個性風格的標籤，那麼，「美」幾乎就是趣味的同義詞。

1924 年 7 月，周作人在《晨報副鐫》發表民間笑話《徐文長的故事》，文末《說明》，一方面重申民眾文學的「壯健」趣味自有其價值，同時也表示其與「上海一流的遊戲文字」有別。〔註 241〕但此文作爲因由之一，使孫伏園失去《晨報副鐫》編輯一職。〔註 242〕《晨報副鐫》本是周作人個人主義文學實踐的發表陣地，文學與思想各司其職，文學的倫理意義雖被放棄，但思想革命借助社會批評仍在進行，只是隨著文學個性的凸顯，其社會批評性文字的個人風格也得到張揚，到因失去《晨報副鐫》而誕生的《語絲》周刊中，達到自由表現的頂峰。

《語絲》的文體以簡短的感想和批評爲主，可稱爲隨筆或雜感，與文藝或學術批評的論文有別；思想上，周作人強調與《新青年》、《每周評論》的繼承關係，延續攻擊舊道德與舊思想的思想革命立場。〔註 243〕不過，相比

〔註 240〕《周作人日記》（中）載，1924 年 4 月 7 日，「得喬風函、希臘神話一本」（第 379 頁）；1925 年 2 月 13 日，「上午往郵局取丸善小包，内書二本：希臘宗教研究結論、希臘美術」（第 429 頁）。《希臘神話》與《希臘宗教研究結論》爲哈利孫著作，哈氏是繼安特路朗之後，周作人最爲推崇的希臘神話研究學者。1924 年 10 月 5 日發表《舍倫的故事》對其進行介紹，並翻譯《希臘神話》中的《論山母》，1928 年 1 月刊於《北新》2 卷 5 號，其中一節《論鬼臉》於 1925 年 8 月刊《語絲》42 期。

〔註 241〕《全集》第 3 卷，第 445 頁。

〔註 242〕周作人《答伏園「論〈語絲〉的文體」》，「登載我的《徐文長故事》，不知怎地觸犯了《晨報》主人的忌諱，命令禁止續載，其後不久你的瓷飯碗也敲破了事。」《語絲》第 54 期，1925 年 11 月 23 日。此外，與孫伏園辭職事件相關的還有魯迅的散文詩《我的失戀》被抽掉之事，參見呂曉英：《孫伏園評傳》第三章《副刊掌門・五、主編〈京報副刊〉》，第 49～53 頁，北京：中國社會科學出版社，2011 年。

〔註 243〕1924 年 11 月 13 日周作人致胡適信中說及本來計劃的《駱駝》無法出版，「但我們另外弄了一個發言的機關，即可出版，就是我那一天對你說過的小周刊。『慨自』《新青年》《每周評論》不出以後，攻勢的刊物漸漸不見，殊有『法統』中斷之歎，這回又想出來罵舊道德、舊思想」。《與胡適書二通》，《全集》第 3 卷，第 509 頁。

《新青年》、《每周評論》作為一個陣營，有明確的提倡「新文化」或「好人政治」的思想或政治主張，《語絲》可謂散兵遊勇，強調個人的思想獨立性，「我們個人的思想盡自不同，但對於一切專斷與卑劣之反抗則沒有差異」，與隨筆、雜感文體的個人性正相適應。因此，可以說，周作人的個人主義文藝觀，雖然不再作為文學主張從事於文學批評，但其情感特質與形式美被移位於思想表達，開始形成他個性化的文學散文寫作。這也使自由思想產生了並非外在於自身、同時又關聯於社會的現實意義，即《語絲》的提倡「自由思想，獨立判斷，和美的生活」，〔註244〕自由思想既是「美的生活」的組成部分，也是其得以實現的前提。因此，雖然聲稱不宣傳主義，不討論政治經濟問題，《語絲》仍然富於與社會生活關聯的政治意識。

在寫於兄弟失和不久的《〈自己的園地〉序》一文中，心情黯淡的周作人，將集中的批評文字稱作「這只是我的寫在紙上的談話，雖然有許多地方更為生硬，但比口說或者也更為明白一點了。」〔註245〕其實，「生硬」正說明了此前周作人散文的「文章語」體的特點，〔註246〕是做文章，「紙上的談話」才是此後散文寫作的方向，並且與「口說」的日常口語也不盡相同。《語絲》發刊詞也是強調想「說話」的動機，「想說幾句話」、「不過姑且發表自己所要說的話」、「我們所想說的話大抵在這裡發表」。〔註247〕周作人在《語絲》開設或設立的專欄，大都以「話」或「語」等表示口語體的詞彙命名，如「茶話」（1925.10.12～1926.9.4）、「半席話」（1925.12.31～1926.1.10）、「酒後主語」（1926.8.9～10.9）、「我們的閒話」（1926.3.22～8.2）、「閒話集成」（1926.10.23～1927.2.26）、「閒話拾遺」（1927.3.5～7.16）、「隨感錄」（1927.7.23～12.10）。「我們的閒話」以下四個專欄，雖然並非周作人的個人專欄，但均由其開篇，且發文最多，可見他的主導性。魯迅也以「任意而談，無所顧忌」概括《語絲》的文體特點。〔註248〕可以說，通過《語絲》，周作人的確將「紙

〔註244〕《發刊辭》，《語絲》，1924 年 11 月 17 日。

〔註245〕《文集》第 2 卷，第 187 頁。

〔註246〕周作人 1925 年寫《國語文學談》，將國語分作兩種語體，「一是口語，一是文章語，口語是普通說話用的，為一般人民所共喻；文章語是寫文章用的，須得有相當教養的人才能瞭解，這當然全以口語為基本，但是用字更豐富，組織更精密，使其適於表現複雜的思想感情之用，這在一般的日用口語是不勝任的。」《全集》第 4 卷，第 484 頁。

〔註247〕《發刊辭》，《語絲》，1924 年 11 月 17 日。

〔註248〕《我和〈語絲〉的始終》，《魯迅全集》第 4 卷，第 171 頁。

上的談話」發揚爲一種獨特的散文文體形式，引導了中國現代「閒話風」散文的成熟與發達。〔註 249〕

　　從形式上看，「閒話」體散文，與五四時期提倡「話怎麼說便怎麼寫」的白話文似乎沒有什麼區別，不過，後者發生於新文化語境中，是以現代民主思想爲標準，基於反對文言文而提倡白話文。對周作人而言，從個人本位的自由思想出發，則「說話」具有文學本原性的意義。從語言出發看待文學，首先，國語被分爲口語和文章語兩種語體；其次，古文與白話文都被歸入「文章語」這一系統之內，「我相信古文與白話文都是漢文的一種文章語，他們的差異大部分是文體的，文字與文法只是小部分。」只是由於文章語的發展大大滯後於口語，才產生「古文」。古文之所以被反對，並非由於所表達的意思或所使用的文體，而是其弊在「模擬」，「古文則重在模擬，這便是文學的致命傷，盡夠使作者的勞力歸於空虛了」，同時這也會成爲白話文被反對的理由，「白話文的生命是在獨創，並不在他是活的或平民的，一傳染上模擬病也就沒了他的命了。」〔註 250〕因此，「閒話」體成立的標準與白話文不同，它是在做文章與表意思、模擬別人與表現自己的結構中確立自身，正如周作人特別申明，《語絲》的最大特色是「『不說別人的話』」。〔註 251〕同時，「閒話」體的文體構成也大大拓展，「我們所要的是一種國語，以白話（即口語）爲基本，加入古文（詞及成語，並不是成段的文章）方言及外來語，組織適宜，具有論理之精密與藝術之美」，〔註 252〕是向適合表現現代人情思的現代美文發展。

　　在周作人的個人主義文藝觀中，生活倫理被區分爲政治倫理與個人道德兩個層面，由社會批評文字與個人主義文藝分別承擔，而在與主體個性相匹配形成的「閒話」體文學散文中，這兩個分離的層面反而得到了統一。對於林語堂主張《語絲》擴大範圍，增加政治社會各種問題的討論，針對孫伏園

〔註 249〕參見余凌：《論中國現代散文的「閒話」與「獨語」》，《文學評論》，1992 年 01 期。該文將中國現代散文概括爲「閒話風」與「獨語」兩種語體風格，並提到廚川白村《出了象牙之塔》中有關「essay」的觀點對中國「閒話風」散文形成的影響，不過，這是就理論而言（《出了象牙之塔》最早的中譯本，1925 年 12 月出版，譯者魯迅），從實踐上來講，不得不首推以周作人爲首的《語絲》的「閒話」體寫作。

〔註 250〕《國語文學談》，《全集》第 4 卷，第 484、486 頁。

〔註 251〕《北京的一種古怪周刊〈語絲〉的廣告》，《全集》第 4 卷，第 481 頁。

〔註 252〕《理想的國語》，《全集》第 4 卷，第 288～289 頁。

對此所做的辯護，〔註253〕周作人在回覆中，將談論內容的問題轉換爲談論主體的問題，以個人興趣爲主，強調話題的開放性和個人的選擇性，「《語絲》向來並不是規定『不談政治』，只是大家都不是以政治爲職業，對於政治（黑狗咬黃狗的政治）也沒有興趣，所以不去談他罷了。但有時候也要談談，⋯⋯這都依了個人的趣味隨意酌定，沒有什麼一定的規律。」〔註254〕個性的釋放，反而使周作人的文學獲得了對包括宏大政治與日常生活在內的全部生活領域的完全敞開，社會政治與思想文化、政治倫理與個人道德統一於個性的文學散文，使之獲得了眞正自由的表現和表現的自由，周作人只是在發表刊物上予以區分，將直接介入20年代後期社會政治事件，如有關「廢號遷宮」事件、五卅慘案、女師大風潮、三一八慘案等的思想言論，另行發表於孫伏園主持的《京報副刊》，〔註255〕《語絲》則專論思想文化問題。

　　個性解放一方面帶來文學的眞正自由，另一方面也取消了在藝術與倫理合一的意義上所建立的文學的超越性，不過，只要文學與「人」的實現的關聯不被取消（事實上反而是增強了），那麼，「閒話」體散文仍需要解決超越性的問題。「閒話」體散文本於表現自己的意思，但「談話」的語境，設定了一個自我之外的交談者，「我平常喜歡尋求友人談話，現在也就尋求想像的友人，請他們聽我的無聊賴的閒談」，〔註256〕表現出對話與交流的意向。余凌的研究，從「語境」角度對比「閒話風」散文與「獨語」散文，認爲前者致力於還原日常生活的交流場景，還原日常語言，體現出五四時代自由寬鬆的文化氛圍，但對世俗生活、現實邏輯無間距的認同，使其相較「獨語」，缺乏一種「遠景敘事」，忽略了人類歷史不可或缺的「在想像中營造烏托邦幻境的做夢」的一面。〔註257〕如前述，周作人對「夢」的理解完全是弗洛伊德式的，即夢是以現實經驗爲材料的重新組合，文學的發生機制與此類似，「我做夢差

〔註253〕「語絲同人對於政治問題的淡漠，只限於那種膚淺的紅臉打進黑臉打出的政治問題，至於那種替政治問題做背景的思想學術言論等等問題還是比別人格外留意的。說得加重一點，倒是語絲同人最熱心於談政治，那種紅臉打進做一條評論，黑臉打出再做一條評論的人們才眞淡漠於談政治呢。」伏園：《語絲的文體》，《語絲》第52期，1925年11月9日。

〔註254〕《答伏園論〈語絲〉的文體》，《語絲》第54期，1925年11月23日。

〔註255〕1924年12月5日起孫伏園主編《京報副刊》，以數量而論，《京報副刊》是《語絲》創刊後至1926年間，周作人發表的文章數量僅次於《語絲》的刊物。

〔註256〕《〈自己的園地〉舊序》，《全集》第3卷，第189頁。

〔註257〕參見余凌：《論中國現代散文的「閒話」與「獨語」》。

幸醒了即忘，做的文章與說的話一樣裏邊卻有夢在，差幸都被放免。只有弄莫爾幹的，沒有弄茀洛伊特的文藝批評家，真真大幸」。〔註258〕因此，「閒話」體散文的「遠景」的存在方式，不是像「獨語」散文那樣，指向以與現實世界的疏離爲前提，營造自我封閉和自我指涉的超現實的藝術世界，而是向現實世界敞開，通過對日常生活的重新組織，營造與之若即若離的一種「美的生活」。這種包含主體意識的「組織」性，在個人主義文藝觀中被與倫理意義關聯，這時則單純地成爲「閒話」體散文個性風格的來源，即周作人所講，在文詞與思想之外，「似乎還該添上一種氣味。……氣味是很實在的東西，譬如一個人身上有羊膻氣，大蒜氣，或者說是有點油滑氣，也都是大家所能辨別出來的。」〔註259〕由「氣味」進一步，周作人提出更具理論性和東方文化色彩的「趣味」一詞，將其文學、思想與政治意識統合起來：

> 我很看重趣味，以爲這是美也是善，而沒趣味乃是一件大壞事。這所謂趣味裏包含著好些東西，如雅，拙，樸，澀，重厚，清朗，通達，中庸，有別擇等，反是者都是沒趣味。……沒趣味並不就是無趣味，除非這人真是救死唯恐不贍，平常沒有人對於生活不取有一種特殊的態度，或淡泊若不經意，或瑣瑣多所取捨，雖其趨向不同，卻各自成爲一種趣味，猶如人各異面，只要保存其本來眉目，不問妍媸如何，總都自有其生氣也。〔註260〕

「趣味」既是表示散文風格的美學概念，也代表一種以個人爲本位的思想態度與人生態度，「趣味」又是一種藝術思維，是主體意識對現實材料的美化，能夠實現人與文、生活與美、現實與夢的統一。這意味著，「閒話」體散文及其主體，在對世俗生活的認同中，仍保有相對獨立的個性與超越性。美或趣味本身，就是一種植根於社會生活的超越性。

具體到《語絲》，周作人的「閒話」體散文主要表現出「滑稽趣味」，文體上嬉笑怒罵，文白雜用，莊諧相間，靈活跳脫，也成爲《語絲》的代表性風格。「太多滑稽分子」，以致《語絲》屢屢被人誤爲專講笑話的「笑林周刊」、《晶報》之流。對此，周作人認爲，滑稽不論多少都沒有關係，「只要有人會說，有人會聽」，他區分「爲滑稽的滑稽」和「爲嚴正的滑稽」兩種。〔註261〕

〔註258〕《〈古槐夢遇〉序》，《全集》第6卷，第394頁。
〔註259〕《〈雜拌兒之二〉序》，《全集》第6卷，第122頁。
〔註260〕《笠翁與隨園》，《全集》第6卷，第754頁。
〔註261〕《滑稽似不多》，《全集》第4卷，第3頁。

《語絲》的「滑稽」是有爲而作，針對的是「道學家」的僞善，「我們的意見是反道學家的，但我們的滑稽放誕裏有道學家所沒有的端莊」，〔註262〕除了思想上反對男子中心的禮教權威，而且講究文章上的藝術趣味。反而，周作人認爲缺少「爲滑稽的滑稽」，略爲遺憾。

　　「滑稽趣味」之外，從個人性出發，周作人也注意到古代文學中的日記與尺牘兩種文體，「日記與尺牘是文學中特別有趣味的東西，因爲比別的文章更鮮明的表出作者的個性」，〔註263〕仿書信體，他並在《語絲》開設專欄「苦雨齋尺牘」，體現出另一脈平和沖淡的趣味。由此，周作人開始在新文學與古代散文之間，建立連續性的統緒，〔註264〕最終導向 30 年代「中國新文學的源流」的提出，以及開掘晚明小品文的熱潮。

3・「禮」與「美的生活」

　　與思想的自由相應，文學在向全部生活領域敞開的同時，對人與人之間倫理關係的關注，也就收縮到最爲個人化、同時也是人的社會關係的最低限度的性道德領域，「我現在對於學問藝術沒有什麼野心，目下的工作是想對於思想的專制與性道德的殘酷加以反抗，明知這未必有效，更不足以救中國之亡，亦不過行其心之所安而已。」〔註265〕周作人以疏離社會政治的方式，走向鑄造新文明的文學實踐。

　　在發表於 1922 年的《禮之必要》一文中，周作人從調節人與人之間關係的角度，重新解釋在中國體現等級名分且徒具形式的「禮」，「禮之爲物本來不是什麼神秘的東西，只是人與人相處的一種條理，人們各自的節制罷了。」在此，「禮」是就人與人之間社會關係的普遍性倫理準則而言，要求「自發的

〔註262〕《北京的一種古怪周刊〈語絲〉的廣告》，《全集》第 4 卷，第 481 頁。

〔註263〕《日記與尺牘》，《全集》第 4 卷，第 90 頁。

〔註264〕較早見於給俞平伯的信中，「我常常說現今的散文小品並非五四以後的新出產品，實在是『古已有之』，不過現今重新發達起來罷了。由板橋冬心溯而上之這班明朝文人再上連東坡山谷等，似可編出一本文選，也即爲散文小品的源流材料，……現在的小文與宋明諸人之作在文字上固然有點不同，但風致實是一致，或者又加上了一點西洋影響，使他有一種新氣息而已。」《與俞平伯書二通》，《全集》第 4 卷，第 622 頁。

〔註265〕《與友人論章楊書》，《全集》第 4 卷，第 262 頁。還可參見《答張崧年先生書》（《全集》第 4 卷），兩封信都是寫給張崧年的，周作人極希望對性道德問題也有興趣的張與他一道攜手工作。

節制，互讓與互尊」。〔註266〕到了 1924 年《生活之藝術》一文中，用來對應「生活之藝術」的「禮」，「節制」的方面具體指向「禁慾與縱慾的調和」，這一援引自藹理斯的觀點，原本是針對性生活而言，雖然也可以擴大到生活的其他方面，引申爲一種「微妙地混合取與捨」的藝術的生活方式，但其根基卻在於性的方面，也就是說，對於人的倫理準則而言，性道德具有本原性的意義，這也被視爲建造中國新文明的根基。用「禮」對譯來自西方文化的 The Art of Living（生活之藝術），既凸顯出周作人問題意識的焦點，在反對「宋以來的道學家的禁慾主義」，也將「生活之藝術」的本源引向中國固有之「禮」，「中國在千年以前文化發達，一時頗有臻於靈肉一致之象」，只是後來才被禁慾思想所毀壞。

周作人的觀點受到來自專業知識的質疑，民俗學專家江紹原指出，中國「本來的禮」，如同野蠻民族的禮一樣，是包含法術、宗教、道德、衛生、藝術諸分子的文化復合體，因此，必須用「我們的科學智識，道德標準，和藝術興趣」，加以提煉和改造，才能適於今用。從這一不免學究氣的觀點，可以看到現代科學知識的自我生產和自我確證，對於周作人的問題意識未免隔膜。周作人在答覆中，雖然承認自己把「禮」理想化了，但他避免現代知識的自我循環，而強調制「禮」的主體，「我同你一樣相信今日的生活法非由我們今人自己制定不能適用，不過這個名目『生活之藝術』（The Art of Living）覺得大意與『禮』字相近，所以那樣的說，這原是『理論』上的而非事實上的話。」〔註267〕這表明，周作人關於「禮」的理論建構，具有一種反現代的現代性，他明知故犯，將「禮」理想化的原因，在於要將中國新文明的構想，追溯至現代得以發生的源頭，而非已經產出的現代本身，「中國現在所切要的是一種新的自由與新的節制，去建造中國的新文明，也就是復興千年前的舊文明，也就是與西方文化的基礎之希臘文明相合一了。」〔註268〕對於「現代」的追求，周作人表現出相當主動的主體性精神和鮮明的個性特徵，由性之所好，他開始自由地出入於中國文明、希臘文明與日本文化之間，取捨別擇，如同希臘藝術家一樣，製造自己對於「美的生活」的影像。

正如從個人性出發，中國古代偏於私人化的散文一脈被發掘，從「生活

〔註266〕《全集》第 2 卷，第 714 頁。
〔註267〕江紹原、周作人：《禮的問題》，《語絲》第 3 期，1924 年 12 月 1 日。
〔註268〕《生活之藝術》，《全集》第 3 卷，第 514 頁。

之藝術」出發，中國文明的「現世主義」被發現，「中國的現世主義是可佩服的。歷史上的事我們不說，單看種種店號的名字，如長發，高陞……無一不是表現現世主義。」〔註269〕現世主義也被認爲是希臘文明和日本文化的特性之一，兩相比較，周作人認爲，中國文明最爲缺乏且亟待補足的，是前兩者共通的愛美的精神，否則，現世生活難免流於俗惡。

關於希臘的愛美精神，如前述，周作人主要從哈利孫的希臘神話研究得到啓示。哈利孫將原始習俗與宗教中的人物或故事，與它們出現在希臘神話或文藝作品中的形象進行對比，闡釋同一原型或母題的演變經過，在此過程中，她發現了希臘詩人和美術家作爲「影像製造者」的本領，即將原初形態中的恐怖與醜惡分子「美化」，形成美的藝術品。例如周作人對其「舍倫」研究的介紹，在宗教思想及原始圖繪中，舍倫本是以色情誘惑使人恐懼或喪命的女怪，而在荷馬史詩中，「『荷馬』把她們的蠱惑之力移在智慧之餌上面，並不專在感覺」，〔註270〕化解其色情與危險的分子，成爲美的藝術形象，影響了後世關於舍倫的傳說。40 年代之前周作人爲數不多的希臘神話翻譯，基本上譯自哈利孫的學術著作，是「神話學而非神話集」，〔註271〕可見，關於希臘的愛美精神，此時他主要關注的是作爲方法論的「美化」思想，即藝術如何從原始習俗與宗教中產生的問題。這一方法論啓示，被周作人運用於廣泛的中國民間文化材料的考察。例如，在《語絲》上與江紹原戲擬「禮部文件」，〔註272〕研究原始禮俗；此外，廣泛開展有關猥褻歌謠、民間戲曲、地名傳說、

〔註269〕《希臘閒話》，《全集》第 4 卷，第 839 頁。

〔註270〕《舍倫的故事》，《全集》第 3 卷，第 499 頁。

〔註271〕《〈論鬼臉〉附記》，《語絲》第 42 期，1925 年 8 月 31 日。周作人翻譯的希臘神話，1925 年的《論鬼臉》、1928 年的《論山母》，均譯自哈利孫的研究著作《希臘神話》。抗戰期間才開始翻譯希臘神話集，1938～1944 年翻譯古希臘阿波羅多洛斯的《希臘神話》，1950 年進行第二次翻譯，1949 年譯有英國勞斯的《希臘的神與英雄》。關於阿波羅多洛斯的希臘神話集，周作人寫於1934 年 5 月的《希臘神話二》中云，「阿波羅陀洛斯的《書庫》（Bioliothēkē）與巴爾德尼阿斯（Parthenius）的《戀愛故事》，這是希臘神話集原書之僅存者，我雖亦知道其可貴重，但那時一心要找現代的參考書，沒有想到他，如今恍然大悟，即刻去從書箱裏找了出來，在《希臘擬曲》完工之後便動手來翻譯這部神話了。」（《全集》第 6 卷，第 294 頁）可見周作人關注希臘神話的問題意識的轉移過程。

〔註272〕江紹原《禮部文件之六：〈周官〉媒氏》中云，「啓明名譽總長鈞鑒，請明訂尊著《生活之藝術》爲本部文件之一；《禮的問題》爲文件二；《女褲心理之研究》，文件三；關於內務部禮制編纂會呈文等，文件四；《催生》，文件五；本文爲文

民間信仰、民間文學、民間習俗等等的討論與研究。〔註273〕這一文化人類學式的研究方法，與居紹時期的民俗研究並無二致，不同的是，於科學的學理闡釋之中，加入了「美化」的指導思想，並且尤其注目於性道德領域，這也使周作人的思想借鑒，從安特路朗轉移到「能貫通藝術與科學兩者而融合之」〔註274〕的藹理斯。

1924年之前，周作人主要借鑒藹理斯的性心理學理論，運用於文藝批評，闡述藝術與道德的關係，如1923年2月的《猥褻論》、6月的《文藝與道德》；從1924年2月《藹理斯的話》開始，藹理斯的性道德觀，以及由此引申出「生活之藝術」的生活方式、人生觀受到關注。周作人不僅在有關如女師大風潮、與《現代評論》派筆戰、南開中學禁「淫書」等社會批評中，加入反抗專制的性道德的視角，而且，也從藹理斯的性道德觀，獲取了道德建設的普遍方法論，「道德進步，並不靠迷信之加多而在於理性之清明。我們希望中國性道德的整飭，也就不希望訓條的增加，只希望知識的解放與趣味的修養。科學之光與藝術之空氣，幾時才能侵入青年的心裏，造成一種新的兩性觀念呢？」〔註275〕

在關注希臘神話研究的同時，作為日本的古代神話，周作人也翻譯了在本國被視為「神典」的《古事記》（參見附錄6）。與關注希臘神話研究的方法論不同，周作人從日本古代典籍中，直接體驗到的是日本民族的藝術情感，「日本人本來是藝術的國民，他的製作上有好些印度中國影響的痕跡，卻仍保有其獨特的精彩；或者缺少莊嚴雄渾的空想，但其優美輕巧的地方也非遠東的別民族所能及。他還有他自己的人情味，他的筆致都有一種潤澤，

件六。除文件第五外，均見《語絲》。」《語絲》第43期，1925年9月5日。
〔註273〕參見《談目連戲》（《語絲》第15期，1925年2月23日）、《抱犢崮的傳說》（《語絲》第16期，1925年3月2日）、《關於「菜瓜蛇」的通信》（《語絲》第44期，1925年9月14日）、《薩滿教的禮教思想》（同前）、《徵求猥褻的歌謠啓》（《語絲》第48期，1925年10月12日）、《關於「市本」》（《語絲》第55期，1925年11月30日）、《回喪與買水》（《語絲》第63期，1926年1月25日）、《花煞》（《語絲》第68期，1926年3月1日）、《〈豔歌選〉》（《語絲》第69期，1926年3月8日）、《關於「僵屍」》（《語絲》第92期，1926年8月16日）、《鄉村與道教思想》（《語絲》第100期，1926年10月9日）等。除了通信與來文按語及個別單篇之外，這些文章大多歸入周作人在《語絲》開設的專欄《茶話》與《酒後主語》，可見他對於這一工作的自覺性。
〔註274〕《綠洲四·猥褻論》，《全集》第3卷，第33頁。
〔註275〕《狗抓地毯》，《全集》第3卷，第521頁。

不是乾枯粗厲的，這使我最覺得有趣味。」〔註276〕因此，關於日本文化的愛美精神，周作人主要獲取的是「美」的內容，他稱之爲「人情美」，這成爲 40 年代之前，周作人建構以東方文化爲主體性的中國現代文化（「新漢族的文明」〔註277〕）的主要思想資源之一。〔註278〕

4・「五卅」慘案與個人主義的傾向性

隨著 1924 年初第一次國共合作的建立，中國政治進入國民革命時期。1925 年廣州國民革命政府成立，次年發動打倒軍閥、統一全國的北伐戰爭，反帝反封建的革命風潮風起雲湧，共產黨領導的工農運動也迅速發展。1920 年代中期之後知識界的思想分化加劇，正是政治鬥爭激烈化的投射。當此社會革命的大時代，個人無論選擇投入還是遠離社會政治，都是個人生活空間日益爲社會政治所改變、縮小、甚至吞沒的表現，對周作人基於個人的自由思想造成威脅。對此，他提出「十字街頭的塔」，試圖對置身於其中的社會政治保持獨立的個人判斷。

首先是 1924 年的「廢號遷宮」事件，〔註279〕清室遺老挾日本帝國主義勢力，發表復辟言論，攻擊國民政府。胡適從「公理」立場發言，認爲「廢號遷宮」採取武力行爲，違背優待清室的國際信義與條約，〔註280〕周作人立刻從個人經驗的角度提出反對，「這次的事從我們的秀才似的迂闊的頭腦去判斷，或者可以說是不甚合於『仁義』，不是紳士的行爲，但以經過二十年拖辮子的痛苦的生活，受過革命及復辟的恐怖的經驗的個人的眼光來看，我覺得這乃是極自然極正當的事」。〔註281〕個人立場的唯一標準是個人，這

〔註276〕《漢譯〈古事記〉神代卷・引言》，《語絲》第 65 期，1926 年 2 月 8 日。

〔註277〕《與友人論國民文學書》，「現在要緊的是喚起個人的與國民的自覺，盡量地研究介紹今古的文化，讓它自由地滲進去，變成民族精神的滋養料，因此可望自動地發生出新漢族的文明來。」《全集》第 4 卷，第 224 頁。

〔註278〕參見拙文：《周作人與「人情美」的日本文化像》。

〔註279〕1924 年 11 月 5 日，在第二次直奉戰爭中倒戈回京、發動北京政變的馮玉祥，將民國成立後給予優待條件的廢帝溥儀驅逐出紫禁城，廢除清帝名號，史稱「廢號遷宮」。參見來新夏、焦靜宜、莫建來、張樹勇、劉本軍著：《北洋軍閥史》第五章第四節《第二次直奉戰爭與北京政變》，天津：南開大學出版社，2000 年。

〔註280〕參見《致王正廷》，《胡適全集》第 23 卷，第 445～446 頁，合肥：安徽教育出版社，2003 年。

〔註281〕《與胡適書二通》，《全集》第 3 卷，第 508 頁。

反而使其除了唯一的立足點，內部空無一物，它是隨物賦形，總是面對具體的政治事件才形成自己的具體形態。

面對這一中外復辟勢力相互勾結、危及民國安危的政治事件，周作人個人立場的形態是「回到民族主義」。但是，以「個人」爲立足點的民族主義（或可稱爲個人民族主義），與政治上的國家民族主義單一的、平面化的立場不同，它的立場複雜化、立體化了。在針對帝國主義勢力的鬥爭中，周作人區分文化的與政治的兩個層面，「我對於外國的某一類文化還是很有趣味很想研究的，但我覺得這兩不相妨：賞鑒研究某一國的某種文化同時反對其荒謬的言論與行爲。」〔註 282〕當然，這一區分的潛在前提仍是國家民族主義，否則，在實行上縱使「賞鑒研究」是可能的，「反對」則決無可能，這是文化與政治的不可分之處。至 1925 年五卅慘案發生，周作人仍延續這一區分的思路，「所以我們對於個人切不應有所迫害，對於英國的文化——學問藝術仍有相當的崇敬。」〔註 283〕

對「個人」的強調，說明五卅事件帶出了新的問題。五卅慘案引發了全國規模的反帝愛國的群眾運動，新文化人在震驚與憤慨的同時，也受到群眾運動的革命力量的感召，加速了文學與政治相結合的趨勢。群眾運動的革命立場，與周作人的個人民族主義是一致的，但群眾運動的組織性，卻對個人的獨立性造成威脅，因此，周作人再將民族主義區分出行動與思想兩個層面。在行動層面，他強調軍備實力，反對赤手空拳的群眾運動，「切不可相信什麼公理正義可以抵炮彈，紙旗棻稽可以退兵船：……我希望中國人能夠頓悟，懺悔，把破船古炮論斤的賣給舊貨攤，然後從頭的再設製造局練兵處，造成文明的器與人；從頭的辦學堂，養成厲害——而真是明白的國民，以改革現今的文明。」〔註 284〕在思想層面，他強調國民個人的自覺，「我們當堅持耐久地反對不拿中國人當人的兇橫英人，同時要鞭策中國人，糾正他不拿別人當人以及不拿自己當人的惡習。不覺悟自己的缺點而專怨恨別人，決不是正當辦法，也決不會勝利成功。」因此，與一部分新文化人尋求個人與集體、文學與政治的結合不同，周作人卻在分離個人與集體的同時，似乎尋求思想與武力的結合，「中國現在應當根據正當的民族主義，辦教育，練兵。然而如沒

〔註 282〕《外國人與民心》，《全集》第 3 卷，第 545 頁。
〔註 283〕《對於上海事件之感言》，《全集》第 4 卷，第 207 頁。
〔註 284〕《文明與野蠻》，《全集》第 4 卷，第 215 頁。

有自覺沒有改悔，這也是空想夢話，——什麼都是空想夢話。」〔註285〕可見，排除群眾運動的結果，是他寄望於上層階級的覺悟。結合的意思，是指用思想指導武力，保證思想對於行動的優先性，這既表現了周作人個人主義立場的徹底性，也泄露了其自我確證的意識形態性。因此，當他研究古今中外文字獄、信仰獄等思想不自由的事實——這些案例無一例外指向統治階級鎮壓、迫害不符合主流意識形態的異端思想，關於思想自由，只能提出一個自我指涉的回答，「我覺得中國現在最切要的是寬容思想之養成」。〔註286〕這也反證，隨著中國革命形勢的發展，政治鬥爭的激化，思想獨立的空間越來越小，大有不歸楊則歸墨的趨勢。在深入政治現實的過程中，周作人個人主義的傾向性也慢慢顯現。

舒新城在成都高師因與女生通信，被校長呈文督軍派兵搜捕，《語絲》以《誰能寬容》為題刊發了他的通信，「成高的先生們請兵搜捕我並拘捕我的友人，固然是不『寬容』，我對他們又寬容嗎？……我又何必斤斤較量，到處表現其『難容』的態度，常常予人以難堪，而使其飯碗發生問題。」〔註287〕舒新城的「悔過」中，包含著對友人李劼人因自己而無端受累的愧歉之情，他的遭遇說明了自由與權力的密切關係。因此，周作人不能不提出「我們的不寬容」的問題，「我們的不寬容是反抗，而他們的不寬容是壓迫」，但他仍對反抗的方式表示猶疑，如果採用武力的反抗，「其態度與手段與成高諸公又奚擇焉？」〔註288〕

舒新城畢竟身受其害，因此，對周作人限於思想的反抗提出質疑，「我們還多費些紙筆，仍與他們是不生關係的。……對於這些用武力統一思想的人們如成高諸公，我們固然不當寬容，然而，不寬容又怎樣！」〔註289〕周作人的回覆沒有公開發表，之後，反抗方式的問題，被屈武更加尖銳地提出，〔註290〕周作人終於不得不面對在政治鬥爭中思想無法獨立於行動的事實，

〔註285〕《對於上海事件之感言》，《全集》第4卷，第208頁。
〔註286〕《黑背心》，《全集》第4卷，第206頁。
〔註287〕舒新城：《誰能寬容》（通信），《語絲》第37期，1925年7月27日。
〔註288〕周作人：《誰能寬容》（通信），《語絲》第37期，1925年7月27日。
〔註289〕舒新城：《不寬容又怎樣？》（通信），《語絲》第41期，1925年8月24日。
〔註290〕屈武的通信《不寬容問題》載1925年8月31日《語絲》第42期，他的質問更為直接，「作人先生主張不寬容他們，而應反抗，我便要請問是怎樣反抗法？作人先生曾自認不是一個英雄，我總希望能有英雄出來向惡勢力，舊禮教打幾百個衝鋒，自然作人先生在另一方面還是新勢力的有力的戰士」，並且對「孤

「我們此刻的反抗只能限於言語文字，如沒有效驗，實在沒有什麼別的方法。倘若有實力，我想也可以用，——不過這豈不是癡人說夢麼？在現在的社會裏，一個人如不是把『人氣』減少以至於無，就不會得到什麼實力或高位，即使是關於教育文化的事情。我只是就理論上說，不妨用強力反抗，只要這力是你自己的。唉，我終於變為托爾斯泰的叛徒了。」〔註 291〕不僅思想與行動無法分離，而且思想與政治實力的結合也不過是幻影，甚至得到政治實力是以思想獨立的喪失為前提。

周作人最終意識到群眾運動無法排除於社會革命之外，作為協調，他提出了文學／思想啓蒙、民眾運動與武力實權的三足鼎立，「現在知識階級應做的事是，一部分去弄學問藝術，改革思想，一部分『往民間去』，一部分特別有才力，『膽智不凡』的尤須『往兵裏去』！」而在思想與行動結合的選擇上，其個人主義的傾向性表露無遺，「現在覺悟的時期應當到了：兵是最要緊，最可貴的東西，我們應該自己當，大人（即兵頭）也要我們自己做，那時我們才會有自由。」〔註 292〕讓「我們自己」成為權力階層，來實現「我們」的自由！至於在獲得權力的過程中，如何保證「我們」不會喪失思想獨立，周作人只是在政治實力與武力實權之間作出區分，似乎政治必然是黨派性的，而武力可以是中性的。事實上，這正是由於周作人個人主義的「個人」，是封閉情感創傷經驗而形成的純形式的「理性自我」，是緊閉的物自體，它可以判斷外部世界，卻無法認知自身；這與魯迅燃燒式地將自己投入社會歷史，在進入與抵抗、信仰與懷疑之間形成的充滿情感內容的「個人」，截然有別。

5.「三一八」慘案與思想革命的持續

周作人選擇思想與武力結合，恐怕不盡由於他出身海軍，自然這成為 30 年代之後，他在涉及政治問題的場合只談論軍備的一個由頭，實際上也與他從五四時期開始獲得的思想可以與政治權力抗衡，而無法與武力抗衡的經驗有關。

五四之後的思想論爭，首先表現於預示 20 年代中期知識界分化的女師大

芳自賞」的姿態提出尖銳批評，「我覺得我們認為惡的，我們便應積極去剷除他。消極地不管不理，而以清高自慰，只是變相的妥協，只是默認惡勢力，只是向惡勢力俯首，只差不拜倒腳下以求飽腹而已。」

〔註 291〕周作人：《不寬容問題》，《語絲》第 42 期，1925 年 8 月 31 日。
〔註 292〕《別十與天罡》，《語絲》第 45 期，1925 年 9 月 21 日。

風潮。根據對當事雙方即以楊蔭榆、章士釗爲代表的校方，與對立的女師大學生方的不同態度，「語絲」派與「現代評論」派發生論爭。〔註293〕從立場而言，周作人無疑屬於「語絲」派，但比之魯迅旗幟鮮明地支持學生，反對校方，周作人的具體觀點帶有十足的個人性。從一開始，他就將雙方的是非對錯擱置不問，而聚焦於校長的舉措，「學生對於校長有所不滿或是誤會而生反對，我們不能一定說學生不對，只要校長早爲對付，誤會的地方不難解釋，不滿的地方可以改正，大抵就可解決。」因此，周作人的主要觀點，最初是譴責校方「手段卑劣」，一是離間手段，造成「教育界之勢利化的惡影響」，〔註294〕「教育的內容將全是高壓與順從，忠誠與酬庸的關係」；〔註295〕一是道德污蔑，「一面卻又宣傳以品性問題爲口實，想證明她們之罪大惡極。」〔註296〕周作人關注校方的手段問題，正是他懸置思想專制產生的階級根源、權力關係，而在思想層面提出「寬容思想之養成」邏輯的必然結果。隨著作爲教育總長的章士釗介入事件，連同他此前的反對白話文一起，周作人的批評，就集中於章楊的「文章不通」以及手段卑劣，尤其是章士釗呈文中出現事關性道德的「逾閑」字樣，更加激起特別重視反抗「性道德的殘酷」的周作人的攻擊，「不禁要動感情，想在文字上加以制裁。」直到章楊出動軍警毆打學生、武力封校，周作人認爲言論至此已盡，「我的沉默之期或者也不很遠了罷。……」〔註297〕

　　不過，由女師大風潮所引發的對章士釗的攻擊、與「現代評論」派的論戰，從別一關注的方面反而愈加激烈起來。章士釗1925年4月兼任教育總長，宣佈整頓學風，提出一系列舉措，被教育界師生極力反對，以致去職。周作人在《論章教長之舉措》一文中，就事論事，反而對其諸措施頗有諒詞，除了認「禁止白話」這一條爲「乖謬」。1925年7月，章士釗復刊反對白話文的《甲寅》爲周刊，7月底復任教育總長，正當女師大風潮時期，遂他予校方以武力支持之舉。這自然給予周作人「復古」與「實權」相勾結的印象，「列位不要把那老虎運動當作一件小事，這實在要比五四時期的荊生運

〔註293〕參見薛寅寅：《1920年代中期語絲派與現代評論派論爭話語研究》，北京大學中國語言文學系2013年未刊碩士論文。
〔註294〕《女師大的學風》，《全集》第4卷，第172、173頁。
〔註295〕《女師大大改革論》，《全集》第4卷，第244頁。
〔註296〕《勿談閨閫》，《全集》第4卷，第196頁。
〔註297〕《答張崧年先生書》，《全集》第4卷，第267、269頁。

動更危險可怕，因爲那時的清室孝廉林紓並沒有實權在手。」因此，攻擊章士釗「文章不通」，並非女師大風潮中的「花絮」，諷刺《甲寅》，也並非針對章個人的荒謬，對周作人而言，這是具有反抗思想專制、保護新文化成果的思想鬥爭的意義。當 20 年代中期之後，隨著革命形勢的發展，新文化人在文化與政治、個人與群體之間發生思想分化之時，〔註 298〕周作人卻提出了一個延續新文化運動的思想命題，即復古與革新的「言論界之分野」，「此刻中國（至少是北京）的言論界上顯然分出兩個局面：一是繼承《新青年》以來的思想革命的革新運動，目下並沒有中心，方面頗廣，但實力不多（老兵有被俘的，有退伍的，新兵又還未練好）。一是繼承《公言報》以來的反動的復古運動，目下的中心是《甲寅周刊》，附和者各種人都有，雖說是烏合之眾，現在的勢力卻不可輕視。」〔註 299〕在走向社會革命、政治革命的時代潮流中，周作人始終關注思想革命與文化建設，這是其個人主義的特色。

因此，周作人極爲重視作爲思想革命主體的知識分子的態度。針對文學革命的創始者胡適對《甲寅》的不聞不問，他諄諄地諷諫，「以忠厚待人可，以忠厚待害人之物則不可」，並嚴厲指責知識界對復古言行的漠視，「環顧國內，共和旗下康金之復辟無罪，救國聲中青津之殘殺公行，知識階級，周旬刊物，不加指摘，悉所寬容，區區大蟲運動，安狐狸之足問哉？」〔註 300〕其實，這正反映了時代課題從文化領域向政治領域的轉換。而周作人直至章士釗卸任、《甲寅》停刊之後，仍舊攻擊不止，大有痛打「落水狗」之勢，〔註 301〕並將女師大風潮中支持校方的「現代評論」派，作爲「章士釗與其徒黨」，持續追究其袒護權勢、污蔑女學生的言論。

1926 年段祺瑞政府向請願學生開槍射擊的「三一八」慘案發生之後，周作人一方面「忠告國民軍」、「恕府衛」，認爲雖然對國民軍從「廢號遷宮」事件上建立起來的信用與期待落空了，但對於奉令開槍者，未始不能原諒，「也只因爲沒有教育，不懂道理的緣故」，〔註 302〕這不是他們自己的罪惡，這仍是

〔註 298〕參見程凱：《從「復興」到「揚棄」——1925 年前後北京新文化言論界重造「思想革命」的契機、路徑、矛盾與張力》（承蒙作者本人提供，發表於中國社會科學院內部刊物，謹表謝意。）；姜濤：《「老實說了吧」前後：1920 年代文壇上的「導師」與「青年」之爭》，《北大中文學刊（2012）》，2013 年。
〔註 299〕《言論界之分野》，《全集》第 4 卷，第 271、272 頁。
〔註 300〕《忠厚的胡博士》，《全集》第 4 卷，第 263、264 頁。
〔註 301〕參見《失題》、《大蟲不死》、《懷孤桐先生》等，均收入《全集》第 4 卷。
〔註 302〕《恕府衛》，《全集》第 4 卷，第 602 頁。

將政治與武力人爲分離的思路，寬恕的對象同時也就是罪責的對象；另一方面，則集錄政府當局的「整頓學風文件」，將殘殺事件的發生與「禮教反動運動」關聯起來，「這一年來有這些禮教反動運動，卻絕少反抗的呼聲」。〔註303〕兩方面共同推動周作人對知識階級展開更爲凌厲的批評，「衛隊軍警並不變壞，而北京的智識階級——名人學者和新聞記者變壞了，所以政府中人敢於在中華民國首都的執政府前屠殺多人了。」〔註304〕

「三一八」之前，周作人與以陳源爲代表的「現代評論」派的衝突，一方面是關於「女生可以叫局」的「閒話」事件，〔註305〕另一方面是關於《現代評論》社收受章士釗的「一千元津貼」事件。關於後者，在周作人於1926年3月22日在《語絲》開設《我們的閒話》專欄，專門追究到底之前，社會上早有傳聞。針對周作人文中稱「《語絲》的最大的特點在於『不說別人的話』，至於『不用別人的錢』或者還是第二點」，〔註306〕無論他本人有意無意，在當時正與陳源在女師大風潮中進行筆戰之際，這句話的確容易讓人感到別有用意，因此，王子欣與川島就此事發表《通信》，「津貼問題」被提出，川島的回覆態度曖昧。〔註307〕周作人3月8日發表《致川島》，將此事只做「流言」看待，「《現代評論》進款二千元的流言我也早已聽到，不過我也並不留意；這干我屁事呢？用別人的錢的期刊天下盡多著哩，況且這是一種北京所多的『流言』。不過《語絲》之不用別人的錢卻係事實，不妨拿來發表，不管人家用不用或用的多少。」〔註308〕可見，比起「津貼問題」，其

〔註303〕《整頓學風文件》，《全集》第4卷，第541頁。
〔註304〕《恕府衛》，《全集》第4卷，第603頁。
〔註305〕參見《閒話的閒話之閒話》、《豈明致西瀅》、《陳源先生的來信》、《關於閒話事件的訂正》、《代郵》等文，收入《全集》第4卷。另，關於周作人與陳源之間衝突始末，可參見陳離：《在「我」與「世界」之間：語絲社研究》第二章《周氏兄弟與語絲社》，上海：東方出版中心，2006年。
〔註306〕《北京的一種古怪周刊〈語絲〉的廣告》，《京報副刊》，1926年1月21日。
〔註307〕王子欣問，「登在京報附刊中的語絲廣告，說到不用人家的錢，這話是否指現代評論而發？」川島的回覆，既坐實了「津貼」的具體數目，又聲稱「這也許是流言」，最後又模棱兩可地說「現代評論社受人津貼的話，似乎已經有人說過。不過在我看來這不足爲病，即語絲開辦時，魯迅曾付十元，豈明五元，鄙人七元，共二十二元。無論什麼事，沒有錢如何辦的成呢？」《反周事件答問》，《語絲》第68期，1926年3月1日。有關「津貼事件」詳情，參見陳漱渝：《關於「現代評論」派的一些情況》，《中國現代文學研究叢刊》，1980年03期。
〔註308〕《語絲》第69期，1926年3月8日。

時周作人更加在意的，是代表「性道德的殘酷」的「叫局事件」，最多也就順帶諷刺前者一筆；而且在這件事被川島說明之後，他也想盡量將其個人化，不要擴大事態。周作人的態度發生一百八十度大轉變，緊緊咬住「一千元津貼」事件，將問題聚焦在是否「說別人的話」上面，對「現代評論」派窮追猛打，甚至直呼其爲「奴才」，〔註309〕正是在「三一八」慘案之後。他直接追究知識階級的責任，將其指陳爲政府的幫兇：

> 五四時代北京各校教職員幾乎是一致反抗政府，這回大屠殺之後，不特不能聯合反抗，反有聯席會議的燕樹棠，《現代評論》的陳源之流，使用了明槍暗箭，替段政府出力，順了通緝令的意旨，歸罪於所謂群眾領袖，轉移大家的目光，減少攻擊政府的力量，這種醜態是五四時代所沒有的。其實這樣情形當然不是此刻才有的，去年大半年以來早已如此，反反章士釗事件可以算是這個無恥運動的最高潮，而這回的殘殺也就是其結果。政府以前還怕輿論制裁，不敢任意胡爲，到了去年才知道這些輿論代表與知識階級都是可以使得變相的，章士釗只須經手一千塊的津貼便可分設一家白話老虎報於最高學府，有人長期替他頌揚辯護或誣陷別人，這是多麼經濟的辦法！〔註310〕

周作人對「現代評論」派及知識階級歸順權勢、喪失思想獨立與社會責任感的批判，無疑切中肯綮，在對知識分子與權力關係的思考中，他始終強調「三一八」比「五四」更爲意義重大。〔註311〕但是，由於對群眾運動的先在排斥，他在抽取「五四時代北京各校教職員幾乎是一致反抗政府」的經驗時，有意無意忽略了在知識分子反抗政府的政治主張背後，存在著群眾的民意力量，

〔註309〕《難怪》，《全集》第 4 卷，第 549 頁。關於「津貼事件」的追究，自 3 月 22 日第一篇《我們的閒話》，至 9 月 11 日最後一篇《女師大的命運》，周作人共發文十餘篇。

〔註310〕《恕府衛》，《全集》第 4 卷，第 602～604 頁。

〔註311〕《六月二十八日》，「這決不是普通的事件，實含有劃時代的重大意義，值得我們的紀念的。正如五四是解放運動的起頭一樣，這三一八乃是迫壓反動的開始。」《全集》第 4 卷，第 655 頁。另，《紅樓內外之二》，「我真覺得奇怪，爲什麼世間對於三一八的事件後來總是那麼冷淡或是健忘，這事雖然出在北京一隅，但其意義卻是極其重大的，因爲正如五四是代表了知識階級對於北京政府進攻的成功，三一八乃是代表北京政府對於知識階級以及人民的反攻的開始，而這反攻卻比當初進攻更爲猛烈，持久，它的影響說起來真是更什難盡。」《全集》第 9 卷，第 715 頁。

他反思五四運動之過，其一爲「迷信」「群眾運動可以成事」，〔註312〕其實恰好反證了民眾力量在抗衡政府方面的作用。如果缺失了五四時代大規模的群眾運動，知識分子反抗政府的立場，只能成爲一種個人性的道德姿態，其是否足以制衡政府就很難得到保證。因此，「民眾力量」實際上是一種可以與政治權力抗衡的「實力」，只是爲周作人自身的立場所遮蔽。

　　本著反抗「思想的專制與性道德的殘酷」，周作人站在個人主義的立場，對 1926 年 7 月開始的北伐戰爭，也投以高度關注。對於北方軍閥陣營的國家主義、禮教思想，《順天時報》阻撓中國革命的文化侵略思想，以及南方革命陣營同樣存在的復古行爲，寧漢合流之後南北共通的「討赤」言行、禮教運動等等，一一針砭。直到 1928 年國民政府完成北伐，南北統一，周作人仍然看到革命名義之下專制思想的復活，「禁白話，禁女子剪髮，禁男女同學等等，這決不是什麼小問題，乃是反動與專制之先聲」，〔註313〕僅有政治革命的成功，無法保證自由不流爲形式，「現在有什麼可談的呢，雖然是有了自由？」〔註314〕

　　《語絲》時期，周作人的思想批判的鋒芒閃爍於莊諧雜出的曲晦文體，的確將「流氓的精神」發揮得淋漓盡致。隨著革命勢力與反革命勢力的鬥爭日趨激烈，《語絲》獨立的反封建精神，也招致了 1927 年 10 月張作霖當局的查封。《語絲》南遷上海之後，最能代表「語絲文體」的雜感的減少，創作譯作的增加，〔註315〕表明思想言論本身，與言論環境以及言論主體具有密不可分的關係。《語絲》被封，雖然並未使周作人的個人主義立場發生動搖，直至魯迅停編上海時期的《語絲》之前，實際上是兄弟兩人共同支撐著已在減少的批評雜感的數量和質量，但是，面對武力對思想的壓制，周作人卻實實在在感受到了個人生命安危受到的威脅，「還不如趁此刻閉起鳥嘴，爬下火山來吧！」〔註316〕

　　隨著國共合作的破裂，國共兩黨之間的政治鬥爭越發嚴酷，一方面是殺「共黨」的「白色恐怖」，一方面是在革命運動低潮中高漲起來的革命文學，

〔註312〕《五四運動之過》，《全集》第 4 卷，第 218 頁。
〔註313〕《國慶日頌》，《全集》第 5 卷，第 380 頁。
〔註314〕《論可談的》，《全集》第 5 卷，第 523 頁。
〔註315〕關於北京時期與上海時期《語絲》內容、風格、作者群的變化，參見陳離：《在「我」與「世界」之間：語絲社研究》第三章《語絲社與〈語絲〉雜誌：從北京到上海》。
〔註316〕《隨感錄三六・火山之上》，《語絲》第 148 期，1927 年 9 月 10 日。

周作人著眼於思想革命，在政治立場的對立中卻看到二者共通的封建專制思想的遺留。1928 年底，他宣佈「閉戶讀書」，看似以「苟全性命於亂世」爲由，結束了其尖銳的社會批評，但選定「歷史」爲閱讀對象，實則將思想革命的觸角伸向專制思想產生的源頭，「刨祖墳」，正本清源，將中國歷史文化的總檢討作爲思想革命新的出發點，「翻開故紙，與活人對照，死書就變成活書」。
〔註 317〕

〔註 317〕《閉戶讀書論》，《全集》第 5 卷，第 511 頁。

第三章　思想自由與「現代中國」

　　面對政黨政治局面中崛起的新興革命文學，從反對資本主義的共同點出發，周作人提出針鋒相對的「言志」派文學觀，從思想自由的角度，對左翼文學運動政治鬥爭有餘、思想建設不足的傾向，具有互補性意義。周作人的「言志」派文學，以讀書筆記體文章寫作，開掘為正史所忽視的「民間日常生活世界」，為其注入個人情感與美的趣味，試圖超越政黨政治，致力於以「人情物理」為內容的「現代生活」的倫理建設。隨著中日民族矛盾成為政治主題，「言志」派文學試圖從文化民族主義的立場，延續以現代文化建設為內容的文學實踐。

第一節　革命文學與「言志」派文學

1・反抗性文學與革命文學

　　20 年代中期出現的「革命文學」，是中國革命發展的產物，它以馬克思主義為理論指導，強調文學對於推動政治鬥爭的意識形態功能。從注重文學的「有用」而言，革命文學的政治功利主義，與五四新文學的啓蒙主義並無本質區別，發生變化的是文學的主體及性質，前者強調集團性及文學與政治的結合，後者強調個人性及文學的獨立性。當即使同屬五四新文學陣營也思想各異的語絲派、現代評論派、魯迅、周作人，被革命文學家成仿吾打包一起批判，〔註1〕意味著一個高出「個人主義」的思想視野，開始對周作人的個人

〔註1〕 參見仿吾：《完成我們的文學革命》，收於中國社會科學院文學研究所現代文

主義提出挑戰，因此，他必須面對革命文學提出的問題。

首先，關於文學的主體，周作人不認可階級論。如前述，20 年代中期以後，周作人已經放棄文學的即使是「無形的」功利性，文學的體與用都只存在於表現自我，因此，文學的要素只是思想的普遍與情感的真摯，以及用為表現方式的藝術美。就思想的普遍性而言，莫過於用有關在周作人「人的解放」序列中處於最底層的婦女與兒童的思想，來進行檢驗。這也成為周作人查考文學的最低思想標準，「自稱無產階級，思想上卻毫無改變，還是信奉夫為妻綱，把女人當作私有的一種器具，那實在與道學家相去無幾，他們也終只是舊式文人的變相罷了。」因此，他認為，思想與經濟狀況上的階級劃分無關，無產階級文學未必反對資產階級思想，而表現出「反有產階級思想」的文學也未必出自無產階級意識，「我不稱他為無產階級思想，因為我覺得這不是階級的問題，雖然這多少與實際的社會運動先後發生，但這些人未必以階級意識為主動，實在只是其思想態度與因襲的資產階級思想相反，故出於反抗的舉動。」〔註 2〕這就為思想的獨立性與個體的革命性留下空間。

其次，關於文學的性質，周作人堅持文學的獨立性，文學若不獨立就不能真摯，「文學的路是要自己走出來的，不是師父傳授，更不是群眾所得指定的；由有權力者規定，非講第四階級不可的文學與非講聖功王道不可的文學都是同樣的虛偽。」〔註 3〕反對文學與政治的結合。不過，他並非反對文學表現政治內容。《語絲》第 124 期發表了一首寄自山東的詩《給哥薩克的同胞》，〔註 4〕全篇反語，暗示在山東的俄國人強姦中國婦女的慘景。周作人的編者按語云，「這使我讀了不好過，他的無慈悲的說法，猶如把一支針刺入指甲縫去，實在殘酷極了。我並不主張詩一定要是有政治意義的，但我覺

　　　　學研究室編：《「革命文學」論爭資料選編》，北京：人民文學出版社，1981 年。
〔註 2〕《文學談》，《全集》第 4 卷，第 243、244 頁。
〔註 3〕《文學與主義》，《語絲》第 119 期，1927 年 2 月 19 日。
〔註 4〕《語絲》第 124 期，1927 年 3 月 25 日。原詩如下：
　　　　呵，慈悲的黃髮人，／請原諒我們的婦女，／原諒我們高年的伯母，／合我
　　　　們幼小的姊妹！
　　　　性交呢，也不只你們，／誰也不能去阻止；／但我們薄弱的處女呵，／請你
　　　　原諒她們！
　　　　我們的婦女勞倦無食，／乳頭已黃萎萎的了，／呵，原諒原諒罷，／放輕一
　　　　點手，呵，輕一點！
　　　　呵，輕一點，不求再多，／慈悲的黃髮人，／只求不要送她們入墓地，／什
　　　　麼樣式的性交都願意！

得這可以算是好詩之一。」將文學的標準置於文學自身的藝術表現方式，這在使文學保有獨立性的同時，也爲社會政治內容進入文學表達留有空間。因此，所謂反對「結合」，就落實在文學者的獨立性上，周作人反對個人的政治立場控制其文學，例如他對王國維之死的引以爲戒，「治學術藝文者須一依自己的本性，堅持勇往，勿涉及政治的意見而改其趨向，終成爲二重的生活，身心分裂，趨於毀滅，是爲至要也。」〔註 5〕進一步，他認爲政治事務不要干預到文學領域，對於丁文江爲梁啓超爭取諾貝爾文學獎的傳聞，周作人既質疑梁啓超著作的文學價值，同時也譏刺曾爲學者、現任官職的丁文江，只專心政治就好了，不必干涉文學閒事，「淞滬之需總辦之續辦也久矣，不務其遠大而奔走於區區獎金，將何以慰吾民望治之心也乎？」〔註 6〕

　　由此，與革命文學家基於階級論，以「無產階級文學」爲革命文學的具體形態不同，周作人基於普遍性的「人」論，提出了另一種形態：個人性的、反抗性的文學。爲此，他再次著手外國文學翻譯，尋求革命資源，於 1927 年 2 月編成兩冊《苦雨齋小書》：《冥土旅行》〔註 7〕與《瑪加爾的夢》。計 2 世紀希臘路吉亞諾思的對話體戲劇、18 世紀英國斯威夫特的諷刺性散文、19 世紀法國法布爾的科學小品、14 世紀日本兼好法師的隨筆，與近代俄國科羅連珂的人道主義小說，儘管六部作品的時代、內容、體裁、風格毫無共通之處，「雜亂極了」，但周作人以爲「其間不無一種聯屬」。〔註 8〕《冥土旅行》的人情諷刺，與《瑪加爾的夢》的悲哀詼詭異曲同工，兼好法師享樂的出世思想，與斯威夫特對人世惡辣的諷刺，正是盾之兩面，法布爾雖然思想超然，他的作品卻是詩與科學的結合。因此，所謂「聯屬」，正是作者對於人生的主體性姿態，面對紛擾煩亂、失去理性節制的現實世界，通過各自有以自處的方式，表明了不苟安、不屈服於現狀的一種自覺意識，一種反抗性的態度。

　　考慮到反抗性，則文學之力的問題必然被重新提出。《讀本拔萃》一文介紹了兩首希臘詩歌，一首是情詩，表現愛情的魔力；一首是軍歌，引自埃斯庫羅斯悲劇《波斯人》，希臘人在薩拉米斯抵抗波斯大軍時所唱，號召希

〔註 5〕《王靜庵君之死》，《語絲》第 135 期，1927 年 6 月 11 日。

〔註 6〕《諾貝爾獎金》，《語絲》第 136 期，1927 年 6 月 18 日。

〔註 7〕收入五篇作品：路吉亞諾思《冥土旅行》、法布爾《愛昆蟲的小孩》、斯威夫德《育嬰芻議》與《〈婢僕須知〉抄》、兼好法師《〈徒然草〉抄》，各篇均附有周作人的引言或附記。周作人譯：《冥土旅行》，上海：北新書局，1927 年。

〔註 8〕《〈苦雨齋小書〉序》，《語絲》第 123 期，1927 年 3 月 19 日。

臘戰士與敵奮戰，拯救自己的祖國、妻兒、祖輩的神殿與墳塋。〔註 9〕周作人認為這是兩首好詩，文末又抄譯一句希臘文「等於同量之量互等」，似乎意味著從「愛」出發，對情人的愛可通於對祖國的愛。可見，重新選擇「力的文學」，〔註 10〕周作人也仍然強調文學主體的個人性，以及文學之力的根源在於情感的真摯，這意味著革命主體才是產生革命文學的關鍵。〔註 11〕可以說，對於 1927 年之後逐漸走向無產階級革命的中國革命形態來說，革命主體問題乃是解決文學與政治關係問題的關鍵。

從反抗性的個人出發，周作人將革命文學的源頭追溯至五四時代，回歸弱小民族國家文學，尋求建立革命文學的資源，《黃薔薇》附言云：

> 不知道在幾年前，中國曾經有人很攻擊過革命文學，對於閱讀介紹弱小民族的文學這一件事也大加非難。到了現在，大家都大談起革命文學來了，我雖然對於革命文學仍然不很熱心，但覺得閱讀弱小民族的文學還是有意思，很有意義。英法德義，但莎哥囂，本來值得也應該有人去弄，但弱小民族也有他們的靈魂，表現在文學上面，我們當一樣地尊重，而且在此刻的地位，中國人更應對於他們感到親近。古詩人說，「賊能知道賊的足迹」，現在可以改說奴隸能瞭解奴隸的心情。〔註 12〕

《黃薔薇》是周作人譯於 1910 年、十年後賣給上海商務印書館的最後一部文言小說，作者為匈牙利作家育珂摩爾。最初作為周作人嗜好的牧歌體小說而

〔註 9〕 文中介紹的原詩周作人分別譯為：
其一：你的親吻是黏沾，／榮子呵，你的眼睛是火：／你看過的都點著了，／你觸著的都黏住了。
其二：呵，希臘的兒郎們，去罷，／救你的祖國，／救你的妻兒，——／你父親的諸神的住宅，／你祖先的墳墓，／奮鬥，為大家奮鬥！《全集》第 5 卷，第 89、90 頁。

〔註 10〕「力的文學」相對於「知的文學」而言。兩者均來自德昆西的名言。「There is, first, the literature of Knowledge, secondly, the literature of Power, The Function of the first is to teach; the Function of the second is to move.」1930 年黎錦明曾就其中的「secondly」一詞譯為「而後」還是「其次」，向周作人請教。此信引發北平的革命文學論爭，詳後。周作人同意第二種譯法，意思是「有兩種文學，其一是知的文學，其次是力的文學。前者的職能在教人，後者在動人。」

〔註 11〕魯迅也有類似的共識，參見《革命文學》一文，「我以為根本問題是在作者可是一個『革命人』，倘是的，則無論寫的是什麼事件，用的是什麼材料，即都是『革命文學』。」《魯迅全集》第 3 卷，第 568 頁。

〔註 12〕《〈黃薔薇〉附言》，《全集》第 5 卷，第 448 頁。

譯，「源雖出於牧歌，而描畫自然，用理想亦不離現實，則較古人爲勝，實近世鄉土文學之傑作也。」〔註13〕1927 年的再版附言，則強調其作爲弱小民族文學的意義。1921 年，《小說月報》曾以特刊「被損害民族的文學號」，提倡弱小民族國家文學，周作人應之以《現代小說譯叢第一集》，表達新文化人共通的反抗強權的民族主義立場。此時，特別提出「奴隸能瞭解奴隸的心情」，可見周作人所重視的，對革命文學而言，是反抗的情感的眞摯性。不久之後，他又撰文介紹弱小民族文學尤其是育珂摩爾的翻譯專家倍因，向其致敬，譽爲「教我知道讀書的」其中一位，並追念自己所受到的文學感動，「使我在文藝裏找出一點滋味來，得到一塊安息的地方」，〔註14〕彷彿在用自己印證弱小民族文學所喚起的反抗性力量。《黃薔薇》於 1933、1935 年兩次再版，不能忽略，在主流的革命文學向蘇俄、日本無產階級文學汲取理論資源之外，還存在著周作人式的從弱小民族國家的文學經驗，取得情感的反抗性的另一種革命文學形態。

　　與政治革命的目標相應，周作人譯介弱小民族國家文學的思想意圖，經歷了留日時期的反抗封建專制統治、五四時期的反抗帝國主義強權，此時則指向反抗資本主義社會：

> 但我相信這個資本主義的社會，總是應該「打倒」的，而文學卻也非是宣傳，——他不是別種東西的手段，他自己就是目的；反資本主義的思想沁進到人心裏去，燃燒起來再發出爲言語文字，這樣可以成爲好的文學，是動人的藝術而非符咒或號令。〔註15〕

一方面提出文學的反抗性力量，同時又將此力收束於文學自身，避免文學成爲政治的宣傳工具，周作人以此建立了反抗性文學與革命文學同源而異流的關係，對資本主義的反抗，與革命文學指向政治革命不同，反抗性文學仍舊指向思想革命，「中國民族實是統一的，生活不平等而思想則平等，即統一於『第三階級』之陞官發財的渾帳思想。不打破這個障害，只生吞活剝地號叫『第四階級』，即使是眞心地運動，結果民眾政治還就是資產階級專政，革命文學亦無異於無聊文士的應制，更不必說投機家的運動了。」〔註16〕

〔註13〕育珂摩耳著、周作人譯：《黃薔薇》，《序》第 2 頁，上海：商務印書館，1927 年。
〔註14〕《〈黃薔薇〉》，《全集》第 5 卷，第 537 頁。
〔註15〕《〈嬰兒殺害〉的引言和附記》，《全集》第 5 卷，第 497～498 頁。
〔註16〕《隨感錄九七‧爆竹》，《語絲》4 卷 9 期，1927 年 2 月 27 日。

　　如前述，女性觀與兒童觀是最能檢驗思想性質的試金石，這使周作人將對資產階級思想的批判，集中於性道德領域，由此獲取了超越資本主義而又並非走向共產主義的思想視野：文明或文化進步，「相信在文明世界裏這性的解放實是必要，雖比經濟的解放或者要更難也未可知：社會文化愈高，性道德愈寬大，性生活也愈健全」。〔註 17〕「文明」的標準，則是超越於經濟政治、法律道德之上的「美」，「我相信，假如世界不退到暴民或暴君專制的地步，卻還是發達上去，將來更文明的社會裏的關於性的事情，將暫離開了尚脫不掉迷信的色彩之道德與法律的管轄，而改由微敏的美感或趣味所指揮。」〔註 18〕革命文學家基於階級論，提出無產階級文學，作爲無產階級政治革命的一環；以「新月派」爲代表的自由主義作家基於人性論，強調文學的超階級性，旨在維護資本主義制度，二者的政治立場看似截然相反，卻如孿生兒一般，共生於現代資本主義制度這一母胎之內。周作人的反抗性文學，強調思想自由，試圖用包含「美」的超越性的「文明」視野，在政治革命之上，致力於以「人」爲主體的文化進步。但是，將文明的根基置於性道德的改良，周作人自己也意識到其脆弱性，「人類關於這方面的意見卻也最頑固不易變動，這種理想就又不免近於晝夢。」〔註 19〕

　　自《小河》以來，周作人一直在表達對群眾運動的憂懼。1927 年 4 月，他發表《舊詩呈政》一文，起首云，「北京近來又有點入於恐怖時代了」，〔註 20〕時值北方以「討赤」殺人，南方的「清黨」臨近，文中重錄寫於 1922 年的一首舊詩《愚人的心算》，僅題目改爲《智人的心算》。姜濤認爲，從《小河》到《智人的心算》，主題都在講「在社會不斷循環發生的暴力動亂前的隱憂」，〔註 21〕重新發表舊作，正反射出其時的政治氛圍。面對歷史暴力，從反抗性出發，周作人也爲個人主義增添了「力」的內容。與《舊詩呈政》同時發表的另一篇《藹理斯的詩》，介紹了藹理斯紀念俄國虛無黨人、因暗殺沙皇而被處死的蘇菲亞的一首詩，詩中讚譽蘇菲亞爲了社會解放的暴力行動，「她敢於劈開生命之自由的麵包，／倒出生命之酒來，與人們共飲」。〔註 22〕對周作人而言，虛無論者是個人立場與仁人之心的相結合，這是他

〔註 17〕《性的解放》，《全集》第 5 卷，第 439 頁。
〔註 18〕《裸體遊行考訂》，《語絲》第 128 期，1927 年 4 月 23 日。
〔註 19〕《性的解放》，《全集》第 5 卷，第 439 頁。
〔註 20〕《全集》第 5 卷，第 203 頁。
〔註 21〕姜濤：《從周作人的〈小河〉看早期新詩的政治性》。
〔註 22〕《全集》第 5 卷，第 204 頁。

所能認可的暴力反抗，對於「以身殉主義」的李大釗，〔註23〕周作人一生
都保有相當的敬意，並爲其身後之事盡心盡力，〔註24〕是基於同樣的理由。

2・若子之死與「文學無用」論

　　1929 年 11 月 20 日，周作人年僅 15 歲的幼女若子，因病夭亡。4 年前，
若子因病幾乎危及生命，一家人擔驚無已，事後周作人寫有《若子的病》，追
記從病危至病癒情形，及在此過程中自己的心理狀態。將至親之人的生死之
事形諸筆墨，若子是繼周作人 6 歲夭亡的四弟椿壽之後的第二人，〔註25〕若
子危在旦夕的病狀，也讓他想起四弟臨終情形。不過，四弟夭亡時，周作人
畢竟只是一位 14 歲左右的少年，悲傷之情深摯卻單純，尚處於自然狀態的情
感比較易於接受死亡。而面對垂死的若子時，他已歷經人世憂患，對於襲擊
生命的危險，已建立了相當強大的理性自我的防禦體系，但死亡的無理性是
絕對的，反而使他無措。因此，若子的病危，也許讓周作人第一次體驗到理
性自我的有限。若子垂死之際，周作人收到載有若子寫月亮的文章的刊物，
讓他想起四弟臨終之前，也是固執地追問天上的情形，因而產生死亡的恐懼
感，「我自己知道這都是迷信，卻不能禁止我脊梁上不發生冰冷的奇感。」對
於若子的終於獲救，雖然歸謝於醫藥與人，但仍令他體驗到理性無法追究的
東西，「但是這病人竟從萬死中逃得一生，不知是那裡來的力量。醫呢，藥呢，
她自己或別的不可知之力呢？」而當周作人終於能用文字將這種情感與心理
狀態予以表述之時，他也重新獲得理性自我的安定感，「今天我自己居然能夠
寫出這篇東西來，可見我的凌亂的頭腦也略略靜定了」，〔註26〕可見在文字表
達與理性自我之間，有一種完全的對應性。

　　但若子的死亡真的發生時，這種對應性失效了。若子於 11 月 26 日下葬，
是夜周作人寫《若子之死》，僅記生卒年月，簡短的死亡經過，末云，「如今
才過七日，想執筆記若子的死之前後，乃屬不可能的事，或者竟是永久不可

〔註23〕《閒話拾遺三十・李守常君之死》，《全集》第 5 卷，第 218 頁。
〔註24〕參見張菊香：《紅樓奠基的深情——周作人與李大釗》，《黨史縱橫》，1994 年
　　　　07 期。
〔註25〕周作人四弟因病夭亡於 1898 年 11 月 8 日，年僅 6 歲。據《周作人日記》（上），
　　　　1898 年 11 月 26 日、12 月 18 日，周作人分別有古風二首、七絕一首悼念
　　　　亡弟（第 14～15、25 頁），1901 年作《逍遙處士小傳》（第 301～302 頁），1902
　　　　年作《薏川蔭仙小傳》（第 342 頁），皆爲四弟作，寄懷悲痛之情。
〔註26〕《若子的病》，《全集》第 4 卷，第 155～157 頁。

能的事亦未可知」。〔註27〕12 月 1 日再寫文，只追述醫治經過，完全在於譴責山本醫生的失職與無德，「唯如山本大夫所爲，覺得無可再容忍，不得不一吐爲快」，這是面對若子之死，文字唯一能夠運用之處，卻無論對死者還是對生者的苦痛，完全無濟於事，而一涉死亡本身，便言盡詞窮，「每念此言，不禁泣下，我寫至此，眞欲擱筆不能再下。」〔註28〕此文連同前文，一起發表於 12 月 4 日《華北日報》，文末並附周作人請求北平市衛生局懲治山本醫生的呈文，略述醫治經過，歸責山本，請求查辦。後續雖不得而知，但此舉之偏執，〔註29〕不妨視爲面對死亡理性啓動的自我保護功能，文字只能藉以確認理性自我某一部分的完好，同時卻表明仍存在無法對應的部分。若子死後的七日之間以及週年紀念，〔註30〕周作人遵照舊俗延僧誦經，邀請友人共同參加，〔註31〕顯然，比起文字，某種程度的宗教儀式更能寄懷哀思，慰藉傷情，彌補文字所不能。但周作人畢竟無法歸宗宗教信仰，爲了將文字無法對應的情感部分納入理性自我之內，避免其落入不可知領域，只能再度降低理性的功能，因此，此前用隱士與叛徒的結合所定位的自我形象，重新回落至「凡人」。不過，與 20 年代初爲反省啓蒙者意識而提出的「凡人」不同，此時強調面對現實，理性能力無法完全滿足求生意志的一種悲哀感受，「所苦者我只會喝幾口酒，而又不能麻醉，還是清醒地都看見聽見，又無力高聲大喊，此乃是凡人之悲哀，實爲無可如何者耳。」〔註32〕與此前「現代人的悲哀」強調猛烈的求生意志對於不如意的現實生活的抗爭相比，「凡人的悲哀」從自我與外部世界的關係，收束至個人自我內部，這既是對若子之死的直接個人情感體驗，也與 20 年代後期政治現實的惡化有關。〔註33〕

　　若子之死的經驗，對周作人此前建立的表現自我的文學觀造成衝擊，文

〔註27〕《若子之死》，《全集》第 5 卷，第 583 頁。
〔註28〕《再記若子的死》，《全集》第 5 卷，第 585、586 頁。
〔註29〕參見伊藤德也：「若子の死の周辺——周作人・1920 年代から 1930 年代へ」，《季刊中國》，1989 年 19 期。
〔註30〕據《周作人日記》（中），1929 年 11 月 21 日，「前院搭棚，又定做紙汽車等貨，約和尚念經」（第 737 頁），11 月 22 日，「招僧七人放焰口至十時了」（第 738 頁），11 月 24 日，「本願寺光岡師來誦經，午去」（第 738 頁），11 月 25 日，「今日招僧九人誦經」（第 739 頁）。
〔註31〕《與廢名書二通》，「本月二十日爲若子週年紀念，循俗延僧誦經，兄如有暇，甚望能來。」《全集》第 5 卷，第 618 頁。
〔註32〕《麻醉禮贊》，《全集》第 5 卷，第 598 頁。
〔註33〕參見錢理群：《周作人傳》第七章第一節《凡人的悲哀》。

字在表情達意方面的有限性被體認，直接導向 30 年代「文學無用論」的提出，「死生之悲哀，愛戀之喜悅，人生最深切的悲歡甘苦，絕對地不能以言語形容，更無論文字，至少在我是這樣想，世間或有天才自然也可以有例外，那麼我們凡人所可以文字表現者只是某一種情意，固然不很粗淺但也不很深切的部分，換句話來說，實在是可有可無不關緊急的東西，表現出來聊以自寬慰消遣罷了。……但是我個人卻的確相信文學無用論的。」文字無法表現自我最重要的情意，意味著此前周作人在自我與文學之間建立的一致性的破裂，文學無法定義自我，相反，通過重新以「凡人」對自我命名，使文學僅僅成為自我具有主體性意識的一種體現，「話雖如此，文章還是可以寫，想寫，關鍵只在這一點」，〔註34〕可見，當認為文學有用時，文學對周作人而言具有本體性的意義；主張文學無用時，文學對他反而成為一種「工具」。

　　另一方面，文學既然無從表現自我，則轉為面向外部世界的認知，在用語上，以「文章」替換「文學」，據此，30 年代以後，周作人開始以「知堂」或「愛智者」建立自我形象，〔註35〕可見，「文學」的名號雖改，某種可稱為「文人習性」的氣質，對周作人來說是本質性的。

3・「言志」的文學與北平的「革命文學論爭」

　　文學無用論的提出，消解了此前由反抗性文學所恢復的文學之力，因此，經過「一九二九幾乎全不把筆」〔註36〕的消沉之後，周作人在進入 1930 年代的第一篇文章中，提出「言志」的文學，「文學上永久有兩種潮流，言志與載道。」〔註37〕這一二元結構，成為此後周作人觀察文學現象的標尺，並在 1932年《中國新文學的源流》（簡稱《源流》）中，發展為言志與載道起伏消長的雙線文學史觀。

　　綜觀周作人的言論，實際上他從未定義「言志的文學」是什麼，《源流》從「文學是什麼」的界定開篇，「文學是用美妙的形式，將作者獨特的思想

〔註34〕《〈草木蟲魚〉小引》，《全集》第 5 卷，第 697、698 頁。
〔註35〕1932 年作《知堂說》，以「知堂」為名；1934 年《〈夜讀抄〉後記》，「自己覺得文士早已歇業了，現在如要分類，找一個冠冕的名稱，彷彿可以稱作愛智者，此只是說對於天地萬物尚有些興趣，想要知道他的一點情形而已。」《全集》第 6 卷，第 369 頁。
〔註36〕《與胡適書二通》，《全集》第 5 卷，第 600 頁。
〔註37〕《金魚》，《全集》第 5 卷，第 632 頁。

和感情傳達出來」，這一文學本體論，與此前的個人主義文學觀並無二致，新增的是文學無用論，「文學只有感情沒有目的。」〔註 38〕文學無用對周作人而言，是文學無法定義自我的主體性，「在合理的社會人人應有正當的職業，而以文學爲其表現情意之具」。〔註 39〕因此，所謂「言志的文學」，只是排他性的「我」的文學，是被作爲他者的革命文學所逼出來的否定物，二者區別並不在志與道，而在文學的主體意識，「言他人之志即是載道，載自己的道亦是言志。」〔註 40〕因此，「言志」的文學，是周作人保護個人獨立性的一種文學策略，它只在否定性的意義上成立，即它不是「載道的」、「賦得的」、「集團的」文學。相比之下，「載道的文學」的主體意識反而是明確的：無產階級文學；但周作人「言志的文學」卻無法指向個人主義文學，他的主體意識，此時也只有一個模糊的、否定性的「我並不是文士」。〔註 41〕

在爲「言志的文學」尋找主體性的過程中，1930 年初在北平發生的以周作人爲靶子的革命文學論爭，〔註 42〕值得注意。

1930 年 3 月 24 日，北平《新晨報副刊》第 551 號發表黎錦明致周作人的一封信，請他出面號召北平的革命文學。黎錦明屬於接受五四新文化的個人主義文學觀念的新一代知識青年，20 年代中期之後投身社會革命，大革命分裂後，在政治高壓中失去直接行動，面對革命前途的撲朔迷離，「以沉默自守」。〔註 43〕同樣從實際革命行動中退出，與黎錦明的「沉默」不同，上

〔註 38〕 《全集》第 6 卷，第 51、59 頁。
〔註 39〕 《半封回信》，《全集》第 5 卷，第 628 頁。
〔註 40〕 《〈中國新文學大系散文一集〉導言》，《全集》第 6 卷，第 730 頁。
〔註 41〕 《半封回信》，《全集》第 5 卷，第 628 頁。
〔註 42〕 丁文在《周作人與 1930 年左翼文學的對峙與對話》中，解讀了《新晨報副刊》上的這次論爭，認爲這次論爭開啓了周作人日後以「言志」與「載道」論述文學的文學思想，並開拓了「草木蟲魚」的寫作題材以及形成獨特的言說方式。《中國現代文學研究叢刊》，2009 年 05 期。我的論述，將側重在「言志」與「載道」的相生相剋關係中所建立起來的言志派文學的主體性。
〔註 43〕 黎錦明：《致周作人先生函》，《新晨報副刊》551 號，1930 年 3 月 24 日。黎錦明於 1926 年秋開始在廣東海豐中學從事教育和文化宣傳工作，當 1927 年繼上海「四一二」反革命政變後，廣州發生「四一五」大屠殺，海豐的農民運動遭受重創，大批革命者和進步青年被捕殺。黎錦明逃到上海之後，即以此爲背景，寫了現代文學史上第一部描寫農民運動的中篇小說《塵影》，魯迅爲其題辭。此後因言論激進，爲當局所不容，先後輾轉於上海、鄭州、洛陽、開封等地，1929 年底落腳於保定河北大學任教。這期間，正是經歷了在致周作人信中所說從「藏身荒山亂冢之間，以沉默自守」到想要打破這個「無意義的沉默」的時

海出現知識階級對革命文學的提倡。黎錦明起初認爲自己的小資產階級身份，「不配」寫作革命文學，但隨著日益激烈的國共兩黨的政治鬥爭投影於文學運動，造成革命文學家激進化的口號，「贊成革命文學的也是反革命派，因爲他們不寫革命文學」，〔註44〕出於殘留的革命理想與現實生存的混合動機，因此向新文化的重量級人物周作人提出發起革命文學的請求。黎錦明的問題意識具有代表性，正是新一代知識青年在大革命分裂後，遭遇階級身份危機的表徵，〔註45〕其中也包含著知識青年的生存處境問題。〔註46〕

　　由於年齡、閱歷、地位的不同，周作人在他的思想脈絡中，對革命知識青年的這一問題意識，難免隔膜，他回信中的婉言謝絕，暗含著對革命文學與革命主體、思想與行動相互分離的諷刺，「我並不是文士，此其一。革命我是主張的（至於怎麼樣的革命因爲怕有語病暫且不談），但革命是要做的，而我現在是在教書，怎好不承認是不革命，此其二。準此，對於那個問題我覺得不大應該多嘴。」〔註47〕

期。參見康詠秋：《黎錦明傳》，《新文學史料》，2000 年 02 期。

〔註44〕黎錦明：《致周作人先生函》。

〔註45〕參見程凱：《1920 年代末文學知識分子的思想困境與唯物史觀文學論的興起》，該文分析了以獨立個人爲基礎的現代文學觀念，雖然提供了知識青年發掘自我、感受世界的方式，但並不提供他們認識、分析社會的工具，「這使得新青年們在獲得與社會對立的意識後卻無法獲得有效理解社會問題乃至改造社會的方式。」這種內在矛盾成爲唯物史觀被接受的心理基礎。並且分析了大革命分裂後，知識青年所面臨的政治危機，「這個危機來自三個層面：一是對自身階級身份的困惑，二是喪失直接的行動可能帶來的困惑，三是對革命前途的困惑。雖然大革命時期馬克思主義原理的宣傳並未深入，但革命畢竟使得一系列革命話語深入人心，其中最突出的就是階級話語。在革命的階級分析中，知識分子出身的革命者有著擺脫不掉的小資產階級特性。共產黨一度認爲革命的失敗正是由於小資產階級的動搖與叛變，因此，在大革命失敗後曾有意識地將知識階級出身的青年清除出革命隊伍。」《文史哲》，2007 年 03 期。

〔註46〕例如黎錦明在賣文爲生的經歷中，深切體會到「爲革命」而寫與「爲賣錢」而寫之間的兩難處境，「豈明先生說中國的文學成了商業化，確實不錯。但上海的一部分文人，也實情有可原，不寫革命文學，恐怕連一元錢一千字也拿不到，就不說上咖啡店去調戲侍女們，恐怕連三等亭子間也住不了，讓女房東闖了出去。至於我所過的舒服日子，不過還可『對付』而已；因爲青年人在現今只要能對付，大概總還是頭等闊老了。至於要寫革命文學才『有可爲』，我不知道從那裡『可爲』起。革命文學我是贊成的，但何必一定要寫？反正寫了也不過出一本書，消去一兩千便完了。」《「煽動力」與「分野」》，《新晨報副刊》586 號，1930 年 4 月 28 日。

〔註47〕豈明：《半封回信》，《新晨報副刊》565 號，1930 年 4 月 7 日。

　　回信在沉寂的北平掀起軒然大波。題爲《半封回信》的覆信發表後至同年 6 月，《新晨報副刊》共登載了近 40 篇文章，針對黎周通信，發起革命文學（無產階級文學）的討論，批判矛頭直指周作人對於革命文學的消極態度和觀點。在與 1928 年上海「革命文學論爭」的對照之下，批判者一方將此次事件，視爲在荒涼的北平文藝界展開的革命文學與反革命文學的論戰，並將魯迅的「新生」與周作人的「沒落」並列指認。〔註 48〕批判方的一個普遍誤區，是將文學與政治的結合，簡化爲政治立場對文學的裁決，這既是試圖運用唯物史觀解決革命文學主體性的問題，其運用本身又相當粗陋，劉松塘的觀點具有代表性，「豈明君！我以前也是告假，沒有功夫談革命文學，以後多看了幾本理論的書，也知道——覺悟——所謂革命文學或是第四階級文學並不只是會罵資本家，替無產的勞工歎幾口氣，才知道是只要作者有革命的意識，立場不是資產階級就夠了」。〔註 49〕

　　程凱的研究指出，革命文學家的早期無產階級文學言論，忽略了階級意識轉換的「複雜性、持續性以及和實踐的張力」，他們借助意識鬥爭理論，「某種程度上延續著新文學、革命文學以精神改造、干預社會的傳統，而不是像西方的唯物史觀文學論那樣從科學認識的角度以唯物史觀方法解釋文學現象」，因此，在解決知識階級自身的身份和精神危機這一方面得到知識青年的共鳴，卻使魯迅等人視之爲一種小資產階級自救的突變模式。〔註 50〕

　　對此，周作人譏革命文學家爲「文士」，可以說與魯迅有相似的直覺。不過，身居上海以版稅維持生活的魯迅，一方面譏刺革命文學家階級意識轉換的投機性，另一方面對其現實的生存處境不乏理解，「但革命的藝術家，也只能以此維持自己的勇氣，他只能這樣。倘他犧牲了他的藝術，去使理論成爲事實，就要怕不成其爲革命的藝術家。因此必然的應該坐在無產階級的陣營中，等待『武器的鐵和火』出現。」〔註 51〕這就爲接受唯物史觀文學論留有餘地。因此，面對被批判，魯迅積極參與論爭，〔註 52〕被「擠」著閱讀馬克

〔註 48〕參見非白：《魯迅與周作人》，《新晨報副刊》629～630 號，1930 年 6 月 11～12 日。

〔註 49〕劉松塘：《致兩明的一封信》，《新晨報副刊》572 號，1930 年 4 月 14 日。

〔註 50〕程凱：《1920 年代末文學知識分子的思想困境與唯物史觀文學論的興起》。

〔註 51〕魯迅：《「醉眼」中的朦朧》，《魯迅全集》第 4 卷，第 63～65 頁。

〔註 52〕關於 1928 年「革命文學論爭」中各方情形及魯迅的回應，參見李何林編：《中國文藝論戰》，西安：陝西人民出版社，1984 年。該書初版於 1930 年，上海北新書局印行。

思主義理論著作，逐漸掌握階級話語，經過又一次涅槃式的重生，將馬克思主義文藝思想化爲自身血肉，產生了融戰鬥性與藝術性爲一體的後期雜感文的文學形式。〔註53〕

　　而面對自己成爲眾矢之的的論爭，周作人是沉默以對。《半封回信》被批判期間，周作人發表堪稱「言志」派宣言的《金魚》一文，在「賦得金魚」的題目之下，大談自己如何不喜歡金魚的種種思想與趣味上的理由，理由本身並無新意，但起到了否定題目的效果，因此，這是通過戲仿完成對「賦得」式文章寫法的諷刺，稱爲地道的「載自己之道」的載道文亦無不可。而這一借力打力式的寫法本身，也將「言志」派既與被稱爲「載道」派的革命文學對立，又爲其所規定的處境表露無遺。批判方自然也讀出了其中諷刺革命文學的味道，針對半林認爲《金魚》是回應批評之作，周作人除發表一則聲明，澄清該文雖發表在後，寫作日期卻早在諸批評文字之前之外，〔註54〕再無一文關涉論爭，不僅毫不應戰，而且有意避免任何可能引起「論戰」猜想的嫌疑。在目標「缺席」的情形下，這一論爭以宣佈周作人的「沒落」悄無聲息地落幕。

　　事實上，除了一個「言志」的主張之外，「言志」的內容尚空無一物，只看《金魚》與後來同列爲「草木蟲魚」系列的其他 6 篇，尤其是越往後寫的《兩株樹》、《案山子》、《莧菜梗》等的寫法完全不同，就可知此中消息。其間區別，大致類似周作人後來從性質上所區分的兩類文章，《金魚》屬於第一類的「以文章爲主」，雖爲表情達意而作，但文字對於情意本身並不能增減分毫，「所以只要文章寫得好，表現得滿足，那就行了」，「金魚」即是藉以表達「言志」觀的；其他 6 篇，則屬於第二類的「以對象爲主」，針對某事物（白楊、烏桕、稻草人、莧菜等）發表意見，「其目的並不以表現自己爲限，卻是想多少引起某一部分人的注意，多少對於那一件事物會發生影響」。〔註55〕因

〔註53〕朱曉進在《魯迅的文體意識及其文體選擇》一文中，將雜感文形式作爲魯迅追尋「功能意識」與「文體意識」雙重價值實現的一條途徑，但對於二者如何結合體現在魯迅雜感文創作中未作詳細分析。《文藝研究》，1996 年 06 期。

〔註54〕參見周作人：《寫〈金魚〉的月日》，《新晨報副刊》581 號，1930 年 4 月 23 日。該聲明發表之後仍不能得到半林（即谷萬川）的信任，此後周作人當有私信致半林，並附有相關人證物證，才使他認可《金魚》的寫作日期爲實。參見萬川：《向豈明先生道歉》，《新晨報副刊》619 號，1930 年 5 月 31 日，但該文對周作人有關「革命文學」的論點仍持批判態度。

〔註55〕《關於寫文章二》，《全集》第 6 卷，第 475 頁。

此，周作人的「缺席」是有意味的，除了對批判大多流於謾罵與人身攻擊的低層次有所不屑之外，〔註 56〕與「言志」派不得不借由對手「賦形」的被規定狀態有關，有如拼圖遊戲，完成的部分規定了未完成部分的形態。批判方在咄咄逼人的攻勢中，所展示的新興革命文學的霸權形象、功利主義，使得周作人迅速為「言志」派文學填充與之對立的內容，完成自身的形象和定位。

在《金魚》發表「言志」宣言之後月餘，周作人以《論八股文》為題，開始從文學形式與思想意義兩方面，建構以「八股文」為代表的「載道」派的文學形態與文學統系。周作人認為，八股文的文學性質，一方面，它是根據漢字的特殊性質而做成的文字遊戲式文章的菁華，是「中國文學的結晶」；另一方面，它含有音樂的分子，具有音樂的麻醉性，其做法也是音樂式的「按譜填詞」。這兩方面都意味著，八股文與個人的表情達意無關，而是志在「做文章」，與周作人提出的「文學為表現情意之具」恰相反對。八股文所體現的思想性質，周作人歸結為中國專制制度所造成的國民思想的奴性，「幾千年來的專制養成很頑固的服從與模仿根性，結果是弄得自己沒有思想，沒有話說，非等候上頭的吩咐不能有所行動」，〔註 57〕據此，思想獨立的標誌，以「說自己的話」和「說別人的話」為區別，以此建立「言志」與「載道」的區分。因此，文學上的文字遊戲與思想上的奴性，就是周作人總結的「載道」派文學的形態特徵，並借用吳稚暉土八股、洋八股、黨八股的說法，建立貫通古今的「載道」派文學統系。這一統系在《源流》中最終成型，與之對立的「言志」派文學統系亦以成立，完成了由「言志」與「載道」組合而成的文學拼圖。拼出這幅文學史圖景的策略性在於，通過將當下的言志文學與革命文學雙方各自納入深遠的歷史脈絡，對現實中二者的不平衡關係予以調節，言志派並不那麼舊，五四新文學即是；革命文學也並不那麼新，它接著清代桐城派的載道主義，如此融入歷史脈絡，則成為兩條對等的文學線索，而言志派文學站在五四新文學繼承者的位置上，正式拉開與革命文學、左翼文學均勢對峙的序幕。正如在論述中，周作人將文學史上言志與載道的出現，總是與其時的政治情形相對應，對他而言，現實中言志派文學與左翼文學的對立，

〔註56〕 參見《論罵人》，「無話可罵固然是一個理由，而罵之無用卻也是別一個理由。……但是我自從不相信符咒以來，對於這一切詛罵也失了興趣，覺得只可作為研究的對象，不值得認真地去計較我罵他或他罵我。」《全集》第 5 卷，第 706～707 頁。

〔註57〕 《全集》第 5 卷，第 658、660 頁。

也並非只關乎文學立場，而是具有政治意味的較量。在這一點上，周作人的言志派文學，與視文學爲一項嚴肅的事業，反對文學與政治或商業結合的京派文學，也不盡相同。在如沈從文那樣，對文學建立優美人性或重鑄民族品德的「有用」的期待中，京派文學反而與左翼文學有相近的文學立場，雖然政治立場不同。

「說自己的話」既是言志派文學的區別性特徵，那麼，若不爲「自己」賦予內涵，則無從界定言志派文學的主體性。《源流》在定義了「文學是什麼」之後，緊接著提出「文學的範圍」。周作人首先將文學的範圍擴大，以原始文學和通俗文學爲座基、純文學爲山頂，構成金字塔狀的文學全體，繼而將文學納入與政治、經濟並列的整個文化的一部分，這樣，文學是人的全部文化生活的一部分，純文學又只是文學全體的一部分，而與一般國民、中國社會關係最爲密切的，卻是「道教（不是老莊的道家）和通俗文學。」〔註58〕正如程凱指出的，「無產階級文學的倡導者試圖通過文學的重新定義——所謂從『表現』的文學到『實踐』的文學——打造知識階級新的主體狀態，轉化他們的階級意識」，〔註59〕周作人擴大文學範圍的工作，與此相似，但他由此確立的知識階級的主體狀態，不是階級意識的轉化，而可稱爲「文士」的凡人化。對於「凡人」而言，文學並非職業，而是他的整體文化生活的一部分，僅爲「表現情意之具，有如寫信談話一樣」，如此文學才能獨立，不致陷入資本主義營利性的泥坑，文學獨立性與文學無用論，正是一體之兩面。當然，前提是必須「另有技能，另有職業」。〔註60〕因此，通過擴大文學的範圍，周作人一方面將「凡人」確立爲言志派文學的主體性，之後更從具有健全的常識或懂得人情物理，充實其內涵；另一方面，將集中反映並影響國民思想的通俗文學，作爲言志派文學的考察對象，與普通民眾發生思想關聯。周作人30年代之後的讀書筆記體寫作，即是這一「言志」派文學觀的產物。

在革命文學論爭中，革命文學的主體性問題，既然沒有得到理論上的澄清，革命文學家對革命文學推動政治鬥爭的意識形態功能的強調，與曾經被新文學批判的傳統功利主義文學觀，實則難以區分，無怪周作人視之爲「文士立功」。〔註61〕因此，周作人是在文學與政治相結合，強調文學的政治功能

〔註58〕《全集》第5卷，第53頁。
〔註59〕程凱：《1920年代末文學知識分子的思想困境與唯物史觀文學論的興起》。
〔註60〕《全集》第5卷，第55頁。
〔註61〕引自萬川：《向豈明先生道歉》，《新晨報副刊》619號，1930年5月31日。

這一「文學有用」觀上，將本該從主體性上建立區別的革命文學與傳統的「載道派」文學相提並論。載道派文學「代聖賢立言」，目的在於取得科舉功名；革命文學奉大眾旨意，在他看來只是爲了獲利，因而無從實現反對資本主義社會的目的，「文士的職業是資本主義的私生兒，在合理的社會人人應有正當的職業，而以文學爲其表現情意之具，有如寫信談話一樣，這就是說至少要與利得離開。現今文學的墮落的危機，無論是革命的或非革命的，都在於他的營業化，這是落到了資本主義的泥坑裏去了，再也爬不上來。」〔註 62〕這也表明，周作人的「言志」派文學，在反對資本主義方面，與革命文學具有共同的出發點。不同的是，革命文學家提倡的無產階級文學，在資本主義社會內部發生，它與反對資本主義的經濟鬥爭、政治鬥爭及意識鬥爭的複雜過程交織在一起，指向建立無產階級政權的政治目標；周作人的「言志」派文學，則力圖在資本主義社會之外的獨立領域，以思想革命的方式反對資本主義，它只有一個籠統的「合理的社會」或「文明世界」、「現代生活」的構想，構成其內容的，不是階級政治，而是科學與藝術。

第二節　「理性化運動」的再出發

1·「順其自然」與「人情物理」

　　言志派文學觀以文學無用論爲骨架，從隔絕功利主義方面保證了文學獨立性，同時，文學的內容，也得以向包括政治在內的全部生活領域敞開，只要有「想寫」的主體意識，「隨後隨便找來一個題目，認眞去寫一篇文章，卻也未始不可，到那時候或者簡直說世間無一不可言，也很可以罷」。〔註 63〕因此，在反抗性文學中，從反對政治立場干預文學主張的角度所提出的文學者與政治的對立關係，就轉變爲在整體的人的生活的文化領域，處理文學自身與政治的關係。此外，相較於早期無產階級文學理論的粗糙，導致以階級意識代替個人意識、以集團主義取代個人主義的簡單化理解，「凡人」這一主體的設定，保留了處理個人與社會、個人主義與集團主義關係的餘地。

　　在如何處理個人與社會關係的問題上，周作人首先注意於佛教思想。1930

〔註 62〕豈明：《半封回信》。
〔註 63〕《〈草木蟲魚〉小引》，《全集》第 5 卷，第 698 頁。

年 3 月，他翻譯發表了日本松本文三郎的論文《從小乘戒到大乘戒》。佛教經典包括闡明佛教教義的「經」和規定教徒行爲規範的「律」兩部分，從性質上可大別爲小乘教與大乘教兩種，松本的論文屬於戒律研究，闡述大乘戒律如何經由小乘戒律演變而來的經過。從教義而言，大乘教以菩薩慈悲的「利他」精神爲主旨，與專主自己修行的「自利」的小乘教嚴格區別，但該文從規範日常行爲的戒律入手，日常行爲本身的連續性和漸變性反映在戒律中，顯示出大乘教的戒相，是在小乘戒相的基礎上，一點一點參差斟酌，逐漸變化而來，甚至在成立了與小乘戒相對的大乘戒之名時，二者的戒相也仍然同一。直至大乘家提出禁肉食說，從菩薩慈悲精神生出與小乘教的本質區別，才終於成立了排斥小乘的大乘戒相。著眼於人的行爲方式的變化而非思想觀念的變化，這一研究的啓示在於，從「自利」到「利他」的行爲變遷，是隨著時代發展的自然演變過程，利他主義雖與個人主義在思想上有本質區別，但其行爲方式仍根基於個人主義。

　　譯文發表數日後，周作人發表《中年》一文，提出「順其自然」說，以人生的自然年齡劃分段落，據此安排各個階段人的行爲和生活：

> 本來人生是一貫的，其中卻分幾個段落，如童年，少年，中年，老年，各有意義，都不容空過。譬如少年時代是浪漫的，中年是理智的時代，到了老年差不多可以說是待死堂的生活罷。……我想最好還是順其自然，……至於戀愛則在中年以前應該畢業，以後便可應用經驗與理性去觀察人情與物理，……〔註64〕

周作人據此對人的行爲與所處年齡階段不相符的現象進行批評，而尤其注目於中年以後的「大講其戀愛等等」，毋庸置疑含有對魯迅的影射，但這是周作人「以文章爲主」的表意之作，與對象本身其實關係不大，否則何必要等到魯迅與許廣平戀情公開兩年之後才來「加以批評」？攻擊魯迅不免爲挾私之舉，眞正的意圖在於，將戀愛所代表的自利行爲向體察人情物理所代表的利他行爲的轉換，建立在「自然」的邏輯之上，這就避免了用集團主義代替個人主義的階級論的邏輯。

　　如前述，周作人的「自然」觀，兼有自然本能與自然法則兩種意義，「自然太太的計劃誰也難違拗它」，〔註65〕「自然先生原是『有求必應』的靈菩薩」，

〔註64〕《全集》第 5 卷，第 620 頁。
〔註65〕《全集》第 5 卷，第 621 頁。

〔註 66〕正是對「自然」兩義的形象描述，而分別使用「太太」「先生」的比喻，也頗有意味。因此，他的「順其自然」，是指人基於動物本能而運用理性的行爲，本能作爲遺傳不可改變，理性活動則作用於環境來改善遺傳基因，基於此，人的行爲方式與生活方式，必然是連續性與漸變性的結合，既非靜止亦非斷裂。由此衍生的歷史觀，接近周作人所服膺的藹理斯的觀點，「不能有世界而無傳統，亦不能有生命而無活動」，〔註 67〕而與中國傳統的循環論史觀，及馬克思主義的唯物史觀均不同。藹理斯是基於性心理學研究而提出的道德論的觀點，這種觀點，與中國傳統藝術思維對「生命」的表現方式卻有相通之處，〔註 68〕這意味著，周作人對人與歷史的理解，具有濃厚的道德化與藝術化色彩。與「順其自然」相應，周作人開始從人的行爲方式與生活方式出發，考察人的思想言論，提出「言行一致」說，這就明確表示將思想革命落實到以社會公德爲對象的倫理建設方面，「譬如普通男女私情我們可以不管，但如見一個社會棟梁高談女權或社會改革，卻照例納妾等等，那有如無產首領浸在高貴的溫泉裏命令大眾衝鋒，未免可笑，覺得這動物有點變質了。我想文明社會上道德的管束應該很寬，但應該要求誠實，言行不一致是一種大欺詐」。〔註 69〕因此，與階級論的集團主義不同，周作人借鑒佛教思想，在並不廢棄個人主義的前提下，提出倫理建設作爲一種利他主義的形態。

倫理建設的內容，是「應用經驗與理性去觀察人情與物理」，從「執著人生，私欲益深，人情物理都不復瞭解」的引述可見，人情物理是作爲私欲的對立面而提出，因此，體察「人情物理」，包含著從自利到利他、從個人主義到利他主義的轉變，而其根基仍在個人主義。「人情」與「物理」一詞連用，來自周作人翻譯的日本作家吉田兼好的隨筆《徒然草》。

周作人對兼好法師的關注，始自 20 年代中期，1925 年在《語絲》第 22 期發表譯文《〈徒然草〉抄》，摘譯《徒然草》十四段，引言用「人情」評價作者的個性，「他的性格的確有點不統一，因爲兩卷裏禁欲家與快樂派的思想同時並存，照普通說法不免說是矛盾，但我覺得也正在這個地方使人最感到興趣，因爲這是最人情的，比傾向任何極端都要更自然而且更好。」將禁慾與縱慾的調和，解作「最人情的」，可見這裡的「人情」，指向周作人所闡釋

〔註 66〕《全集》第 2 卷，第 412 頁。
〔註 67〕《全集》第 3 卷，第 347 頁
〔註 68〕參見宗白華：《中國藝術意境之誕生》，收於《美學散步》。
〔註 69〕《全集》第 5 卷，第 621 頁。

的藹理斯的「生活之藝術」，作為一種藝術的生活方式而引介的。到《中年》一文中，「人情」與「物理」連用，出現在周作人對《徒然草》的引述中，「平常中年以後的人大抵胡塗荒謬的多，正如兼好法師所說，過了這個年紀，便將忘記自己的老醜。想在人群中胡混，執著人生，私欲益深，人情物理都不復瞭解，『至可歎息』是也。」〔註70〕

這段話出自《徒然草》第七段，原文為：「その程過ぎぬれば、かたちを恥づる心もなく、人に出でまじらはむことを思ひ、夕の日に子孫を愛して、栄ゆく末を見むまでの命をあらまし、ひたすら世を貪る心のみ深く、もののあはれも知らずなりゆくなむあさましき。」〔註71〕周作人不是直接引用，但基本意思俱在，最大的差異是用「人情物理」翻譯「もののあはれ」（照字面可直譯為「物哀」），這個詞在現代版本中，大多譯為「情趣」、「人情物趣」。〔註72〕「情趣」或「物趣」，體現的是日本「物哀」文化的特色，〔註73〕表達一種對萬事萬物的觀察、判斷，完全出之以主觀趣味的人生態度，其哲學基礎是佛教的「無常」觀，因萬物無常，反而生出一種看待萬物的主觀情感態度，甚至死亡也是一種情趣。〔註74〕周作人用「物理」替換「物趣」，一字之

〔註70〕《全集》第 5 卷，第 619 頁。

〔註71〕山岸德平、三谷榮一著：「徒然草評解」，第 79 頁。東京：有精堂，昭和五十二年。

〔註72〕參見以下三個中文譯本的翻譯，王以鑄譯：「過此則了無自慚形穢之心，唯思於人前拋頭露面，且於夕陽之日，貪愛子孫，更望能及身見彼等之榮達，一味執著於世俗名利，而於萬類情趣一無所知，思之實可悲可厭也！」（清少納言、吉田兼好著，周作人、王以鑄譯：《日本古代隨筆選》，第 338 頁，北京：人民文學出版社，1988 年。）李均洋譯：「一超過那般年齡，心裏就沒了體面之恥，盡想著擠進人群進行交際。到了夕陽的年齡，就耽愛子孫，期待能長壽親眼看見子孫的榮華富貴，一心深貪世間名利，全然不懂世間物象的有情有趣，一點兒沒有品位。」（鴨長明、吉田兼好著、李均洋譯：《方丈記·徒然草》，第 36～37 頁，石家莊：河北教育出版社，2002 年。）文東譯：「過了這個年紀，還沒有自慚形穢的覺悟，仍然熱衷於在眾人中拋頭露臉；等到了晚年，又溺愛子孫，奢望在有生之年看到他們功成名就，把心思一味地放在世俗的名利上，對人情物趣一無所知，這樣的人，想起來就覺得可悲可厭。」（吉田兼好著、文東譯：《一個日本法師的生活觀：徒然草》，第 10 頁，北京：中國長安出版社，2009 年。）可見，對「もののあはれ」的翻譯都重在「情趣」二字。

〔註73〕參見王向遠：《「物哀」是理解日本文學與文化的一把鑰匙（代譯序）》，本居宣長著、王向遠譯：《日本物哀》，長春：吉林出版集團有限公司，2010 年。

〔註74〕可參見「徒然草評解」中對第七段的解釋：「兼好は人間の壽命の長いことに反対する。兼好の思想の根柢に横たわる諸行無常観からすれば、無常なるが

差，就將被「物哀」文化所放逐的萬事萬物的客觀性加以回收。如果說「人情」是「以我觀物」，體現個人對待生活的一種藝術化或趣味化的主觀態度；那麼「物理」則是「以物觀物」，體現對萬物的自然屬性與客觀規律的尊重，前者屬於藝術的領域，而後者屬於科學的領域。因此，「人情物理」就成為倫理建設所致力的一種新人生觀的目標，「這是以科學常識為本，加上明淨的感情與清澈的理智，調和成功的一種人生觀，以此為志，言志固佳，以此為道，載道亦復何礙。」〔註75〕30 年代之後，周作人以「文章」替換「文學」，而從情感性與形式美的要求上，仍保有文章的文學性，也是基於此，「我只喜歡兼具健全的物理與深厚的人情之思想，混合散文的樸實與駢文的華美之文章，理想固難達到，少少具體者也就不肯輕易放過。」〔註76〕

　　前述松本的論文，列舉小乘戒與大乘戒的區別，除自利與利他之外，與道德相關者還有一條，即關於犯戒的論定。小乘戒主形式，如有犯戒行為，不問動機，均視為犯戒；大乘戒破形式，即使有犯戒行為，如果動機出於利他，而非自利，則不以犯戒論，一以行為的效果論，一以行為的動機論。周作人的倫理建設主張，以「言行一致」為規定，包括 40 年代提出的「道義之事功化」，都是傾向於將道德行為的動機與效果統一起來，這看似倫理準則的基本要求，實則也是相當高的要求。

2 · 徐祖正的「文明論文學觀」

　　與集團主義取代個人主義相關聯，文學與政治的關係問題，在革命文學理論中，存在著視文學為政治鬥爭之一翼的工具論式的簡單化理解，雖然同為意識形態的部門，而文學所具有的與政治、法律、道德、宗教等其他意識

故に「いみじ」という。消極的な「あきらめ」でなく、積極的な禮讚である。世に死がないなら、情趣がなくなる。無常觀に立ってはじめて『物のあはれ』が解せると兼好はいう。（中略）かなり、彼の斷定のしかたは主觀的である。從って『いみじけれ』『めやすかるべけれ』『あさましき』といった感情を主とする語によって結んでいるのである。」第 80～81 頁。大意為：「兼好反對人的長壽。如果從橫貫于謙好思想根柢的諸行無常觀來看，因為無常故而『極妙』。不是消極的『死心』，而是積極的禮讚。世上沒有死就沒有情趣。立足於無常觀，兼好認為『物哀』最終可以理解。（中略）他斷定的方式極為主觀。因此，以『極妙』、『體面』、『可歎』等感情為主的用語結尾。」

〔註75〕《〈雜拌兒之二〉序》，《全集》第 6 卷，第 122～123 頁。
〔註76〕《〈苦竹雜記〉題記》，《全集》第 6 卷，第 848 頁。

形態不同的藝術特性被忽略了。〔註77〕1928年上海「革命文學論爭」中，以
《語絲》為代表的個人主義文學觀，在認可革命文學與無產階級文學的前提
下，〔註78〕對革命文學理論與中國政治現實、既有的新文學經驗不能自洽處
提出質疑。《語絲》派對革命文學的理論漏洞富有洞察力，在具體問題上批判
的當，但在最根本的文學與政治的關係問題上，並沒有提出足以抗衡階級論
文藝觀的另一種理論形態。出自對革命性的追求，個人主義文學觀最終不能
不變形為一種嫁接式、斷裂的文學觀，在文學本質上堅持「自我表現」說、「真
情流露」說，而在文學功用上強調大眾性、社會性，以及對時代的助推作用。
〔註79〕這反映了中國革命現實本身的複雜性，以及中國革命尚未從自身的革

〔註77〕成仿吾的《全部的批判之必要——如何才能轉換方向的考察》注意到了文藝的
特殊性，但他對這些特殊性本身並無論述，還是將其歸於經濟基礎的決定作
用，「但是除了這種文藝=意識形態的批判之外，我們也要顧到文藝的特殊性—
—表現手段與表現樣式等；這些當然也是社會的關係，所以也是物質的生產力
所決定的，不過在一定的範圍內它們是有自己的發展的法則的。」（《「革命文
學」論爭資料選編》，第178頁。）彭康在《革命文藝與大眾文藝》中尤其注
意到文藝的特殊性在於情感與技巧，「文藝為意識形態的一部門，當然也是思
想的組織化，但它為特殊的一部門，同時也是感情的組織化。（中略）文藝裏
的思想是具現於社會底活生生的事實及具體的生活，且是用音調，色彩，形態，
言語等表現出來的。這些藝術的要素是特別能刺戟感覺、誘發感情的。而且文
藝家對於社會不只是從純智性的系統上去理解，還要確立一種一定的感情的，
即道德的及美的關係。這種關係是純思想家所沒有的。思想家的認識還是一般
的，抽象的，間接的，而沒有實感；文藝家的認識是直接的，活生生的而在作
品裏形成一種生活感情。文藝與別的意識形態一樣，雖然也是現實社會底反
映，但以與內容相適合的音調，色彩，形態，言語表現出來格外使得文藝是感
情的，強有力的。」這裡對文學實踐性的解釋具有相當高的理論水準，可惜進
一步談及革命文學的政治意義時，彭康還是避免不了工具論的視點，「在階級
立場及階級意識之下，思想的組織化使讀者得到舊社會的認識及新社會的預
圖，感情的組織化使讀者引起對於敵人的厭惡，對於同志的團結，激發鬥爭的
意志，提起努力的精神，這是革命文藝的根本精神，也是它的根本任務。」（《「革
命文學」論爭資料選編》，第729～730頁、第732頁。）
〔註78〕例如甘人發表於1928年5月6日《北新》2卷13期的《拉雜一篇答李初梨君》，
「但是魯迅的『吶喊』我們聽得不少了，也頗想聽一聽新聲。在這時候，李
初梨君的革命文學原是應運而生的東西，我們非特不反對，並且表示熱忱的
歡迎。」侍桁發表於1928年5月7日、14日《語絲》4卷19、20期的《評
〈從文學革命到革命文學〉》，「無產階級文學與革命文學在中國今後文壇上是
最有發展的可能性的，不過我卻不敢希望像你們這樣淺薄底人。無產階級文
學與革命文學是要等著大天才大同情者大藝術家呢！」
〔註79〕參見梓藝：《文學的永遠性》、冰禪：《革命文學問題——對於革命文學的一點
商榷》、甘人：《拉雜一篇答李初梨君》、侍桁：《個人主義的文學及其他》、茅

命實踐中，產生相應的意識形態理論。〔註80〕

1930 年 5 月，由周作人主持，以「苦雨齋」弟子、友人爲主力的文藝周刊《駱駝草》創刊，〔註81〕成爲言志派文學實踐的陣地，在與革命文學的對峙中，開始提出處理文學與政治關係的理論形態。

在《又是沒落》一文中，俞平伯針對革命文學的觀點，在文學的個人性與社會性、文學與社會改造之關係、傳統資源與外來影響之關係、文學的創作手法等一系列問題上，都提出截然相反的意見。這些問題，也是上海「革命文學論爭」中被反覆爭論的具體問題，而俞平伯的反對意見，也並未超越《語絲》派的觀點。但是，與《語絲》派諸人單獨作戰、並未形成比較一致的理論形態不同，俞平伯的具體觀點，在《駱駝草》上有系統的理論表述爲後盾，這就是徐祖正的一系列文藝論文，〔註82〕產生了堪與階級論文學觀相抗衡的言志派文學理論。

徐祖正的 6 篇論文，前三篇採取主客對談的形式，後三篇獨自發表意見，似乎有一個在觀點交鋒中形成明確意見的過程。徐祖正從 18 世紀西歐啓蒙

盾：《讀〈倪煥之〉》、豈理：《論文學》等，收於《「革命文學」論爭資料選編》。

〔註80〕李作賓在《革命文學運動的觀察》一文中頗爲中肯地剖析革命文學理論倡導失敗的社會根源，「因爲不瞭解對方，不瞭解文藝，他們無意的冤屈手段是失敗了；而且，他們沒有革命的後防地（一個新社會背景），沒有糧食（新代表作家），沒有子彈（新代表作品），同樣『戰略』也是失敗了。」可以說，直到 40 年代的解放區，革命文學理論所需要的這些社會條件才開始具備了，因此馬克思主義文藝理論的中國形態《在延安文藝座談會上的講話》應運而生。

〔註81〕早在 1924 年周作人即與張定璜、徐祖正組織《駱駝》社，打算出版文藝刊物《駱駝》，但直至 1926 年 6 月才出版了唯一的一期《駱駝》，16 開本，形式上更像文藝叢書。目錄如下：Romain Rolland 作、張定璜譯：Millet（未完）；藹理斯作、周作人譯：論左拉；徐祖正：蘭生弟的日記；沈尹默：秋明小詞；陶晶孫：盲腸炎（短劇）；諦阿克列多斯作、周作人譯：希臘牧歌抄；作人：沙漠之夢（一）；祖正：沙漠之夢（二）。配有 9 幅米勒的插畫。從 1926 年作爲「純文藝的雜誌」（徐祖正語）的《駱駝》，到 1930 年可說是雜文藝的《駱駝草》，其間反射出隨著中國政治現實的變動，周作人及其「苦雨齋」弟子、友人思想、文學觀的變遷。參見周作人：《代表〈駱駝〉》，收於《全集》第 4 卷。

〔註82〕徐祖正在《駱駝草》上共發表 6 篇論文：《對話與獨語》（1930 年 5 月 19 日，第 2 期）、《文學上的主張與理論》（1930 年 5 月 26 日，第 3 期）、《文學運動與政治的相關性》（1930 年 6 月 2 日，第 4 期）、《文藝論戰》（1930 年 7 月 14 日，第 10 期）、《一個作家的基本理論──文學上的第三國際》（1930 年 10 月 6 日，第 22 期）、《理性化與文學運動（上中下）》（1930 年 10 月 13 日，第 23 期；10 月 20 日，第 24 期；10 月 27 日，第 25 期）。

運動借鑒與革命文學不同的理論資源，對文學與政治的關係，提出另一種闡釋：

> 歐洲曾經有一個所謂「唯理論主義時代」（Saeculum rationalisticum）這是十八世紀的歐洲人從愚蒙，欺妄，迷信，固陋，畏縮，壓制，退避，專橫以至於自滅的種種罪過裏面掙扎出來的一種覺醒運動。在世界革命的歷史上看來，這實在是革命思想的原動力。亦即是近代人生活改造的出發點。近代文明亦從這裡面產生。〔註83〕

革命文學理論將「革命」的起點，置於無產階級反對資本主義的階級鬥爭，文學與政治統一於建立無產階級政權的政治目標，這一理論在階級論背景上展開。徐祖正則將「革命」的起點，置於人的理性覺醒運動，文學與政治統一於近代人「生活合理化」的內在要求，這一理論在文明論背景上展開。以「近代文明」為視野，理性化運動成為「革命」的形態，階級論中文藝對政治的從屬關係被反轉，生活合理化的要求，須從政治深入到文藝方能被滿足，「理性化的生活實為近代人所迫切欣求之生活。歷來對於文藝的理論化亦即是對於生活的理性化要求之表示。從這裡面可以窺取到晚近文藝運動帶有現實的威力之素因，文藝運動上的理論每每有政治運動以及社會運動之色采罷。政治革命實為生活合理化的開端。而深澈至於理性化的要求每在文藝之中方能得到若干的滿足。」〔註84〕

將「生活合理化」作為文藝與政治統一的基礎，觸及到為革命文學家所忽略的革命理想的問題。即使就無產階級的階級鬥爭而言，在一面反對資本主義的過程中，另一面將建設起何樣有別於資產階級統治的新生活，應該是革命理想的題中應有之義。在這個問題上，王少船提出過「生活革命」的意見，〔註85〕成仿吾、李初梨也提到了「全生活過程的批判」，〔註86〕這裡包含著對人不僅有經濟生活、政治生活，同時也有精神生活的完整理解。錢杏邨更進一步，通過批判資本主義社會使藝術與藝術家成為經濟制度的犧牲者，從創造「新的人與人的關係」層面，來理解無產階級革命。〔註87〕可以

〔註83〕祖正：《理性化與文學運動（上）》。

〔註84〕祖正：《理性化與文藝運動（上）（中）》。

〔註85〕參見王少船：《文學革命的商榷》，收於《「革命文學」論爭資料選編》。

〔註86〕參見成仿吾：《全部的批判之必要——如何才能轉換方向的考察》、李初梨：《自然生長性與目的意識性》，收於《「革命文學」論爭資料選編》。

〔註87〕參見錢杏邨：《藝術與經濟》，收於《「革命文學」論爭資料選編》。

說，馬克思主義關於實現人的全面、自由的發展的革命理想，就蘊含在這些表述中，這是它成爲 20 世紀最具吸引力的科學理論的主要根據。但是，在中國社會實質上仍處於軍－紳政權統治之下、革命力量薄弱的二三十年代，革命鬥爭不可避免地集中於政治經濟鬥爭，上述包含革命理想的論述，也僅僅回落於獲得無產階級意識的必要性方面，因此，革命文學家尤爲關注的乃是意識形態批判，而不免出現將人的全部生活，簡化爲階級屬性的機械唯物論觀點。周作人對於「生活不平等而思想則平等」的洞察，〔註88〕不妨說是從革命理想角度所提出的質問：作爲標榜民眾政治的無產階級革命運動，它所建立的政權，何以有別於資產階級統治對人的全部生活的許諾？〔註89〕

因此，將「生活合理化」作爲革命理想，對於革命文學家的政治鬥爭論，可說是一種必要的補充。局限於政治鬥爭，無產階級文學只能被作爲政治鬥爭的工具，而作爲意識形態批判之一種，無產階級文學的政治功能又被過度誇大，被視爲「武器的藝術」。徐祖正在生活領域建立文學與政治的同源性，進一步辨析二者的異流性，解除文學對政治的依附，重新提出對於文藝功能的看法。

徐祖正認爲，政治與文學發揮作用的領域不同，政治作用於實行，文學作用於思想，二者滿足「生活合理化」要求的不同方面，各自獨立，互不依屬。政治運動致力於外部生活的改革，雖無可替代，但不足以改造生活的全部，因此，作用於人的內面生活的文藝運動不可或缺，二者的關聯點，在於「生活合理化」的革命理想。當政治運動遭遇失敗，生活合理化的目標，就轉而在思想領域重新展開自身，這就是文藝運動的開始。因此，文藝運動不是宣傳某種主義的工具，也不能代替實際的政治鬥爭，而是接過政治運動的理想，重新激發對於理性、眞理之追求，即其作用在於思想啓蒙，這種眞理的追求，涵蓋生活合理化的全部要求，並不限於政治內容，「生活的合理化

〔註88〕豈明：《隨感錄九七・爆竹》，《語絲》4 卷 9 期，1928 年 2 月 27 日。

〔註89〕《文化批判》1928 年 4 月 15 日第 4 號刊載題爲《生活與思想》的通信，讀者孤鳳正是從這一角度出發看待周作人的這一觀點，他對革命文學家提問道，「難道中國只有第三階級的思想？難道即使是眞心地運動，（這眞心地運動，是不是使民眾有階級的覺悟？有了階級的覺悟，第四階級是否知道自己沒有陞官發財的機會？或者還是豈明先生所說的『無產者可以達而升爲王侯』？而仍去發他們陞官發財的夢呢？）結果民眾政治還就是資產階級專政？而所謂『眞心地運動』和『革命文學運動』他的本身是不是打倒陞官發財的渾帳思想的？」但編者的回覆忽視了這一提問中所包含的革命理想問題，仍只是強調了依靠獲得普羅列塔利亞特的意識克服此有產者的根性。

不僅是消極地抵抗又須是積極地開拓。凡是經濟均等的理論，法律平等的理論，性生活之解放與自由，以及一切一切人類所切求的共產社會的最高理想與理論都可以充分的宣白而並不是滅卻理論蔑視理想的共產黨人的宣傳。」
〔註 90〕

　　徐祖正的理論，對個人主義文學觀最重要的補充，在於將「個人」的視域擴展爲「人的生活」的視域，使個性解放的個人主義目標與社會解放的政治目標，統一於「生活合理化」的革命理想。因此，文學既被納入革命運動，又保持了獨立性，文學運動與政治運動作爲革命運動的兩翼，共同致力於革命理想的實現，可稱之爲文明論文學觀。

　　不過，回到以主客對談形式發表的前三篇論文，可以看到，「客」攜帶著明顯的馬克思主義話語，與當時的左翼文學聲音幾乎一致：在時代性的名義下擁護革命文學、大眾文學、無產文學，反對個人主義文藝，看重政治運動，強調馬克思主義文藝觀對舊有文藝觀的徹底改造等等。徐祖正曾經親身參加辛亥革命，退伍後赴日留學，1922 年回國後，與周作人相交匪淺，〔註 91〕因此，在「客」的「左傾」言論中，有他自己參加政治運動的深刻體驗。「主」的觀點則與之一一相反，這使「文明論文學觀」成爲主客思想交鋒的產物。周作人在 1928 年題爲《文學的貴族性》的講演中，針對革命文學的階級論，從文學是一種（社會性的）苦悶的象徵的角度，提出「在這點上來觀察，文學和社會運動是同出在一個源流，不過它的立足點與結果不同就是了。」〔註 92〕可見，「主」代表周作人的聲音，徐祖正的論文，可視爲對這一觀點的系統化和理論化，形成堪與革命文學理論抗衡的言志派文學理論，其派別意識是顯然的，以「文藝」而成「運動」，其並非限於個人性文學主張的黨派性，亦是毋庸諱言。

3・個人主義與唯物主義文學論

　　在主客對談的論文中，既可以看到周作人對言志派文學理論的主導性，也可以看出他自己的理論個性，這與魯迅在左翼文學團體中的存在形態奇妙地相似。

〔註 90〕祖正：《理性化與文藝運動（中）》。
〔註 91〕參見金克木：《徐祖正教授的難得一笑》，《中華讀書報》，2004 年 5 月 13 日；陳子善：《徐祖正及駱駝社》，《時代周報》，2011 年 7 月 7 日。
〔註 92〕《全集》第 5 卷，第 413 頁。

　　對談中的「客」，將社會的根本改造熱切地寄望於政治運動，「我對於政治從前也曾有過熱烈的希望。在僵臥待斃的群眾懾服於兇焰萬丈的權威者之下，或者見到外侮淩侵舉國昏憒的時候，想到只有結合一種新勢力把舊有的政局推翻，重新建立一個有生氣的中央機關然後再運用到全國各種的軍事，教育，實業，財政，科學，文藝，以及思想上面去實現根本的革新與改造。這個確信我至今還沒有根本動搖。」〔註93〕這一信念對於革命青年是真切和有代表性的，因此，儘管徐祖正建立起「生活合理化」的文藝理論，但曾經熱烈地信奉過集團主義文學與政治運動的情感經驗滲入其中，不免對其理論力度有所削弱。他在論述文藝運動與政治運動的異流性時，往往把文藝的「沉潛」與政治運動的失敗聯繫在一起，所謂「至少是雖被排擠於實行的世界而又能迴旋於思想的天地」。〔註94〕因此，彷彿是為了療救自己失敗於政治運動的創傷一樣，反而是反對地高揚起對於文藝運動的重視，這就失去了視二者為同源的意義，也難免在思想與行動之間造成割裂，而這恰恰是他試圖彌補的革命文學理論的缺陷。

　　對此，周作人強調生發出文藝與政治的「力」的同一性，「在我以為政治運動與文學運動所依據的勢力乃不僅止是同樣而實乃是同一的勢力。借用尊論裏的成語，就是內外生活上所感到的不滿與要求，表現之於文學運動實行之於政治革命的這種力就是了。」文學與政治，只是生命力的不同形態，因此，二者不分軒輊，各有所能，文藝的功用不應被過度拔高，也不應被工具化，而政治同樣需要情感的真摯性，「當然我並不提唱政治革命無足為了，大家快來談文學以了事。我是希望從事政治革命的人始終不喪失在文藝世界裏少了不成的那種真摯性與徹底性，同時對於從政治的立場回來談文藝的人少用一點他們的宣傳與煽動。」〔註95〕文藝運動的重要性，在於為政治運動培養、輸送有用的個體，「主唱個人的尊嚴這裡面並不包含對於團體國家的無視。團體國家須要建築在有健強的判斷，有明敏的思索，有豐厚的情感的個體上的。只有文藝可以養成這種個體。」〔註96〕因此，文學與政治的統一是以個人為本位，而個人主義是在個人作為社會一分子而非個人與社會對立的意義上，得到重視。

〔註93〕祖正：《文學運動與政治的相關性》。
〔註94〕祖正：《理性化與文學運動》（下）。
〔註95〕祖正：《文學運動與政治的相關性》。
〔註96〕祖正：《對話與獨語》。

　　與「生活合理化」的目標相應，文學在思想領域的作用，也不限於個人主義文學觀下的追求個性解放，言志派文學理論通過引入唯物主義文學論，將文學的思想作用擴大爲追求眞理。周作人接受文學起源的唯物主義解釋，即經濟關係對於文學產生具有決定性作用。在此意義上，他將泰納以降的文學社會學，與普列漢諾夫、弗里契、盧那查爾斯基等人的唯物史觀文學論，一視同仁，在科學求眞的意義上給以高度評價，將文學理論的發展歷史，看作不斷追索關於文學的眞理的歷史，「眞正想從科學的態度去建築文藝的理論，他們倒是非常冷靜而深沉的。他們倒還與藝術的形而上學論者或理想主義的藝術論者在態度上可說是相近的。同是想從『眞實』裏去追去。」據此，徐祖正在論文中，串聯起了與左翼文學理論不盡相同的另一條唯物主義文學論線索：從英國泰納（Taine）、德國格羅塞（Grosse）、芬蘭赫恩（Hirn）到蘇俄普列漢諾夫（Plekhanov）、弗里契（Fritsche）。〔註 97〕唯物論加入辯證法之後所形成的歷史唯物主義，與此前的舊唯物論相比，已經發生了質的變化，〔註98〕而普列漢諾夫等人文學史觀的最根本變化，正在於他們的文學論結合了歷史唯物主義。〔註 99〕因此，周、徐建立的唯物主義文學論線索，是將自然主義科學觀的文學論者，與馬克思主義歷史觀的文學論者，冶爲一爐，被徐祖正所抽掉的區分二者的關鍵，正是歷史唯物主義特有的意識形態理論，革命文學理論對文學的政治宣傳功能的強調，即是基於此。

　　因此，革命文學家基於歷史唯物主義，從唯物主義走向階級文藝論，強調文藝的「煽動力」，《駱駝草》群體則一直走到唯物主義的盡頭，終於碰到了唯物論所無法解釋的藝術本質的問題：藝術的感動力從何而來？「因爲社會形態，經濟組織不同之故就有了各不相同的藝術產生，此點是題目指點得最明白的地方。而何以在一個封建社會一個資本主義化的組織之下的藝術在其給予吾人之感動力上足以超越那些，在其價值評判上不生直接的影響。關於此點之說明歷來產生種種的文藝理論尚沒有滿足的解答。」〔註 100〕

　　由此出發，爲革命文學所忽略的文藝不同於其他意識形態的藝術特性，受到關注，這是從文藝中剝去階級意識之後仍然存留下來的東西，相對來說

〔註97〕參見祖正：《理性化與文藝運動（上）》。
〔註98〕參見郝立新：《歷史唯物主義的理論本質和發展形態》，《中國社會科學》，2002年 02 期。
〔註99〕參見陶東風：《論普列漢諾夫的文學史觀》，《晉陽學刊》，1991 年 05 期。
〔註100〕祖正：《理性化與文學運動（上）》。

離經濟基礎比較遠，受其決定作用不那麼明顯和直接，這就是徐祖正提出的「怎麼寫」的問題。他認爲，文藝運動包括「用什麼寫」、「寫什麼」和「怎麼寫」三個階段，文學革命的失敗，就在於只關注第一步而忽視了第二步，目下的文藝運動，在進行第二步的同時，應注意到第三步的工作，「則莫如稍稍注意於第三步之『怎麼寫』的問題，先從寫實上面確定一個傾向亦即是欲做一個作家的手法修習的緊要問題。」〔註101〕因此，文學在思想上的求眞，落實爲《駱駝草》群體對文學藝術形式的重視，如徐祖正的倡導「寫實」，廢名的小說創作趨向於與生活態度關聯的「做文章」，〔註102〕周作人「草木蟲魚」的寫作強調文章之美，俞平伯的散文多有雅致，「近於明朝人」，〔註103〕由此形成言志派文學特有的「趣味主義美學」。沈從文在寫於 1933 年的《論馮文炳》一文中，既對周作人散文所開創的「文學趣味」給以評價，同時也對 30年代「苦雨齋」圈子的「文學的趣味自由主義」，從文學「健康」的角度提出批評，其中顯示的正是出發點不同的兩種自由主義文學觀。〔註104〕

　　無論如何，基於「生活合理化」的言志派文學理論，對於受到時代思潮激盪，既不能（或不願）參加實際革命運動，也不願放棄文學獨立性的知識分子來說，使他們在保有個人生活與擔負社會責任之間找到平衡點，爲他們安心從事文藝運動提供了強大後盾。《駱駝草》發刊之初，從讀者反應來看，既認可其「不甘含默」願意說話的態度，又覺得其態度不明朗，「不痛不癢」，希望它能標示立場，「撐出一個旗幟」。對此編輯回覆，「駱駝草同人本來並不是有一個共同的信仰才來合辦這一個刊物，最奇怪的是他們知道他們不是有一個共同的信仰而共同的來辦這一個刊物。然則他們總有一個共同之點？有的，他們的態度是同一個誠實。既然是這樣一種集合，則其沒有一個『旗

〔註101〕祖正：《一個作家的基本理論》。
〔註102〕參見鶴西、廢名：《郵筒》，在致鶴西的信中，廢名將「做文章」與生活態度、進而與國民性批判關聯起來，「頂會作文章的人大概就是一個生活的能手，乘風破浪，含辱茹苦，隨處可以試驗他的生存的本領，他大概是一個『游民』，逐水草而居了。可惜中國是特別國情，中國的人可以分成兩類，如果不是『不得志』便是『得志』了。」《駱駝草》，1930 年 5 月 26 日，第 3 期。這一觀點也可見於他發表於《駱駝草》的雜感文字中，如第 25 期署名「法」的《隨筆》一文中對沈從文和施蟄存小說的批評。連載於《駱駝草》的《莫須有先生傳》可以說是「做文章」的典範。
〔註103〕《〈燕知草〉跋》，《全集》第 5 卷，第 518 頁。
〔註104〕參見《論馮文炳》，收於《沈從文全集》第 16 卷，太原：北嶽文藝出版社，2002 年。

幟』，是當然的。然而我們可以奉告於先生，『不痛不癢』，則完全在乎讀者
的看法。」〔註105〕《駱駝草》群體自覺致力於思想自由的文藝運動，以對
抗被他們視爲統一思想的左翼文學運動，這是其一致的政治意識所在。

第三節　讀書筆記體寫作與「現代生活」的倫理建設

1・「現代生活」觀與「人民的歷史」

　　20年代中期以後，周作人提出代表「生活之藝術」的「禮」，作爲建造中
國新文明的根基，對於中國在長期專制統治之下所形成的禁慾主義的生活方
式完全否定，在他看來，縱慾是由禁慾引起的反動，因此，以希臘文明與日
本文化爲借鑒的「生活之藝術」，試圖建立一種將縱慾與禁慾、自由與節制，
運用藝術趣味進行微妙混合的現代生活方式，其重心，在於「美化」行爲所
顯示的個人的主體性。30年代以「生活合理化」爲目標的「言志」派文學運
動，一方面反抗思想統一，一方面以規範個人與社會之間關係的倫理建設爲
內容，因此，「生活之藝術」成爲個人面向社會或政治的一種生活態度，對於
它的建設，五四個人主義不足敷用，革命文學的集團主義不爲所取，周作人
開始轉向中國傳統的政治思想資源：

> 古代文人中我最喜諸葛孔明與陶淵明，孔明的《出師表》是早
> 已讀爛了的古文，也是要表彰他的忠武的材料，我卻取其表現不可
> 爲而爲之的精神，是兩篇誠實的文章，知其不可而爲之確是儒家的
> 精神，但也何嘗不即是現代之生活的藝術呢？淵明的詩不必再等我
> 們來恭維，早有定評了，我卻很喜歡他詩中對於生活的態度。所謂
> 「衣沾不足惜，但使願無違」，似乎與孔明的同是一種很好的生活
> 法。〔註106〕

儒家思想雖爲政治思想，爲中國專制政治提供意識形態，但周作人將其文人
化，落實於個人行爲，則成爲一種精神性的生活態度。在面對社會政治時，
以個人意志爲主體的意義上，諸葛亮的知其不可而爲之，與陶淵明的「但使
願無違」，雖一則入世的、爲人的，一則出世的、爲己的，卻具有了統一性。
這種基於個人主義的統一性，成爲現代生活觀的基礎。

〔註105〕參見《郵筒》，《駱駝草》1930年6月9日，第5期。
〔註106〕《〈苦茶隨筆〉小引》，《全集》第5卷，第797頁。

　　由此出發，周作人進一步建立了儒家思想與道家思想的一致性，「說到底，二者還是一個源流，因為都知道不可，不過一個還要為，一個不想再為罷了。……中國的隱逸都是社會或政治的，他有一肚子理想，卻看得社會渾濁無可實施，便只安分去做個農工，不再來多管，見了那知其不可而為之的人，卻是所謂惺惺惜惺惺，好漢惜好漢，想了方法要留住他。看上面各人的言動雖然冷熱不同，全都是好意，毫沒有『道不同不相與謀』的意味，孔子的應付也是如此，這是頗有意思的事。」〔註 107〕通過將「生活」的視野擴大為人的全體社會生活，道家的個人生活與儒家的政治生活，全部包括在內，並賦予二者共通的對現實黑暗不滿的反抗性態度，只是反抗的方式有歸隱與進取之別。因此，「反抗性」是周作人賦予個人主義的要義，如果缺失對現實黑暗的反抗性，則儒家的入世難免淪為假公濟私的勢利主義，而道家的出世也難免落入同流合污的假清高，其同樣偽善的自私自利性，無論對於倫理建設還是社會革命，都是一個障礙。

　　如前述，周作人提出的倫理建設，以體察「人情物理」為內容，包括科學與藝術兩方面，據此，從反抗性的角度重新審視傳統文化時，不是儒家的現世主義，而是其「知之為知之，不知為不知」的重知態度，成為周作人此時汲取的思想內容，「這種重知的態度是中國最好的思想，也與蘇格拉底可以相比，是科學精神的源泉。」由此，從日本文化與希臘文明得到借鑒的「人情物理」，同時也具有了中國文化的深厚根基，「我覺得中國有頂好的事情，便是講情理，其極壞的地方便是不講情理」。〔註 108〕據此，中國固有的「禮」，被賦予「情理」的內涵，確立為通往文明的現代生活方式，「其實禮即是人情物理的歸結，知禮者必懂得情理。思想通達，能節制自己，能寬容別人，這樣才不愧為文明人」。〔註 109〕因此，面對 30 年代以降民族民主革命的政治主題，與左翼文學展開文藝大眾化運動，走向建立現代民族國家的政權建設不同，周作人將五四思想革命拓展到「文化革命」，通過改造舊有文化，建立新的倫理道德，走向以文明為內涵的「現代中國」構想。

　　不過，無論是左翼的文藝大眾化運動，還是周作人的「文化革命」，他們都意識到了現實中的民眾教育問題。與政治革命相一致，左翼文學是以階級意識塑造「大眾」的主體，從而將「大眾」與「文藝」結合，為現實中的群

〔註 107〕《〈論語〉小記》，《全集》第 6 卷，第 521～522 頁。
〔註 108〕《情理》，《全集》第 6 卷，第 614 頁。
〔註 109〕《關於孟母》，《全集》第 6 卷，第 600 頁。

眾運動賦予階級意識的主體性；而周作人的「文化革命」，是以「情理」塑造「民眾」的主體，由於對群眾運動抱有憂懼，對平民思想延襲士大夫階級陞官發財、忠孝節義思想的警惕，反而出現了「民眾」與「文化」的分離。

　　1934 年 11 月，周作人與俞平伯同往河北定縣，參觀平民教育促進會的工作。平教會屬於二三十年代掀起的「民眾教育」與「鄉村建設」運動的實踐者，依照晏陽初的鄉村改造思想，在定縣進行平民教育與鄉村建設實驗。比較 30 年代鄉村建設運動的兩位主要代表晏陽初和梁漱溟的思想與實踐，研究者指出，在教育實踐方面，與梁漱溟基於中國文化本位思想，側重「精神陶煉」相比，晏陽初基於現代民本政治觀，側重生計教育，其貢獻在於「把科學與農村聯合起來，強調『科學簡單化』，把教育內容用『簡單』、『實用』、『經濟』等原則進行傳授等」。〔註110〕繼參觀日本新村之後，周作人再次獲得與社會性運動及真實的民眾親自接觸的經驗，平教會在生計改進方面的工作和成就，的確令他深感欽佩，他將此歸之於平教會「認識的清楚」，「平教會認清它的工作的對象是農民，不是那一方面的空想中的愚魯或是英勇的人物，乃是眼前生活著行動著的農村的住民」，其次，「知道清楚這些事情而動手去做。」平教會的鄉村改造實踐，在此轉化為周作人倫理建設「由智及仁」的思想步驟，「仁者人也，近人情即與仁相去不遠矣，而智實又是仁的初步，不知道人情物理豈能近人情哉。現今所最欠缺者蓋即是此點，不智故不仁也。」同樣令周作人印象深刻的，是真實的農民生活的貧苦，這使他將民生問題，放在倫理建設與革命運動的第一位，「我是相信衣食足而後知禮義的說法的，所以照現在的情形，衣食住藥都不滿足，仁義道德便是空談，此外許多大事業，如打倒帝國主義，抗日，民族復興，理工救國，義務教育等等，也都一樣的空虛，沒有基礎，無可下手。」〔註111〕但周作人畢竟不是從事實際革命行動或鄉村改造的人，他將自己的工作，劃定在與政治一體雙生並相互獨立的思想領域，因此，民生問題終究要落實在他的倫理建設中。如果說，定縣平教會是以現實的農民為對象，將科學與農村聯合起來以解決實際的民生問題，那麼，周作人是針對有待建立的以「情理」為主體性的「民眾」，將科學與藝術聯合起來，從文人學者著述中的「鄉村」，發現存在於歷史深

〔註110〕　參見劉勇：《晏陽初與梁漱溟鄉村建設思想比較》，《黑龍江史志》，2013 年 01
　　　　　　期；另李金錚：《晏陽初與定縣平民教育實驗》，《二十一世紀》（網絡版），2007
　　　　　　年 61 期。
〔註111〕　《保定定縣之遊》，《全集》第 6 卷，第 422〜425 頁。

處、爲正史所忽略的普通民眾的日常生活世界，即「人民的歷史」，並與現時代的日常生活連續起來，「我們對於歲時土俗爲什麼很感到興趣，這原因很簡單，就爲的是我們這平凡生活裏的小小變化。人民的歷史本來是日用人事的連續，而天文地理與物候的推移影響到人事上，便生出種種花樣來，大抵主意在於實用，但其對於季節的反應原是一樣的。」〔註 112〕這是他關注民生的方式。

2‧文化人類學視野中的「情理」

周作人認爲，中國思想雖以儒釋道三家爲大宗，但眞正影響於國民思想的，既非儒教綱常，也非道家思想，而是帶有拜物教色彩的道教勢力，甚至儒教徒也都道士化了，「我們不滿意於『儒教』，說他貽害中國，這話雖非全無理由，但照事實看來，中國人的確都是道教徒了。」道教思想對民眾道德觀的惡影響，除與儒教共通的保皇思想之外，一是「相信鬼神魔術奇跡等事」，造成各種違反科學的惡果；一是「相信『命』與『氣運』」，造成社會改革的最大阻力，「人相信命，便自然安分，不會犯上作亂，卻也不會進取；『上等社會』的人可以高枕無憂，但是想全部的或部分的改造社會的人的努力，卻也多是徒勞，不會有什麼成績了。」〔註 113〕周作人對神話傳說、歌謠故事等民間文藝形式，以及風俗習慣、儀式信仰等民間文化現象的研究，深受進化論人類學派的影響，前一方面主要是安特路朗，見於居紹時期的童話研究；後一方面主要是弗雷澤和泰勒，〔註 114〕其原始宗教研究，爲周作人解釋和批判中國道教化的道德思想提供了理論支持。泰勒和弗雷澤都從宗教起源與發展的研究，解釋人類社會的演變歷程。泰勒提出萬物有靈論作爲原始宗教的最初形態，其後經歷了祖先崇拜、精靈崇拜、多神崇拜階段，最後發展爲一

〔註 112〕《〈清嘉錄〉》，《全集》第 6 卷，第 247～248 頁。

〔註 113〕《鄉村與道教思想》，《全集》第 2 卷，第 244～246 頁。1926 年所作同題之文，共分兩節，第一節即 1920 年所作此文的全文。

〔註 114〕據《周作人日記》（上），周作人 1917 年開始接觸弗雷澤和泰勒的著作，1917 年 6 月 14 日，「向大學假 Frazer（弗雷澤）：Psyche's Task 一本……閱フレエザ著社會人類學導言，甚明快」（第 675 頁），6 月 25 日，「往大學……又假 Tyler（泰勒）：Primitive Culture 一部……晚閱元始文明一章」（第 677～678 頁）。1921 年發表於《新青年》的《野蠻民族的禮法》一文中，摘錄閱讀弗雷澤著作的一條筆記；此文於 1927 年附加數行後記，重刊於《語絲》。20 年代中期至 30 年代，周作人有多篇文中提到弗雷澤的研究。

神教，這一宗教發展的歷史過程，也是社會進化的三個階段。弗雷澤將原始宗教區分爲巫術與宗教，提出人類智力發展的三階段說：巫術階段、宗教階段、科學階段。〔註115〕周作人基本上是將道教劃分在泰勒的「精靈崇拜、多神崇拜」和弗雷澤的「巫術」階段，據此提出理論上的改革方法，「其一，發達上去，進爲一神的宗教；其二，被科學思想壓倒，漸歸消滅」，〔註116〕考慮到與中國文化的適配，以及新文化運動時期的「科學」提倡，他傾向於採用科學思想的方法。1921 年西山養病期間，周作人開始反思啓蒙主義，則重提一神教的方法，「覺得要一新中國的人心，基督教實在是很適宜的。……我想最好便以能容受科學的一神教把中國現在的野蠻殘忍的多神——其實是拜物——教打倒，民智的發達才有點希望。」〔註117〕不過，周作人畢竟對於宗教的顧慮太多，這一條仍然只是「空想」，他的反思最終轉向了以藝術與倫理合一爲目標的個人主義文藝建設。

在弗雷澤的巫術理論中，巫術與宗教都認可超自然的神秘力量，但巫術認爲，人只要懂得適當的儀式和咒語，就可以操縱和利用這種力量，而宗教將這種力量歸於神靈，並以神靈的意志爲至高無上，人只能服從神靈的支配。在此意義上，巫術的思維方式與科學接近，即相信世界的演變發展服從於因果規律，只是與科學相比，巫術被認爲反映了虛假的因果關係。巫術的原理是事物之間的交感作用，包括兩個原則：一爲相似律，同類相生或同果同因，產生順勢巫術或模擬巫術；一爲接觸律，事物一經接觸，分隔後仍能遠距離地相互作用，產生接觸巫術。〔註118〕

20 年代中期以後，周作人對弗雷澤的借鑒，一方面是運用交感巫術原理，進行文明批評，例如對官方「維持風化」行爲的心理分析，視其爲性的禁忌的蠻性之遺留，「普通維持風化的原因多由於怕這神秘的『了不得』——彷彿可以譯作多島海的『太步』。」並據此將中國國民的道德思想，從道教的進而歸爲直接屬於巫術的薩滿教的，「中國據說以禮教立國，是崇奉至聖先師的儒教國，然而實際上國民的思想全是薩滿教的（Shamanistic 比稱道

〔註115〕參見黃劍波：《泰勒：萬物有靈》、《弗雷澤：作爲科學「近親」的巫術》，《中國民族報》，2011 年 10 月 25 日、11 月 1 日。

〔註116〕《鄉村與道教思想》，《全集》第 2 卷，第 246 頁。

〔註117〕《山中雜信六》，《全集》第 2 卷，第 354 頁。

〔註118〕參見李若寶、唐晨曦：《從〈金枝〉解讀弗雷澤的巫術理論》，《大眾文藝》（理論），2009 年 19 期；黃劍波：《弗雷澤：作爲科學「近親」的巫術》。

教的更確）。中國決不是無宗教國，雖然國民的思想裏法術的分子比宗教的要多得多。」〔註 119〕弗雷澤的三階段說，是人類心智進化的三個階段，他認爲隨著理性進步，人類終將從巫術的愚昧和宗教的非理性，邁入理性文明的科學階段。〔註 120〕周作人接受了這一理論，對於道德思想的改革，提出訴諸理性，「傳教式的科學運動是沒有用的，最好的方法還只是普及教育，訴諸國民的理性」。〔註 121〕這裡的「理性」，與此前他借鑒藹理斯的性心理學，借助科學與藝術建立健全的兩性道德的所謂「道德進步，並不靠迷信之加多而在於理性之清明」，〔註 122〕有所不同，增加了人類學的「文明」視野。巫術是基於錯誤的因果聯繫，運用法術，舉行儀式，試圖用「形而上感應」的方式，操縱自然現象背後的神秘力量，使之服從於人的意願，並不是像科學那樣，基於客觀的因果邏輯，探索自然世界的客觀規律，以便從事於實際的改造行動。因此，人類學「文明」視野中的「理性」，包含著對於「力」的科學認知。例如周作人對於剪髮禁令的關注，從性心理學角度，視之爲禮教的性壓抑所產生的色情狂心理，「對於女子的膚髮衣飾的變化感到極大的激刺，無論是不安或狂喜，都有點變態的，或者竟是色情狂的，倘若他們的興奮顯然見於言動」，〔註 123〕同時也從感應法術的角度進行解釋，「原來頭髮有這樣的魔力，湯皇只鉸下他老人家的『青絲』來，放在青銅盤裏，供在敖廣的面前，上天就大沛甘霖了。」〔註 124〕到 1928 年作《剪髮之一考察》，即是運用人類學「文明」視野的考察，對于禁止剪髮，一者視爲原始專制思想之遺留，與女子有關的，則視爲「薩滿教的禮教思想」，禁止剪髮與禁止裸體一樣，是出於性的恐怖之迷信，「表面上說是因爲誨淫，挑發旁人的欲情，其實最初怕的是裸體的法力，這個恐怖至今還是存在」，〔註 125〕並將此前有關禁止剪髮的色情的動機也包含在這兩者之內。至 30 年代，周作人將

〔註 119〕《薩滿教的禮教思想》，《全集》第 4 卷，第 294、295 頁。並參見楊樸：《「薩滿教」的本質是巫術而不是宗教》，《吉林師範大學學報》（人文社會科學版），2005 年 01 期。

〔註 120〕參見劉曼、李珂：《弗雷澤人類心智發展三階段理論的思想來源與表徵》，《湖南工業大學學報》（社會科學版），2013 年 18 卷 06 期。

〔註 121〕《鄉村與道教思想》，《全集》第 4 卷，第 729 頁。

〔註 122〕《狗抓地毯》，《全集》第 3 卷，第 521 頁。

〔註 123〕《拜髮狂》，《全集》第 4 卷，第 849 頁。

〔註 124〕《髮之魔力》，《全集》第 4 卷，第 851 頁。

〔註 125〕《全集》第 5 卷，第 342 頁。

新興革命文學的政治宣傳，也歸入與道士念咒畫符相似的感應法術一類，則「髮之魔力」的批判就轉爲「文字之魔力」的批判，「在秀才階級支配著思想的中國，雖然實際上還是武帝與財神在執牛耳，文章卻有他的虛榮，武帝財神都非仗他擁護不可，有時他們還得屈尊和他來做同伴才行。」〔註126〕

另一方面，周作人也注意到弗雷澤區分的巫術和宗教，有運用自力與依賴他力之別，宗教是絕對服從神的權威，通過對神的獻祭和膜拜，祈求神力，周作人將此用之於對現實中存在的主奴關係的批判。例如針對北京軍民長官率眾求雨之舉，周作人根據原始時代由法術到宗教的演進，「於是由自力的致雨一變而爲完全他力的『求雨』了」，批判專制制度產生的主奴觀念，「在中國大多數也還相信天帝的攝理與跪拜的效力，——中華民國對於天廷還嚴謹地遵守帝制。」〔註127〕在弗雷澤那裡，巫術與宗教在人類心智方面的進化關係，被周作人無視了，他基於理性的標準，對二者同時加以批判，上述《剪髮之一考察》一文即其體現。對周作人而言，巫術與宗教都是理性的對立面，「形而上感應」思想的迷信，與專制思想的狂信，同爲野蠻時代的遺留。由此形成的文明批評的視野，被廣泛運用於 20 年代中期以後周作人對於社會政治事件的發言，而隨著 20 年代末，周作人以《閉戶讀書論》宣告社會批評時代的結束，這一理論視野就被應用於思想領域對於思想自由的追求。一方面，對於被歸爲感應法術的道教思想、革命文學等，周作人將其概括爲一種喪失主體意志的「麻醉享受性」，「我說麻醉享受性，殊有杜撰生造之嫌，此正亦難免，但非全無根據，如古來的念咒畫符讀經惜字唱皮黃做八股叫口號貼標語皆是也，或以意，或以字畫，或以聲音，均是自己麻醉，而以藥劑則是他力麻醉耳。」〔註128〕另一方面，宗教盛行之後，對巫術進行壓制與迫害的宗教審判事件，被周作人從思想史上正統與異端之間的思想鬥爭的角度。進行關注，並與中國的思想獄、文字獄聯繫起來，〔註129〕一是提出大眾專制的問題，「若以思想殺人的文字獄則罪在離經叛道，非聖無法，一般人覺得彷彿都被反對在內，皆欲得而甘心，是不但暴君欲殺，暴民亦附議者也。爲犯匹夫之怒而被殺，後世猶有憐之者，爲大眾所殺則終了矣。」一是關注異端思想，從利他的道德角度給以高度評價，稱之爲「爲己之極，

〔註126〕《文字的魔力》，《全集》第 5 卷，第 684～685 頁。
〔註127〕《求雨》，《全集》第 5 卷，第 235 頁。
〔註128〕《關於命運》，《全集》第 6 卷，第 563 頁。
〔註129〕參見《關於妖術》，《全集》第 6 卷；《賦得貓——貓與巫術》，《全集》第 7 卷。

急於爲人，爲人之極，至於無己」，「凡是以思想問題受迫害的人大抵都如此，他豈眞有惑世誣民的目的，只是自有所得，不忍獨秘，思以利他，終乃至於雖損己而無怨。」〔註 130〕

綜上，周作人運用文化人類學的「文明」視野，對中國思想道德領域的「不智」進行批判，由此導向的「仁」或「情理」的內容，一是個人的思想自由，一是追求客觀眞理，推動社會與文化進步，二者缺一不可。

3·鄉土研究與「民間日常生活」

30 年代以降，周作人運用「人情物理」的標準，全面檢討和清理中國思想文化的工作，是「寫筆記」。正如此讀書筆記體寫作的第一本自編文集題爲「夜讀抄」所表示的，「我所說的話常常是關於一種書的」，〔註 131〕寫法類似漢學家的考據，廣徵博引有關對象的他人言論，其間以自己的甄別、辨析文字勾連成文，文體半文半白，也被稱爲「文抄公」體，褒貶各半。《夜讀抄》以下，包括《苦茶隨筆》、《苦竹雜記》、《風雨談》、《瓜豆集》、《秉燭談》、《秉燭後談》，以及屬於 40 年代寫作的《藥味集》、《藥堂語錄》和《書房一角》，集中展現了周作人讀書筆記體寫作的風貌，「我談文章，係根據自己寫及讀國文所得的經驗，以文情並茂爲貴。談思想，係根據生物學文化人類學道德史性的心理等的知識，考察儒釋道法各家的意思，參酌而定，以情理併合爲上。」〔註 132〕通過讀書筆記體寫作，周作人一方面確立了「愛智者」的主體形象，作爲自己「入世」的一種形式，在供給知識的意義上有益世道人心，「不佞自審日常行動與許多人一樣，並不消極，只是相信空言無補，故少說話耳。大約長沮桀溺輩亦是如此，他們仍在耕田，與孔仲尼不同者只是不講學，其與仲尼之同爲儒家蓋無疑也」；〔註 133〕另一方面，建立起與現代生活觀相應的現代文章的趣味主義美學觀，「簡單的說，要在文詞可觀之外再加思想寬大，見識明達，趣味淵雅，懂得人情物理，對於人生與自然能鉅細都談，蟲魚之微小，謠俗之瑣屑，與生死大事同樣的看待，卻又當作家常話說給大家聽，庶乎其可矣。」〔註 134〕

〔註 130〕《談文字獄》，《全集》第 7 卷，第 668、674 頁。
〔註 131〕《〈夜讀抄〉後記》，《全集》第 6 卷，第 369 頁。
〔註 132〕《自己所能做的》，《全集》第 7 卷，第 699 頁。
〔註 133〕《〈夜讀抄〉後記》，《全集》第 6 卷，第 369 頁。
〔註 134〕《談筆記》，《全集》第 7 卷，第 587 頁。

　　筆記的閱讀對象以「雜」爲準，「雜家裏我所取的只是雜說一類」，「小說家裏單取雜事」，〔註135〕與周作人自稱「二十年來只是打雜度日」〔註136〕的「雜家」形象相應，即表示其非正史的取材，與非正統的態度。周作人將基於「情理」塑造的「民眾」主體的現實來源，自覺放置在與士大夫階級對立的廣闊的民間日常生活世界，關注兩個方面：一是民間生活的物質方面，自然物產與社會生活，其中又以食物爲大宗；一是民間生活的精神方面，習俗儀式與民間信仰，尤爲關注鬼神信仰。中國的民間生活，植根於悠久的農業社會歷史之中，具有濃厚的鄉土色彩，如何對其進行開掘和提煉，除弗雷澤、泰勒的文化人類學之外，周作人同時從日本民俗學者柳田國男的鄉土研究取得借鑒。柳田氏的著述，「平時留心搜求，差不多都已得到」，「共計新舊大小搜集了二十五種」，〔註137〕30 年代專文介紹了他的兩本著作，《遠野物語》和《幼小者之聲》。

　　《遠野物語》是柳田氏的第二本民俗學著作，周作人在介紹中，抄錄該書自序，並摘譯其中兩節。據自序，該書是原樣筆錄遠野鄉民佐佐木鏡石的談話，其內容，「凡地勢時令，風俗信仰，花木鳥獸，悉有記述，關於家神，山人，狼狐猿猴之怪等事爲尤詳」，帶有資料采集的性質。引起周作人注意的，是柳田氏記錄實際的民間生活而能兼有文章之美，令讀者發生興趣，「他不只是文獻上的排比推測，乃是從實際的民間生活下手，有一種清新的活力，自然能鼓舞人的興趣起來」，「柳田氏治學樸質無華，而文筆精美，令人喜讀」。〔註138〕

　　「實際的民間生活」，在周作人筆下，一方面是對民俗資料具有選擇性，強調自然世界與人的生活的關聯，如講動物生活的《豬鹿狸》，「他所記的並非動物生態的客觀記錄，乃是人與獸，鄉村及獵人與獸的關係的故事」，「不是童話似的動物談，乃是人與獸接觸的經驗以及感想」。〔註139〕由此出發，關注民間的自然生物，具有成爲人的道德建設的起點與參照的意義，「生物生活的原本，可以做人生問題的參考。……我們觀察生物的生活，拿來與人生比勘，有幾分與生物相同，是必要而健全的，有幾分能夠超出一點，有幾

〔註135〕《談筆記》，《全集》第 7 卷，第 584 頁。
〔註136〕《〈夜讀抄〉小引》，《全集》第 5 卷，第 447 頁。
〔註137〕《〈幼小者之聲〉》，《全集》第 6 卷，第 818 頁。
〔註138〕《〈遠野物語〉》，《全集》第 5 卷，第 804～807 頁。
〔註139〕《〈豬鹿狸〉》，《全集》第 6 卷，第 180、181 頁。

分卻是墮落到禽獸以下去了：這樣的時常想想，實在是比講道學還要切實的修身工夫，是有新的道德的意義的事。」〔註 140〕另一方面是強調民俗資料采集方法的科學性，謹防個人的文學興趣對於客觀實錄的妨害，「若是搜集筆錄的人不能夠如實的記述，卻憑了自己的才氣去加以修飾，既失了科學的精嚴，又未能達到文藝的獨創，那麼豈不是改剜古碑的勾當，反是很可惜的麼」，〔註 141〕「大凡愈用科學的記錄方法，愈能保存故事的民間文學與民俗學資料之價值。」〔註 142〕這成爲周作人選擇筆記的標準之一，強調對於鄉土風物的客觀觀察與如實記錄，反對「談異」與「文勝」之弊，如稱讚《燕京歲時記》，「這從實錄寫，事多瑣碎兩件事，據我看來不但是並無可譏，而且還是最可取的一點。」〔註 143〕

「文章之美」，是周作人在記錄的科學方法之外，也注意記錄的文體形式。由於記錄的科學性要求，其文體排除個人表現情感的文學創作，因此，文章之美，指的是在實錄前提下文字的趣味之美，這使紀實性的生活實錄具有了藝術品格。從講究文字趣味出發，周作人提出科學小品的文體，「內容說科學而有文章之美者」，〔註 144〕其典範只能求之於外國著作，例如 20 年代介紹過的法布爾《昆蟲記》，以及「用的是尺牘體，所說的卻是草木蟲魚」〔註 145〕的懷特《塞耳彭自然史》。科學小品在保持與實生活接觸的同時，又具有超越性的美的品格，因此，被期待爲與現代日常生活相應的現代文章的文體形式，「我們平人的一點知識欲，然而欲求得之蓋大不易，求諸科學則太深，求之文學又常太浮也。此類文藝趣味的自然史或自然史趣味的文集本來就該有些了，現在既不可得，乃於三百年前求之，古人雖賢，豈能完全勝此重任哉。」〔註 146〕科學方法與藝術美，成爲周作人提煉民間生活的兩方面規定。

《幼小者之聲》是內容與兒童生活相關的隨筆集，周作人在介紹中摘譯兩節，這裡引起他共鳴的，是生發出柳田學問的人的意願與情感，致力於保

〔註 140〕 《〈百廿蟲吟〉》，《全集》第 6 卷，第 354 頁。
〔註 141〕 《〈聽耳草紙〉》，《全集》第 6 卷，第 210 頁。
〔註 142〕 《〈潮州七賢故事集〉序》，《全集》第 6 卷，第 139 頁。
〔註 143〕 《〈燕京歲時記〉》，《全集》第 7 卷，第 31 頁。
〔註 144〕 《科學小品》，《全集》第 6 卷，第 573 頁。
〔註 145〕 《〈塞耳彭自然史〉》，《全集》第 6 卷，第 333 頁。
〔註 146〕 《〈五雜組〉》，《全集》第 6 卷，第 351 頁。

存「人的生活裏最眞率的東西」、「美的感情」的心願,「柳田說古昔的傳統的
詩趣在今日都市生活裏忽而斷絕,下一代的國民就接受不著了事。又說平常
人心情不被珍重紀錄,言語文章的用法有苛酷的限制。這都包孕著深厚的意
義,我對於這些話也都有同感。也有人看了可以說是舊話,但是我知道柳田
對於兒童與農民的感情比得上任何人,他的同情與憂慮都是實在的,因此不
時髦,卻並不因此而失其眞實與重要也。」〔註147〕出自同樣的心願,柳田氏
表現於學術研究,建立「一國民俗學」,將發掘日本民族特有的文化傳統的價
值,確立爲稱之爲「鄕土研究」或「民間傳承」的民俗學的使命;〔註148〕周
作人則表現於在讀書筆記寫作中,重建中國農業社會日常生活的悠長詩趣與
深厚底蘊,將自然與人生、古昔與現代緊密關聯起來。能夠使其聯結的關鍵,
在於周作人的個人情感經驗,「予生也晚,已在馬江戰役之後,舊社會已開始
動搖,然而在鄕間過舊式的貧賤生活也總有十幾年,受的許多影響未盡消滅,
所以對於民間的時節風物至今還感到興趣,這大抵由於個人的經歷,因生愛
好,其以學問爲根底的緣由可以說是微乎其微了。」〔註149〕

　　周作人將民間生活研究的起點,統一於個體的情感經驗,避免專業分工
造成人的現代性分裂,這與他將民俗學視爲對宗教學、社會學、文學史等各
個專門學科的綜合治理是一致的,「民俗學的長處在於總集這些東西而同樣地
治理之,比各別的隔離的研究當更合理而且有效」。〔註150〕因此,分屬於民俗
學各個部門的文字記錄,實際上作爲主體情感的有機組成部分,自然伸入了
現代生活的生成機制,表現於讀書筆記體寫作,雖然文章主體爲摘錄古人言
論,但將其召喚出來並加以組織的,是周作人自己的人生經驗與情感趣味。
例如《〈花鏡〉》一文,介紹植物類圖書,開頭一句,「小時候見過的書有些留
下很深的印象,到後來還時常記起」,幾乎就是給全文的客觀敘述性文字吹入
一口活氣使之具有生命的靈魂,對書籍的介紹性文字,附著於對少時讀書經
驗及相關人事的娓娓敍談中,關於書籍的意見點綴其間,使得全文生氣流注,
大異於考證式文字的偏枯。周作人在這裡注重的是自然與人生的關聯,「他把
這些木本藤本草本的東西一一加以考察,疏狀其形色,說明其喜惡宜忌,指
點培植之法,我們讀了未必足爲寫文字的幫助,但是會得種花木,他給我們

〔註147〕《〈幼小者之聲〉》,《全集》第 6 卷,第 822 頁。
〔註148〕參見趙京華:《周作人與柳田國男》,《魯迅研究月刊》,2002 年 09 期。
〔註149〕《〈中國新年風俗志〉序》,《全集》第 6 卷,第 46 頁。
〔註150〕《〈英吉利謠俗〉》,《全集》第 5 卷,第 770 頁。

以對於自然的愛好。」〔註 151〕又如讀《一歲貨聲》中記錄的社會生活，歎惋平民生活風趣在現代的失落，「我讀這本小書，深深的感到北京生活的風趣，因爲這是平民生活所以當然沒有什麼富麗，但是卻也不寒傖，自有其一種豐厚溫潤的空氣，只可惜現在的北平民窮財盡，即使不變成邊塞也已經不能保存這書中的盛況了。」並且從商販的吆喝聲中，聯繫到新詩的格調問題，發想奇特，「賣東西的在街上吆喝，要使得屋內的人知道，聲音非很響亮不可，可是並不至於不自然，發聲遣詞都有特殊的地方，我們不能說這裡有詩歌發聲的可能，總之比戲文卻要更與歌唱相近一點罷。」〔註 152〕在文章之美的藝術品格之外，以個人的主體情感爲總領，這使周作人的讀書筆記體寫作，在注目於倫理建設的思想意義時，也成爲具有文學意味的文學實踐。

個人的主體情感，體現的是周作人文學實踐建構「民眾」主體的政治意識，在此處，他與柳田民俗學分手了。正如柳田氏的民俗學，也被稱爲「民間傳承」所表示的，他的問題意識來自對日本民族文化特性的發掘，因此無限置重民間傳統，帶有「國家學問」的色彩。〔註 153〕周作人認爲，民俗學的性質與文化人類學相近，「他就一民族或一地方搜集其信仰習慣謠諺，以上古及蠻荒的材料比較參考，明瞭其意義及發生分佈之跡，如此而已，更無什麼別的志願目的」，以此反對將其施用於政治意識形態，而將其功用指向弗雷澤所言的「文明」批評，「現代文明國的民俗大都即是古代蠻風之遺留，也即是現今野蠻風俗的變相，因爲大多數的文明衣冠的人物在心裏還依舊是個野蠻。」〔註 154〕因此，他一方面反對民俗學的「國家化」，主張以獨立的田間學者爲主幹，「民俗學原是田間的學問，想靠官學來支持是不成的，過去便是證明，希望他在中國能夠發展須得捲土重來，以田間學者爲主幹，如佐佐木氏的人便是一個模範值得我們景仰的了。」〔註 155〕參觀定縣時，反對平教會兼管縣政，也是出於同樣的理由，以政治於人民生活「蓋無什麼大關係」，〔註 156〕實際上反映的是周作人爲民眾教育、民間生活注入個人主義的問題意識。另一方面，周作人對民間傳統的立場具有複雜性，「昔有今無，

〔註 151〕《〈花鏡〉》，《全集》第 6 卷，第 258、260 頁。
〔註 152〕《〈一歲貨聲〉》，《全集》第 6 卷，第 224 頁。
〔註 153〕參見孫敏：《柳田國男日本人論研究——基於柳田民俗學的考察》，北京大學日語語言文學系 2009 屆未刊博士論文。
〔註 154〕《〈英吉利謠俗〉》，《全集》第 5 卷，第 770 頁。
〔註 155〕《〈聽耳草紙〉》，《全集》第 6 卷，第 211 頁。
〔註 156〕《保定定縣之遊》，《全集》第 6 卷，第 423 頁。

固可歎慨，若今昔同然，亦未嘗無今昔之感，正不必待風景不殊舉目有山河之異也。」〔註157〕他期待的是在民間傳承基礎上的文明進化。

因此，一邊開掘民間生活的生活內容與生活風趣，一邊「疾虛妄」，將古人對自然生物的道教化與倫理化解釋，一一以現代科學的眼光進行辨正，例如《姑惡詩話》、《〈蟫範〉》、《貓頭鷹》、《關於禽言》、《螟蛉與螢火》等文，對姑惡鳥、桑蟲化螺蠃、腐草化螢、梟食母等關於動物的「謠言」，不厭其煩地予以考證、辨析。一邊承認具有宗教儀式性質的民間歲時行事，同樣出自保存和發展生命的動機，對於生活有不可或缺的意義，「這些迎新送舊的玩意兒，聰明人說它是迷信固然也對，不過不能說它沒有意思」；〔註158〕一邊持續地對民間鬼神信仰進行解構，「我不信人死為鬼，卻相信鬼後有人，我不懂什麼是二氣之良能，但鬼為生人喜懼願望之投影則當不謬也。」〔註159〕周作人從體察民眾心理、瞭解「中國民族的真心實意」〔註160〕的角度看待民間俗信，儘管對其中包含的人情心理大有同情，稱記載與死去兒女乩談的《望杏樓志痛編補》為「我所讀過的最悲哀的書之一」，〔註161〕但無論從人類學理論上，「原始的鬼的思想之起源當然不全如此，蓋由於恐怖者多而情意為少也」，還是從自己的經驗上，「小時候讀《聊齋》等志異書，特別是《夜談隨錄》的影響最大，後來腦子裏永遠留下了一塊恐怖的黑影」，〔註162〕由於「鬼」所帶有的「恐怖」印象，使之成為從文化上被祓除的對象，因此，鬼神信仰始終無法成為周作人倫理建設的內容。這也可見，周作人的自身經驗，對其理論選擇具有根本性制約作用，類似於「感覺論唯物主義」者，〔註163〕這保證他在與現實接觸時完整的主體意識，能夠不為外在權威所左右而「蔽於人」，但難免「蔽於己」。

周作人對於「民間日常生活世界」的建構，基於個人主義，超越政黨政治，指向以文明為內涵的「現代中國」的實現。但是，隨著「九一八」事變

〔註157〕《〈一歲貨聲〉》，《全集》第 6 卷，第 223 頁。
〔註158〕《〈中國新年風俗志〉序》，《全集》第 6 卷，第 46 頁。
〔註159〕《鬼的生長》，《全集》第 6 卷，第 288 頁。
〔註160〕《說鬼》，《全集》第 7 卷，第 21 頁。
〔註161〕《鬼的生長》，《全集》第 6 卷，第 288 頁。
〔註162〕《談鬼論》，《全集》第 7 卷，第 284、281 頁。
〔註163〕阿爾都塞評論費爾巴哈語，「因為費爾巴哈確實可算是十八世紀的『理想』哲學家，是感覺論唯物主義和倫理歷史唯心主義的綜合，是狄德羅和盧梭的真正結合。」路易‧阿爾都塞著、顧良譯：《保衛馬克思》，第 16 頁，北京：商務印書館，1984 年。

後，中日民族矛盾的逐漸升級，國家政治的主題轉向民族解放鬥爭，民族主義的立場開始進入周作人關於民間風物的言說，不過並不表現為國家民族主義的政治立場，而是表現為文章風格上「閒適」色彩的加重，這是代表「憂鬱」的閒適。從《風雨談》的小引稱，「《雨天的書》恐怕有點兒憂鬱，現在固然未必不憂鬱，但我想應該稍有不同」，〔註164〕這「不同」中含有立定「情理」寫筆記的熱情；其次《瓜豆集》題記，「在風吹月照之中還是要呵佛罵祖」，尚有淩厲氣象；至收 30 年代文章的最後兩本文集《秉燭後談》、《藥味集》的序言，則均特別提出和解釋其「閒適」，「文字意趣似甚閒適」，「閒適原來是憂鬱的東西」，〔註165〕「拙文貌似閒適，往往誤人，唯一二舊友知其苦味，……今以藥味為題，不自諱言其苦，若云有利於病，蓋未必然，此處所選亦本是以近於閒適之文為多也。」〔註166〕序言未必一一與集中文章對應，卻反映出周作人在面對國家政治的迫近時，個人所感到的無可如何的憂鬱與苦的心境。

　　以 1937 年 3 月所作《〈老學庵筆記〉》一文為例，此文談的對象是南宋詩人陸游的筆記。陸游是南宋的主戰派，因為在政治上堅持抗金，有愛國詩人之稱，自然被 30 年代中期之後高漲的民族主義思潮引為楷模，對此，周作人在文章開首略為嘲諷，「吾鄉陸放翁近來似乎很交時運，大有追贈國防詩人頭銜的光榮。」他談的，首先是與陸游婚姻有關的沈園詩，認為表達個人情意的沈園詩，勝於「家祭無忘告乃翁」的政治詩。其次，重點關注陸游的隨筆集《老學庵筆記》，「多瑣語多獨自的意見正是他的好處」，仍是在記載生活瑣事與表達個人獨立見解的意義上，評價該筆記。周作人關注陸游筆記中關於李和兒炒栗的記載，由此牽連出其他相關文章。陸游只簡略記載宋臣使金至燕山，故都著名的李和兒獻炒栗的事件，周作人首先引用清代趙翼《陔餘叢考》中「京師炒栗」條，說明此事件的原委，「蓋金破汴後流轉於燕，仍以炒栗世其業耳」，暗示陸遊記載的炒栗故事中，實含有亡國之痛，趙文的結論，注目在當時京師炒栗的方法是李和兒傳下來的。其次引郝懿行《曬書堂筆錄》中「炒栗」一則，郝文關注栗子本身，對炒栗方法細緻描寫，周作人評論道，「郝君所說更有風致，敘述炒栗子處極細膩可喜，蓋由於對名物自有興味，

〔註164〕《〈風雨談〉小引》，《全集》第 7 卷，第 50 頁。
〔註165〕《〈風雨後談〉序》，《全集》第 9 卷，第 10～11 頁。此文即為《秉燭後談》
　　　　所寫序，另有一篇《〈秉燭後談〉序》，是為一書二序。
〔註166〕《〈藥味集〉序》，《全集》第 8 卷，第 627 頁。《藥味集》中收入 1937 年所作
　　　　4 篇，其餘為 40 年代作品。

非他人所可及，唯與放翁原來的感情卻不相接觸，無異於趙雲松也。」陸游
單純敘事，內含無限悲哀，趙、郝二文均引到炒栗事件，卻只注意到炒栗的
方法。流連風物自身的趣味，本是周作人民間風物言說的一個方面，但此時
更注重的，卻在於風物敘述中的政治寄寓，「讀此可知在炒栗中自有故宮禾黍
之思，後之讀者安於北朝與安於江左相同，便自然不能覺得了。」之後又引
陸游筆記中數則「瑣語」，有關於詞彙語源的傳說，有談詩的妙語等等，而最
後仍不能不歸到治國問題上，「讀《老學庵筆記》而得救國之道，似乎滑稽之
甚，但我這裡並不是說反話。」面對民族危機，周作人傾向於陸游筆記中所
言「當守國使不亂，以待奇才之出」的「謹」，「於中國最有益的辦法恐怕正
是黃老」。〔註167〕

　　1937 年 6 月 3 日，周作人作《〈桑下談〉序》一文，在戰爭的風聲日緊
之際，反用「浮屠不三宿桑下」致生愛戀的典故，在釋儒相顧之間表達自己
的「苦住」之意，「即宿於桑下便宜有愛戀是也」。周作人所稱的「故鄉」，
不限於出生地，曾經住過稍長時間的地方都算在內，對地方風物的言說，即
是投射一種愛戀之情，《桑下談》則收縮到越中風物，從地方風物所生發的
「故鄉之情」，被連結於「故國之思」。該書未曾出版，40 年代周作人讀書筆
記體短文中，有關越中風物、習俗、人事的一組文章，總題爲「桑下叢談」，
收入《書房一角》，其「故鄉猶故國」的情感態度，開啓了 40 年代淪陷區文
人在艱難的言說環境中，以回顧地方習俗風物來寄託心意、獲取慰藉的一種
寫作方式。〔註 168〕周作人對於「此刻現在」一種混有堅忍、苦澀與黯淡情
懷的表達，卻一語成讖，「故鄉猶故國然，愛而莫能助，責望之意轉爲詠歎，
則等於誅詞矣，此意甚可哀也。」〔註169〕

第四節　「言志」派文學與文化民族主義

1·晚明文學與「閒適」

　　晚明文學進入周作人的視野，文字上最早見於 1926 年致俞平伯的信中：

〔註 167〕《全集》第 7 卷，第 639～645 頁。
〔註 168〕參見拙文：《淪陷時期的文章與思想——〈古今〉、〈藝文雜誌〉與周作人》，
　　　　　北京大學中國語言文學系 2005 屆未刊碩士論文。
〔註 169〕《全集》第 7 卷，第 703 頁。

> 我常常說現今的散文小品並非五四以後的新出產品，實在是
> 「古已有之」，不過現今重新發達起來罷了。由板橋冬心溯而上之這
> 班明朝文人再上連東坡山谷等，似可編出一本文選，也即爲散文小
> 品的源流材料，此件事似大可以做，於教課者亦有便利。現在的小
> 文與宋明諸人之作在文字上固然有點不同，但風致實是一致，或者
> 又加上了一點西洋影響，使他有一種新氣息而已。〔註170〕

如前述，隨著兄弟失和事件，周作人將文學之用收縮於表現自我，作者的性
情與文字的趣味，成爲他考量文學作品的重要指標，由此注意到中外日記體
和書信體文學，〔註171〕信中談到的宋明諸人的散文小品，即是在此脈絡中受
到關注，從而勾連起一條古今相續的文脈。

晚明文學與現代文學的關聯，在周作人此後的序跋文中不斷得到申發，
其聯結點，從文學情趣、風致的一致，漸漸集中到反抗禮教的思想態度的一
致，以及以抒情態度作一切文章的文學觀念的一致。〔註172〕隨著革命文學的
興盛，對文學的革命功用的誇大，二者的反抗性思想就有了針對革命文學的
意味，「文學是不革命，然而原來是反抗的：這在明朝小品文是如此，在現代
的新散文亦是如此。」〔註173〕至30年代，周作人提出「言志」派文學，晚明
文學尤其是公安派文學，就作爲反對復古的言志派文學運動的先驅，獲得與
正統的載道派文學相對立的思想意義，「三袁雖自稱上承白蘇，其實乃是獨立
的基業，中國文學史上言志派的革命至此才算初次成功，民國以來的新文學
只是光復舊物的二次革命，在這一點上公安派以及竟陵派（可以算是改組派
罷？）運動是很有意思的，而其本身的文學亦復有他的好處。」〔註174〕至《源
流》將晚明公安派與清代桐城派，分別作爲言志派與載道派的代表對舉論述，
對兩派不同的文學觀念、文體形式、思想意義進行總結算。其後，言志與載
道、袁中郎與韓文公、小品文與八股文，被抽離各自所處的歷史語境，作爲
二元對立關係中特定的思想概念，在周作人針對左翼文學的思想批判中發揮
作用。對載道派文學的批判，集中在其思想上的奴性——寫法模仿古人、發
揮正統思想、代聖賢立言，以及看重文學的政治作用，迷信文字魔力。

〔註170〕《與俞平伯書二通》，《全集》第 4 卷，第 622 頁。
〔註171〕參見《日記與尺牘》。
〔註172〕參見《〈陶庵夢憶〉序》（1926 年）、《〈雜拌兒〉跋》（1928 年）。
〔註173〕《〈燕知草〉跋》，《全集》第 5 卷，第 519 頁。
〔註174〕《〈苦茶隨筆〉小引》，《全集》第 5 卷，第 797 頁。

　　周作人對奴性思想、以文學爲敲門磚的陞官發財思想等專制制度所產生的傳統文化痼疾的批判，鞭闢入裏，相當有力，成爲他在現實中反對思想統一運動的依據。但思想問題並非孤立發生，革命文學的發生，有中國革命發展的政治基礎，至左翼文學明確以普羅文學、無產階級文學爲內容，正是中國 30 年代國共對峙的政黨政治局面的投射，左翼文學具有與民眾政治相一致的政治主體和現實內容，因此，它可以爲自己命名。但是，周作人的「言志」派文學，試圖以獨立思想與政黨政治抗衡，在現實中缺乏自己的政治主體，因而只有採取借屍還魂式的命名，同時強行將現實的左翼文學納入自己構造的邏輯，據此所完成的思想批判，仍屬於意識形態批判，與左翼文學的意識鬥爭理論如出一轍。「言志」派文學只能向歷史借力，但它所依借的歷史本身又相當脆弱，公安派文學與八股文共生於專制政治之內，「獨抒性靈」固然與「文以載道」的文學觀形成對立，但它顯然無法成爲現代思想自由理念的載體，這也是其文學價值有限的原因。周作人對此很清楚，「我以爲讀公安竟陵的書首先要明瞭他們運動的意義，其次是考查成績如何，最後才用了高的標準來鑒定其藝術的價值。我可以代他們說明，這末一層大槪不會有很好的分數的」，原因之一即在其思想的局限，「在明末思想的新分子不出佛老，文字還只有古文體，革命的理論可以說得很充分，事實上改革不到那裡去。」〔註 175〕但他只能以晚明文學而非從文學上他給以更高評價的六朝文學，作爲言志派的代表，正是由其反對正統（＝載道）的政治意識所限，因爲魏晉時期作爲「文學自覺」的時代，表現個人情意的「言志」才是文學上的正統派，這恰恰是政治上以老莊思想而非儒家思想爲統治意識形態的反映。因此，歷史上，「言志」無論作爲正統，還是作爲異端出現，都不是思想自由的結果，而是與專制制度匹配的思想統一的反映。這也是現實中周作人提出「言志」派文學的政治處境和思想意義，既無法打破、卻也並不屈服於思想統一的政治局面。

　　以反對國民黨專制統治爲目標的左翼文學，本來也屬於反對思想專制的陣營，但過重政治鬥爭，忽略了思想建設，反而會使自身孤立，削弱戰鬥力。周作人嘲笑左翼文學批評對《阿 Q 正傳》的評價，不以作品本身爲判定，而以作者意識轉變爲轉移，「本來不反動的作品，在轉變前也要說它不對，本來是反動的，在轉變後就要說它也對，都是不誠實。……唯物史觀的文學批評

〔註 175〕《〈梅花草堂筆談〉等》，《全集》第 7 卷，第 187 頁。

本亦自成一家，在中國也不妨談談，但是我希望大家先把上面所說的這筆爛污帳算清了再說」，並提出日本的唯物史觀文學批評作爲參考，「其所說自有固執處，但如阿 Q 事件這種無誠意態度蓋未曾有也。」〔註 176〕這表明，如果文學運動缺失思想建設的環節，與之關聯的政治運動，就會淪爲「民可使由之，不可使知之」的封建愚民政治，周作人與其說是反對左翼文學運動，不如說是對其感到失望，「我從前以責備賢者之義對於新黨朋友頗怪其爲統一思想等等運動建築基礎，至於黨同伐異卻尚可諒解，這在講主義與黨派時是無可避免的。但是後來看下去情形並不是那麼簡單，在文藝的爭論上並不是在講什麼主義與黨派，就只是相罵，而這罵也未必是亂罵，雖然在不知道情形的看去實在是那麼離奇難懂。」〔註 177〕周作人的「言志」派文學主張，終於止於表明其個人的思想獨立，而沒有形成一種可以與左翼文學攜手對抗專制政治的自由主義政治力量，不能不說與左翼文學運動因理論缺失所造成的某種狹隘性有關。「言志」派文學與革命文學本是同根生，它的獨立性以與革命文學的關聯、抗衡爲前提，因此，如果沒有強大有力的革命理論，就不會產生同樣強大有力的自由主義。

周作人四處表彰晚明文學的結果，只是在文學上造成小品文的熱潮。晚明文人的文集重印、熱銷，專載小品文的刊物湧現，其中尤著者，是林語堂創辦的提倡「幽默」、「性靈文學」的一系列林系雜誌《論語》、《人間世》、《宇宙風》。借用周作人的話，一旦陷入資本主義商業營利的泥坑，則「言志」的思想獨立意義就消泯於無形，假風雅流行，性靈亦可「賦得」，做了「言他人之志也是載道」的注腳。左翼文人批評小品文的提倡是逃避現實鬥爭，粉飾太平，客觀上說也言之成理，但也難免陷入周作人所謂「相罵」的泥潭。

晚明畢竟是亡國之前的亂世，對於公安派文學被後世攻擊爲「亡國之音」，周作人基於唯物主義的力辯，既表明政治是產生文學的先決條件，也卸除了文學對政治責任的負擔，「國家之治亂興亡自當責有攸歸，茲不具論，若音之爲亂世或亡國，則固由亂世或亡國的背景造成之，其或怨怒或哀思的被動的發音者應無庸議。」〔註 178〕因此，隨著 30 年代中日民族矛盾的尖銳化，國民黨政權「攘外必先安內」政策的出臺，國共兩黨的政治鬥爭愈發激烈，隨之左翼文學運動愈加重視政治宣傳，周作人的連帶反應，一方面，位於左

〔註 176〕《全集》第 6 卷，第 458 頁。
〔註 177〕《〈苦茶隨筆〉後記》，《全集》第 6 卷，第 691 頁。
〔註 178〕《重刊〈袁中郎集〉序》，《全集》第 6 卷，第 406～407 頁。

翼文學對極的他的「言志」散文，只能漸近「亂世之音」、「亡國之音」，而其「怨怒」或「哀思」的表現，經由其個性淘煉，而出之以「閒適」的風貌，「世事愈惡，愈寫不進文中去，（或反而走往閒適一路）於今覺得舊詩人作中少見亂離之跡亦是難怪也」。〔註179〕這樣的「閒適」，是面對無處措力的現實，所保存的最低程度的個人的自主性，「唯其無可奈何所以也就不必多自擾擾，只以婉而趣的態度對付之」，〔註180〕帶著憂鬱的氣氛。性之所近的另一面，是周作人對民間笑話、諧謔、俳諧文學的發掘，笑話既是民俗學的資料，也代表一種不合作的態度，「借了笑話去嘲弄世間」，〔註181〕責難晚明政治而最終死節的明末文人王思仁，「他的戲謔乃是怒罵的變相」。〔註182〕進一步，參考中日滑稽文學，試圖造就一種新的俳諧文體，形成一種新的人生態度，「中國文學美術中滑稽的分子似乎太是缺乏」，「缺少笑話似乎也沒有什麼要緊，不過這是不健全的一種徵候，道學與八股把握住了人心的證據。」〔註183〕周作人以明末張岱的文章為這種新文體的典範，俳諧摻入悲哀，仍然不脫憂鬱的氣質，「他的目的是寫正經文章，但是結果很有點俳諧，你當他作俳諧文去看，然而內容還是正經的，而且又夾著悲哀。」〔註184〕另一方面，國難當頭，周作人也開始從文學之外，追問知識分子的政治責任所在。

2・另一種晚明與國民責任

與晚明文學一起進入周作人視野的，還有晚明政治，在「性靈小品」之外，帶出另一種晚明的面目，「《詠史新樂府》六十首通讀一過，很有感慨，覺得明朝這一個天下丟掉也很不容易，可是大家努力總算把他丟了。這些人裏邊有文武官員，有外敵，有流寇，有太監，有士大夫，壞的是閹黨，好的是東林和復社之類。因為丟得太奇怪了，所以又令人有滑稽之感。」〔註185〕周作人關心晚明政治的現實指向很明確，基於其據遺傳學說而形成的歷史觀，試圖將歷史反思作為當下政治決策的參考，開闢一條不致重蹈歷史覆轍的新路，「明朝的事歸到明朝去，我們本來可以不管，可是天下事沒有這樣如

〔註179〕《與俞平伯書五通》，《全集》第6卷，第141頁。
〔註180〕《自己的文章》，《全集》第7卷，第351頁。
〔註181〕《笑話論──〈苦茶庵笑話選〉序》，《全集》第6卷，第177頁。
〔註182〕《關於謔庵〈悔謔〉》，《全集》第7卷，第505頁。
〔註183〕《日本的落語》，《全集》第7卷，第139、140頁。
〔註184〕《再談俳文》，《全集》第7卷，第783頁。
〔註185〕《明朝之亡》，《全集》第7卷，第591～592頁。

意，有些癡顛惡疾都要遺傳，而惡與癖似亦不在例外，我們畢竟是明朝人的子孫，這筆舊帳未能一筆勾消也。──雖然我可以聲明，自明正德時始遷祖起至於現今，吾家不曾在政治文學上有過什麼作爲，不過民族的老帳我也不想賴，所以所有一切好壞事情仍然擔負四百兆分之一。」〔註 186〕就中主要關注的，是統稱爲知識分子階層的有官職的士大夫與無官職的文人。

周作人所依據者皆爲非正統的野史筆記，其中又以明遺民著述居多，相關文章中引述者，例如張岱（《關於命運》）、葉天寥（《〈甲行日注〉》）、陶崇道（《讀禁書》、《明末的兵與虜》）、傅山（《關於傅青主》）、王思任（《關於譴庵》、《關於譴庵〈悔譴〉》）、王若之（《〈王湘客書牘〉》）、賀貽孫（《賀貽孫論〈詩〉》、《〈水田居存詩〉》）等；此外有明清之交的清儒著述，如顏元（《〈顏氏學記〉》）、胡介祉（《明朝之亡》）、吳景旭（《〈南堂詩抄〉的禁詩》）等，這種選擇，表明其反思歷史與關注現實政治的個人民族主義立場。中國歷史上易代之際的民族主義資源，是 30 年代民族主義思潮的重要借鑒，主流的國家民族主義，基於對群衆運動的重視，爲了激發民衆的敵愾之心，大力表彰歷史上抗擊異族侵略的民族英雄如岳飛、文天祥、史可法等，傾向於倚重五卅慘案之後流行的「民氣論」。〔註 187〕周作人走的則是自「三一八」至北伐失敗，他一直追究的對知識分子的思想批判之路，〔註 188〕這也是他將國家政治，主要寄望於知識階層的以獨立思想制衡政治權力的反映。

因此，以知識分子的政治責任爲中心，周作人對同時危及晚明國家政治而政治立場有異的異族侵略者與農民起義者，即外敵與流寇，只作一例看待，將知識分子對二者的態度，視爲追究其政治責任的依據。周作人從野史筆記中讀到的晚明士夫，對於外敵，抗清的一面，是不顧或不明兵力孱弱、器械不精，而徒作攻戰的「高奇語」，「高奇語即今所謂高調，可見此種情形在三百年前已然。」〔註 189〕更下一等的，是甘心投清，依附異族。同樣，士大夫對於流寇政權的歸順，如開門迎賊、率官勸進、出任僞官等等，也被視爲「士大夫之醜亦已出盡矣」，尤其是與宦官勾結，知單迎敵，「文武大官相約開門

〔註 186〕《關於命運》，《全集》第 6 卷，第 562～563 頁。

〔註 187〕參見楊永明、陳基建：《從五卅運動看民氣與民力》，《宜賓學院學報》，2001 年 04 期。

〔註 188〕如「國民黨多年的北伐計劃至此完全停頓，這個責任至少有百分之七十應在吳蔡諸元老的身上。」《功臣》，《全集》第 5 卷，第 328 頁。

〔註 189〕《明末的兵與虜》，《全集》第 6 卷，第 780 頁。

迎敵，乃用長班傳送知單，有如知會團拜或請酒，我們即使知道官場之無心肝也總無論如何想像不到也。」〔註190〕事實上，農民起義軍在明末原本也是一支抗清力量，從階級論史觀而言，更具有反抗階級壓迫的進步性，即使未必能夠建立農民政權。〔註191〕周作人對於有官職的士大夫，以及無官職的東林、復社文人參與流寇政權以求進升的指摘，表明比起政治立場，他更加看重的是士人的道德操守，與前述批判高奇語結合來看，則周作人主要是從事功與道義兼具的角度，來落實知識分子的政治責任，即40年代道義之事功化思想的發端。而對於士人的高奇語、無特操，他歸結為八股文之害，「明季士大夫結黨以講道學，結社以作八股，舉世推重，卻不知其於國家有何用處，如許氏說則其為害反是很大。」〔註192〕周作人對於所謂流寇的認識，從明末的張獻忠、李自成，到清末的太平天國，也是從考察其「文化政策」的角度，得到農民階級仍然遵奉八股文，其思想也就不出士大夫階級之專制思想的結論，「但據我從這考試上看來李家天下總也是朱元璋那一套而已。……既然重視文字的考試，無論做的是經義或策論，總之仍是中國本色的考試，此殆可謂之教八股也。」〔註193〕

看重文學的政治教化功能的正統意識形態，將晚明的「文人誤國」，歸罪為公安派的「言志」文學不講聖賢之道，而發揮亡國之音；周作人看重理性思想對政治的引導與制衡作用，因而相反地歸咎於八股文化，「明朝文化恐怕只有八股，假如其間沒有一個王伯安出來亂鬧一陣子。」〔註194〕對於現實中放棄思想革命而專重政治運動的左翼文學，他也是據此追究其政治責任，「五四時自己譴責最急進者，□□□□□□都變成如此，他可知矣；他們雖似極左，而實在乃極右的一種國粹的狂信者。……中國如亡，其原因當然很多，而其一則斷然為此國粹的狂信與八股的言論，可無疑也。此刻現在，何處找理性哉！」〔註195〕中國歷史上的農民起義運動，雖然不絕如縷，但實質上以民眾為主體的農民政權可說從未建立起來。農民起義的勝利果實，如果不能

〔註190〕《明朝之亡》，《全集》第7卷，第595頁。
〔註191〕參見郭厚安：《人才匱乏，功敗垂成——甲申350週年紀念》，《西北師大學報》（社會科學版），1994年5月03期。
〔註192〕《關於命運》，《全集》第6卷，第562頁。
〔註193〕《關於考試》，《全集》第6卷，第487頁。
〔註194〕《〈思痛記〉及其他》，《全集》第7卷，第666頁。
〔註195〕《與曹聚仁書》，《全集》第6卷，第386頁。

得到根基深厚的儒家文化的意識形態支持，基本不能長久，如缺乏人才意識的李自成的大順政權，模仿基督教建制的太平天國運動，最終都歸於失敗。而平民出身的朱元璋，最終建立大明王朝，與他以民族鬥爭相號召，爭取和依靠地主士大夫階級的擁戴支持密不可分，〔註196〕但因此明朝也就沒有超過封建地主階級的專制政權。在此意義上，周作人對於晚明農民起義的認知、對於統治階級意識形態的批判，正如他所依借的明遺民、清儒著述一樣，並不是引入階級革命的視角，而是屬於儒家文化內部自上而下的政治改良主義思路。

但是，與其可歸為儒家異端思想的前輩們不同的是，周作人同時接受了現代民主科學思想，因此，同樣以批判八股文化反思國家政治，明遺民不能不陷入道德困境，「中國政治照例腐敗，人民無力抵抗，也不能非難，這不但是法律上也是道德上所不許可的，到得後來一敗塗地，說也沒用。明末之腐敗極矣，真正非亡不可了，不幸亡於滿清，明雖該罵而罵明有似乎親清，明之遺民皆不願為，此我對於他們所最覺得可憐者也。」〔註197〕周作人則以現代民主政治為依據，提出每個國民對於國家存亡應負的責任，「大家的責任就是大家要負責任。我從前曾說過，要武人不談文，文人不談武，中國才會好起來，也原是這個意思」。〔註198〕據此，他將國家政治的決策依據置於軍事實力，而非民眾運動，「修武備，這是現在中國最要緊的事，而其中最要緊的事則是徵兵。」〔註199〕根據文學與政治分離的現代科學觀念，文學不負亡國之責，也就不被期待以文章報國，因此，對周作人而言，文人的政治責任，「事功」方面，就是以誠實的態度盡心寫文章，「文字無靈，言論多難，計較成績，難免灰心，但當盡其在我，鍥而不捨」；而其「道義」方面，則為「言行相顧」，「自己所說的話當能實踐，自己所不能做的事可以不說」。〔註200〕

晚明文人反抗八股文化的結果，是誕生了以公安、竟陵派為代表的性靈文學；周作人批判八股文化，指向文人的政治責任的重新界定。文人作為國民一分子承擔與其職能相稱的責任，實際上是對傳統士大夫階級的平民化，由此期待的不僅是新文藝，更是新生活的出現。周作人比較日本俳人生活中

〔註196〕參見郭厚安：《人才匱乏，功敗垂成——甲申350週年紀念》。
〔註197〕《關於王謔庵》，《全集》第7卷，第126頁。
〔註198〕《責任》，《全集》第6卷，第621頁。
〔註199〕《關於徵兵》，《全集》第5卷，第792頁。
〔註200〕《責任》，《全集》第6卷，第621頁。

的俳席與明清文人的宴席，二者同在質樸與風雅中而有高下之別，認為原因即在於江戶時代的俳人是平民作家，而明清文人總是依賴政治的士大夫階級，遂只有新文藝而無新生活，「江戶時文學在歷史上稱是平民的，詩文小說都有新開展，作者大抵是些平民，偶然也有小武士小官吏，如橫井也有即其一人，但因為沒有科舉的圈子，挎上長刀是公人，解下刀來就在破席子上坐地，與平民詩人一同做起俳諧歌來，沒有鄉紳的架子。中國的明末清初何嘗不是一個新文學時期，不過文人無論新舊總非讀書人不成，而讀書人多少都有點功名，總稱曰士大夫，闊的即是鄉紳了，他們的體面不能為文學而犧牲，只有新文藝而無新生活者殆以此故。」〔註 201〕因此，文學與政治分離，卻在更為普遍的意義上與現代生活的建設關聯起來。

3・通俗文章與「新的啓蒙運動」

　　周作人的「言志」文學觀，雖然主張文學無用，但認為在「令人聊以快意」的意義上，於人有益，即亞里士多德主張的「一種被除作用」，〔註 202〕這是針對革命文學將文學作政治宣傳之用的一種反對立場。此後，開始讀書筆記體寫作，他將文章分為「以文章為主」和「以對象為主」兩類，第一類即相當於無用有益的「文學」，只求表現得滿足；第二類則期待引起別人的注意，對所談對象有所影響，「這就是說文章要有一點傚力或用處」，〔註 203〕「草木蟲魚」系列的寫作即屬於此類。例如《水裏的東西》，講述中國河水鬼與日本河童的傳說，期待的是對於民間信仰的重視以及從社會人類學與民俗學方面的研究，「我願意使河水鬼來做個先鋒，引起大家對於這方面的調查與研究之興趣。」〔註 204〕因此，這類文章有讀者對象的意識，而「讀者」並不限於從事專門研究的學者或同道，「關於社會上某一件事寫了一篇文章，以文章論是不會寫得好的，以傚力言是本來沒有期待的，那麼剩下的寫文章的興趣還有什麼呢？或者說，也就給人們看看吧，——所謂人們總得數目稍多一點，若還是幾個熟人，那倒不如寄原稿去傳觀一下子了。」〔註 205〕

　　1935 年 5 月，以受邀為《實報》寫專欄文章《星期偶感》為契機，周作

〔註 201〕《談宴席》，《全集》第 7 卷，第 720 頁。
〔註 202〕《中國新文學的源流》，《全集》第 6 卷，第 60 頁。
〔註 203〕《關於寫文章二》，《全集》第 6 卷，第 475 頁。
〔註 204〕《全集》第 5 卷，第 649 頁。
〔註 205〕《關於寫文章二》，《全集》第 6 卷，第 476 頁。

人對上述文章的「傚力」與「人們」都有所落實，「我想，在言論不大自由的時代，不妨有幾種報紙以評論政治報告消息為副課，去與平民為友，供給讀者以常識。」〔註 206〕作為報紙雜誌文章的作者，這無疑也是對自己文章的期許。以報刊的讀者大眾為對象，周作人將報刊作者的寫作態度分為啓蒙的、營業的與宣傳的三種，「我自己大約是甲加一點乙，本是老翁道家常，卻又希望看官們也還肯聽，至少也不要一句不聽地都走散」，這是與五四啓蒙主義文化不同，已經趨於日常化、大眾化的 30 年代輿論環境的反映，周作人因此提出「要知道一點主顧的嗜好」。〔註 207〕但是，對於「大眾」的判斷，仍然從思想角度，認為他們承受的是中年知識階級的專制思想與陞官發財思想，因此，當明確提出針對讀者對象的「通俗文章」時，所謂「通俗」，就落實在考慮到讀者接受的寫法上面，「通俗文章未必一定真能怎樣通俗，不過目的總是如此，總非向這方面努力不可，至少也就不好放手自由地寫去，要隨時替讀者想一想，這話說得明白不明白，那是一件很難的事。」「通俗文章」的內容，則仍然置於周作人自己「所知道」的範圍之內，「不背情理，童叟無欺。」〔註 208〕

對於寫作通俗文章的意識，在周作人後來的回憶中，稱之為「新的啓蒙運動」，「那時是民國二十五年冬天，大家深感到新的啓蒙運動之必要，想再來辦一個小刊物，恰巧世界日報的副刊《明珠》要改編，便接手了來，由林庚編輯，平伯廢名和我幫助寫稿，雖然不知道讀者覺得如何，在寫的人則以為是頗有意義的事。」《明珠》副刊只存在了三個月，周作人共撰文 19 篇（集中現存 17 篇），總題為《明珠抄》。周作人 30 年代在副刊雜誌上的專欄寫作，從《華北日報》的《關於十九篇》（1934.11.16～1935.5.26）、《實報》的《星期偶感》（1935.5.12～12.8）、《宇宙風》的《風雨談》（1936.1.1～5.16）、《風雨後談》（1936.6.1～11.1），到《世界日報》的《明珠抄》（1936.10.1～12.30），可以說都是意識到報刊讀者對象的寫作，這與 30 年代中期之後，隨著中日民族矛盾的加劇，民眾力量日益受到重視有關。但其思想內容與寫作方法，實則與同期的一般讀書筆記體文章並無大異，〔註 209〕因此，啓蒙運動而謂之「新」，實際上落實在報刊及其作者與讀者之間的關係上，從五四啓蒙主

〔註 206〕《常識》，《全集》第 6 卷，第 616 頁。
〔註 207〕《再談文》，《全集》第 6 卷，第 623 頁。
〔註 208〕《通俗文章》，《全集》第 7 卷，第 367～368 頁。
〔註 209〕參見季劍青：《周作人的「新的啓蒙運動」》，《魯迅研究月刊》，2010 年 05 期。

義啓蒙者與被啓蒙者之間，「我說你聽」的等級關係模式，改變爲知識階級與民眾之間平等交談的朋友關係：

> 新聞記者都是智識階級，又是民眾的指導者，這裡把知識弄得略略正確些，不爲專門家所笑事小，有益於民眾教育事大。不過我也不希望報紙擺出教育家的面孔來，以聖賢自居來教訓人，無論本人居心怎樣的好，那也是要不得的。我希望報紙不要想做民眾的老子，只滿足於做他一個朋友，誠誠懇懇地同他們談談。〔註210〕

這是周作人針對報刊「常識之欠缺」所提出的改革辦法，正是上述「與平民爲友，供給讀者以常識」的意思。不過，所謂「常識」，他有自己的規定性，「我們無論對於讀者怎麼親切，在新聞上來傳授洋蠟燭的製造法，或是複利的計算法，那總可不必罷。所謂常識乃只是根據現代科學證明的普通知識，在初中的幾種學科裏原已略備，只須稍稍活用就是了。」〔註211〕可見，周作人心目中的讀者，是以教育水平而論，應該具有初中以上文化程度，足以交談普通科學知識，而從思想上又能對其指導以「活用」，因此，作者的態度，既非教訓亦非迎合，而是在「指導者」與「朋友」之間取得協調。

同樣出於對讀者大眾的重視，周作人的「通俗文章」觀念，固然與左翼借鑑民間文藝形式的文藝大眾化理念相去甚遠，不如說，他認爲「讀」的個人的文學，與「看」、「聽」的集團的藝術無法相容，「寫而不是畫，要讀了想而不是念了聽的，這樣的東西委實很是彆扭，我想是無法可以改良的。」〔註212〕前者可以啓蒙，而後者只是宣傳。同時，與林語堂的「西洋雜誌文」觀念也有所不同。隨著30年代林系小品文刊物的風極一時，模仿「性靈」的粗製濫造之作大量出現，與左翼文學從現實鬥爭的角度進行批評不同，另外一種批評，從雜誌經營的角度提出，「這類刊物似乎是爲作者而辦，不是爲讀者而辦的」，〔註213〕這就影響到雜誌銷路問題。有鑑於此，1935年創辦《宇宙風》時，林語堂引入「西洋雜誌文」的概念，「今日雜誌雖多，而近情可讀之文章極少。所談既皆乏味，文體尤爲艱澀。西洋雜誌文已演出暢談人生之通俗文體，中國若要知識普及，也非走此路不可。雜誌之意義，在能

〔註210〕《讀報者言》，《全集》第7卷，第364頁。
〔註211〕《常識》，《全集》第6卷，第616頁。
〔註212〕《文學的未來》，《全集》第7卷，第157頁。
〔註213〕炯之：《談談上海的刊物》，《大公報·小公園》，1935年8月18日，轉引自亢德：《二十來歲讀者的讀物》，《宇宙風》第1期，1935年9月16日。

使專門知識用通俗體裁貫入普通讀者，使專門知識與人生相銜接，而後人生愈豐富。」〔註214〕林語堂雖然也排除「抒論立言文章報國者」，但他強調的是「專門知識」的普及，因而專重文學形式的「通俗體裁」，林系刊物的意義，基本上也是在拓展新文體方面取得成就，例如幽默的提倡，「叫文人在普通行文中化板重為輕鬆，變鋪張為親切，使中國散文從此較近情，較誠實而已。」〔註215〕

周作人著眼於在作者與讀者之間建立平等的指導關係，在文體方面的通俗性考慮，是提出文章的「本色」，「寫文章沒有別的訣竅，只有一字曰簡單」，這指的是呼竹為竹，而不用綠筠瀟碧等修飾詞替代的寫法。《本色》一文中，周作人根據清儒筆記，提煉出文章的兩種寫法，一為存本色，一為存性。存性從「藥中存性」的譬喻而來，與存本色強調不加修飾不同，是指文章經過如煆藥一樣的焙煉之後，「除去不要的分子而仍不失其本性」，兩種寫法分別為兩種對象而設。周作人根據清儒對初學作文者的告誡，將針對讀者大眾而言的文章存本色，落實為「要小心，反對放言高論」，這裡的現實針對性是顯然的，指向隨民族主義思潮而蜂起的各種空洞的救國言論而發，「作論之弊素無人知，禍延文壇，至於今日，……小心之說很值得中小學國文教師的注意，與存性之為文人說法不同，應用自然更廣，利益也就更大了。」〔註216〕隨後，與批判八股時文一起，周作人開始批判做策論，稱之為「洋八股」，「同是功令文，但做八股文使人庸腐，做策論則使人謬妄，其一重在模擬服從，其一則重在胡說亂道也。」在國難當頭之際，周作人甚至認為，比起「使人愚」的八股，「使人壞」的「論」，危害更大，「洋八股的害處並不在他的無聊瞎說，乃是在於這會變成公論」，〔註217〕明顯是針對言論對公眾的輿論影響力而言。

「通俗文章」的提出，意味著周作人期待從雜史、筆記中進行建構的「民眾」，被拉回現實，他需要面對的是，以在報刊彼端展報閱讀的方式，加入他在報刊此端寫作行為的實體的讀者大眾。對於這樣具體的大眾，周作人除了思想上的抽象認知，毫無實際經驗，「究竟要怎樣才使讀者能夠明白，實在自

〔註214〕語堂：《且說本刊》，《宇宙風》第 1 期，1935 年 9 月 16 日。

〔註215〕林語堂：《臨別贈言》，《宇宙風》第 25 期，1936 年 9 月 16 日。

〔註216〕《本色》，《全集》第 6 卷，第 882～884 頁。

〔註217〕《談策論》，《全集》第 7 卷，第 41 頁。

己毫無把握，因爲沒有一點經驗。」〔註218〕並且，他也沒有打算去瞭解現實中的大眾，他從反對放言高論角度，提出的文章「本色」，仍是出於其「文學無用論」的立場。因此，他將文章的傚力嚴格限定，只是接觸讀者大眾的最低限度的「結緣」，實際上也是嚴格劃定自己與讀者之間的界限，「寫文章本來是爲自己，但他同時要一個看的對手，這就不能完全與人無關係，蓋寫文章即是不甘寂寞，無論怎樣寫得難懂意識裏也總期待有第二人讀，不過對於他沒有過大的要求，即不必要他來做嘍囉而已。」〔註219〕至於寫法上如何寫得明白，也只能落實在寫作者態度的誠實，「沒有別的好處，誠意總是有的」。〔註220〕寫作者的誠意，並非新鮮話題，但具體到通俗文章時，周作人提出的是寫家訓的態度，「我常想，一個人做文章，要時刻注意，這是給自己的子女去看去做的，這樣寫出來的無論平和或激烈，那才夠得上算誠實，說話負責任。」〔註221〕以父師與子弟的隱喻關係，周作人對知識者與民眾提出一種新的倫理關係，知識者當以誠實的態度盡其指導常識之責，而不必期待民眾的聽取與否，「『無如之何，筆之於書，或冀有時一讀』，乃實爲寫家訓的最明達勇敢的態度，其實亦即是凡從事著述者所應取的態度也。」〔註222〕因此，寫作通俗文章與「新的啓蒙運動」，實際上可視爲周作人讀書筆記體文章的倫理建設的一個環節。

　　當不得不面對現實中一個異己的群體的逼近時，周作人的策略是劃定自我的區域，保護自己個人主義的完好，在此前提下考慮與對方的接觸關係。面對現實的民眾時，周作人可以「父師」的態度待之，而並無損其人情物理的追求，但是，面對現實中逼近的武力侵略時，難道他也試圖以「父師」的資格而「指導」之？面對武力的異己性，周作人提出人禽之辨，「據我想，人之異於禽者就只爲有理智吧，因爲他知道己之外有人，己亦在人中，於是有兩種對外的態度，消極的是恕，積極的是仁。假如人類有什麼動物所無的文化，我想這個該是的，至於汽車飛機槍炮之流無論怎麼精巧便利，實在還只是爪牙筋肉之用的延長發達，拿去誇示動物，但能表出量的進展而非是質的差異。」根據儒家的文化觀念，對武力侵略提出批判，「爲文明或王道的

〔註218〕《通俗文章》，《全集》第 7 卷，第 368 頁。
〔註219〕《結緣豆》，《全集》第 7 卷，第 361 頁。
〔註220〕《通俗文章》，《全集》第 7 卷，第 368 頁。
〔註221〕《關於家訓》，《全集》第 7 卷，第 45 頁。
〔註222〕《關於家訓》，《全集》第 7 卷，第 47 頁。

侵略，這末了一件正該當孔子所深惡痛疾的」，「孔子的話確有不少可以作我們東洋各國的當頭棒喝者」。〔註 223〕如果說對於民眾尚且能「仁」，對於侵略者，周作人似乎只能對其講「己所不欲，勿施於人」的「恕」，其結果，是自覺不自覺地構造出文化與武力、精神與物質的二元對立，自我保護的個人主義畫地爲牢，反而拘禁了自我。

4・江戶平民文藝與「日本管窺」

周作人「現代生活」的倫理建設的思想資源之一，是來自日本文化的「人情美」。面對 30 年代中期之後，成爲中國政治主題的中日民族矛盾，周作人基於其「賞鑒研究某一國的某種文化同時反對其荒謬的言論與行爲」的個人民族主義立場，在將政治上的「戰」或「和」交由軍事武力決定的同時，將個人的工作範圍，劃定在持續關注日本文化對於「現代中國」建設的借鑒意義方面。

與 30 年代對「民間生活」與「民眾」主體的重視同步，日本文化方面，江戶時代的平民文藝開始受到關注，主要是滑稽文學和浮世繪。

周作人認爲，江戶時代的平民文學與中國明清的俗文學，均有開拓新氣象之功，但日本的「滑稽本」，如十返舍一九的《東海道中膝栗毛》、式亭三馬的《浮世風呂》與《浮世床》，爲中國所無而日本獨有：

> 借了兩個旅人寫他們路上的遭遇，或寫澡堂理髮鋪裏往來客人的言動，本是「氣質物」的流派，亞理士多德門下的退阿佛拉斯多斯（Theophrastos）就曾經寫有一冊書，可算是最早，從結構上說不能變成近代的好小說，但平凡的述說裏藏著會心的微笑，特別是三馬的書差不多全是對話，更覺得有意思。〔註 224〕

所謂「氣質物」，指江戶庶民文學「浮世草子」的一種類型，是以描寫江戶時代平民性格特徵爲主的人物類型小說，「滑稽本」從描寫手法上，屬於「寫實而誇張的諷刺小說」，〔註 225〕但與作爲西方近代理性主義精神產物的以情節、結構見長的近代「小說」實則有別，周作人意識到這一點，將其源頭追溯至古希臘作品。有關 Theophrastos 的書，他在《歐洲文學史》中有過介紹，

〔註 223〕《〈逸語〉與〈論語〉》，《全集》第 7 卷，第 89、90 頁。
〔註 224〕《談日本文化書》，《全集》第 7 卷，第 290 頁。
〔註 225〕《中國的滑稽文學》，《全集》第 7 卷，第 237 頁。

「又《人品》（Kharakteres）一卷，凡三十章，寫人間性格，如諂媚傲慢多言不平諸狀，皆至微妙。……凡所形容，既能曲盡世態，又足見當時社會好尚，故甚爲今日學者所重。」《人品》一書，沒有被歸入另外列出的「希臘小說」，周作人認爲小說緣起於神話，「迷信，好奇，求娛樂，合此眾因，遂生神話，以至嬗變爲小說，其源甚古，希臘小說，亦同此例。」〔註226〕因此，這類作品，比起稱之爲以虛構爲特徵的「小說」，實則更近於寫實的「散文」。〔註227〕中國文學中差堪比擬的同類作品，周作人所舉出的《儒林外史》，恰恰也不著意於經營情節結構，而是以刻畫人物情僞畢現的寫實性見長，「凡官師，儒者，名士，山人，間亦有市井細民，皆現身紙上，聲態並作，使彼世相，如在目前」。〔註228〕

　　周作人始終在中日滑稽文學的對比框架中，談論滑稽文學，「滑稽本」的特點，他認爲不在於對特殊類型的諷刺，而在於對常人常事的滑稽化，「唯有把尋常人的平凡事寫出來，卻都變成一場小喜劇，這才更有意思，亦是更難。」中國同時期雖有《常言道》等遊戲文章興起，「滑稽本之流惜乎終未出現」。周作人在此將含有政治或道德意味的諷刺，與因組合方式的奇特、超越常規而單純令人發笑的滑稽，予以區別，「我想諷刺比滑稽爲容易」；〔註229〕諷刺具有政治教化的功用，而滑稽是在人情的意義上成立，「笑悅本亦是人情耳」。〔註230〕《常言道》利用吳中俗語的巧妙，刻畫了視錢如命的守財奴形象，譏彈世情，仍屬諷刺，因此，周作人也只是在其表現了「誠實的一種遊戲態度」的意義上，對遊戲文章給以評價。

　　與此同一系統的中日俳諧文學，也存在類似的區別。周作人認爲，俳諧詩的特點是語言的通俗化，在這方面中日相似，「用常語寫俗事，與普通的詩有異，即此便已是俳諧，日本俳諧師所謂以俳言作歌，亦是謂常談平話而非古文雅語耳，此亦是二者相近的一點也。」但在散文方面，中日的俳文便很不同。中國的俳文發端於諧語諷世，詞譎而義正，正是諷刺一路，「其俳

〔註226〕《周作人自編文集・歐洲文學史》，第49、51頁。
〔註227〕西方 novel 意義上的近代「小說」，在日本文學中，也是明治維新之後才得到確立，參見何曉毅：《「小說」一詞在日本的流傳及確立》，《陝西師大學報》（哲學社會科學版），1995年6月02期。
〔註228〕《中國小說史略》，《魯迅全集》第9卷，第229頁。
〔註229〕《談中日的滑稽文章》，《全集》第7卷，第629、630頁。
〔註230〕《再談俳文》，《全集》第7卷，第778頁。

諧味差不多就在尊嚴之滑稽化」，〔註 231〕到魏晉時期有所轉變，「至少是已經離開了政治與實用，不再替人家辦差使了，多少可以去發達自己，雖然還不能成功爲像樣的一種藝術品，也總是頗有希望了吧。」〔註 232〕但周作人對此中擬人化手法寫作的俳文，評價不高。日本的俳文，從俳諧連歌發展而來，其特別之處在於作者不是文人，而是俳諧詩人，俳人所寫的散文即俳文，「其觀察與表現之法都是俳諧的，沒有這種修煉的普通文人便不能寫。」因此，俳文內容雖各異，但表現手法趨於一致，「其表現的方法同以簡潔爲貴，喜有餘韻而忌枝節，故文章有一致的趨向，多用巧妙的譬喻適切的典故，精練的筆致與含蓄的語句，又復自由驅使雅俗和漢語，於雜糅中見調和」。正如「滑稽本」重在對世俗人生的滑稽化表現，俳文重在俳諧式的表現方法，都是強調文學的藝術形式，與中國同類的遊戲文章、舊的俳諧文重在思想內容對社會政治的諷刺形成區別。因此，日本俳文能夠成就一種新文體，「日本散文的系統古時有漢文和文兩派，至中古時和漢混淆別成一體，即爲今語文的基本，俳文於此更使雅俗混淆，造出一種新體裁，用以表現新意境耳。」〔註 233〕而中國則盛行重視文學的政治教化功能的文以載道主義。周作人認爲，晚明文學中產生了中國新的俳諧文，即「公安竟陵派以後混合的一種新文章」，其代表是張岱，「寫法有極新也有極舊的地方，大抵是以寫出意思來爲目的，並沒有一定的例規，口不擇言，亦言不擇事，此二語作好意講，彷彿可以說出這特質來，如此便與日本俳諧師所說俳言俗語頗相近了。」張岱這種自由作文，「無論什麼文章總只是一個寫法」的態度，與新文學家的文學態度是一致的，由此，周作人不是將俳諧文作爲一種特殊的文學類型，而是作爲一切文學的文學精神提出來，「他的特色是要說自己的話，不替政治或宗教去辦差，假如這是同的，那麼自然就是一類，名稱不成問題，英法日 essay，日本曰隨筆，中國曰小品文皆可也。」〔註 234〕日本的浮世繪，在與中國同類板畫的對比中，也在這一意義上得到評價，「覺得這是一種很特別的民眾畫，不但近時的『大廚美女』，就是乾隆時的所謂『姑蘇板』也難以相比，他總是那麼現世的，專寫市井風俗，男女姿態，不取吉祥頌禱的寓意。」

〔註 231〕《談俳文》，《全集》第 7 卷，第 770 頁。
〔註 232〕《再談俳文》，《全集》第 7 卷，第 778、777 頁。
〔註 233〕《談俳文》，《全集》第 7 卷，第 770、773～774 頁。
〔註 234〕《再談俳文》，《全集》第 7 卷，第 783、785 頁。

〔註235〕而中國民間的「寓意畫」，被視爲文以載道的主義的表現。

　　從江戶平民文藝得出的結論，與周作人的「言志」派文學觀並無二致，但是，當它被應用於解釋現實中日本軍國主義的武力侵略行爲時，它所要反對的並非「載道」文學，而是武力，安能不方鑿圓枘？自 1935 年 5 月至 1937 年 6 月，周作人寫作一系列針對現實政治問題的日本文化談，包括 4 篇《日本管窺》與 2 篇《談日本文化書》的通信，其總體思路，是在一系列二元對立中展開，人情美與忠君愛國、鄉土的愛護與軍國的欲望（《日本管窺》），保存中國舊俗、含有積極的文化交通歷史的日本的衣食住與「非常時」的行動（《日本的衣食住》），學術藝文與武力政治、人的文化與物的文化、心中文化與目前事實（《日本管窺三》），文化的高明與現實的粗惡（《談日本文化書》），藝文學術方面的賢哲與政治軍事方面的英雄、江戶平民與德川家康（《談日本文化書之二》）等等。

　　無論是此前的文學運動（思想啓蒙），還是 30 年代的文化運動（倫理建設），周作人始終將人的自主與自由的實現，置於其文學政治實踐的中心，因此，30 年代之後，在其擴大了的關於文化的認識中，儘管政治、經濟與文學同等地被視爲整體文化的一部門，但統一各個部門的中心意識，仍是關於「人」的實現的文化意識。據此，並非出於自衛，而是旨在侵略的武力，無論如何不能劃入「文化」範圍，周作人構造上述一系列的二元對立，即可視爲文化在面對武力威脅時，將對手納入自身邏輯所進行的一種反擊。周作人不會像其他同樣眞心喜愛日本文化的知識分子那樣，例如郁達夫，一方面追懷日本文化生活的美好，一方面譴責日本帝國主義的武力侵略，並不試圖在二者之間建立關聯，且毫不猶豫地選擇主戰立場，參加實際的抗日鬥爭。周作人始終要從文化上追究武力行爲的動因，實際上是力圖將「人」的文化意識的邏輯推行到底，在政治關係中竭力爭取和確保人的主導性與自主性，最終只能得出「反文化說」的結論，「我看日本現在情形完全是一個反動的局面，分析言之其分子有二，其一是反中國文化的，即是對於大化革新的反動，其二是反西洋文化的，即是對於明治維新的反動，是也。」這一解釋邏輯的脆弱性自不待言，但若要周作人放棄也絕無可能，因此，屬於「人」的文化範圍再度收縮，宗教被從中排除出來，用以解釋武力，「日本的上層思想界容納有中國的儒家與印度的佛教，近來又加上西洋的哲學科學，然其民族的根本信仰

〔註235〕《談日本文化書》，《全集》第 7 卷，第 291 頁。

還是似從南洋來的神道教，他一直支配著國民的思想感情，少數的賢哲有時能夠脫離了，或把他醇化些，可是不能動得他分毫，得到有事時主動的仍是那些神憑的英雄，演出來的便是那一套把戲。」〔註 236〕以聲明自己「不懂」宗教而結束日本管窺，完成了對政治武力的文化解釋即文化批判。自我的完整性、「人」的自主性固然得以暫時無恙，但覆巢之下，安有完卵？

　　周作人 30 年代中期之後，相對密集的日本文化談，可以相信是出自「我是愛日本的，我重複地說。但我也愛中國」、「有所愛便不能無所恨」〔註 237〕的眞摯明朗的個人情感，也是出自對於人變得文明的眞誠期待與追求，「文明的世界是怎樣，我卻有一種界說，雖然也只是我個人的幻覺：我想是這樣的一個境地，在那裡人生之不必要的犧牲與衝突盡可能地減少下去。」〔註 238〕但比較魯迅在 1936 年應日本《改造》雜誌社山本實彥的約稿而寫下的《我要騙人》一文，文末寫道，「要說的話多得很，但得等候『中日親善』更加增進的時光。不久之後，恐怕那『親善』的程度，竟會到在我們中國，認爲排日即國賊──因爲說是共產黨利用了排日的口號，使中國滅亡的緣故──而到處的斷頭臺上，都閃爍著太陽的圓圈的罷，但即使到了這樣子，也還不是披瀝眞實的心的時光」，「要彼此看見和瞭解眞實的心，倘能用了筆，舌，或者如宗教家之所謂眼淚洗明了眼睛那樣的便當的方法，那固然是非常之好的，然而這樣便宜事，恐怕世界上也很少有。這是可以悲哀的。」〔註 239〕對照魯迅清醒的緘口，周作人的文化談，不能不給人一種說不清是迂遠、純眞，還是狡獪的鬱悶之感。

〔註 236〕《日本管窺之四》，《全集》第 7 卷，第 732、738 頁。

〔註 237〕《〈神戶通信〉附記》，《全集》第 4 卷，第 371、372 頁。

〔註 238〕《抱犢谷通信》，《全集》第 4 卷，第 44 頁。

〔註 239〕《魯迅全集》第 6 卷，第 506～507 頁。

第四章　政治困境中的思想表達

　　抗戰期間，周作人選擇留在淪陷的北平。在失去政治自主的環境中，個人身份在政治角色與文化角色兩個方向上分裂，其言論，也不得不分裂爲政治性姿態表達，與尋求繼續推進其文學政治實踐的思想表達。40 年代提出的「儒家文化中心論」，以及提煉自日本文學的「東洋人的悲哀」，作爲思想資源，都顯示出分裂性的曖昧。當中日民族矛盾爆發爲戰爭形態時，周作人開始關注東方文化的內部差異，民間信仰能否成爲意義世界生成的源泉作爲思想課題被提出。對此，在現實政治的重壓與思想方法僵化的內外交困之下，周作人只能交出一份白卷。

第一節　「儒家思想」的政治化

1・個人身份的分裂

　　經過「人情物理」所重新闡釋的「儒家思想」，最重要的改變是現代個體的自主意識取代傳統政治權威（君主或國家），成爲個人政治倫理的價值來源，其理論前提，則是現代民主政治所據以實現、也必須由其所保障的人人平等與思想自由觀念。

　　1937 年 7 月中日戰爭爆發，日本軍隊侵佔中國領土，國民政府分立爲抗日的蔣介石國民政府與親日的汪精衛僞國民政府。對汪僞政府而言，與侵略者的合作關係，必然使其「民主政治」的統治理念大打折扣。北平淪陷之後，留滯北平的周作人，最初只是延續其 30 年代開啓的現代生活的倫理建

設，繼續以讀書筆記體隨筆文章清理中國文化傳統。這未嘗不是對國土淪喪之後處於亡國奴地位的國民，在「說話」與「不說話」兩方均無自由可言的一種自覺，只是最低限度地維持一種「不說話」的自由。因此，當 1939 年元旦遇刺事件之後，周作人借紀念錢玄同逝世百日之際，表明開始「說話」之時，「我於此破了二年來不說話的戒，寫下這一篇小文章，在我未始不是一個大的決意」，〔註 1〕首先不能不受到汪僞政府政治不自主的政治語境制約。就其個人而言，從留滯北京決意苦住到接受僞職步入深淵，這個過程糾纏著非常複雜的經濟、政治與思想的藤葛，〔註 2〕只能說在各種外力合力作用之下，周作人順勢接受了這一到來的結果。這一「既非脅迫，亦非主動」〔註 3〕的行爲，致使他之前由「不說話」所保有的個人身份的完整性，遭到破壞，個人言論不能不產生分裂。

淪陷時期，周作人的言論可大別爲三類。第一類，是總題爲《看書餘記》、《看書偶記》、《桑下叢談》、《藥草堂隨筆》、《舊書回想記》的一組讀書筆記及相類文章，以舊書或名物爲限，毫不涉及政治言論，承接的是 30 年代以來基於「人情物理」的文學實踐。較之此前所作，文字更爲簡練，「以前所寫較長一點，內容乃是點滴零碎的，現在文章更瑣屑了，往往寫不到五六百字，但我想或者有時說的更簡要亦未可知。」〔註 4〕這簡練處正是經由戰火的淘粹而來，可借用周作人此前對明遺民日記的評說作比，「從前經過了好些恩愛的苦難，現在卻又遇著眞是天翻地覆的大變動，他受了這番鍛鍊，除去不少的雜質與火氣，所表現出來的情意自然更爲純粹了。」〔註 5〕例如發表於 1940 年 6 月的《炒栗子》一文，主體材料與 1937 年 5 月發表的《〈老學庵筆記〉》一文所使用者相同。《〈老學庵筆記〉》是從陸游筆記中李和兒獻炒栗的故事，引出趙翼、郝蘭皋二人筆記中有關京師炒栗方法的記載，時過境遷，前人故事中深隱的亡國之痛，在後人那裡已成雲煙，周作人對此種隔膜的悵惘之情，顯示出對當時國難當頭的憂患意識。而到了《炒栗子》一文，首先是筆記中「栗香前市火」的詩句，引起周作人的注意，可見「炒栗」仍

〔註 1〕 《最後的十七日——錢玄同先生紀念》，《全集》第 8 卷，第 117 頁。
〔註 2〕 參見木山英雄著、趙京華譯：《北京苦住庵記——日中戰爭時代的周作人》，北京：三聯書店，2008 年。
〔註 3〕 鮑耀明編：《周作人與鮑耀明通信集（1960～1966 年）》，第 341 頁，開封：河南大學出版社，2004 年。
〔註 4〕 《〈書房一角〉原序》，《全集》第 8 卷，第 393 頁。
〔註 5〕 《〈甲行日注〉》，《全集》第 6 卷，第 297 頁。

然是情結所在，「說到炒栗，自然第一聯想到的是放翁的筆記」，一句帶過，後文直接引用趙翼、郝懿行筆記中的相關文章，落腳於對炒栗方法的描述，不再提及陸游文章，「放翁的筆記原文已見前引《曬書堂筆記》中，茲不再抄。」〔註6〕陸游於炒栗故事中寄寓的家國之感在此完全消隱了，周作人只在文末保留了與此相關的兩首詩作，通過考證地名，詩中的「家園」、「故園」指向了對現實中存在的兒時故鄉的懷念。這種「簡要」，似乎帶著一種「事已至此，多說無益」的決絕。抒論對於國事的關切，無論是憤怒、譏刺還是憂慮、歎息，在周作人看來也許都不過是個人抒懷罷了，反不如切實地埋首工作，聊勝於空虛的心理慰藉。以此反推，則他公開的政治言論，不能不帶有在特定政治環境中發言的姿態性。

　　第二類，是作為汪偽政府的教育督辦，周作人所發表的相應的職務性言論。這類言論配合偽政權的親日立場，客觀上是協力日本侵略者的意識形態統治，此事一旦接受官職則無可避免，因此，其政治責任無可推諉。只是，政治責任是相對於一定的政治利害關係而言。周作人作為汪偽政府官員，在戰爭結束後受到蔣介石國民政府的審判與懲處，而對於新中國成立後的人民政府而言，其政權合法性既來自於抗日的民族革命，也來自反抗蔣介石統治的民主革命。反觀解放後人民政府對於周作人的處理措施，〔註7〕不妨說，政治責任的問責，主要受制於遠遠超出個人意志的權力關係。

　　第三類，以周作人寫於 1940～43 年間的《漢文學的傳統》、《中國的思想問題》、《中國文學上的兩種思想》、《漢文學的前途》四篇所謂「正經文章」為代表，這些文章的主旨，確立中國的根本思想是為人生的儒家思想，中國文學即依此而發展，同時將中國文學限定在「用漢字所寫」這一點上。這類文章涉及對 40 年代周作人思想的評價問題。國內學界的研究，可大別為兩種觀點，一種以錢理群為代表，認為 40 年代周作人提出的「儒家文化中心論」，是周督辦獻上的「治安策」，「在實際上向日本軍國主義為了侵略的需要而竭力鼓吹的『大東亞文化圈』靠攏與認同」；〔註8〕另一種以董炳月為

〔註6〕　《全集》第 8 卷，第 416、417 頁。

〔註7〕　1949 年 1 月周作人被保釋出南京老虎橋監獄，8 月回到北平，此後繼續在《亦報》等報紙發表隨筆，並為人民文學出版社翻譯希臘、日本古典文藝作品，只是不能署名「周作人」。參見張菊香、張鐵榮編著：《周作人年譜（1885～1967）》。天津：天津人民出版社，2000 年。

〔註8〕　參見錢理群：《周作人傳》，第 384～385 頁，北京：北京十月文藝出版社，2005 年。

代表，認爲其與宣揚皇道文化的軍國主義意識形態構成衝突，因而具有抵抗意義，是「一種包含自覺的中國人意識與人道主義精神的民族主義文化觀」。〔註9〕兩種觀點結論相反，但均以民族國家的政治視野爲其理論前提，對周作人 40 年代的儒家思想形態作出一種政治性的判斷。日本學者木山英雄，從文化政治視野出發，強調周作人用「漢字」、「漢文」所表達的政治性意義，「漢字、漢文實在已是超出了『現成的工具』這個意義之上的東西。就是說，他試圖要盡其可能將民族的文化基礎建立在具體的不證自明的位置上，這似乎便促成了對漢字、漢文的政治性重視。果眞如此的話，這個『政治』性也便是徹底的文化主義者的反政治性的、夢想一般的極限吧。」〔註10〕

　　就周作人自身思想的縱向發展來看，40 年代的「原始儒家」思想，顯然與 30 年代的儒家言說有繼承關係，但從橫向上與 40 年代其他文章對比來看，其分裂性也相當明顯。毋寧說，與 40 年代其他涉及到儒家思想的文章相比，像這四篇文章那樣，對儒家文化從整體意義上作絕對性肯定的語氣，例如「中國的思想絕對沒有問題」，〔註11〕爲人民爲天下的思想「可以說是中國本來的文學思想的系統，自《詩經》以至杜少陵是如此，以後也是如此，可以一直把民國以來的新文學也算在裏邊」，〔註12〕以如此決斷的方式來發言的文章反而是少數。例如 1941 年在僞北大文學院所做的講演《怎樣研究中國文學》，似乎更能代表周作人的眞實看法，「我雖不尊崇孔夫子的思想，可是我認爲中國人的思想，絕不是從外國搬來的。異民族給與你的思想，是不高興接受的，像樵夫不喜歡別人分派給他一件衣服一樣。常常覺得，一個鄉下種田的農人，他也沒受過多少知識，也不懂得什麼叫做思想，假若使他的生活優裕一點，衣服穿得好一點，自然而然的他必走入儒家的思想，這絕不是怪事。」〔註13〕表面看起來，似乎同樣是在表述儒家文化中心論的思想，不過，與其說他意識著什麼而刻意強調儒家文化的中心地位，不如說更像是在表達一種經驗觀察到的客觀事實。其他相關文章，更多的也是延續 30 年

〔註9〕　參見董炳月：《周作人的「國家」與「文化」》，《中國現代文學研究叢刊》，2000年 03 期。

〔註10〕　木山英雄：《周作人與語文問題》，收於趙京華編譯《文學復古與文學革命──木山英雄中國現代文學思想論集》，第 135 頁，北京：北京大學出版社，2004年。

〔註11〕　《中國的思想問題》，《全集》第 8 卷，第 712 頁。

〔註12〕　《中國文學上的兩種思想》，《全集》第 8 卷，第 766 頁。

〔註13〕　《怎樣研究中國文學》，《全集》第 8 卷，第 557 頁。

代以來基於「人情物理」對儒家文化所做的再考察。

　　第二類文章暫且不論，淪陷時期周作人的思想與文學，主要體現於第一、三類文章。但讀書筆記體寫作表達的「人情物理」思想，顯然與「正經文章」的「儒家文化中心論」無法合如符契，後者的思想表達中，糾合著面向日本侵略者、或者還有重慶國民政府的政治性姿態的表達，留有含混的、曖昧不明的闡釋空間。思想與文學產生分裂的根源，在於政治的不自主，政治身份的不自由。

　　綜觀淪陷時期周作人的全部言論，可以說，其個人身份是分裂於公眾場合與私人場合、政治角色與文化角色相互對立的一種張力場中。在公眾場合、政治角色上，作為接受偽職者，周作人有不能不配合侵略者的「職責」，而此時就像流氓鬼對紳士鬼的反抗一樣，作為個人的文化角色又不能全然忍受被壓制，只要有縫隙存在的空間，就總會尋找表達的可能。當然，表達的限度嚴格受到現實政治的控制。〔註 14〕因此，不妨說，儒家文化中心論主要是一種政治性的表態，即木山英雄所謂「委曲的抵抗」，既非真實的個人想法，亦非不真實的政治態度。

　　另一方面，在私人場合、文化角色上，周作人竭力，同時也是小心翼翼地排除任何會給人造成對敵協力者印象的嫌疑，這也是他人為地自我隔離，為自我爭取自主空間的行為。例如 1943 年 4 月，武者小路實篤出席南京「國府還都」三週年紀念會和中日文化協會第二屆大會之後，轉至北京，在匆忙中與周作人相見一面，周贈以一塊磚硯。這一行為，被報紙借機作政治宣傳，「武者先生來華時我奉贈一硯，將以一幅畫回贈，以為是中日文人交際的佳話」。其時，昔年「白樺」派的友人武者小路實篤，已從非戰主義者變為「大東亞戰爭」的積極支持者，並且，其往南京至北京，也是帶著公職的公務在身。周作人抓住報導中將「磚」作「硯」之誤，以及「中日文人交際」的宣傳用語，寫了一篇《武者先生和我》。該文看似為了澄清報導之誤，實際上

〔註14〕參見高杉一郎《憶周作人先生》中的一件記事，1941 年 1 月周作人出任偽教育督辦之後，4 月率領偽東亞文化協議會會評議員代表團赴日出席偽東亞文化協議會文學部會議，「另一天，在帝國飯店舉行了周作人的記者招待會。有些記者提出相當露骨的問題，坐在周作人身邊的一個上校總是搶先說：『這個問題由我來回答吧。』周作人只是默默地坐在一邊，毫無表情地聽著。招待會結束以後，有些人反駁那位陸軍上校說：『連周作人也最終落在日本軍的手掌心裏了嗎！』」對此，作者評論道，「我想面對這些軍人和記者，也許周作人只是毫不動心地站在高處蔑視著他們而已吧。」載於《魯迅研究月刊》，2004 年 11 期。

通過回憶與武者小路的交往經歷，有意將此次行爲限定在純粹私人的領域，「我所送的是一塊磚，送他的緣因是多年舊識，非爲文人之故」，﹝註 15﹞可謂煞費苦心。但是，這樣的辨清和隔離是有限的，周作人無法不受到其政治角色的干預，在政治不自主的語境中，實現眞正的思想推進幾無可能，最好的時候也不過是維繫了 30 年代所達到的程度而已。此外，政治角色也造成一種任何理論解釋也無能爲力的重壓，因此，個人表達的場合也出現了有意無意、若隱若現的自我辯解文字，繼續分裂著文章的諧和感。﹝註 16﹞

逼使周作人不得不陷於如此分裂境地的，豈不就是他一直致力於以理性進行淨化、以「文明」進行節制的「野蠻」行爲？無論其爲武力或爲政治權威。然而，即使如此，在已經降至「活人之術」的最低的程度上，周作人仍然堅持以「人」爲目標的「文明」對於武力的對立與不妥協，「醫療或是生物的本能，如貓犬之自舐其創是也，但是發展爲活人之術，無論是用法術或方劑，總之是人類文化之一特色，雖然與梃刃同是發明，而意義迥殊，中國稱蚩尤作五兵，而神農嘗藥辨性，爲人皇，可以見矣。……我想假如人類要找一點足以自誇的文明證據，大約只可求之於這方面罷。」﹝註 17﹞面對現實中輕而易舉就能奪取人的生命的武力威脅，活下去成了「文明」的唯一能事，同時也成爲對侵略者野蠻行徑最低限度的抵抗。

2·「倫理之自然化」與「道義之事功化」

對於 30 年代開始的倫理建設，周作人 40 年代將其歸納爲現代中國心理建設的兩個內容，「一是倫理之自然化，一是道義之事功化」。﹝註 18﹞

「倫理之自然化」的命題，主要針對中國古籍中有關生物現象的記載大多流於儒教的倫理化解釋或道教的神異化解釋。前者如烏反哺、羔羊跪乳等，用儒家倫理的「孝」道來附會生物現象，後者包括如螟蛉負子、腐草爲螢等神怪變異傳說，以及逆婦變豬、雷擊惡人等因果報應思想。周作人主張運用近代科學知識，將這些違反「自然」的解釋，還原爲能夠經由科學實驗證明

﹝註 15﹞ 《武者先生和我》，《全集》第 8 卷，第 805～806 頁。
﹝註 16﹞ 參見高恒文：《話裏話外：1939 年的周作人言論解讀》，該文後半部分著重分析「從《禹迹寺》開始不斷修飾的自我修辭」，《中國現代文學研究叢刊》，2008 年 02 期。
﹝註 17﹞ 《醫藥史》，《全集》第 8 卷，第 536 頁。
﹝註 18﹞ 《夢想之一》，《全集》第 9 卷，第 106 頁。

的自然界的生物現象。如果將兩方推到極端，可以說這裡體現出西方近代科學思想，與中國傳統「自然觀」及佛教輪迴觀兩種思維方式的對立。對生物的倫理化解釋與因果報應思想，歸根結底還是出自傳統「自然觀」與佛教輪迴觀思想的一種末流的表現，而周作人所謂「科學的真實」，也不完全指代西方近代實證科學，而是包含著得自古希臘的追求真理的科學精神，更加以「人情物理」的限制，這就使得「自然」與「倫理」本身就具備相互統一起來的基礎。因此，所謂倫理之自然化，並不是「自然」與「倫理」的對立，而是指向更加符合現代人生活方式的一種新的倫理觀，它的起點是向「自然」或「生物」學習，「要想成為健全的人必須先成健全的動物」。看起來與五四時期「從動物進化的人」的表述並無不同，周作人也屢屢引述《祖先崇拜》中由生物學確定人類行為標準的觀點，不過，相對於五四時期重點在強調人的向動物之上的發展，此時重點則在謹防人墮落到動物之下，「我們遏塞本性的發露，卻耽溺於變態的嗜欲，又依恃智力造出許多玄妙的說明，拿了這樣文明人的行為去和禽獸比較，那是多麼可慚愧呀。」〔註19〕

對於這一命題，40年代的讀書筆記體寫作，除延續30年代的考察之外，略有變化的是，周作人之前以迷信視之的神異傳說，雖然缺乏科學之「事真」，但其具有詩之「情真」的一面，開始得到關注。例如有關七夕牛女相會的傳說，雖然舉出古籍，分辯其「怪誕不足信」，並證以家鄉七月七的風俗並無七夕之稱，但他也認可了從「詩」的角度而言這一傳說的存在意義，「此種傳說，如以理智批判，多有說謊分子，學者憑唯理主義加以辯正，古今中外常有之，惟若以詩論，則亦自有其佳趣。」周作人認為只要「能把詩與真分別得清」，不要牽涉現實或用以禍世，那麼，就如譚獻所言，「千古有此一種傳聞舊說，亦復佳耳。」〔註20〕之後，這一觀點再被應用於看待從宗教儀式蛻化而來的民間行事，「對於追儺，如應用同樣的看法，我想也很適當吧。」〔註21〕對於帶有宗教意味的民間俗信，其存在價值除了作為民俗研究的資料之外，40年代周作人開始從對人生苦難尋求慰藉的民眾心情的角度予以承認。1945年7月，已是戰亂將滿八年之際，周作人發表一篇長文《無生老母的信息》。該文綜合排比文獻中有關民間無生老母崇拜的記載，除了

〔註19〕 《〈蠕範〉》，《全集》第6卷，第184～185頁。
〔註20〕 《七夕》，《全集》第8卷，第326～327頁。
〔註21〕 《撒豆》，《全集》第8卷，第470頁。

從學理上對其作出母性崇拜的心理學解釋之外，末尾引用柳宗元修復佛寺用以教化民眾的文章，對宗教的民眾教育意義予以肯定，「他這話很有理解，非常人所能及」。可見，在民眾教育方面，周作人從五四時期試圖有限度地借助一神教的宗教，「我想最好便以能容受科學的一神教把中國現在的野蠻殘忍的多神──其實是拜物──教打倒，民智的發達才有點希望」，〔註22〕到 20 年代中期開始寄望於科學與藝術，「道德進步，並不靠迷信之加多而在於理性之清明」，〔註23〕至此，一直爲他所警惕、試圖用理性加以化除的民間信仰，其自身對於人類精神生活所具有的意義終於得到認可。而周作人仍舊念念不忘的，是謹防權力對信仰的利用，「我這裡費了些工夫，只算是就《破邪詳辯》正續六卷書中抄出一點資料來，替著者黃壬谷做個介紹，不負他的一番勞力，雖然並不一定贊同他對於邪教之政治的主張。」〔註24〕

「道義之事功化」命題的發端，針對 30 年代政治時局發言的語境性色彩很明顯。1931 年的「九一八」事變，促成了全國性抗日反帝民族主義思潮的高漲，在如何處理中日關係的問題上，知識界又分化出不同立場。1931 年 10 月 19 日，周作人在《文藝新聞》上發表題爲《老生常談》的一段話，「咒罵別國的欺侮，盼望別國的幫助，都靠不住，還只有自己悔悟，自己振作，改革政治，興學，征兵，十年之後，可以一戰。但是大家阿 Q 式的脾氣如不能改，則這些老生常談也無所用，只好永遠咒罵盼望而已。」〔註25〕這種以實力爲重、自省的民族主義，的確是周作人一以貫之的立場，值得注意的是他的發表環境。《文藝新聞》創刊於 1931 年 3 月 16 日，袁殊主編，其宗旨標榜爲大眾服務，「新聞是爲大眾，屬於大眾的。文藝新聞即本著這個主旨，而爲工作的態度」，〔註26〕可見其政治立場左傾。「九一八」事變之後，1931 年 9 月 28 日，該刊在《文化界的觀察與意見》的總題下，集錄九位左翼或傾向左翼的文化界名人對時局的看法。〔註27〕總的來說，左翼知識分子對國民黨政府要求國民「忍耐」、「鎮靜」的不抵抗意見持批評態度，並且把日本的侵略

〔註22〕《山中雜信六》，《全集》第 2 卷，第 354 頁。
〔註23〕《狗抓地毯》，《語絲》第 3 期，1924 年 12 月 1 日。
〔註24〕《全集》第 8 卷，第 556 頁。
〔註25〕《全集》第 5 卷，第 781 頁。
〔註26〕《文藝新聞之發刊》，《文藝新聞》第 1 號，1931 年 3 月 16 日。
〔註27〕包括周予同、陳望道、鄭伯奇、魯迅、夏丏尊、胡愈之、郁達夫、葉紹鈞、王獨清諸人。

放在世界帝國主義戰爭的範圍中來看待，不僅要求文化的、經濟的反日，而且號召民眾力量的反抗。1931 年 10 月 5 日，該刊在《左翼文化界抗日反帝大行進》的標題下，報導左聯的活動，「中國左翼作家聯盟，為此次日本出兵事件，除發反對日帝國主義屠殺中國民眾殘暴行為宣言外，並發致全世界革命文化團體及無產階級書請其援助中國被壓迫的廣大群眾反對日本帝國主義。」由此可見，周作人所謂「咒罵別國的欺侮，盼望別國的幫助」，並不是無的放矢。不過，在「自己覺悟，自己振作」這一認識上，周作人又與胡適所代表的、以國民黨政府「諍友」身份進行批評與建言的自由主義知識分子立場截然不同，〔註 28〕反而與左翼的民眾立場是一致的，分歧在於如何運用民眾的力量。

左翼知識分子借助文天祥、史可法等歷史上抗擊異族、殺生成仁的民族英雄資源，主張振作民氣，以民眾運動作為現實政治鬥爭的主力。與此相對，周作人借用明遺民反省明末文人誤國的思想資源，反對「偏重氣節而輕事功」。

1935 年 10 月發表的《明末的兵與虜》一文，摘錄明季陶崇道尺牘中對於士大夫抗清與投清兩種態度的描寫。對於抗清者，陶文譏刺其大言惑世，對此周作人加以評論，「高奇語即今所謂高調，可見此種情形在三百年前已然」，「這一個譬喻很有點兒辛辣，彷彿就是現今的中國人聽了也要落耳朵吧。」〔註 29〕抗清者是持抵抗態度而徒有氣節的一類人，至於投清者，是完全喪失氣節的人，周作人只摘錄對其醜態的描述文字而無評語。如果從明遺民的角度來批判降敵行為，那麼，其所依據的正是儒家道德觀對氣節、操守的重視。在儒家政治倫理中，只有作為統治階層的「士」要對國家負有政治責任，因此，「氣節」說只是針對士大夫而言。被統治階層的普通民眾——農工商階層，既無權參與國家大事，政治「氣節」也就不成為他們的倫理義務，從他們的立場來說，生存是第一位的。因此，當「民氣」說在抗日反帝的民族主義思潮中被強調時，周作人的反對「偏重氣節」，其實是反對將形成於封建時代、屬於特定階層的道德要求施加到每一個國民身上，從反封建的角度

〔註 28〕 參見沈毅：《胡適與「九一八」事變》，《遼寧大學學報》（哲學社會科學版）第 4 期，2006 年 7 月。羅福惠、湯黎：《學術與抗戰——〈獨立評論〉對於抵抗日本侵略的理性主張》，《華中師範大學學報》（人文社會科學版）第 3 期，2006 年 5 月。
〔註 29〕 《宇宙風》第 2 期，1935 年 10 月 1 日。

而言具有積極意義，「那種偏激的氣節說雖為儒生所唱道，其實原是封建時代遺物之復活，謂為東方道德中之一特色可，謂為一大害亦可。」〔註30〕他從這個角度譴責日本的法西斯傾向，同時更為嚴厲地指向中國的自我批評，「若在中國則又略有別，至今亦何嘗有真氣節，今所大唱而特唱者只是氣節的八股罷了」。由此可見，周作人的反對「氣節」說，是從民主政治的立場出發，為人人享有政治權利的國民尋求一種承擔其政治責任的方式。

1935年8月，周作人發表《責任》一文，根據顧炎武對於「亡國」與「亡天下」的區分，「保存一姓的尊榮乃是朝廷裏人們的事情，若守禮法重氣節，使國家勿為外族所乘，則是人人皆應有的責任」，引出對國民責任的界定，「《日知錄》所說匹夫保天下的責任在於守禮法重氣節，本是一種很好的說法，現在覺得還太籠統一點，可以再加以說明。……我們現在所需要的是實行，不是空言，是行動，不是議論。這裡沒有多少繁瑣的道理，一句話道，大家的責任就是大家要負責任。」因此，周作人是用實行、「事功」來代替「氣節」，作為國民的政治責任表述，「我從前曾說過，要武人不談文，文人不談武，中國才會好起來，也原是這個意思」。〔註31〕如果說明遺民的「氣節」、「事功」都是針對士大夫階級所提出的政治責任，那麼，周作人的「事功」，是針對由職業劃分而非由階級區分的普通國民而言，在他看來，民眾的政治責任即是做好本職工作。這一觀點不至成為「去政治化」的專業分工論，就在於其理論前提是國民的政治權利得到保障的民主政治，這也是引用顧炎武「守禮法重氣節，使國家勿為外族所乘」的意思所在。

但是，當40年代周作人將用以代替「氣節」的事功，進一步提煉為「道義之事功化」這一命題時，所缺失的恰恰是民主政治這一理論前提，其結果，「事功」的承擔者，從普通國民轉變為相當於士大夫階層的知識分子，「我所說的道義之事功化，大抵也就是這個意思，要以道義為宗旨，去求到功利上的實現，以名譽生命為資材，去博得國家人民的福利，此為知識階級最高之任務。」〔註32〕因此，道義之事功化，連同周作人40年代反覆陳述的為人民的原始儒家思想、舍己為人的大乘菩薩精神，都帶有了在特定政治環境下表達自我的政治性姿態的色彩，而喪失了其思想的活力。

〔註30〕 《〈顏氏學記〉》，《全集》第6卷，第193頁。
〔註31〕 《全集》第6卷，第620～621頁。
〔註32〕 《道義之事功化》，《全集》第9卷，第630頁。

　　將政治責任歸於士大夫階層而與平民階層無涉，這是中國封建專制政治的政治倫理觀，它的成立在於將人區別爲「治人者」與「治於人者」的等級觀念。40 年代的周作人，不得不站立在此前他毫不妥協地加以批判的專制政治的理論邏輯上而提出儒家文化中心論，對此，無論是錢理群的「認同」說，還是董炳月的「抵抗」說，都表明儒家文化中心論是周作人針對日本侵略者「皇道文化」的意識形態宣傳所作出的反應。「皇道文化」的基本原理，仍是建立在等級觀念之上的專制政治理念，日本軍國主義一方不能不以此作爲侵略口實，而周作人一方也不能不以此作出「委曲的抵抗」反應，這讓他感到似乎存在著一種超出雙方個人意志之上的歷史、傳統之力的擺佈，周作人稱之爲「命運」。中日戰爭之前，他在日本文化談中發出「亞細亞人豈終將淪於劣種乎」的疑惑，稱之爲「漆黑的宿命論」，〔註 33〕不爲無因。從處理現實中中日兩國的政治關係出發，周作人在其思想脈絡中，形成了對於某種東亞文化特性的思考。

第二節　文化自主的思想掙扎

1・從「人情美」到「東洋人的悲哀」

　　「人情美」是周作人從他的日本留學生活以及學術藝文體驗中提煉出來的日本文化特性，自 20 年代以來作爲他構築中國現代文化的積極因素而發揮作用。「人情美」代表一種「潤澤心情」，肯定人的自然欲望，對人性弱點寬諒卻不放縱；它內含一種「美意識」，以愛美之心發揚人的主觀精神，對自然存在加以積極改造。〔註 34〕周作人試圖以此改革中國傳統文化過於苛酷、狹隘、枯燥乏味的道德至上意識。「人情美」的存在，使周作人構築的反封建的中國現代文化，與基於西方個人主義的西方近代文明相比，在吸收後者的同時，又具有一種溫潤的東方文化特色。到了 30 年代，周作人將「人情美」與中國儒家思想相結合，提出「人情物理」的形態，繼續參與現代中國的思想建構。這意味著近代以來受到西方衝擊被拖入現代化進程的中國，在對西方現代性既追隨又撐拒的過程中，其自身作爲東方文化的特性漸漸凸顯，開始

〔註 33〕《日本管窺》，《全集》第 6 卷，第 666 頁。
〔註 34〕參見拙文：《周作人與「人情美」的日本文化像》，《魯迅研究月刊》，2012 年 05 期。

以主體姿態發揮主導東方現代化方向的作用。

使這一主體意識受挫的，無疑是同爲東方民族的中日兩國之間日益激化的政治衝突，直至爆發戰爭。如前述，淪陷時期，儒家思想成爲周作人一種政治性姿態的表達方式而喪失了其思想建構的活力，那麼，中日之間的這一政治衝突，對於建構「現代中國」的另一思想因素「人情美」，產生了怎樣的衝擊？

周作人 20 年代提出的「人情美」，在與「忠君愛國」的對立關係中出現。也就是說，原本共生於日本文化中、共時性存在的「人情美」與「忠君愛國」兩種思想形態，出於構建反封建的現代文化的需要，周作人必須在歷時性上使二者對立起來，使前者屬於現代文化，而後者屬於封建思想的殘餘。這樣，日本也好，中國也好，在其邁向現代化的進程中，就具備了與西方個人主義的近代文明足以抗衡的自己的文化主體。因此，當 30 年代以降，日本以「忠君愛國」之名對中國施加武力侵略之時，對周作人而言，動搖的就是「人情美」作爲現代文化主體的自足性。因此，他不能像郁達夫那樣的日本文化愛好者，一方面懷戀著「在清淡中出奇趣，簡易裏寓深意」〔註35〕的日本文化生活，另一方面對日本帝國主義的侵略行徑痛加責斥並毫不猶豫地選擇主戰立場，〔註36〕兩方面可以割裂開來毫無齟齬地並存共處。這種取捨表明郁達夫對兩者共時性存在的認同，而周作人在 30 年代發表的一系列日本文化談，其用心在於努力彌縫現實政治對他建構的歷時性對立關係的衝撞所造成的裂痕。其結果，不僅是強化二者的對立關係（《日本管窺》），而且通過將這種對立關係得以成立的前提——時間上的現代與封建的對立，轉化、擴大爲空間上的東方文明與西方文明（《日本的衣食住》）、性質上的人的文化與物的文化（《日本管窺之三》）、文化與專制政治（《談日本文化書》）、藝文學術方面的賢哲與政治軍事方面的英雄（《談日本文化書之二》）的兩兩對立，從而保護了「人情美」的東方文化特性，使其得以延續作爲建構中國現代文化、實現「文明」的思想資源的意義。

不過，在這一擴大了的、以東方文明與西方文明爲背景的文化對立結構中，一方面是文化自主意識的強化，另一方面則是「人情美」作爲現代文化主體的自足性發生破裂，「古時候我們東方有過文化的往來，如印度之送佛

〔註35〕郁達夫：《日本的文化生活》，《宇宙風》第 25 期，1936 年 9 月 16 日。

〔註36〕參見郁達夫：《戰爭與和平》，《郁達夫全集》第八卷，第 237～239 頁，杭州：浙江大學出版社，2006 年。

法來中國，日本之從中國學去制度學術的一切，這眞可以說是世界史上難有
的事。不過時光過去，什麼都會轉變的，印度的佛教衰竭了，中國也沒有東
西可以沾丐別人，這回惟有日本差可自立，卻也拿不出好文化來給我們，結
果還只有武化可以誇示，如我們在北平或上海所常見的，而這些卻正是物質
文明，即是東方文化主義者所痛罵之西方文化的結晶也。這是一個大矛盾，
但雖大而尙不算很大也，手裏拿著西洋新式的兵器，而口裏仍是說著假道學
話，如王道，大乘，和平云云，乃更是由矛盾而進於滑稽矣。不佞平日總懷
疑情，日本是那麼富於藝術性的民族，不但如小泉八雲所說，能夠利用蜈蚣
的形色做成小擺設上的優美裝飾，就是在平常衣食住方面也隨處可見，何以
單獨在對中國的行爲上，特別不知道避免或者可以說是喜歡用種種的醜與
拙。」〔註37〕可見，經由現實中中日民族矛盾的觸發，周作人一方面在古代
文化交流的背景下，承認日本在東方率先實現文化自立與現代化的事實，在
確立現代主體意識的意義上，文化自立成爲他判斷一民族之近代化與否的指
標，但另一方面，他察覺到日本帝國主義的侵略者意識形態，暴露了日本近
代化的缺乏主體精神與脆弱性，「人情美」的文化自足性與自主性因之受到
牽累。

因此，在周作人爲了應對現實政治危機而對日本文化所作的考察中，本
來共同服務於建構「現代中國」目標的兩個方面，文化自立意識與輔助其完
成的「人情美」的文化自足性，開始在兩個方向上分離了，前者不斷得到強
化，而後者不斷受到削弱，從而有可能對實現總目標的進程造成阻滯。對此，
在東方文化的思考背景中，周作人從永井荷風的浮世繪鑒賞論中，提煉出「東
洋人的悲哀」這一命題，〔註38〕作爲應對此一結構性缺失的解決方案。

〔註37〕《談東方文化》，《全集》第7卷，第456～457頁。
〔註38〕30年代中期之後，永井荷風成爲周作人攝取日本文化時最重要的引述資源。
　　　　至1937年6月寫完《日本管窺之四》宣佈結束日本文化研究爲止，周作人
　　　　引述永井荷風的文章計有12篇：《關於命運》、《關於命運之二》、《市河先生》
　　　　（1935年4月）；《東京散策記》、《日本管窺》（1935年5月）；《冬天的
　　　　蠅》（1935年6月）；《煮藥漫抄》、《柿子的種子》（1935年7月）；《嶺
　　　　南雜事詩抄》、《隅田川兩岸一覽》（1935年10月）；《懷東京》（1936年
　　　　8月）；《談日本文化書之二》（1936年10月）。相關研究參見趙京華《周作
　　　　人與永井荷風、谷崎潤一郎》，《中國現代文學研究叢刊》，1998年02期；
　　　　高恒文《周作人與永井荷風》，《魯迅研究月刊》，1996年06期；劉岸偉『東
　　　　洋人の悲哀——周作人と日本』第二部「周作人と荷風文學」、河出書房新
　　　　社、1991年。

　　周作人引述的永井荷風的《浮世繪鑒賞》一文，收於其浮世繪研究論著《江戶藝術論》。據吉田精一介紹，該書寫於 1913～14 年間，日本經明治維新後進入大正時代，書中所收，除介紹補充西方人浮世繪研究的文章之外，包括《浮世繪鑒賞》在內的五篇，都是荷風自己的獨立研究。這些研究在以文獻考證爲主的日本浮世繪研究中，頗具新意，「立足於對作品進行純粹美的觀照，致力於闡明其新的價值」。在永井荷風自身的思想脈絡中，以浮世繪研究爲代表的藝術論，與其文明批評互爲表裏。通過 1903～08 年間的歐美遊歷，深刻體驗了西方個人主義與藝術至上主義的永井荷風，回國後對明治日本模仿西方文明，流於淺薄、俗惡的現代化進程展開激烈批評。但是，荷風憑藉其感覺的敏銳性所進行的犀利的文明批評中，沒有對作爲後進國的日本，在西方化進程中不能不流於膚淺的宿命般的內面必然性寄予同情，他也沒有與他所輕蔑的日本人共同分擔責任的自覺意識。因此，荷風的文明批評，「儘管是獨創性的，但與其說是文明批評，不如說更易於被理解爲像是缺乏普遍性與深度的他的一個趣味。」從趣味主義出發對明治日本現代化的諷刺與拒絕，使荷風反對地走入了浮世繪、歌舞伎、狂歌等保留日本固有傳統的江戶藝術與江戶文明。對於江戶藝術，荷風從一種個人嗜好到形成一種懷古主義的思想態度，正是在經歷了 1910 年明治政府懲處社會主義者幸德秋水的大逆事件之後。因此，他在藝術上採取如江戶浮世繪畫家那樣一種「戲作者」的態度，可以理解爲面對強權的一種有意識的韜晦姿態，「與自己所受侮辱對等地侮辱、諷刺人世，用假扮戲作者的白粉塗抹惱怒的容顏，把我的人生觀與不平燻黑向世間展示。處於這個時代的他的態度，作爲態度來看的話，可以說表明了其作爲作家的特異性。」〔註 39〕荷風的主動選擇性，與封建社會的江戶戲作者的態度具有不得已的必然性，截然不同。

　　以上，是永井荷風耽溺於浮世繪，以及提出「東洋人」概念的大略思想背景，據此比照一下周作人提出「東洋人的悲哀」這一命題的問題意識所在。

　　《浮世繪鑒賞》共七節，〔註 40〕周作人屢屢引述的兩段主要文字，選自第三、五兩節。第三節在與西洋油畫的對比結構中，闡述浮世繪的藝術特色及由其所折射出的專制時代背景，第五節在與維爾哈倫詩歌中所表達的西

〔註 39〕吉田精一：『永井荷風』九四、六一、八〇頁。楓桜社、1979 年。本段對於永井荷風的論述，主要參考該書。
〔註 40〕以下有關引文採用陳德文所譯《永井荷風散文選》中的《浮世繪鑒賞》一文。天津：百花文藝出版社，1997 年。

歐新思想的對比結構中，描述「天生的命運和境遇各不相同的東洋人」的情感與藝術特性。在永井荷風看來，主導佛蘭德美術的西歐思想，在維爾哈倫的詩歌中表現爲，「他置身於以清淨、禁欲爲主導的傳統道德及宗教的藩籬之外，以充實的生活和向上的意志當作人生的眞正意義。人生意志的所向是未來的理想。這裡有偉大的感情，有悲壯的美，有崇高的觀念。」〔註41〕如果說，這種自由追求人生意義、讚美人生意志，看向未來的西歐思想，與明治政府追求西方文明的現代化精神是一致的，那麼，永井荷風肯定與之迥異的日本浮世繪藝術的存在意義，可以視爲對明治日本現代化的間接否定。〔註42〕在此，永井荷風重視「風土氣候」對於文化選擇的決定性作用，「使我覺悟到要想一掃過去的感化之不可能，不是學理，而是風土氣候的力量和過去的藝術這兩者。」〔註43〕據此，他認爲明治日本對西方文明的移植，僅有外觀上的改變，「一旦用合理的眼光看破其外皮，武斷政治之精神便和百年以前毫無二致」，〔註44〕這種表面上的變化不值得信任。與專制時代共生於日本風土中的浮世繪藝術，在荷風看來才能代表眞正的日本，而不是西洋化的日本。因此，浮世繪藝術所蘊含的「悲哀與無奈的色調」，固然作爲專制政治的產物，「只能是專制時代中人心萎微的反映」，暗示著「黑暗時代的恐怖、悲哀和疲勞」，但它並不激起對專制政治的憎惡，也不相反地導向對「東洋固有的專制精神」的反抗。〔註45〕勿如說，浮世繪藝術只是作爲對明治日本現代化的否定而存在，使荷風個人沉醉於它所表現的平民生活的「悲哀的美感」之中而得到慰藉。

也就是說，永井荷風的文明批評中所包含的，不是反封建的現代立場，而是懷古主義、趣味主義的立場。周作人在《關於命運》一文中，第一次引

〔註41〕《永井荷風散文選》，第 170 頁。

〔註42〕如果說此文中西洋思想只是在與東洋的對比結構中被提出，那麼到 1917 年發表的《今日此時》一文中，永井荷風則直接否定了西洋思想對日本的適用性，「我固然並非想要抗拒世界的思想，但對我們現在的生活而言，如維爾哈倫詩中所表現的那種生命力，太過猛烈莊嚴，無可如何是屬於過去了的時代。西洋近代思潮在往昔最先令我昂奮激動，而現在只是令我嫌惡絕望。」轉引自『永井荷風』一一一頁。

〔註43〕《西瓜》，《永井荷風散文選》，第 161 頁。

〔註44〕《永井荷風散文選》，第 167 頁。

〔註45〕參見吉田精一的評論，「詛咒封建家族制度，對其道德抱有懷疑的荷風，浸淫於江戶趣味之中，反而發現了對於封建舊物與舊思想的懷戀與愛慕。」『永井荷風』一〇七頁。

用荷風的這兩段話時，恰恰只截取了其文明批評的結論，而置換了其立場。
周作人從荷風對於「武斷政治的精神與百年以前毫無所異」的觀察出發，反
而站在與明治維新「同一」的、反對幕府政治的近代立場上，批評 30 年代日
本軍國主義的擡頭，「近幾年的政局正是明治維新的平反，『幕府』復活，不
過是一階級而非一家系的，豈非建久以來七百餘年的征夷大將軍的威力太
大，六十年的尊王攘夷的努力絲毫不能動搖，反而自己沒落了麼？」〔註 46〕
實際上，日本的明治維新，不能與西方意義上的資產階級革命等同，它所確
立的以天皇爲首的君主立憲制，也與西歐基於資產階級民主主義原則的君主
立憲制不完全相同。明治維新確立的國家體制，一般被稱爲「近代天皇制」，
其特徵如遠山茂樹所指出的那樣，「第一次世界大戰以後，日本的資本主義得
到極大發展，達到了壟斷資本主義的階段。儘管如此，國家權力核心部分的
基本性格，明治維新以來未有改變。也就是說，它是具有資本主義國家權力
以前的古代官僚專制的、軍事性格的君主制。」〔註 47〕直至第二次世界大戰
中日本戰敗，在美國佔領者干預下，天皇失去神格，才從集政治權威與宗教、
精神權威爲一體的「絕對君主」，變爲「國家和人民團結的象徵」，近代天皇
制轉變爲象徵天皇制。〔註 48〕周作人籠統地將明治維新與幕府政治對立起
來，後來進而將近代天皇制與日本軍國主義割裂開來，實際上是他自己站立
在近代立場的觀察視角所使然。因此，相比之下，可以說永井荷風更準確地
把握了明治日本的實質的一面，而周作人對明治維新的定性，更值得注意的，
是由此所表現的他自身的近代立場具有鮮明的反對武力政治、專制政治的性
格。這種性格本身，與明治日本的近代化方向有很大區別。之所以如此，正
如他首先引用荷風對於「生來就和他們的運命及境遇迥異的東洋人」的表述
所顯示的，周作人的反封建的近代立場是被包含在東方文化與西方文化的對
比結構中，或者說，正是受制於思維方式上這一東西方文化的對比結構，以
「尊王攘夷」爲口號的明治維新與封建幕府政治之間實質上相互依存的複雜
關係，才被周作人簡單化處理爲近代與封建時代的對立。這一對比結構，在
周作人相隔兩月發表的《日本的衣食住》一文中，就進一步形成「同是亞細
亞人」的自覺意識，「我仔細思量日本今昔的生活，現在日本『非常時』的行

〔註 46〕 《全集》第 6 卷，第 561 頁。
〔註 47〕 遠山茂樹：『天皇制と帝國主義』五頁。岩波書店、1992 年。
〔註 48〕 參見遠山茂樹：『天皇制と帝國主義』。小森陽一：《天皇制與現代日本》，《讀
　　　　書》，2003 年 12 期。

動，我仍明確地看明白日本與中國畢竟同是亞細亞人，興衰禍福目前雖是不同，究竟的命運還是一致，亞細亞人豈終將淪於劣種乎，念之惘然。」〔註49〕因此，這裡「淪為劣種」的擔憂，應該指的是對中日兩民族再次受制於封建時代的專制統治的擔憂，日本即使取勝，也不過是專制政治的勝利而已。可見，隱含在「劣種」判斷背後的更高視點，是與封建社會對立的「現代文明」，但它不能被直接等同為西方現代文明，而是具有周作人所賦予的東方文化特性，這一特性借助於永井荷風的「東洋人」概念而得到強化。

在 1936 年 9 月發表的《懷東京》一文中，周作人再次引用《浮世繪鑒賞》第五節，把荷風的「東洋人」概念，與他從浮世繪藝術中感受到的「哀愁」、「悲苦」色調結合起來，提煉為「東洋人的悲哀」這一命題，「中國與日本現在是立於敵國的地位，但如離開現時的關係而論永久的性質，則兩者都是生來就和西洋的運命及境遇迥異的東洋人也。日本有些法西斯中毒患者以為自己國民的幸福勝過至少也等於西洋了，就只差未能吞併亞洲，稍有愧色，而藝術家乃感到『說話則唇寒』的悲哀，此正是東洋人之悲哀也，我輩聞之亦不能不惘然。」〔註50〕「說話則唇寒」，在陳德文的譯文中翻譯為「禍從口出」，正是對專制政治束縛人心的寫照。也就是說，追隨西方現代文明的日本，在走向軍國主義以謀取國民幸福之時，周作人於其中看到了東洋專制精神的復活，正如永井荷風在明治日本的現代化表象中看到百年前武斷政治的精神。日本近代化進程的這一變質現象，使周作人在對自國近代化道路的思考中，並沒有像永井荷風那樣通過強調「東洋人」走向反近代的懷古主義，反而是積極借助「東洋人」的特性，去發掘能夠推進真正的東方近代化的思想因素。因此，同樣是求助於東洋特有的浮世繪藝術，永井荷風最終落腳於享受其「悲哀的美感」，而周作人在將浮世繪畫師作為賢哲與政治軍事上的英雄構成對立的結構中，為「悲哀」賦予與專制政治對立的思想意義，「不過假如要找出這民族的代表來問問他們的悲歡苦樂，則還該到小胡同大雜院去找，浮世繪工亦是其一。我的意思是，我們要研究，理解，或談日本的文化，其目的不外是想去找出日本民族代表的賢哲來，聽聽同為人類同為東洋人的悲哀，卻把那些英雄擱在一旁，無論這是怎樣地可怨恨或輕蔑。」〔註51〕這裡不難聽到《哀弦篇》中以「哀音」作為東方文化特色的回響。「哀

〔註49〕　《日本的衣食住》，《全集》第 6 卷，第 666 頁。

〔註50〕　《懷東京》，《全集》第 7 卷，第 331 頁。

〔註51〕　《談日本文化書之二》，《全集》第 7 卷，第 341 頁。

憐是一種反叛的情感」，這是周作人在發表於 1924 年 8 月《〈忒羅亞的婦女〉》一文中，對悲劇思想意義的肯定，「《忒羅亞的婦女》表面上似是非戰的文學，但他所反對的實在不只是戰爭，他是對於一切強暴行爲的宣戰。這是愛的文學，但一面又是恨的文學」。〔註 52〕此時面對日本的武力行爲，這一文學資源再度被啓用，抗戰爆發後，周作人強烈建議即將離開北京的羅念生，好好翻譯《特洛亞婦女》。〔註 53〕可以說，在面對中日民族矛盾與戰爭思考東方現代化的過程中，與周作人個性氣質極爲相合的「悲哀」情感從他的閱讀經驗中被揀選出來，作爲一種具有東方文化特色的反抗性情感，替代「人情美」，成爲其建構中國現代文化的主體精神。

西方民族的近代化，是在自己的歷史發展過程中自發形成的，它是西方「精神」的產物。而缺乏這一歷史基礎的東方民族，〔註 54〕首先遭遇的是被近代西方以武力打開國門拖入近代化進程的事件，這意味著，它將從自己所由以生長的歷史根基上脫離開來。這種被迫割離文化母體所帶來的傷痛，會產生一種抵抗意識，從而在抵抗中逐漸生成東方民族的近代自我意識。在本文考察的範圍內，可以說，魯迅、周作人、永井荷風代表了這樣探索東方近代化的三種類型。就周氏兄弟而言，他們既抵制缺乏主體精神的近代化，同時又不能不謀求近代化，因此，傳統文化必須得到保留，同時也必須得到改變。就像魯迅寄望於「樸素之民」、漢唐文化、「中國的脊梁」那樣，周作人也在儒家思想、「人情美」、「悲哀」情感中，尋求能夠孕育近代文明的中國文化主體。不過，由於周作人對日本文化的「人情美」，無論如何都無法割棄的偏愛，使他在面對日本軍國主義的武力侵略行爲時，不得不構築出東方文明與西方文明的對立結構。這一結構，看起來與逐漸增強的文化自主意識

〔註 52〕《〈忒羅亞的婦女〉》，《全集》第 3 卷，第 467 頁。

〔註 53〕參見根岸宗一郎：『周作人と「トロイアの女」——羅念生との交流をめぐって』（『慶應義塾大學日吉紀要・中國研究』第 1 號。2008 年）。該文詳細考察了處於不同政治環境中，周作人與羅念生對於古希臘悲劇《特洛亞婦女》理解上出現的偏差，頗具洞見地指出，羅念生強調《特洛亞婦女》作爲反戰文學而具有的鼓舞抗戰意識的力量，而周氏強調哀憐作爲反叛一切強權的情感所具有的意義。

〔註 54〕當然也有學者從東方國家自身的歷史發展中尋求近代性因素，如溝口雄三的《中國前近代思想的屈折與展開》。但近代西方首先通過武力迫使東方國家打開國門的所謂「開國」事件，如中國的鴉片戰爭、日本的「黑船」事件等所具有的意義仍不可忽略。關於後者，參見丸山眞男著、區建英・劉岳兵譯：《日本的思想》中的相關論述。北京：三聯書店，2009 年。

並不相悖，但這一固化的、非此即彼的二元結構本身，不能不對周作人關於近代化的思考產生限制。也就是說，求助於東方文化特性的中國近代化，同時不能不背負著專制政治的歷史傳統一起前進，那麼，要達到以個體自由為出發點和目的地的西方近代那樣的近代化程度，幾乎是命定的不可能，然而受制於與西方文明的對立結構，又別無選擇的可能。這一思想邏輯本身是嚴密的，但其嚴密性通過對某些現實因素的排除而達成。執著於思想的邏輯，其結果是給周作人思想本身投下了越來越濃重的所謂「漆黑的宿命論」的暗影。這種命運之感，相比將「悲哀」用為積極的反抗性情感，可以說是「東洋人的悲哀」中另一層相對黯淡的色彩。

「東洋人的悲哀」這一命題，在 40 年代周作人的文章中繼續出現。作於 1940 年 12 月的《日本之再認識》，再次引用《浮世繪鑒賞》第五節，但正如這篇文章是由於國際文化振興會為了紀念日本建國二千六百年而向周作人約稿，其寫作暗示出某種程度的強迫性那樣，再次提出「東洋人的悲哀」的意圖，顯得模棱兩可。首先，否定建立在「同文同種」假說之上的中日共通性，而將中日關係放置在地理與歷史的相近性上，「我向來不信同文同種之說，但是覺得在地理與歷史上比較西洋人則我們的確有此便利，這是權利，同時說是義務亦無什麼不可。」那麼，來自永井荷風的「東洋人的悲哀」，就提供了一種使中日雙方相互理解的途徑，「我想從文學藝術去感得東洋人的悲哀，雖然或者不是文化研究的正道，但豈非也是很有意味的事麼？」而在《懷東京》中作為文化主體而提煉出來的「東洋人的悲哀」，這時只具有因經驗而局限認知的意義，「我們現時或為經驗所限，尚未能通世界之情，如能知東洋者斯可矣」。在「知」的目的上，卻表現出以受抑制形式而出現的破碎的文化理想，「並非知己知彼以求制勝，實只是有感於陽明『吾與爾猶彼也』之言，蓋求知彼正亦為知己計耳」。〔註 55〕須知此時，在淪陷區之外的和平區域，以及在淪陷區之內的日本侵略者統治政策中，知己知彼以求制勝，正是唯一的現實政治目標。因此，此文大部分雖屬抄綴舊文，意思也不見得多所更張，但毫無疑問只能是應景之作，對於作為思想命題的「東洋人之悲哀」毫無推進。

不過，對這一命題本身，周作人倒是不能輕易忘情。時隔三年多之後，在 1944 年 2 月所作的《草囤與茅屋》一文中，他再次提及「東洋人的悲哀」。

〔註 55〕《懷東京》，《宇宙風》第 25 期，1936 年 9 月 16 日。

這一命題被放置在民俗文化與民間生活的背景中，試圖將東亞共通性建築在以生活事實爲基礎的「共同的苦辛」之上，即在平民的共苦生活中生發出「愛與相憐」，取代由強權所產生的敬與畏。但這一思考結果，與其說是出自於對強權的抵制，不如說正是強權壓迫的產物。比如，共苦所產生的博大同情，被消融於亞洲一體的敘述中，「這是一種在道德宗教上極崇高的感覺。人們常說，亞細亞是一個。這點當然是對的，我也曾這樣說過，東亞的文化是整個的，東亞的命運也是整個的，差不多可以算作說明。」〔註56〕充分表明了言說環境的不自由，以及由此帶來的文章分裂感，這正是思想本身受到政治現實損害的表現。

但是，儘管受到嚴酷的限制與損傷，思想唯一的所能，仍然是努力尋求突破現實圍困的可能。從關注民俗的問題意識出發，周作人在40年代發現了日本民藝，日本民藝運動的代表人物，即是《草囤與茅屋》中介紹的柳宗悅。柳宗悅是日本《白樺》雜誌同人，最初在《白樺》上發表關於宗教的文章，20年代開始從事民藝運動，周作人聲稱「柳氏諸文大抵讀過」。1944年寫作《我的雜學》時，周作人將此前幾乎未曾提及的「民藝」，與柳田國男的鄉土研究並列提出，並對柳宗悅的民藝運動給以評價，「求美於日常用具，集團的工藝之中，其虔敬的態度前後一致，信與美一語足以包括柳氏學問與事業之全貌矣」。〔註57〕根據中見眞理的研究，柳宗悅是在與朝鮮美術、陶瓷藝術的相遇中，找到了民藝運動的出發點；並且，通過認識到朝鮮的獨有之美，也同時確認了中日朝三國各自的文化差異與文化個性，從而不僅使東西方文化相對化，而且在東洋文化內部堅持差異化，反對日本對其他東亞民族的優越性與支配權。因而，在中日戰爭期間，柳宗悅堅持了認同亞洲「復合之美」的反戰姿態。從事民藝運動的另外一個啓示，是在強調民藝的美與實用、個人與協作相統一的同時，發現了一條超克近代個人主義的道路，使基於個人立場的與他人協作、服務社會成爲可能。〔註58〕除了《草囤與茅屋》一文中表現出來的對柳氏民藝著作的愛好，以及借助民藝連結中日民間生活之共通感的努力之外，現在已無從揣想周作人對柳宗悅民藝運動還發生了何等的共感。到抗戰結束爲止，關於柳宗悅，周作人此外只有一篇介紹其著書

〔註56〕《全集》第9卷，第120頁。
〔註57〕《我的雜學・鄉土研究與民藝》，《全集》第9卷，第222頁。
〔註58〕參見中見眞理：『柳宗悅：時代と思想』。東京大學出版會、2003年。

的《〈和紙之美〉》，對於紙的趣味不勝流連，並將該書列爲本年度愛讀書。
不過，淪陷時期周作人近乎徒勞無益地建立中國文化的主體性的努力，以及
在並不抹消自己的前提下強調於人有益的話語中，至少不能說沒有與柳宗悅
發生更多共鳴的可能。

2・東方文化的內部差異

　　來自日本文化的「人情美」、「東洋人的悲哀」，能夠被周作人用爲建構
現代中國的思想資源，其前提是他認爲中日兩個文化系統具有共通性，「至
於日本雖是外國但其文化的基本與中國同一」。〔註 59〕其共通性建立在歷史
上兩國之間眞正友好的文化交往基礎之上，因而，在向中國輸入日本文化
時，不會像對西方文化那樣產生抗體和排斥感。因此，儘管周作人從留學日
本之初，在中國留學生普遍地視日本文化只是「模仿」的時候，已經細心地
從生活習慣上，注意到日本固有的、獨有的東西，但上昇到文化層面，在 40
年代之前的文學政治實踐中，周作人有意識強調的仍是中日文化的「異中之
同」。或者更準確的說，是針對中國文化的某些缺失，從日本文化引進能夠
與本體相容的新鮮血液，使之「健全」起來。因此，爲一般外國人所津津樂
道的日本的藝伎、武士道等，儘管是別國所無的日本特產，卻從未得到過周
作人的文化關注。可以說，這裡有一種晚清、五四知識人教養中，與世界主
義相接、開放而非自大的民族主義心態。

　　而 30 年代中期以降，日本對中國進行武力侵略的政治現實，一方面不僅
破壞了周作人以「人情美」作爲日本文化自足性的認識，另一方面也使他意
識到，在取鑒日本文化作爲思想資源時，以中日文化的共通性爲自明理論前
提的不可靠性。執著於文化的「致用」功能的周作人，不可能僅僅停留於對
文化形態的靜態描述，而是面對政治現實努力提煉思想上的應對之策。因此，
他一方面用「東洋人的悲哀」替換「人情美」，確保「現代中國」構想中東方
文化的主體性地位，另一方面則將目光從東方文明與西方文明的對立結構，
漸漸拉回到東方文明內部的差異性上，「對於一國文化之解釋總當可以應用於
別的各方面，假如這只對於文化上的適合，卻未能用以說明其他的事情，則
此解釋亦自不得說是確當。我向來的意見便都不免有這樣的缺點。因此我覺
得大有改正之必要，應當於日本文化中忽略其東洋民族共有之同，而尋求日

〔註 59〕《日本管窺》，《全集》第 6 卷，第 590 頁。

本民族所獨有之異，特別以爲中國民族所無或少者爲準。」〔註60〕

　　注意焦點轉向日本文化的「獨有之異」，首先意味著周作人關注日本文化的問題意識的轉移，從關注其作爲參與「現代中國」建構的思想資源，轉向從文化上尋求對日本武力侵略行爲的合理解釋。這樣，首先是 20 年代被「人情美」所排除的「忠君愛國」思想進入考察視野，雖然仍將其限定爲封建時代的產物，但透過它周作人注意到了日本自立國以來一直延續到近代的政治體制上「萬世一系」的特徵，「我至今還是這個意見，但近來別有感到的地方，雖然仍相信忠君愛國是封建及軍國時代所能養成的，算不得一國的特性，至於所謂萬世一系的事實我卻承認其重要性，以爲要瞭解日本的事情，對於這件事實非加以注意不可，因爲我想日本與中國的思想有些歧異的原因差不多就從這裡出發的。」〔註61〕「萬世一系」，指的是日本歷代天皇血統的延綿不絕性，這種血統純正的觀念，與《古事記》、《日本書紀》爲代表的日本創世神話所形成的「神國」思想相結合，在政治體制上形成了日本獨特的「天皇制」。作爲君主制的古代天皇制，與近代以前中國及西歐的君主政治有很大不同。〔註62〕明治維新所建立的「近代日本」，作爲其國家體制的近代天皇制，具有「從封建制向資本制的過渡期中產生的、擁有強大的軍隊和警察，依靠官僚制的專制君主、絕對主義、專制主義的權力」的歷史性格，它的近代化道路，不可避免地與軍國主義糾纏在一起，「天皇制的確立、日本資本主義的確立、日本帝國主義的形成──三者之間保持密切的內在關聯的平衡得以實現。」〔註63〕

　　周作人雖然注意到了「萬世一系」的特殊性，但他並沒有從政治制度上去理解。與「天皇制」密不可分的「愛國」、「忠君」觀念中潛伏的軍國主義筋脈，按照周作人自己對愛國主義的理解以及對專制政治的否定，被他從主觀態度上強行剔除。如同留日時期對「獸性的愛國」的排斥一樣，周作人將日本人由「萬世一系」所產生的愛國情感，區分爲「鄉土的愛護與軍國的欲望」，肯定前者而否定後者的「優越感之惡化」。那麼，使這一切割得以完成

〔註60〕《日本之再認識》，《中和月刊》3 卷 1 期，1942 年 1 月 1 日。
〔註61〕《日本管窺》，《全集》第 6 卷，第 590 頁。
〔註62〕參見沈才彬：《日本天皇與中國皇帝的比較研究──以「天子思想」爲中心》，《日本學刊》，1992 年 02 期。羅時光：《從日本神國思想看天皇制的軍國主義之本質》，《南昌大學學報》（人文社會科學版），2006 年 01 期。
〔註63〕遠山茂樹：『天皇制と帝國主義』五、五二頁。本段有關近代天皇制的論述均參考該書。

的，正是他自己留日時期以來，以「鄉土之愛」作爲民族主義表達的思想邏輯。同樣，從「萬世一系」所產生的日本人對於君主的情感，也在他所建構的天皇與幕府的對立關係中被理想化了，「武人對於皇室可謂很不客氣，和我上面所說人民的感情大不相同，可是塞翁得失很是難說，因爲天皇向來只擁虛位不管事，所以人民對於他只有好感情，一切政事上的好壞都由幕府負責任，這倒頗有君主立憲的好處」。〔註64〕這裡的「人民」，顯然是出自周作人自己具有民主立場的視點，「忠」的字義中所包含的封建主從關係，被置換爲「人民」的自然情感。實際上，無論幕府時代也好，近代日本也好，等級身份制的社會結構關係在「天皇制」的形態下持續存在。幕府時代的「君」、「臣」、「民」身份關係，轉變爲近代（「二戰」結束之前）的「天皇」與「臣民」，「多元的『君』『臣』關係，被以天皇爲惟一之君的一元化狀況所取代，在天皇之下，所有的『臣民』都是平等的。」〔註65〕因此，就日本的政治事實而言，周作人的「人民」其實無法落實，他所指稱的「人民」，實際上只有引出與「武人」相對立的結構性功能。因此，如同在周作人的近代立場中所表現的那樣，在他的民主立場中，可以再次看到他否定武力政治、專制政治的思想性格。

　　但如果說排除「武人」的「人民」指的是作爲被統治階層的普通民眾，那麼，周作人所謂「歷來天皇雖無實權，人民對於天皇的感情則很深厚」，具有怎樣的意涵？他是從「萬世一系」所代表的血緣關係角度進行解釋，「日本現在雖然還有皇族華族士族平民四個階級，普通總說古來是一大家族，天皇就是族長，民間亦有君民一體的信仰，事實上又歷來戴著本族一姓的元首，其間自然發生一種感情，比別國的情形多少不同，或更是眞情而非公式的。」〔註66〕因此，所謂對天皇的「好感情」，在周作人那裡，意味著基於血緣關係的，類似親情的一種自然情感。這種設定，不僅取消了天皇與普通人之間的等級差別，只保留了身份區別，而且取消了天皇的「神性」。實際上，在封建社會等級制度下，等級與身份牢不可分地捆綁在一起，但等級身份制的合法性來源，與中國的來自儒家的倫理性規定不同，日本的恰恰是來自天皇的「神性」。可以說，作爲「天皇制」社會、心理基礎的等級、身份、「神國」的牢

〔註64〕《日本管窺》，《全集》第 6 卷，第 593 頁。
〔註65〕小森陽一：《天皇制與現代日本》。
〔註66〕《日本管窺》，《全集》第 6 卷，第 592 頁。

固結合體，被周作人反封建、唯物論的思想邏輯強行拆解了，因此，他無法看到日本天皇制所具有的政治功能與意識形態功能。

關於日本封建時代作爲普通民眾的農民與天皇的關係，遠山茂樹有如下論述，「江戶時代的大多數農民，可以說並不知道天皇的存在。明治維新之後，對於儘管知道老爺大人的權威，卻不知道天皇存在的人民，發出布告闡明天皇是如何值得尊敬的存在。由此也能推測出之前的狀況。但是，政府在作出擴大天皇權威的努力時，仍然快速收效也是事實。」可見，周作人的「自然情感」說是不大可靠的。但是，天皇的確具有莫大的影響力，對此，遠山茂樹從宗教心理的角度進行解釋，「或者也可以這樣考慮吧，不過是江戶時代後期盛行的『活神』信仰，以及接觸過巡行各地的本願寺佛身體的石頭和洗澡水所具有的魔力，也可以求之於天皇。那決不是什麼新鮮事情，服從那樣的宗教權威的心理基礎，已經在江戶時代的庶民生活中準備好了。」〔註67〕在日本古來的神道教信仰中，天皇是一個不可或缺的存在，明治維新後，民間的神道教信仰被收編、改造爲「國家神道」，成爲近代天皇制的國家意識形態，可以說正是利用了天皇的宗教權威性。

由上述可見，周作人問題意識轉移的結果，與其說是重新認識日本文化，以尋求對現實政治的合理解釋，不如說更讓人感到，他是面對不可控的現實政治強行推行自己的主觀思想邏輯，其能在多大程度上有助於現實政治問題的解釋或解決，自然是一個大疑問。另一方面，迫於現實政治的重壓而產生的這種有意識的對抗性（表現爲他在日本文化談中建構的一系列二元對立結構），也不能不使他的思考本身有陷入孤立、固化之虞。

例如可以將周作人的思想方法，與日本文學專家傅仲濤有關日本文化的認識作一比較。1936 年 9～10 月，《宇宙風》第 25～26 期推出《日本與日本人特輯》，除了印象性談論日本文化生活，以及專門性談論日本藝術的文章之外，傅仲濤的《日本民族底二三特性》、周作人的《懷東京》、徐祖正以甲乙二人對話形式（其中很大可能有周作人的意見在內）發表的《日本人的俳諧精神──芭蕉一茶之流》，可以說較深入地從思想上觸及了日本文化問題。傅仲濤在文中談及的日本民族特性，如萬世一系、善於學習和變化、愛美精神、現實主義，也都是周作人談過的，但與周作人將其各個分立、取己所需的思想方法不同，傅仲濤從這些特性產生自同一根源的角度來進行認識，即它們

〔註67〕遠山茂樹：『天皇制と帝國主義』一七～一八頁。

統一於由獨特的「萬世一系」所生發的日本人的自我意識。傅仲濤把萬世一系看作「不是對於權威的屈服，卻是一種宗教型的信仰」，由此產生的日本人的自我意識，就是「對於日本國家的認識及其一切的觀念」。與周作人對日本文化持一種理性認知的態度不同，傅仲濤把日本民族特殊的宗教信仰，作為其文化、倫理發生的根本原因。因此，傅氏不僅把「忠君愛國」看作日本民族的特性，「忠君與愛國在封建社會原無二途。所以二千餘年來，為萬世一系的忠君思想所養成的愛國精神，其根柢極為深固，決非數十年資本主義底國家主義的教育所能夠馴致，也決不可以和資本主義的愛國心相比。他們對於萬世一系的國家的熱愛，確是有點特別。」而且把它看作產生其他文化特性的根源，「這種認識使一切矛盾的文化，而歸於統一，使複雜變成簡單，使艱澀歸於平易，使凝滯歸於流麗。這種變化在字音中最為顯明。譬如『安』之An，則變為a；『唐』之音為Tang，則變為To。於此我們可以發見日人愛流麗平直明亮淡泊天真的特性。這種特性我們可以在日本的文學美術工藝建築服飾等等的裏面，發見這句話的證據。」〔註68〕

周作人這種主觀性很強的思想方法，自然由其鮮明的現實關懷和問題意識所決定，帶有濃厚的理性色彩和實踐性特徵，但他面對更多由現實利害關係而非人類理性所決定的現實政治狀況，一意推行一己理性的思想邏輯、文化邏輯的姿態，不能不讓人感到些許宗教家的氣分，也許這就是連他自己也沒有意識到的環繞自身的思想陷阱。

3・民間信仰作為意義世界生成的源泉的可能性

圍於自己的思想方法，周作人無法從「萬世一系」的天皇制推導出現實政治的動因時，從天皇的存在與宗教的關聯出發，作為日本文化的「獨有之異」，他進一步觸及了日本民族的宗教信仰問題，「我平常這樣想，日本民族與中國有一點很相異，即是宗教信仰，如關於此事我們不能夠懂得若干，那麼這裏便是一個隔閡沒有法子通得過。」〔註69〕就其認識方向而言，這裏實際上存在著轉向傅仲濤那樣的思考方式的契機，但周作人最終以「不懂宗教」為由，結束尋求用文化解釋政治的努力，那麼是什麼阻擋了這一契機的實現？

〔註68〕傅仲濤：《日本民族底二三特性》，《宇宙風》第25期，1936年9月16日。
〔註69〕《日本管窺之四》，《全集》第7卷，第737頁。

　　首先，周作人對日本宗教信仰的認識，通過柳田國男對祭禮的描述，特別關注其宗教儀式中「神人和融」的狀態，「蓋中國的民間信仰雖多是低級而不熱烈者也。日本便似不然，在他們的崇拜儀式中往往顯出神憑或如柳田國男氏所云『神人和融』的狀態，這在中國絕少見，也是不容易瞭解的事。」〔註70〕早在日本留學時期，周作人已經開始閱讀柳田國男的著作，而且在柳田氏發行《鄉土研究》雜誌作為展開民俗學研究陣地的次年，即 1914 年 12 月，即函購該雜誌，一直持續到其停刊的 1917 年 3 月。〔註71〕柳田氏的大部分民俗學著作也被收集和閱讀，〔註72〕可以說是周作人相當熟悉的日本學者之一。但直到 30 年代，周作人開始關注屬於鄉土生活的民間風物、民間習俗的時候，柳田國男的民俗學研究才正式進入他的理論視野。也就是說，被主要理解為鄉土生活研究的民俗學，是周作人與柳田國男發生關聯的契合點。〔註73〕如前述，30 年代從「人民的歷史」出發，周作人從民間日常生活、習俗、情感的連續性中，建構悠遠綿長的民間日常生活世界，借鑒了柳田氏的鄉土研究，由此試圖使現代中國文化，紮根於具有民族特色的鄉土生活與情感的深處而穩固生長。40 年代，他才開始關注在柳田民俗學中具有重要意義的的日本宗教信仰研究。

　　在對柳田民俗學的研究課題與方法論進行體系化表述的《民間傳承論》與《鄉土生活研究法》二書中，柳田國男建立了民俗資料的三部分類法，「第一部是可視的材料，第二部是音聲的語言資料，第三部是通過最微妙的心意感覺的表達才能理解的部分。」〔註74〕雖然柳田氏聲稱這個分類是按照「自然的順序」，就是按照採訪者接近采集對象時，從眼觀到耳聞，再到心意感覺的距離遠近作為分類標準，而且三個部類之間也互有交叉，但實際上，這一分類法更重要的作用是在三個部類之間建立起意義上的層階關係，「可以

〔註70〕《日本管窺之四》，《全集》第 7 卷，第 737 頁。
〔註71〕《周作人日記》（上）載：1914 年 11 月 21 日，「上午寄羽太函サガミヤ又鄉土研究社函」（第 529 頁）。1917 年 3 月 14 日，「石川寄鄉土研究，幼年ノ友各一冊」（第 658 頁）。
〔註72〕參見《〈遠野物語〉》，《全集》第 5 卷。
〔註73〕柳田國男作為民俗學者的生涯大致從 1910 年代起步，此前近十年他是農商務省的農政官僚兼農政學者。1930 年代確立起統一化、體系化的民俗學研究體制。其基於農政學的「經世濟民」的問題意識則貫穿始終。參見福田アジオ：『柳田國男の民俗學』。吉川弘文館、2007 年。
〔註74〕柳田國男著、王曉葵・王京・何彬譯：《民間傳承論與鄉土生活研究法》，第 84 頁，北京：學苑出版社，2010 年。

說這一部分（按：指第三部）才是我們學問的目的，而其他的『第一部』、『第二部』都只是通往這一目的地的途中的階梯。」因此，這一分類法透露出柳田民俗學的問題意識所在。關於第三部的心意現象，柳田氏再將其分為三類：知識、生活技術與生活目的，其中又以「人到底為何而生的目標」、「人生的終極目的」所解釋的「生活目的」作為最終歸結點，「上面提到的知識、技術，其實都是為了通往這第三部分第三類，即所謂生活目的的橋梁。」也就是說，柳田民俗學的問題意識，要落腳於尋求日本人的生存意義與生存價值。因此，雖然他以保存古昔傳統的民間生活現象為研究對象，但他用來翻譯英語 folklore 的「民間傳承」，既非考古學式的客觀考察過去的遺物，也非西歐民俗學那樣，以偏遠的異民族尤其是野蠻民族作為考察對象。柳田民俗學是為了「現在」而注目於自身「過去」的學問，「我們的學問歸根到底，必須是救世助人的。換言之，它是為將人類生活導向幸福將來的現在的知識。對現在的社會抱有疑問，進而尋求解決之道時，過去的知識則成為必要。」〔註75〕正是在這個意義上，柳田氏將自己的民俗學稱為「新國學」。〔註76〕與生存意義關係最為密切的，他認為是以生死觀為核心的宗教信仰問題，民俗資料的第三部心意現象，主要研究的是包括俗信、民間信仰在內與民族心理緊密關聯的信仰問題。〔註77〕因此，宗教信仰在柳田民俗學中具有核心地

〔註75〕《民間傳承論與鄉土生活研究法》，第 313、330、189～190 頁。

〔註76〕《民間傳承論》中在「心意研究的重要性」標題之下，柳田國男說，「賴山陽的《日本外史》和本居宣長的國學曾改變了當時的學問，今天也面臨著同樣的變局。民間傳承之學也處在這個歷史的關頭，我們可以把它擡高到『新國學』的高度，它是國家所必需的一門新興的學問。」（《民間傳承論與鄉土生活研究法》，第 165 頁）日本戰敗後，柳田國男出版以信仰問題為中心的系列論文集，總題名為「新國學談」。柳田國男的這一問題意識，正是成立於明治日本建立近代民族國家與國民意識的思想潮流之中，並延續到戰敗之後。有關柳田民俗學的「新國學」性質，參見福田アジオ『柳田國男の民俗學』、中村哲『柳田國男の思想』（法政大學出版局、1985 年）中的相關論述。

〔註77〕參見柳田國男在《民間傳承論》中關於心意現象的論述，「第一部和第二部用過去的方法大體就可以了，而第三部則不行，一般來說，俗信、民間信仰都放在這一部分裏，但信仰的範圍過於廣泛，而民間信仰的領地又略有狹窄之嫌。」「我避開俗信這個詞，嘗試用趣味、憎惡、風氣、信仰這些詞。風氣和信仰完全不同，但是就如觀察有形文化一樣，我們把他們都看作是無形的精神文化，從這些無形文化中我們也可以看到前人的所作所為、前代人的所有物以及今天我們已經喪失了的父輩們曾擁有的東西。（中略）這樣想來，民間傳承之學有必要和心理學合作，對群眾心理、民族心理進行實驗研究。」（《民間傳承論與鄉土生活研究法》，第 150～151 頁）

位，例如中村哲指出，「柳田國男民俗學的中心課題是以家爲單位的祖先崇拜，這種關心強烈地指向一個宗教社會學的問題。」〔註78〕川田稔也認爲，「柳田的民俗學是把一般日本人的生活文化以及其歷史的變遷進行系統地整理並且力圖使之明確化，其中他最重視的就是氏神信仰問題。」〔註79〕這一點之所以沒有在 30 年代受到周作人的關注，不能不說是出自二人問題意識的巨大差異。

不過，儘管宗教信仰在柳田民俗學中佔有舉足輕重的支柱性地位，但信仰本身不是柳田氏研究的終極目的，「也有人認爲『信仰』或是『神』這樣的概念屬於第三類，即生活目的，但我們認爲是爲了生活而祈拜，因此屬於手段。」可見，柳田氏關注宗教信仰和他「經世濟民」的學術抱負是一致的。「爲了生活」這一終極目的，限制了對超越有限此世的宗教超驗性的關注，「在生活目的的背後，也許還有著更大的存在，但大體來說，人之生，不都是爲了幸福或是家族的興旺嗎？」〔註80〕可以說，尋求現世幸福與家族永續的原理性根源，才是柳田關注信仰問題的根本動機。因此，不是外來的佛教或儒教，而是日本自古以來的、仍保留在現在鄉村生活中的祖先崇拜、祖靈信仰（當然這也跟柳田民俗學的「新國學」一面相關），〔註81〕成爲柳田氏重建現代日本人的價值、觀念、倫理、道德等意義世界的源泉。正如他對民俗資料第三部的分類那樣，柳田氏研究宗教信仰，指向從日本的過去中，獲取使現代日

〔註78〕 中村哲：『柳田國男の思想』五五頁。

〔註79〕 川田稔著、郭連友等譯：《柳田國男描繪的日本——民俗學與社會構想》，第 10 頁，北京：外語教學與研究出版社，2008 年。

〔註80〕 《民間傳承論與鄉土生活研究法》，第 315、330 頁。

〔註81〕 參見福田アジオ的論述，「爲何希求家的超越世代的存續，從家內部的邏輯來解釋是不夠的。對此，柳田通過我們日本人死後應有的狀態，也就是與靈的永續性的關聯，來把握家的永續性。這就是相信死後世界的靈的永續性的信仰問題。希求家的永續性存在於日本人的祖靈信仰中。」（『柳田國男の民俗學』一一二頁）此外，中村哲在與基督教以前民間廣泛存在的泛靈論信仰的關聯中，論述作爲宗教現象的柳田國男的祖先崇拜，「柳田國男中心思想的祖先崇拜是個別的家的信仰，它是在神的名稱之下對人自身的祭祀。稱之爲神是不錯的，這是使現世的人在此世永遠存續的一種方法。祖先崇拜是在祖先與子孫的關係中盛行的與人相關的現象，絲毫不是解決理應與宗教關聯的有關宇宙創造的問題，也不能說明天地變異等異常現象的根源。祖先崇拜具有與人的家相關的意味，但它無論如何總是個別的原理，不能牽連到與宇宙相關的普遍問題。而且，祖先崇拜是泛靈論者所說的靈魂崇拜，祖靈從只是人的再現，到作爲神聖之物成爲信仰對象，其間的轉機，可以說通過死這件事而完成。」（『柳田國男の思想』五九頁）

本人獲得生存意義的一系列知識與生活技術。

以上爲了論述方便，將宗教與信仰籠統地歸在一起，指稱一種與人的心理相關的信仰現象。但在西方人類學研究中，宗教與泛靈論時代的圖騰崇拜、靈魂崇拜，被視爲性質不同的信仰現象，名稱上用宗教和巫術來區分。與這裡所論問題相關的是，這種區分關係著意義世界生成的源泉問題。川田稔介紹了西方學界的兩種代表性看法，根據弗雷澤的嚴格區分，巫術性觀念是比較原始和低級的思維形態，而宗教性觀念屬於較高級的思維形態，巫術無法形成內在倫理觀念；相反，根據杜爾凱姆較爲寬泛的區分，巫術與宗教在觀念上不存在高下等級之分，宗教性信仰，包括最原始的圖騰崇拜，都具有確定的倫理形成能力。由此來看，柳田氏對信仰問題的關心，接近杜爾凱姆的觀點，他以可被歸入「巫術」一類的日本民間信仰作爲研究對象，據此考察日本人的宗教意識，並將其作爲重建日本人意義世界的源泉。這也決定了柳田氏對宗教信仰的考察，不是以闡釋教義、經典爲主，而是以研究祭祀儀式爲主體。

1944 年周作人在《我的雜學》中總結其學問來源時，柳田國男被歸入「鄉土研究」而進行評價，「柳田氏著書極富，雖然關於宗教者不多」。〔註 82〕可見，周作人並沒有將作爲柳田民俗學中心思想的祖靈信仰的研究，當做宗教研究來看待。對柳田描述的祭祀儀式中表現的宗教心理，周作人聲稱「不懂」，實際上是拒絕了將並非宗教的民間信仰現象作爲意義世界生成的源泉。反之，與更多以儀式形式存在的民間信仰不同，擁有體系性教義經典的宗教，周作人並不完全否定將之作爲內在倫理形成的源泉，比如 20 年代他曾將基督教作爲人道主義思想的源泉而活用，30 年代之後則從大乘佛教汲取利他主義思想。

因此，儘管 30 年代以後，隨著周作人對鄉土世界民間日常生活的關注，被歸入民間禮儀風俗的民間信仰現象，或者可稱作「民間行事」，例如劃水仙、七夕、廟會、祭竈、無生老母等進入他的考察視野，但實際上這是站在民俗外部的近代知識人，懷抱自己現實改造的問題意識對民俗事象所投出的關注目光，這一立場與柳田氏是相通的。但周作人沒有像柳田氏那樣，把與人類原初狀態緊密關聯的民間信仰作爲近代倫理形成的源泉，歸根結底，也許要追究到中日兩個民族對「自然」所持有的不同觀念上。這個問題此處無

〔註82〕《我的雜學・鄉土研究與民藝》，《全集》第 9 卷，第 222 頁。

法詳細展開，只就周作人的場合，考察一下他的一篇相關文章《中秋的月亮》。〔註83〕

此文作於1940年9月，對於傳統節日中秋節的態度，周作人將文人學者中秋賞月的「雅興」，與鄉間普通人「算賬要緊，月餅尚在其次」的現實生存關注對立起來，從民間對於月亮的祭祀、畏戒，說明作爲自然現象的月亮「可怕的一面」。饒有興味的是下面的敘述，「好多年前夜間從東城回家來，路上望見在昏黑的天上掛著一鉤深黃的殘月，看去很是淒慘，我想我們現代都市人尚且如此感覺，古時原始生活的人當更如何？住在岩窟之下，遇見這種情景，聽著豺狼嗥叫，夜鳥飛鳴，大約沒有什麼好的心情，——不，即使並無這些禽獸騷擾，單是那月亮的威嚇也就夠了，他簡直是一個妖怪，別的種種異物喜歡在月夜出現，這也只是風雲之會，不過跑龍套罷了。」今月即古月，可以說，以月亮爲代表的自然力，在原始時代以其威壓留在人類心靈上的恐怖印象，代代遺傳，從鄉間拜月的民間儀式中反映出來了。周作人對月亮的感受，幾乎具有幼兒或原人般的直接性和敏感度。因此，「對於自然還是畏過於愛，自己不敢相信已能克服了自然，所以有些文明人的享樂是於我頗少緣分的。」〔註84〕當然，這種感受的生發，也應該考慮到周作人此時所處如履薄冰的生存處境，現實上也已然沒有了20年代「我們於日用必需的東西以外，必須還有一點無用的遊戲與享樂，生活才覺得有意思」〔註85〕那樣的餘裕。但總之，在他那裡，純粹自然現象給予人的心理感受，不能不帶有醜惡與恐怖的分子，其自身就起源於人類原初對自然現象作出反應的民間信仰，在周作人看來也不能不帶有這樣的分子。因此，對他而言，自然現象、民間信仰中始終存在著不利於人現世生存的分子，這些分子應該以科學或藝術之力予以祓除。在周作人以「人」爲目標的文學政治實踐中，包括人自身的知識、思想、情感在內的人之力，始終是他仰賴的根本，總是試圖頑強地參與到自然界無意識的進程中。在此意義上，「文明」才成爲「人」區別於動物的本質屬性，就這項工作而言，不是柳田民俗學，而是西歐的文化人類學，爲他提

〔註83〕首先引起筆者注意這篇文章的，是木山英雄在《周作人——思想與文章》一文中的讀解，「不過，在他談到月光的『淒慘』，說『對於自然還是畏過於愛』（《中秋的月亮》）的話裏，我得以聽到周作人少見的傾訴內心的告白，而獨自感到滿足。」木山英雄著、趙京華編譯：《文學復古與文學革命——木山英雄中國現代文學思想論集》，第95～96頁，北京：北京大學出版社，2004年。

〔註84〕《全集》第8卷，第325頁。

〔註85〕《北京的茶食》，《晨報副鐫》，1924年3月18日。

供了更有力的方法論支持。

　　1943 年 10 月，周作人發表《關於祭神迎會》一文。閱讀了柳田國男的《日本之祭》，雖然「除了知悉好些事情之外，關於祭的奧義實在未能瞭解多少」，但在將中國的鬼神迷信歸入禮俗的對照下，終於將日本民間的祭祀儀式作爲宗教來對待了，「日本國民富於宗教心，祭禮正是宗教儀式，而中國人是人間主義者，以爲神亦是爲人生而存在者，此二者之間正有不易渡越的壕塹。」〔註86〕不過，在宗教的方向上，周作人仍然沒有考慮民間信仰，而是轉向日本上層生活中與佛教相關的「禪」。1944 年 11 月寫的《〈茶之書〉序》一文，比較中日兩國吃茶方式的不同，把茶道的發生與宗教情緒關聯起來，「茶道有宗教氣，超越矣，其源蓋本出於禪僧。中國的吃茶是凡人法，殆可稱爲儒家的，……日本舊日階級儼然，風雅所寄多在僧侶以及武士，此中異同正大有考索之價值。中國人未嘗不嗜飲茶，而茶道獨發生於日本，竊意禪與武士之爲用甚大」。〔註87〕但是，雖然將「禪」視爲宗教，周作人卻以其與思想無關而不再探討下去，「其實這本不是思想，禪只是行，不是論理的理會得的東西」。〔註88〕

　　與此同時，對於中國民間信仰的態度，即其能否作爲「宗教」而具備意義源泉的功能，在此類題材的封筆之作《無聲老母的信息》一文中，出現了對周作人而言少有的多聲部混雜、各自爲政的局面。既運用心理分析的學理，對無聲老母信仰的儀式與教義加以「疾虛妄」式的辨正，溢出學理的現實心境，又對信仰無生老母的普通人民發生無限的同情；雖然肯定柳宗元恢復佛寺教化蠻民的方法，但「這個辦法現在也可以用麼，我不敢下斷語」。似乎只能期待人民物質生活與知識水平的提高，使民間信仰中的邪惡分子減少，「假如平民的生活稍裕，知識稍高，那麼無聲老母的崇拜也總可以高明得多吧。」相當於還是無法否認民間信仰作爲民眾精神歸依、生成意義世界的作用，然而，作爲前提的生活富裕與知識提高，在現實中難以兼得，「不過既想使工人吃到火腿，又要他會讀培根，在西洋也還是不能兼得，中國又談何容易。」那麼，由於這一無法實現的前提，現存的程度低下的民間信仰，還是應該否定吧，「怎麼辦呢」？〔註89〕在失去政治自主所造成的不自由的政治環境中，

〔註86〕《關於祭神迎會》，《全集》第 8 卷，第 787～793 頁。
〔註87〕《〈茶之書〉序》，《全集》第 9 卷，第 324 頁。
〔註88〕《日本之再認識》，《中和月刊》3 卷 1 期，1942 年 1 月 1 日。。
〔註89〕《全集》第 9 卷，第 556 頁。

周作人再也無法像此前那樣，在與現實政治的互動中隨時補充思想的新鮮血液，卻是在政治重壓下，思想日益陷入固化的學理而失去應對現實的活力。

結　語

　　綜觀周作人一生的個人經歷與思想變遷，與其禍福榮辱、成敗得失關係最為緊密的因素，不妨認為是日本文化。大體來說，日本文化在三個層面與周作人發生關聯。

　　第一，個人經驗層面。青年時代（22～27歲），周作人在日本度過六年留學生活，一邊跟隨大哥魯迅，為實現人的不受外在權威壓制與物欲實利束縛的「自由精神」，同時也為了襄助旨在推翻滿清封建專制統治的種族革命，建立與人的「自由精神」相匹配的國家政治，面向國人譯介弱小民族國家的反抗性文學，期待文學發揮思想之力實現社會變革；一邊在大哥的庇護之下，安然享受著日本明治晚期經過四十年近代化建設的普通人日常生活。這樣，在由他年輕的熱情所支持的政治理想，與給他的身心帶來愉悅感的生活環境之間，實際上存在不小的距離。「立人」也好，「立國」也好，思想變革的最終目標要落實為何種具體形態？如果不是從國家政治的角度關注這一問題在政治體制層面的解答，那麼，它的答案也許就潛伏在與個人自身最為密接的個人日常生活經驗中。結束留學生活回國之初，國內現實對他的觸動，首先也是使他從反面感到對夢一般過去了的日本生活的懷戀。〔註1〕周作人從留學生活中體驗到的普通日本人在生活態度、生活方式方面的特點，如清潔、有禮、灑脫等，在他看來正是從積久深厚的生活經驗中形成的文化的產物。這種生活經驗中的文化因子，很快就加入到周作人回國之後處身於中國現實環

〔註1〕　參見《Souvenir du Edo》，記述周作人初回國時的心情，文末並有題詩一首：「遠遊不思歸，久客戀異鄉。寂寂三田道，衰柳徒蒼黃。舊夢不可追，但令心暗傷。」《全集》第1卷，第221頁。

境時所提出的思想建構與政治理想中。因此，面對民國成立，從政治體制上對「民主共和」的實現，周作人反而提出「以今較昔，其異安在？由今之道，無變今之俗」〔註2〕的質疑。思想，最終必須顯現爲人的具體的生活態度和生活方式，才能形成「文化」，也才能完成與動物有別的「人」的實現。周作人從生活經驗中感受到的日本文化特性，同時也從他對日本學術藝文的閱讀經驗中得到印證，由此形成了他終身愛好的「日本文化」相。作爲思想的出發點和目的地的，對周作人而言都是人的生活，而在他的個人生活經驗中，青年時代的日本留學生活扮演了舉足輕重的角色。

第二，文化與政治的關係層面。周作人的文學政治實踐，從致力於「人」的目標這一點上來說，與國家政治實踐是一致的。但他試圖依借思想文化的力量，就排除了國家政治並不排斥的武力。這一思想的出發點，在於周作人對於「人」與動物有別的「文明」屬性的認識，他提出人區別於動物的本質屬性，在於人不受本能控制的自覺意識與不受外在權威控制的自主能力。因此，成爲具有獨立的主體意識的個人，可以說是周作人所要實現的「人」的目標。不過，周作人的「個人」概念，實際上從未單獨出現過，而是先後在個人－人類、個人－民族、個人－人情、個人－自然構成的兩極結構關係中存在，這意味著他對人的「文明」屬性的規定，實際上是以人與人之間的倫理關係爲前提規定個人的內在倫理。像動物世界中那樣，由實際力量的強弱大小所決定的弱肉強食的自然性關係，是被他排除於人與人之間關係的考慮之外的。因此，在他的思想中，「文化」優於「政治」的傾向很突出。在爲實現中國的民主政治而進行的現代文化建設中，周作人引入「人情美」的日本文化資源，來補救中國文化的缺失，其理論前提是中日兩國在古代眞正友好的文化交流中奠定了文化共通性的基礎。但是，在現實中，涉及國家與國家之間的關係時，首先是政治決定一切，沒有政治平等的文化交流是無法實現的。但是，反之，沒有將文化建設考慮在內的政治，其能否完成政治應有的職責（這也是其自身能否生存的合法性依據），保障人的生存和發展，也將成爲疑問。那麼，周作人不惜付出犯下政治錯誤的代價，也要爲文化自主進行抗爭的行爲，這種「失敗主義式的抵抗」，〔註3〕能否爲在國家建設中思考文化與政治的關係，以及在國際政治中改善國家之間的政治關係提供某種啓

〔註2〕《民國之徵何在》，《全集》第 1 卷，第 230 頁。
〔註3〕木山英雄：《北京苦住庵記——日中戰爭時代的周作人》，第 275 頁。

示，無論是經驗的或教訓的？

　　第三，東方文化與西方文化的關係層面。東方國家作爲後進國，背負著自身的沉重歷史和文化傳統，爲了在世界秩序中爭取生存和發展，一方面既要抵抗近代西方帝國主義的殖民侵略，一方面又要追隨西方近代以實現自國的現代化。在這種既抵制又追求的二難處境中，周作人爲中國現代文化建設所引入的思想資源，從留日時期的「悲哀」文學，到 20 年代的「人情美」，30 年代的儒家思想，始終閃耀著東方文化的特殊色彩，表明他對以東方文化爲主體意識的東方現代化道路的思考。在此過程中，日本的明治維新被他作爲東方現代化的範例而推舉，使他對東方文化的自主性充滿信心。在中日文化相通性的基礎上，他引入日本文化資源構建中國現代文化，即以此信心爲前提。而 30 年代以降，從明治日本延續而來的昭和日本，以帝國主義面目對中國的武力進逼，首先衝擊的也是周作人對日本文化自主性的想像。面對兩國現實政治關係的日益惡化，從借助日本古典文藝中「人情美」的思想資源，到轉向對永井荷風「東洋人的悲哀」的闡釋，周作人的努力仍然在於試圖維繫「現代中國」構想中東方文化的主體地位。雖然政治情勢使這一文化理想逐漸歸於幻滅，但直到 40 年代，中日兩國處於戰爭狀態時，他仍然強調明治維新對於處理兩國關係所具有的意義，「在日本有過明治維新，雖已是過去的事，但中日兩國民如或有互相理解之可能，我想終須以此維新精神爲基礎。」〔註 4〕那麼，在現代化方向上，仍然未曾放棄對東方文化作爲主體意識的探索。30 年代，周作人借助柳田國男的鄉土研究，關注中國傳統農業生產的社會形態中，農村日常生活世界作爲生活土壤孕育中國文化本根的意義。在政治地位發生從主到奴之逆轉的 40 年代，周作人對東方農業社會文化形態的延續性思考，由於帶入了以文化抵制政治的意味，東方文化內部的差異性因此得到關注。對此有所提示的，是 40 年代進入周作人視野而他未及進一步展開的柳宗悅及其民藝運動，後者對於東方國家實施各自不同的現代化道路，能否提供某種啓示？遺憾的是，周作人從自身立場出發，對柳宗悅思想的回應或藉此對自身思想構成的更新，在當時和此後的政治現實中都沒有可能實現。

　　新中國建立之前，周作人與日本文化在文化與政治上的複雜糾葛，可以說表現出了他以「人」爲目標的文學政治實踐的全部悖論性。周作人用以實現「人」的文化建設，一方面具有文學政治的意義，另一方面具有「美化」

〔註 4〕《〈如夢記〉譯者附記》，《藝文雜誌》1 卷 6 期，1943 年 12 月。

意識，其內容帶有他自己的「美意識」烙印。有關「美」的這一方面，主要受到他認爲中國文化所缺失，而作爲希臘文明與日本文化重要特性的「愛美」精神的影響。周作人自己的「美意識」，更接近日本文化的含蓄、自然、灑脫、清麗之美。從日本文化中汲取的「愛美」精神或「美化」意識表現在，人對與自己的日用生活相關的方方面面進行「美」的積極改造，使自然環境帶上人的主觀精神特徵或情感色彩。周作人一方面注重這種「愛美」精神中表現出來的人改善自己生活環境的主觀能動性，另一方面則重視「美」的非功利性意義，由此實現他所期待的「人」擺脫物欲控制、成爲自己生活主宰的自主性。將人的自主與自由確定爲「人」的目標，也使周作人最終選擇了科學與藝術作爲人的內在倫理形成的方式，而排除了依賴他力而非自力的一切信仰形式（一神教的宗教或多神教的民間信仰），這一點卻與他對「美」的執著產生矛盾。「美」自身的非功利性特點，意味著它的實現無法從世俗功利性中獲取原動力，而必須依託於一種超越有限此世的超越性心理動因，即信仰。日本文化的「愛美」精神、審美意識，事實上也與日本民族古神道的宗教信仰密不可分，〔註5〕周作人不僅將這種「愛美」精神所由以產生的集體無意識性心理根源置換爲一種理性意識，而且，這種理性意識也遮蔽了他自己從事這一「美化」工作的超越性心理動因，即他是出於對「文化」的信仰。因此，對於沒有這種信仰的人來說，他的理論無異於夢囈。難道在最終極的意義上，爲了實現人的自主，他試圖使每個人或多或少擁有的密閉於個體經驗之內具有極端個人性的信仰對象，全部轉換爲「文化」？

周作人的文學政治實踐，毫無疑問以對個人、文化的強調爲特色，但同樣不可忽視的是，他的個人與文化，總是在個人與集體、文化與政治的結構關係中進行處理。不過，雖說如此，在這一結構關係中，個人、文化是實，集體、政治爲虛，後者僅僅具有構成一種結構的機能性意義，其作用只是消極性地防止對個人、文化無限制的強調，走向極端個人主義、文化主義而失去文學政治實踐的政治性維度。相較於周作人在其思想與政治理想中對於個人與文化的具體構想和目標，可以說，他對集體與政治沒有任何具體規定。因此，隨著現實政治形勢的變化，當這一結構中的集體與政治對周作人的問題意識而言由虛變實之後，他完全沒有處理作爲實像存在的集體與政治（就

〔註5〕參見廖楓模：《日本民族的傳統審美意識》，《中山大學學報》（社會科學版），1993年03期。

如同對他而言一直作爲實像存在的個人與文化）的經驗。而囿於個體與集體、文化與政治的結構關係，只是將顯現爲實像的集體、政治，一味視爲對於個人、文化的對立性、壓制性力量，實際上，當兩方面均以實體性面目出現的時候，它們之間的關係應該是非常具體的，不能依靠某個先在的固定結構來處理。而且，集體、政治顯現爲實像，同時意味著周作人文學政治實踐的政治性維度，需要從集體政治與國家政治的方向上來界定。如果說，顯現於 20 年代末革命文學中的有關集體的問題，周作人從「生活合理化」運動出發的「現代中國」建構，在與民眾政治的政治理念一致的方向上，從與階級政治不同的角度提出自己的解答，從而保證了個人概念的政治性維度；那麼，對於中日民族衝突所帶來的政治的問題而言，周作人的文化概念的政治性維度實際上是由國家政治得到保證的，但他卻試圖轉向倚賴東方文化與西方文化的對立結構，將政治從文化中人爲隔離。此舉幾乎只是愈加證實「文化」是他的信仰，而信仰只對個人自身具有意義。在淪陷區政治不自主的處境中，毫無疑問，政治對於文化具有絕對優勢，因此，周作人對於文化的構想反轉爲虛像，它的對面甚至沒有作爲實像的政治，政治在它之上。

附　　錄

附錄 1：周作人發表於《新青年》的翻譯作品

卷　期	作　者	篇　名	情　節　梗　概
四卷二號 （1918.2）	古希臘 Theokritos	牧歌第十（兩個割稻的人）	
四卷三號 （1918.3）	俄國 Sologub	童子 Lin 之奇迹	羅馬軍隊燒殺劫掠的途中，被叫作林的童子指斥為「兇手」，林因此與其同伴被殺。而羅馬兵士為小兒鬼魂的幻覺所怖，奔到海邊被海濤吞沒。
四卷四號 （1918.4）	俄國 Kuprin	皇帝之公園（幻想）	社會革命革除了皇帝的權威，平民政府為不肯與平民一起生活的帝王建造一所公園供其居住。這些人以空談先前的榮耀度日。政治議論與歷史事實皆不能使其改變的一位廢王，某一天被進園的小女孩之童心所感化，與小女孩一起走出公園。
五卷二號 （1918.8）	瑞典 August.Strindberg	不自然淘汰	男爵不得已接受鄉下女子做自己兒子的乳母，致使後者強壯的孩子死於育嬰堂。孱弱的小男爵活下來了，鄉下女人又養了許多兒子。男爵不能不承認「現在的自然淘汰是全不自然」，然而事實無法更改。

		改革	立志終身自立的「伊」與決心娶一個獨立自由的女人的「他」，按照各自的理想幸福地結合。唯恐失去獨立而力避生育的「伊」，由於小孩意外的降生，忘了要被人養活的一切事。
五卷三號（1918.9）	新希臘 A.Ephtaliotis	揚奴拉媼復仇的故事	揚奴拉老媼向小女孩講述自己年輕時被土耳其人脅迫並向其復仇的故事。
		揚尼思老爹和他驢子的故事	揚尼斯老爹與其驢子相依為命，辛苦勞作一生，相伴而老死的故事。
五卷四號（1918.10）	波蘭 H.Seinkiewicz	酋長	印第安人部落 15 年前為日耳曼人所毀滅，在其舊址上建立新鎮。被馬戲團班長撫養長大、子遺的部落酋長來到鎮上，靠表演滅族之痛和仇恨作為營生。
五卷五號（1918.11）	俄國 L.Tolstoj	空大鼓（伏爾伽地方通行的民間傳說）	做小工的亞美梁借助有神力的妻子的幫助，完成國王為霸佔其妻而故意刁難的種種工作。最後找到一面可以指揮兵隊的鼓，亞美梁將其敲碎，使兵隊跑散。
五卷六號（1918.12）	日本江馬修	小小的一個人	「我」散步時遇到鄰家五歲的小女孩，從談話中無意得知她的家庭悲劇。不久小女孩同母親搬走，「我」因人類中有這個孩子在內而感到不能不愛人類。
六卷一號（1919.1）	丹麥 H.C.Anderson	賣火柴的女兒	寒夜中賣火柴的窮苦小女孩，在擦亮火柴的火焰所現的幻覺中，得到慰藉而死去。
	俄國 F.Sologub	鐵圈	一生勞苦、童年亦不曾快樂的老人，看見玩鐵圈的小孩的愉快，揀了一個木桶的圈，在清晨的林中偷偷遊嬉，在因為受涼的死中也得到慰安。
六卷二號（1919.2）	俄國 A.Tshekhov	可愛的人	溫順的阿倫加盡心盡力地愛她的每一任丈夫，並以他們的所愛為愛，當她的最後一位愛人在離開多年之後又帶著與他和解的妻兒返回之時，不能沒有愛的阿倫加又將全副的愛投給那個兒子，從而得到溫暖。

六卷六號 （1919.11）	南非 O.Scheriner	沙漠間的三個夢	譬喻女性的苦難歷史，並指出女性解放之道是借助理性和不畏犧牲的勇氣而自立。
七卷一號 （1919.12）	俄國 L.Andrejev	齒痛	耶穌基督被釘上十字架之時，商人般妥別忒前夜發生的難以忍耐的齒痛得到康復，在被釘的十字架下，向人講述自己的齒痛。
七卷二號 （1920.1）	俄國 V.Dantshenko	摩訶末的家族	俄土戰爭期間，被俘獲的土耳其大佐在審訊時談到自己的家族，引起俄國軍官的同感與同情，不顧軍法將其偷偷釋放。
七卷三號 （1920.2）	波蘭 Stefan Zeromski	誘惑	決定就任聖職的少年，在清晨看到兩個健壯的農家男女，聽到他們清新的愛情之歌，覺醒了心中愛的希望。
		黃昏	貧苦的華來剋夫婦爲了生計，不得不將小孩單獨留在家裏，而忍受地主剝削，拼命做工。
七卷五號 （1920.4）	俄國 A.Kuprin	晚間的來客	從晚間的敲門聲而聯想到的關於人生流轉無常、不可知、不可預料的種種感想。
八卷二號 （1920.10）	俄國科羅連珂	瑪加爾的夢	住在祖先與森林爭鬥所建立的村子裏的瑪加爾，辛苦地做工度日，喝酒。死後對於大王的審判激烈地反抗，因其苦難而得到公道。
八卷三號 （1920.11）	猶太賓斯奇	雜譯詩二十三首	
		被幸福忘卻的人們（劇本）	父母早逝的姐姐，爲撫養妹妹長大成人犧牲了自己的青春，得知自己所愛的人眞正愛的是妹妹時，經過一番掙扎決定成全妹妹，而終於接受了一直愛著自己的人。
八卷四號 （1920.12）	日本千家元麿	深夜的喇叭	深夜聽到不知何處的喇叭聲音，引起「我」對少年時代所看到的各種有關戰爭、殺伐、兵營等殘酷事件的恐怖印象的回憶。看著自己可愛的小孩，想到爲了他要奮鬥。
八卷五號 （1921.1）	日本國木田獨步	少年的悲哀	男子講述少年時候的一件事。小時寄住在鄉下叔父家裏，一天晚上在叔父家做事的德二郎偷偷帶「我」去一個即將被帶往朝鮮的娼妓處，因「我」與她失散多年的弟弟長相相似。當夜的情景和悲哀心情永不能忘記。

八卷六號 （1921.4）	波蘭顯克微支	願你有福了	化用印度故事，克利須那使蓮花化身爲處女，爲其尋得詩人的心作爲適宜的住所。
	波蘭普路斯	世界的黴	植物學家告訴「我」岩石上各色的黴，相互爭奪生存的地盤，有如人類的歷史。
	阿美尼亞阿伽洛年	一滴的牛乳	外鄉人基督徒家庭的父親，爲瀕死的孩子去向村人企求一點牛乳，得到時孩子已死。
九卷四號 （1921.8）		雜譯日本詩三十首	
九卷五號 （1921.9）	西班牙伊巴涅支	顚狗病	巴斯加爾寄予一切希望的獨子，被狗所咬而患上顚狗病，各種治療無傚之後，他爲了結兒子的痛苦而對其開了槍。

附錄 2：周作人發表於《晨報》第七版（或第五版）的翻譯作品

日期及專欄	作　者	篇　名	情　節　梗　概
1920.7.2 《詩》	日本石川啄木	無結果的議論之後	
1920.10.2 《詩》 （散文詩二篇）	拉忒伐亞庫拉臺爾原作、申沙耶夫譯本	你爲什麼愛我	
	勃加利亞遏林沛林原作、伊凡諾夫譯本	鷹的羽毛	
1920.10.16 《詩》	日本與謝野晶子	野草	
	日本生田春月	小悲劇	
1920.10.28 《詩》（新兒歌）	英國洛綏蒂女士	風	
	日本生田春月	燕子	
	日本北原白秋	鳳仙花	
1920.11.3 《小說》	亞美尼亞阿伽洛尼揚原作、達列陀夫世界語譯本	一滴的牛乳	（《新青年》八卷六號同載）

1921.6.29 《詩歌》	譯自日本海賀變哲所編端唄及都都逸集	日本俗歌五首	
1921.7.9～10 《小說》	日本佐藤春夫	雉雞的燒烤	孔子看到從橋上飛起的雌雉，指給子路說「時哉時哉」，子路誤會，捕到一隻雌雉燒烤了端給孔子吃，孔子舉其盤子將香氣聞了三次而罷。
1921.8.2～3 《小說》	希臘藹夫達利阿蒂思	初戀	少年時代「我」未來得及表白的初戀，多年之後的相遇不再提及。
1921.8.8～9 《小說》	希臘藹夫達利阿蒂思	凡該利斯和他的新年餅	與妻子吵架的凡該利斯打算在新年前夜與妻子和好，回家之後言語衝突卻釀成更嚴重的爭吵，致使小女兒得了永久可怕的病。
1921.8.12～13 《小說》	希臘藹夫達利阿蒂思	庫多沙非利斯	試圖安慰小孩而不能的沙非利斯，情急之下一掌打下去致使小孩變成白癡，對妻子隱瞞此事的沙非利斯從此生活在悲慘的絕望中。
1921.8.20 《詩》		希臘的輓歌	
1921.9.18 《詩歌》		希臘的輓歌 （一二三）	
1921.9.20～22 《小說》	日本志賀直哉	清兵衛與壺盧	清兵衛愛好葫蘆到入迷程度，被教員責為沒出息，心愛的葫蘆被沒收，之後反而賣出大價錢；父親將他收藏的葫蘆全部毀掉，清兵衛的愛好轉移到了繪畫，父親又嘖有煩言。

附錄 3：周作人發表於《小說月報》的翻譯作品

卷　　期	作　者	篇　名	情　節　梗　概
十二卷一號 （1921.1）	日本加藤武雄	鄉愁	「我」的鄰居的兩個小孩與「我」的小孩同年同月出生，不久其中之一芳子的母親去世，幾年後搬家到別處。芳子記掛兒時夥伴和舊時的家，仍時時回來玩耍。不久之後芳子病逝，只剩父親一人。

十二卷四號 （1921.4）	日本志賀 直哉	到網走去	「我」在火車上碰到一位帶兩個孩子去網走的年輕母親，看到一路上母親辛苦照料孩子的種種情形，引發對受丈夫淩虐的母親同情的種種感想。
十二卷八號 （1921.8）	波蘭戈木 列支奇	燕子與蝴蝶	在一片草原的松林中，村家的棚欄劃出「我們」與日耳曼的界限，而燕子與蝴蝶從容地飛過了這境界。
	波蘭普路 斯	影	黃昏降臨，點燈人走在街中，點上燈光，隨後消失，同影一般。他的工作與死亡不爲人所知，如影一般。
十二卷九號 （1921.9）	波蘭顯克 微支	二草原	梵天創造相鄰的生之原與死之原，人在生之原爲得工作的勞苦與困倦而願意前往永久靜謐的死之原。梵天在死之原的渡口創造了苦痛與恐怖，阻止人們的自願前往。
十二卷十號 （1921.10）	波蘭科諾 布涅支加	我的姑母	「我」請求未婚的老姑母在「我」出差的短期內收留妻子，姑母因怕有小孩而堅拒，這時家門口有被遺棄的小孩，姑母被孩子感染而接受「我」的請求。
	新希臘藹 夫達利阿 蒂思	伊伯拉亨 （附英國勞 斯：在希臘 諸島）	希臘人藹利亞斯因爲愛上了土耳其人的女兒，而改宗信仰伊斯蘭教，其父因此而死，不久之後妻子亦死，岳父發狂，他自己迷亂幾年之後也死了。
	芬蘭哀禾	父親拿洋燈 回來的時候	父親從市鎮上買回新鮮事物洋燈，母親、兒女與老僕人對其反應各各不同，洋燈給家裏帶來便利也造成某些昔時風景與情感的失去。
十三卷三號 （1922.3）	法國波特 來耳	窗（散文詩）	
十三卷四號 （1922.4）	日本武者 小路實篤	一日裏的一 休和尚（戲 劇）	一休因爲肚子餓，搶了賣瓦器人的瓦器準備換錢，因其稱肚子餓了就做賊去，此時有武士來請一休爲其死去的父親做引導並酬謝之，一休命寺僕還回瓦器並致歉酬謝。野武士因一休不守清規戒律而欲取其命，一休解釋自己如此做的原因，「人們不是應該互相責備的，是應該互相幫助，至少也是應該互相寬恕的」，令野武士羞愧逃走。
十三卷六號 （1922.6）	法國波特 來耳	游子（散文 詩）	

十三卷十一號 （1922.11）	古希臘路 吉亞諾思	冥土旅行 （對話）	
十四卷一號 （1923.1）	日本石川 啄木	石川啄木的 短歌（四首）	（錄《詩》第五號）
十四卷十一號 （1923.11）	日本武者 小路實篤	某夫婦	娶了輕浮妻子、自己同樣有輕浮行爲的男子，聽聞妻子與自己學生的緋聞，在妒忌不安和坦然接受之間猶疑不決，最終折中妥協，不再去學校而以翻譯爲業，可以守著妻子度日。

附錄 4：《現代日本小說集》中周作人的譯作

作　者	篇　名	梗　概
國木田獨步	少年的悲哀	曾載於《新青年》8 卷 5 號，見附錄 1。
	巡查	「我」與名叫山田的巡查喝酒聊天，在山田向「我」講述其獨身生活、朗讀其文章詩作的過程中，表現其享受生活、無爲而治、不爲名利所累的淡泊情懷。
鈴木三重吉	金魚	回憶筆調，追述「我」與阿房的同居生活。阿房不顧母親的責備與「我」同居，在「我」埋首著作時，雖然憂愁著，有時且因「我」的煩躁而被責罵，但她始終無怨無尤地照顧「我」的起居生活，直至病倒。某天外出買回金魚後，阿房吐血而亡，臨終前尙擔心因她的睡倒而耽誤「我」的著作。
	黃昏	黃昏之際，「我」對即將離別的「你」，講述從姨母那裡聽聞的母親在出嫁之夜自殺之事，在「我」傾訴的語氣中，勾畫出母女兩代人作爲女性，因捨身忘己地愛人而將遭遇不幸的命運。
	照相	無意中翻到故去的千代子照片的「我」，回想起少年時期與被迫做藝伎的千代子之間的朦朧情意，以及千代子的純眞。
武者小路實篤	第二的母親	對少年時期在伯母家寄住的初戀情人貞子的回憶斷片，呈現出少年人在暗戀過程中的相思、焦慮、矜持、羞澀、歡樂、痛苦、嫉妒、寂寞等種種複雜的戀愛心理，以及女性崇拜心理。
	久米仙人	重新闡釋日本傳說久米仙人從雲端跌落的原因。厭棄人生無常、棄絕人世的久米仙人在離開人間上昇到天人界之際，看著地上，突然感到大地的美和人類的可愛，因此從雲端跌落河中，觸石而死。

長與善郎	亡姊	回憶阿姊的溫雅慈悲及其 15 歲時溺水而亡的凄慘景象。阿姊作爲女性的「美而溫和的偶像」被「我」讚美，使平常對女性感到不快也不親近的「我」，感受到女性的溫情；阿姊之死，也使「我」體會到平常所排斥的「感傷」。
	山上的觀音	家庭遭遇不幸的婦人向山上的觀音傾訴，心裏得到安靜，於是想請觀音到家裏去安慰自己的丈夫，觀音答以非要人主動地信託自己、並不爲求回報而愛自己的時候，才會自然走到人的身邊。婦人因不能滿足願望而斥罵、投石於觀音。觀音輕歎人的「可憐」與「不懂情理」。
志賀直哉	到網走去	曾載於《小說月報》12 卷 4 號，見附錄 3。
	清兵衛與壺盧	曾載於《晨報》第七版，見附錄 2。
千家元麿	深夜的喇叭	曾載於《新青年》8 卷 4 號，見附錄 1。
	薔薇花	「我」買回家的薔薇花被人摘掉花朵，聽到妻和木匠妻子的議論，叫來木匠 6 歲的女兒 K 詢問，知是爲 K 所摘。幾天後薔薇重新開花，「我」對此感到驚異，與妻笑談 K 摘花之事，抒發小兒崇拜心理，「只有小孩對於自己所做的事毫不爲意，我覺得是非常的美。」
江馬修	小小的一個人	曾載於《新青年》5 卷 6 號，見附錄 1。
佐藤春夫	我的父親與父親的鶴的故事	回憶父親養鶴並鶴死之事。鶴的優雅姿態與父親的隱逸氣息，相得益彰。
	「黃昏的人」	與「我」相像的一位少年作家寄來的一封信：對人生的厭倦，寫作童話或空想作品被家人視爲無益，藝術能支撐到什麼時候？心中的寂寞之感。
	形影問答	自稱月裏來的人，因失戀到地球上做通信員，並從事月裏沒有的疾病——孤獨與沉悶之研究，這研究錄即借「我」之手所寫出的小說，月裏來的人即「我」的影子。從形影對話，抒寫人世的無聊、孤獨與沉悶，以及寫作對這樣人生的慰藉。
	雉雞的燒烤	曾載於《晨報》第七版，見附錄 2。

附錄 5：周作人發表於《晨報副鐫》的古典文學譯作

日期及欄目	作　者	篇　名	梗　概
1921.10.28 《古文藝》	古希臘路吉亞諾思	大言	萊恩的科思爲討妓女許姆尼斯歡心，吹噓自己的戰功，其殺人的污穢反而爲許所厭惡，爲了追回許姆尼斯，他只得承認自己在撒謊。
1921.11.6 《古文藝》	同上	兵士	樂手巴耳臺尼思對娼女珂赫理斯講述兵士和農夫爲爭奪一位娼女，農夫及自己被打傷的事情，珂赫理斯感歎兵士的蠻橫與說大話。
1921.11.14 《古文藝》	同上	魔術	爲了使聽信謠言而離開自己的情人重新回到身邊，娼女美列多請巴吉斯尋找會使咒語法術的老婆子，巴吉斯對其講述自己通過這樣的老婆子追回情人之事。
1921.11.27 《古文藝》	古希臘臺阿克利多思	情歌	牧羊人吟唱戀愛而不得的苦惱。
1921.12.4 《古文藝》	同上	割稻的人	割稻時蒲凱阿思向密隆講述自己陷入相思並唱歌讚美所愛之人，密隆則唱起割稻的農歌。
1921.12.11 《古文藝》	古希臘郎戈思	苦甜	達夫尼思在和陀耳康爭論誰更美時獲勝，贏得赫洛藹的親吻，因此陷入戀愛的甜美和憂鬱之中。
1921.12.18 《古文藝》	日本古狂言	骨皮	方丈將寺務交給徒弟管理，徒弟借給施主甲新傘，方丈教他一套拒絕借傘的說辭，徒弟說給前來借馬的施主乙；方丈又教一套拒絕借馬的說辭，徒弟又說給前來邀請方丈參加忌日的施主丙。徒弟揭露方丈招妓之事，兩人扭打在一起。
1921.12.25 《古文藝》	日本狂言之一	伯母酒	伯母在山邊開了酒店，侄兒聞訊前去討酒喝，因尚未開市伯母無論如何也不允。侄兒扮鬼嚇唬伯母而喝到了酒，伯母認出了取下鬼面的侄兒而大怒。
1922.1.1 《古文藝》	希臘海羅達思	媒婆	美式列該的丈夫去埃及長期未歸，乳母瞿列斯替富家子勸誘美式列該另嫁，爲其所拒。
1924.11.5	希臘郎戈思	希臘小說斷片	一、引子：「我」自述打算敘述在神女林中看到的戀愛故事。二、愛神：愛神的工作及陷入愛戀的情形。三、編簫：牧神追逐簫的戀愛故事。四、反響：牧神追逐藹珂的戀愛故事。

附：周作人發表於《語絲》的同類古典文學譯作

日期與刊號	作　者	篇　名	梗　　概
1925.1.26 第 11 期	古希臘海羅達思	密談	兩個主婦美弎羅與珂列多之間就一條皮帶來源的事情牽連數個女友與製作者的談話。
1925.2.2 第 12 期	日本狂言之一	立春	立春之夜，主人外出，主婦一人看家。蓬萊島的鬼上門糾纏女人，女人騙下鬼的寶貝，撒豆將鬼趕出門外。
1925.3.2 第 16 期	日本狂言之一	花姑娘	侯爺謊稱坐禪欺騙夫人，讓管家披上坐禪衲假扮自己打坐，他卻去私會情人。發現眞相的夫人自己披上坐禪衲假扮管家，侯爺回來向「管家」講述私會情形，夫人大怒。
1925.4.27 第 24 期	古希臘諦阿克列多思	私語	牧牛人誘引牧羊女相互爲歡。
1925.6.29 第 33 期	日本狂言之一	柿頭陀	初下山的頭陀因口渴爬上柿樹摘柿子吃，柿樹主人以誤認其爲各種鳥獸騙頭陀做出鳥獸動作，最後跌下樹來。頭陀欲使法力懲戒主人，被主人打倒。
1926.6.21 第 84 期	日本狂言之一	工東噹	樂師盲人甲與侍者盲人乙外出遊玩，當乙要背甲過河以及給甲倒酒喝時，被行人偷空取甲而代之，最後又作弄二人互相打架，甲被乙打敗。

附錄 6：周作人發表於《語絲》的譯作

日期及刊號	作　者	篇　名
1924.11.24 第 2 期		希臘諷刺小詩
1924.12.15 第 5 期	法國果爾蒙	田園詩
1925.1.12 第 9 期		《古事記》中的戀愛故事
1925.1.19 第 10 期	英國斯威夫德	《婢僕須知》抄
1925.1.26 第 11 期	古希臘海羅達思	古希臘擬曲之一：密談
1925.2.2 第 12 期	日本狂言之一	立春
1925.2.9 第 13 期	英國藹理斯	藹理斯《感想錄》抄
1925.3.2 第 16 期	日本狂言之一	花姑娘

1925.3.30 第 20 期	古希臘薩福	贈所歡
1925.4.14 第 22 期	日本兼好法師	《徒然草》抄
1925.4.27 第 24 期	古希臘諦阿克列多思	古希臘牧歌之一：私語
1925.5.25 第 28 期	日本三輪環譯述	朝鮮傳說
1925.6.29 第 33 期	日本狂言之一	柿頭陀
1925.8.24 第 41 期	法國查理波都安	訪問
1925.8.31 第 42 期	英國哈利孫女士	論鬼臉
1926.2.22 第 67 期		漢譯《古事記》神代卷（1）
1926.3.1 第 68 期		戲譯柏拉圖詩
1926.3.8 第 69 期		漢譯《古事記》神代卷（2）
1926.5.3 第 77 期	日本武者小路實篤	嬰兒屠殺中的一小事件
1926.5.10 第 78 期		漢譯《古事記》神代卷（4）〔註1〕
1926.6.21 第 84 期	日本狂言之一	工東噹
1926.8.28 第 94 期	英國哈利孫女士	《希臘神話》引言
1926.9.4 第 95 期	丹麥尼洛普	平安之接吻
1926.10.30 第 103 期	日本廢姓外骨	《初夜權》序言
1927.8.20 第 145 期	印度殼科加	論抓與咬

〔註 1〕 此前應該還有《漢譯〈古事記〉神代卷（3）》，北京大學圖書館所藏《語絲》
　　　　缺期。

參考文獻

一、報紙期刊

《女子世界》、《天義報》、《河南》、《民報》、《紹興縣教育會月刊》、《教育部編纂處月刊》、《紹興教育雜誌》、《新青年》、《小說月報》、《晨報副鐫》、《晨報‧文學旬刊》、《語絲》、《駱駝》、《北新》、《世界日報副刊》、《新晨報副刊》、《駱駝草》、《現代》、《青年界》、《論語》、《人間世》、《宇宙風》、《文藝新聞》、《藝文雜誌》、《古今》、《中國文藝》、《中和月刊》。

二、基本文獻

1. 鍾叔河編訂：《周作人散文全集》，桂林：廣西師範大學出版社，2009 年。
2. 止菴編訂：《周作人譯文全集》，上海：上海人民出版社，2012 年。
3. 鍾叔河編：《周作人文類編》，長沙：湖南文藝出版社，1998 年。
4. 止菴校訂：《周作人自編文集》，石家莊：河北教育出版社，2003 年。
5. 止菴、戴大洪校注：《近代歐洲文學史》，北京：團結出版社，2007 年。
6. 《周作人日記》（影印本），鄭州：大象出版社，1998 年。
7. 《魯迅全集》，北京：人民文學出版社，2005 年。
8. 止菴、王世家編：《魯迅著譯編年全集》，北京：人民出版社，2009 年。
9. 《域外小說集》，北京：新星出版社，2006 年。
10. 《現代日本小說集》，上海：商務印書館，1923 年。
11. 《點滴：近代名家短篇小說》，北京：北京大學出版部，1920 年。
12. 《現代小說譯叢》，上海：商務印書館，1926 年。

13. 《空大鼓》，上海：開明書店，1928 年。

14. 《陀螺：詩歌小品集》，新潮社，1925 年。

15. 《狂言十番》，北京：北新書局，1926 年。

16. 《冥土旅行》，上海：北新書局，1927 年。

17. 〔俄〕科羅連珂著、周作人譯：《瑪加爾的夢》，上海：北新書局，1927 年。

18. 〔匈〕育珂摩耳著、周作人譯：《黃薔薇》，上海：商務印書館，1927 年。

19. 鮑耀明編：《周作人與鮑耀明通信集（1960～1966 年）》，開封：河南大學出版社，2004 年。

20. 章太炎：《國故論衡》，上海：上海古籍出版社，2003 年。

21. 高平叔編：《蔡元培美育論集》，長沙：湖南教育出版社，1987 年。

22. 高平叔編：《蔡元培全集》（第五卷），北京：中華書局，1989 年。

23. 姚淦銘、王燕編：《王國維文集》，北京：中國文史出版社，1997 年。

24. 《胡適全集》，合肥：安徽教育出版社，2003 年。

25. 《巴金譯文全集》，北京：人民文學出版社，1997 年。

26. 王風編：《廢名集》，北京：北京大學出版社，2009 年。

27. 《沈從文全集》，太原：北嶽文藝出版社，2012 年。

28. 《郁達夫全集》，杭州：浙江大學出版社，2006 年。

29. 清少納言、吉田兼好著，周作人、王以鑄譯：《日本古代隨筆選》，北京：人民文學出版社，1988 年。

30. 陳德文譯：《永井荷風散文選》，天津：百花文藝出版社，1997 年。

三、研究專著

1. 木山英雄著、趙京華譯：《北京苦住庵記──日中戰爭時代的周作人》，北京：三聯書店，2008 年。

2. 木山英雄著、趙京華編譯：《文學復古與文學革命──木山英雄中國現代文學思想論集》，北京：北京大學出版社，2004 年。

3. 錢理群：《周作人傳》（修訂版），北京：華文出版社，2013 年。

4. 錢理群：《周作人研究二十一講》，北京：中華書局，2004 年。

5. 張菊香、張鐵榮：《周作人研究資料》，天津：天津人民出版社，1986 年。

6. 張菊香、張鐵榮編著：《周作人年譜》，天津：天津人民出版社，2000 年。

7. 孫郁、黃喬生主編：《回望周作人》系列，開封：河南大學出版社，2004 年。

8. 柄谷行人著、趙京華譯：《日本現代文學的起源》，北京：三聯書店，2006

年。

9. 伊恩・P・瓦特：《小說的興起》，北京：三聯書店，1992 年。

10. 伊藤虎丸著、李冬木譯：《魯迅與終末論──近代現實主義的成立》，北京：三聯書店，2008 年。

11. 伊藤虎丸著，孫猛、徐江、李冬木譯：《魯迅、創造社與日本文學──中日近現代比較文學初探》，北京：北京大學出版社，2005 年。

12. 高遠東：《現代如何「拿來」──魯迅的思想與文學論集》，上海：復旦大學出版社。

13. 勃蘭兌斯著、成時譯：《十九世紀波蘭浪漫主義文學》，北京：人民文學出版社，1980 年。

14. 雷蒙・威廉斯著、劉建基譯：《關鍵詞：文化與社會的詞彙》，北京：三聯書店，2005 年。

15. 陳長蘅、周建人：《進化論與善種學》，商務印書館，1923 年。

16. 謝德銑：《周建人評傳》，重慶：重慶出版社，1991 年。

17. 溝口雄三著、龔穎譯：《中國前近代思想的屈折與展開》，北京：三聯書店，2011 年。

18. 劉冰：《周作人早期兒童觀、兒童文學觀研究》，華東師範大學 2005 年碩士學位論文。

19. 趙景深編著：《童話評論》，上海：新文化書社，1934 年。

20. 凌冰編著：《兒童學概論》，上海：商務印書館，1921 年。

21. 關寬之原著、朱孟遷・邵人模・范堯深譯述：《兒童學》，上海：商務印書館，1931 年。

22. 王泉根評選：《中國現代兒童文學文論選》，南寧：廣西人民出版社，1989 年。

23. 盛仰紅、余翔譯：《泰西五十軼事：英漢對照》，上海：上海科學技術文獻出版社，2014 年。

24. 張建青：《晚清兒童文學翻譯與中國兒童文學之誕生──譯介學視野下的晚清兒童文學研究》，復旦大學中文系 2008 級博士學位論文。

25. 伊藤虎丸、劉柏青、金訓敏合編：《日本學者研究中國現代文學論文選粹》，長春：吉林大學出版社，1987 年。

26. 郭勇：《蔡元培美育思想研究》，武漢：華中師範大學出版社，2011 年。

27. 丁石孫等著：《蔡元培研究集》，北京：北京大學出版社，1999 年。

28. 牟利鋒：《文化突圍與文類重構──魯迅後期雜文的生成（1927～1936）》，北京大學中國語言文學系 2009 級未刊博士論文。

29. 鮑昌、邱文治：《魯迅年譜》，天津：天津人民出版社，1979 年。

30. 許壽裳：《亡友魯迅印象記》，峨眉出版社，1947 年。

31. 馬蹄疾、李允經編著：《魯迅與新興木刻運動》，北京：人民美術出版社，1985 年。

32. 蕭振鳴：《魯迅美術年譜》，北京：國家圖書館出版社，2010 年。

33. 劉海粟：《十九世紀法蘭西的美術》，上海：中華書局，1935 年。

34. 王才勇：《印象派與東亞美術》，南京：江蘇人民出版社，2008 年。

35. 高雲龍：《浮世繪藝術與明清版畫的淵源研究》，北京：人民出版社，2011 年。

36. 李允經：《魯迅與中外美術》，太原：書海出版社，2005 年。

37. 楊絮飛：《漢畫像石造型藝術》，河南大學出版社，2010 年。

38. 竹内好著、孫歌編：《近代的超克》，北京：三聯書店，2005 年。

39. 丸山昇著、王俊文譯：《魯迅‧革命‧歷史——丸山昇現代中國文學論集》，北京：北京大學出版社，2005 年。

40. 朱英主編：《辛亥革命與近代中國社會變遷》，武漢：華中師範大學出版社，2001 年。

41. 胡偉希編：《辛亥革命與中國近代思想文化》，北京：中國人民大學出版社，1991 年。

42. 李靜：《〈新青年〉雜誌話語研究》，天津：天津大學出版社，2010 年。

43. 郭武平：《新青年雜誌與民初中國意識轉變》，國立政治大學東亞研究所研究生論文，1982 年 6 月。

44. 藤井省三著、陳福康編譯：《魯迅比較研究》，上海：上海外語教育出版社，1997 年。

45. 林毓生著、穆善培譯：《中國意識的危機》（增訂再版本），貴陽：貴州人民出版社，1988 年。

46. 李春：《文學翻譯與文學革命——五四作家的文學翻譯研究》，北京大學中文系 2006 級未刊博士論文。

47. 陳萬雄：《五四新文化的源流》，北京：三聯書店，1997 年。

48. 趙家璧主編：《中國新文學大系》，上海：良友圖書公司，1935 年。

49. 中國社會科學院民國史研究室、四川師範大學歷史文化研究學院編：《一九二〇年代的中國》，北京：社會科學文獻出版社，2005 年。

50. 宗白華：《美學散步》，上海：上海人民出版社，2006 年。

51. 廚川白村著、羅迪先譯述：《近代文學十講》，上海：學術研究會叢書部，1925 年。

52. 亞里士多德著、陳中梅譯注：《詩學》，北京：商務印書館，1996 年。

53. 呂曉英:《孫伏園評傳》,北京:中國社會科學出版社,2011 年。

54. 來新夏、焦靜宜、莫建來、張樹勇、劉本軍著:《北洋軍閥史》,天津:南開大學出版社,2000 年。

55. 薛寅寅:《1920 年代中期語絲派與現代評論派論爭話語研究》,北京大學中國語言文學系 2013 年未刊碩士論文。

56. 陳離:《在「我」與「世界」之間:語絲社研究》,上海:東方出版中心,2006 年。

57. 陳志讓:《軍紳政權:近代中國的軍閥時期》,桂林:廣西師範大學出版社,2008 年。

58. 中國社會科學院文學研究所現代文學研究室編:《「革命文學」論爭資料選編》,北京:人民文學出版社,1981 年。

59. 李何林編:《中國文藝論戰》,西安:陝西人民出版社,1984 年。

60. 本居宣長著、王向遠譯:《日本物哀》,長春:吉林出版集團有限公司,2010 年。

61. 托洛茨基著、劉文飛等譯:《文學與革命》,北京:外國文學出版社,1992 年。

62. 特里‧伊格爾頓著、文寶譯:《馬克思主義與文藝批評》,北京:人民文學出版社,1980 年。

63. 路易‧阿爾都塞著、顧良譯:《保衛馬克思》,北京:商務印書館,1984 年。

64. 佩里‧安德森著,高銛、文貫中、魏章玲譯:《西方馬克思主義探討》,北京:人民出版社,1981 年。

65. 佩里‧安德森著、俞文烈譯:《當代西方馬克思主義》,北京:東方出版社,1989 年。

66. 李澤厚:《中國思想史論》,合肥:安徽文藝出版社,1999 年。

67. 李雅娟:《淪陷時期的文章與思想——〈古今〉、〈藝文雜誌〉與周作人》,北京大學中國語言文學系 2005 屆未刊碩士論文。

68. 趙京華:《周氏兄弟與日本》,北京:人民文學出版社,2011 年。

69. 孫敏:《柳田國男日本人論研究——基於柳田民俗學的考察》,北京大學日語語言文學系 2009 屆未刊博士論文。

70. 川田稔著、郭連友等譯:《柳田國男描繪的日本——民俗學與社會構想》,北京:外語教學與研究出版社,2008 年。

71. 董炳月:《「國民作家」的立場——中日現代文學關係研究》,北京:三聯書店,2006 年。

72. 丸山眞男著,區建英、劉岳兵譯:《日本的思想》,北京:三聯書店,2009

年。

73. 柳田國男著，王曉葵、王京、何彬譯：《民間傳承論與鄉土生活研究法》，
  北京：學苑出版社，2010 年。

74. 劉全福：《翻譯家周作人論》，上海：上海外語教育出版社，2007 年。

75. 諾貝特・埃利亞斯著，王佩莉、袁志英譯：《文明的進程──文明的社會
  起源和心理起源的研究》，上海：上海譯文出版社，2009 年。

76. 賀桂梅：《轉折的時代：40～50 年代作家研究》，濟南：山東教育出版社，
  2003 年。

77. 木山英雄：『周作人「対日協力」の顛末 補注『北京苦住庵記』ならびに
  後日編』，岩波書店，2004 年。

78. 魯迅論集編集委員会編：『魯迅と同時代人』，東京：汲古書院，1992 年。

79. 山岸德平、三谷栄一著：『徒然草評解』，東京：有精堂，昭和五十二年。

80. 劉岸偉：『東洋人の悲哀──周作人と日本』，河出書房新社，1991 年。

81. 吉田精一：『永井荷風』，楓桜社，1979 年。

82. 遠山茂樹：『天皇制と帝国主義』，岩波書店，1992 年。

83. 中見眞理：『柳宗悦：時代と思想』，東京大學出版會，2003 年。

84. 福田アジオ：『柳田国男の民俗学』，吉川弘文館，2007 年。

85. 中村哲：『柳田国男の思想』，法政大学出版局，1985 年

86. Israel Abraham: *Chapters on Jewish Literature*, Philadelphia: Jewish
  Publication Society of America, 1899.

87. Susan Daruvala: *Zhou Zuoren and an Alternative Chinese Response to
  Modernity*, Harvard University Press, 2000.

四、研究論文

1. 朱曉江：《論周作人散文的「反抗性」特徵及其思想內涵》，《文學評論》，
  2011 年 04 期。

2. 張旭東：《散文與社會個體性的創造──論周作人 30 年代小品文寫作的審
  美政治》，《中國現代文學研究叢刊》，2009 年 01 期。

3. 黃開發：《中外影響下的周氏兄弟留日時期的文學觀》，《魯迅研究月刊》，
  2004 年 04 期。

4. 錢理群：《周作人與錢玄同、劉半農──「復古」、「歐化」及其他》，《遼
  寧教育學院學報》（社會科學版），1988 年 04 期。

5. 汪衛東：《「個人」、「精神」與「意力」──〈文化偏至論〉中「個人」觀
  念的梳理》，《魯迅研究月刊》，2004 年 05 期。

6. 李國華：《章太炎的「自性」與魯迅留日時期的思想建構》，《中國現代文

學研究叢刊》，2009 年 01 期。

7. 陳贇：《我你之辯與現代性意識的起源》，《天津社會科學》，2002 年 04 期。

8. 顧均：《周氏兄弟與〈域外小說集〉》，《魯迅研究月刊》，2005 年 05 期。

9. 楊聯芬：《〈域外小說集〉與周氏兄弟的新文學理念》，《魯迅研究月刊》，2002 年 04 期。

10. 王瑤：《魯迅〈懷舊〉略說》，《名作欣賞》，1984 年 01 期。

11. 吳學國：《唯識學：緣起論與業力說的矛盾消解》，《學術月刊》，1998 年第 10 期。

12. 傅新毅：《種子說的緣起》，《宗教學研究》，2005 年 03 期。

13. 任本命《弗朗西斯‧高爾頓》，《遺傳》，2005 年第 4 期。

14. 李昱：《〈齊物論釋〉與章太炎的「內聖外王」之道》，《南京大學學報》（哲學‧人文科學‧社會科學版），2005 年 06 期。

15. 韓進：《從「兒童的發現」到「兒童的文學」——周作人兒童文學思想論綱》，《安慶師院社會科學學報》，1993 年 04 期。

16. 祝宇紅：《「中間物」意識辨析》，《魯迅研究月刊》，2011 年 07 期。

17. 肖晉元：《對德國「童話」定義的探求》，《德語學習》，2009 年 06 期。

18. Willian A‧威爾森著、馮文開譯：《赫爾德：民俗學與浪漫民族主義》，《民族文學研究》，2008 年 03 期。

19. 朱自強：《「童話」詞源考——中日兒童文學早年關係側證》，《東北師大學報》，1994 年 02 期。

20. 王蕾：《孫毓修與現代中國兒童學的開拓》，《天府新論》，2009 年 04 期。

21. 鮮喬鶯：《民國初期的文物保護政策與措施》，《西華大學學報》（哲學社會科學版），2008 年 02 期。

22. 許效正：《清末民初（1895~1916 年）廟宇保護標準的變化》，《雲南社會科學》，2011 年第 1 期。

23. 《渡東橋與歷史悲歌》，《紹興縣報》，2011 年 1 月 16 日。

24. 潘知常：《從「教化」到「美育」——近代美學思潮札記》，《雲南社會科學》，1987 年 04 期。

25. 潘黎勇：《論「以美育代宗教」說與蔡元培審美信仰建構的世俗性》，《文藝理論研究》，2012 年 02 期。

26. 陳振濂：《「美術」語源考——「美術」譯語引進史研究》，《美術研究》，2003 年 04 期。

27. 江小蕙：《從魯迅藏書看魯迅——魯迅與日本浮世繪》，《魯迅研究動態》，1988 年 03 期。

28. 趙世瑜、杜正貞：《太陽生日：東南沿海地區對崇禎之死的歷史記憶》，《北

京師範大學學報》（社會科學版），1999 年 06 期。

29. 王風：《文學革命的胡適敘事與周氏兄弟路線──兼及「現代文學」、「新文學」的概念問題》，《中國現代文學研究叢刊》，2006 年 01 期。

30. 沈永寶：《陳獨秀與黃遠生：〈文學革命論〉來源考》，《復旦學報》（社會科學版），1992 年 02 期。

31. 曠新年：《「人」歸何處──「人的文學」話語的歷史考察》，《中國現代文學研究叢刊》，2014 年 01 期。

32. 楊海蛟、王琦：《論文明與文化》，《學習與探索》，2006 年 01 期。

33. 黃興濤：《晚清民初現代「文明」和「文化」概念的形成及其歷史實踐》，《近代史研究》，2006 年 06 期。

34. 羅鋼：《周作人的文藝觀與西方人道主義思想》，《中國現代文學研究叢刊》，1987 年 04 期。

35. 董炳月：《周作人與〈新村〉雜誌》，《中國現代文學研究叢刊》，1998 年 02 期。

36. 倪墨炎：《周作人宣傳新村運動及其影響》，《上海師範大學學報》，1989 年 01 期。

37. 孫代堯：《青年毛澤東與「工讀新村」之夢》，《文史雜誌》，1989 年 04 期。

38. 汪澍白：《毛澤東早年對空想社會主義的追求（下）》，《同舟共進》，1998 年 04 期。

39. 尤小立：《五四新文化派的政治轉向及其思想差異──以〈每周評論〉時期為中心的分析》，《南京大學學報》（哲學人文科學社會科學版），2006 年 06 期。

40. 任嘉堯：《孫伏園主編的〈晨報副刊〉》，《新文學史料》，1984 年 01 期。

41. 馮崇義：《羅素訪華緣起》，《學術研究》，1992 年 06 期。

42. 孫宜學：《泰戈爾與周作人》，《南亞研究》，2013 年 01 期。

43. 秦弓：《「泰戈爾熱」──五四時期翻譯文學研究之一》，《中國社會科學院研究生院學報》，2002 年 04 期。

44. 楊實生：《1921 年「六三」事件始末》，《蘭臺世界》，2013 年 19 期。

45. 任偉：《異心協力：索薪運動中之民國教員像──以 1921 年國立八校索薪運動為中心》，《史林》，2012 年 03 期。

46. 姜濤：《從周作人〈小河〉看早期新詩的政治性》，《海南師範大學學報》（社會科學版），2012 年 08 期。

47. 孫麗：《周作人「靈肉一致」思想與英國詩人布萊克之間的關聯》，《楚雄師範學院學報》，2013 年 10 期。

48. 李雅娟：《周作人與「人情美」的日本文化像》，《魯迅研究月刊》，2012

年 05 期。

49. 羅志田：《從新文化運動到北伐的文化與政治》，《社會科學研究》，2006 年 04 期。

50. 小川利康：《周氏兄弟與廚川白村》，「魯迅與 20 世紀中國」國際學術研討會論文，南京師範大學，2013 年 3 月。

51. 龔覓：《深淵中的救贖——論審美現代性視野中的波德萊爾》，《國外文學》，2000 年 02 期。

52. 陳增福、伊慧明：《亞里士多德〈詩學〉中的詩的真實性》，《吉林大學社會科學學報》，2001 年 05 期。

53. 劉小楓：《作詩與德性高低——亞里士多德〈論詩術〉第 2～3 章繹讀》，《中山大學學報》（社會科學版），2011 年 03 期。

54. 李雅娟：《在啓蒙思想與文學趣味之間》，《渤海大學學報》（哲學社會科學版），2011 年 01 期。

55. 溫靭：《柏格森的時間概念及其時代意義》，《安徽大學學報》（哲學社會科學版），2000 年 03 期。

56. 譚裘麒：《唯有時間（綿延）真實——柏格森自我意識本體論初探》，《哲學研究》，1998 年 05 期。

57. 張磊：《愛德華·李爾胡說詩藝術特色初探》，《世界文學評論》，2010 年 01 期。

58. 中島長文著，趙英、董斌譯：《道聽途說——周氏兄弟的情況》，《魯迅研究月刊》，1993 年 09 期。

59. 榮挺進：《〈晨報副鐫〉上有關周氏兄弟失和的幾則材料》，《魯迅研究月刊》，2002 年 11 期。

60. 余凌：《論中國現代散文的「閒話」與「獨語」》，《文學評論》，1992 年 01 期。

61. 程凱：《從「復興」到「揚棄」——1925 年前後北京新文化言論界重造「思想革命」的契機、路徑、矛盾與張力》（作者本人提供，發表於中國社會科學院內部刊物）。

62. 姜濤：《「老實說了吧」前後：1920 年代文壇上的「導師」與「青年」之爭》，《北大中文學刊（2012）》，2013 年。

63. 陳漱渝：《關於「現代評論」派的一些情況》，《中國現代文學研究叢刊》，1980 年 03 期。

64. 張菊香：《紅樓奠基的深情——周作人與李大釗》，《黨史縱橫》，1994 年 07 期。

65. 丁文：《周作人與 1930 年左翼文學的對峙與對話》，《中國現代文學研究叢刊》，2009 年 05 期。

66. 康詠秋：《黎錦明傳》，《新文學史料》，2000 年 02 期。

67. 程凱：《1920 年代末文學知識分子的思想困境與唯物史觀文學論的興起》，《文史哲》，2007 年 03 期。

68. 朱曉進：《魯迅的文體意識及其文體選擇》，《文藝研究》，1996 年 06 期。

69. 金克木：《徐祖正教授的難得一笑》，《中華讀書報》，2004 年 5 月 13 日。

70. 陳子善：《徐祖正及駱駝社》，《時代周報》，2011 年 7 月 7 日。

71. 郝立新：《歷史唯物主義的理論本質和發展形態》，《中國社會科學》，2002 年 02 期。

72. 陶東風：《論普列漢諾夫的文學史觀》，《晉陽學刊》，1991 年 05 期。

73. 楊永明、陳基建：《從五卅運動看民氣與民力》，《宜賓學院學報》，2001 年 04 期。

74. 郭厚安：《人才匱乏，功敗垂成——甲申 350 週年紀念》，《西北師大學報》（社會科學版），1994 年 5 月 03 期。

75. 劉勇：《晏陽初與梁漱溟鄉村建設思想比較》，《黑龍江史志》，2013 年 01 期。

76. 李金錚：《晏陽初與定縣平民教育實驗》，《二十一世紀》（網絡版），2007 年 61 期。

77. 黃劍波：《泰勒：萬物有靈》、《弗雷澤：作爲科學「近親」的巫術》，《中國民族報》，2011 年 10 月 25 日、11 月 1 日。

78. 李若寶、唐晨曦：《從〈金枝〉解讀弗雷澤的巫術理論》，《大眾文藝》（理論），2009 年 19 期。

79. 楊樸：《「薩滿教」的本質是巫術而不是宗教》，《吉林師範大學學報》（人文社會科學版），2005 年 01 期。

80. 劉曼、李珂：《弗雷澤人類心智發展三階段理論的思想來源與表徵》，《湖南工業大學學報》（社會科學版），2013 年 18 卷 06 期。

81. 趙京華：《周作人與柳田國男》，《魯迅研究月刊》，2002 年 09 期。

82. 季劍青：《周作人的「新的啓蒙運動」》，《魯迅研究月刊》，2010 年 05 期。

83. 何曉毅：《「小說」一詞在日本的流傳及確立》，《陝西師大學報》（哲學社會科學版），1995 年 6 月 02 期。

84. 董炳月：《周作人的「國家」與「文化」》，《中國現代文學研究叢刊》，2000 年 03 期。

85. 高杉一郎著、賈志潔譯：《憶周作人先生》，《魯迅研究月刊》，2004 年 11 期。

86. 高恒文：《話裏話外：1939 年的周作人言論解讀》，《中國現代文學研究叢刊》，2008 年 02 期。

87. 沈毅：《胡適與「九一八」事變》，《遼寧大學學報》（哲學社會科學版）第4期，2006年7月。

88. 羅福惠、湯黎：《學術與抗戰——〈獨立評論〉對於抵抗日本侵略的理性主張》，《華中師範大學學報》（人文社會科學版）第3期，2006年5月。

89. 趙京華：《周作人與永井荷風、谷崎潤一郎》，《中國現代文學研究叢刊》，1998年02期。

90. 高恒文：《周作人與永井荷風》，《魯迅研究月刊》，1996年06期：

91. 小森陽一：《天皇制與現代日本》，《讀書》，2003年12期。

92. 沈才彬：《日本天皇與中國皇帝的比較研究——以「天子思想」為中心》，《日本學刊》，1992年02期。

93. 羅時光：《從日本神國思想看天皇制的軍國主義之本質》，《南昌大學學報》（人文社會科學版），2006年01期。

94. 廖楓模：《日本民族的傳統審美意識》，《中山大學學報》（社會科學版），1993年03期。

95. 竹野美惠：『「人」の子ども教育をめざした社会教育司科長——魯迅が翻訳した上野陽一著三篇の論文』，《野草》第66號，2000年8月。

96. 吳紅華：『周作人文学の滑稽趣味について』，《中国文学論集》，第二十五號。

97. 伊藤德也：『「私」という宙吊り裝置——周作人の日本語創作』，收於魯迅論集編集委員会編：《魯迅と同時代人》，東京：汲古書院，1992年。

98. 伊藤德也：『若子の死の周辺——周作人・1920年代から1930年代へ』，《季刊中国》，1989年19期。

99. 根岸宗一郎：『周作人と「トロイアの女」——羅念生との交流をめぐって』，《慶應義塾大学日吉紀要・中国研究》第1號。2008年。